Dietz Berlin

Miklós Nyiszli

Im Jenseits der Menschlichkeit

Ein Gerichtsmediziner in Auschwitz

Herausgegeben von Andreas Kilian
und Friedrich Herber

Übersetzt aus dem Ungarischen
von Angelika Bihari und Christina Kunze

Dietz Berlin

Die Herausgeber

Friedrich Herber (1939–2013) war Facharzt für Rechtsmedizin und bis 2002 als Oberarzt am Institut für Rechtsmedizin der Universität Leipzig tätig.

Andreas Kilian, geb. 1974, ist Historiker und erforscht seit 1992 die Geschichte der Sonderkommandos in Auschwitz. Er ist Autor oder Bearbeiter von mehr als 90 Veröffentlichungen zum Thema und ist Gründer des Internetportals *sonderkommando-studien.de.*

Inhalt

Vorbemerkungen

von Andreas Kilian

Der »Geheimnisträger« unter den »Geheimnisträgern« in der Mordfabrik

Miklós Nyiszli, der Verfasser des vorliegenden Erinnerungsberichts, war Häftlings-Obduzent im Sektionskommando in den Krematorien I und IV des Vernichtungslagers Auschwitz-Birkenau. Das Sektionskommando war in den Mord- und Verbrennungsanlagen gemeinsam mit dem dort eingesetzten Sonderkommando isoliert untergebracht.

Nur wenige Menschen haben die dortige Zwangsarbeit überlebt, da die Häftlinge des Sonderkommandos als »Geheimnisträger« und Augenzeugen der Massenvernichtung[1] und das Sektionskommando als »Mitwisser« von der SS ermordet werden sollten. Von den insgesamt 2200 bis höchstens 2300 in den überwiegend jüdischen Sonderkommandos eingesetzten Häftlingen überlebten nur 110 Mann, von denen bislang in 52 Fällen Zeugenberichte in unterschiedlicher Form überliefert wurden, die jedoch nicht alle das Sonderkommando thematisieren.[2] Vom vierköpfigen Sektionskommando überlebte die Hälfte, jedoch berichtete nur Nyiszli über seine Erlebnisse, was sein Zeugnis einzigartig macht.

Als Arzt und ungarischer Jude mit rumänischer Staatsbürgerschaft, der vor allem in Kiel und Breslau Medizin studiert hatte und fließend Deutsch sprach, hatte Nyiszli während seiner Zwangsarbeit in seiner besonderen Funktion als privilegierter Obduzent in Auschwitz eine andere Perspektive auf das Geschehen als die meisten Häftlinge. Obwohl er mit dem Sonderkommando unter einem Dach arbeitete, hatte er nur einen begrenzten Einblick in die Tätigkeit des Sonderkommandos und unterstand formal einer anderen Abteilung sowie einem anderen Vorgesetzten. Dies macht Ungenauigkeiten in seiner Darstellung nachvollziehbar.[3] Nyiszlis Arbeits-, Sanitär- und Schlafbereich im Krematorium I war abgetrennt und für das Sonderkommando offiziell nicht zugänglich. Er war gewissermaßen der »Geheimnisträger« unter den Geheimnisträgern im Krematorium und teilte das Schicksal des Sonderkommandos, von misstrauischen vorurteilsbeladenen Außenstehenden der Kollaboration und Komplizenschaft mit der SS verdächtigt zu werden und letztlich von der SS als Augenzeuge zur Liquidierung vorgesehen zu sein.[4] Vereinzelte Kontakte zu Sonderkommando-Häftlingen hatte er dennoch. Durch sie gewann Nyiszli wertvolle Informationen und Erzählstoff, den er in sein Buch einfließen ließ.[5]

Verpflichtung zur Berichterstattung

Historische Forschungsergebnisse oder die Zeugnisse von Überlebenden des Sonderkommandos aus der Nachkriegszeit waren dem traumatisierten Arzt, der sein Leben wieder neu aufbauen musste und das Grauen des Vernichtungslagers im schriftlichen Zeugnis zu verarbeiteten versuchte, unbekannt. Entweder waren die wenigen vor Untersuchungskommissionen, Vernehmungsbehörden und anderen Einrichtungen abgelegten Zeugenaussagen nicht zugänglich oder die Überlebenden noch nicht bereit, Zeugnis abzulegen, geschweige denn ihre Berichte öffentlich zu machen.[6] Unter den Sonderkommando-Überlebenden hatten in dieser Zeit nur zwei umfangreiche Schriften selbst verfasst: der griechische Jude Marcel Nadjary 1946/47 in Saloniki und der französische Jude polnischer Herkunft Alter Fajnzylberg 1945/46 in Paris.[7] Beide Manuskripte waren jedoch von ihren Verfassern nicht zur Veröffentlichung vorgesehen worden, sie wollten die detaillierten Erlebnisse nur für sich selbst oder für ihre Kinder festhalten.

Nyiszli hingegen wollte an die Öffentlichkeit, und er wollte keine Zeit verlieren, da er als ehemaliger Häftlingsarzt wusste, dass die Folgen der Lagerhaft die Lebenserwartung der Überlebenden erheblich verkürzen konnten. Unter den wichtigsten Zeugen, zu denen Nyiszli zweifellos zählte, war die Angst, die Geheimnisse ins Grab mitzunehmen, eine nicht zu unterschätzende Antriebskraft für ihren Schreibprozess. Er wollte Erinnerungen sichern, seine eigenen und die derjenigen, die Auschwitz nicht überlebt hatten, und damit Beweise schaffen, die zur Verurteilung der Massenmörder beitragen sollten.[8] Der Pathologe handelte damit im Sinne der sogenannten Chronisten des Sonderkommandos, die jedoch ihre Zeugnisse konspirativ und unter Lebensgefahr bereits im Sonderkommando verfasst hatten und auf dem Krematoriumsgelände vergruben.[9] Zu Nyiszlis Lebzeiten wurden jedoch nur ein Brief in französischer Sprache und ein Notizbuch auf Jiddisch gefunden und auszugsweise veröffentlicht.[10]

Nyiszli kehrte Ende Juli 1945 krank, mittellos und arbeitsunfähig nach Oradea zurück. Er erhielt von der jüdischen Gemeinde eine Wohnung zugewiesen[11] und hoffte auf die Rückkehr seiner Ehefrau und Tochter. Mit ihnen hatte er im Falle des Überlebens ein Wiedersehen in Oradea vereinbart.[12] Nyiszli erkannte die Einzigartigkeit seiner Sonderstellung als Pathologe Josef Mengeles im Krematorium und sah sich verpflichtet, darüber zu berichten. Im Gegensatz zu den »Sonderkommando-Chronisten« verfasste er jedoch keine konspirativen Schriften im Krematorium.[13] Pläne, seine einzigartige Überlebensgeschichte schriftlich festzuhalten, scheint Nyiszli dennoch bereits vor seiner Befreiung gehabt zu haben. Dem Häftlingsarzt Dr. Ladislaus Szücs sagte er Mitte April 1945 im Lager Melk: »Wenn ich die Befreiung erlebe, wird die Welt, sogar die Weltgeschichte von mir erfahren.«[14] Beim Verfassen seines Berichts, den er als Tagebuch bezeichnete[15] und kurz nachdem er wieder mit seiner Frau und Tochter in Oradea zusammengekommen war begann, musste sich Nyiszli auf seine Erinnerung und damalige Wahrnehmung verlassen, denn er konnte ihn nicht durch andere Quellen überprüfen. Die einzigen Nyiszli nach der Befreiung Ebensees namentlich bekannten Überlebenden des Sonder- und Sektionskommandos kehrten in ihre Heimat nach Frankreich und Griechenland zurück und waren für ihn, nicht zuletzt aufgrund strenger Reisebeschränkungen in Rumänien, unerreichbar.[16] Sein literarischer Schreibstil, ein teilweise nicht chronologischer Aufbau, aber auch unplausible oder fehlerhafte Angaben im Buch legen die Vermutung nahe, dass Nyiszli, der bis 1946 nur seine Dissertation publiziert hatte, Unterstützung in Form einer literarischen Bearbeitung erhielt.[17] Vor diesem Hintergrund erhält die Erklärung zu Beginn seines Buchs, »Mit meiner Arbeit erstrebe ich keinen literarischen Erfolg, denn ich bin Arzt und kein Schriftsteller«, eine weitergehende Bedeutung. Der ehemalige Herausgeber der Clujer Wochenzeitung *Világosság*, Hillel Kohn (1891–1972), der in Dachau und Buchenwald als kommunistischer Widerstandskämpfer aktiv war und danach Präsident der Rumänischen Demokratischen Jüdischen Volksvereinigung wurde, schrieb 1964 in seiner Rezension: »Dennoch muss man Miklós Nyiszli seine literarische Leistung zugestehen. Wenn wir das Buch aufmerksam lesen, spüren wir, dass hinter der nüchternen, wissenschaftlichen Stimme des Arztes ein Mann zu uns spricht. Ein Mann, der durch das, was er gesehen hat, vom Arzt zum Schriftsteller geworden ist: ein Schriftsteller, der die tiefste menschliche Tragödie beobachtet und aufzeichnet, ein Schriftsteller, der in Bildern festhält, was er erlebt hat. (...) Dies ist offensichtlich nicht mehr die Feder des Arztes.«[18]

Die Erstausgabe seines Buchs erschien nicht im Privatdruck, den der mittellose Arzt nicht hätte finanzieren können, sondern in der zweiten Novemberwoche 1946 in kleiner Auflage bei der Druckerei Grafica des traditionsreichen Familienunternehmens Sonnenfeld in Oradea mit einem Titelbild des bekannten ungarischen Malers, Grafikers und Designers György Ruzicskay.[19] Die von den Auschwitz- und Ebensee-Überlebenden Gusztáv und Andor Sonnenfeld 1945 wiederaufgebaute Druckerei befand sich nur 300 Meter von Nyiszlis Wohnung entfernt.[20] Ohne die volle Finanzierung, organisatorische und verlegerische Unterstützung, wahrscheinlich zu großen Teilen durch Gusztáv und Andor Sonnenfeld, die fast ihre gesamte Familie in Auschwitz verloren, hätte Nyiszli sein Werk in Oradea nicht herausgeben können.[21]

Für eine literarische Bearbeitung seines Werks sprechen auch inhaltliche Widersprüche zu seiner Aussage aus dem Jahre 1945 und seiner eidesstattlichen Erklärung von 1947. Einige Unschlüssigkeiten insbesondere hinsichtlich Zahlenangaben gehen offenbar auf editorische Eingriffe der Bearbeiter zurück, die in der Satzherstellung unbemerkt geblieben sind und von Nyiszli und dem Lektorat nicht erkannt wurden.[22]

Die Presseberichterstattung 1946/47 und ihre Folgen

Für die ungarischsprachige Nachkriegspresse in Ungarn, Rumänien, Serbien und den USA waren die Shoah, Auschwitz und Naziverbrecher wie Dr. Josef Mengele interessante Themen, die die Verkaufszahlen der Zeitungen steigerten. Bereits vor der Erstveröffentlichung seines Buchs in Oradea stand Nyiszli als ehemaliger Pathologe Mengeles im Interesse der Öffentlichkeit. Noch bevor er das Vorwort seines Buchs verfasst hatte, wurde er bereits in der Presse als bedeutender Zeuge erwähnt und ein Auszug seiner Aussage vom 29. Juli 1945 in einem Artikel über Mengele und die ehemalige Häftlingsfrau Hanna Leizerovits (»Was geschah, als sich der Mörder von drei Millionen Menschen in eines seiner Opfer verliebte«) auf Seite sechs der in New York herausgegebenen Tageszeitung *Magyar Jövö (Hungarian Daily Journal)* vom 5. März 1946 zitiert. Darin wurde Nyiszli als Pathologe Mengeles vorgestellt, der wie durch ein Wunder überlebt hatte. Kurz nach der Veröffentlichung seines Buchs erschien eine kurze Erklärung Nyiszlis auf Seite zwei und drei der Zeitung *Alföldi Ujság* vom 16. November 1946. In dem Artikel heißt es, drei jüdische Ärzte (Dr. Epstein, Dr. Mansfeld und Dr. Nyiszli) wären dem berüchtigten Dr. Mengele zugewiesen worden, um ihm bei seinen Forschungen zu helfen.

Über Nyiszli wurde unter anderem mehrfach in Artikeln der demokratischen Tageszeitung *Szabadság*, der sozialdemokratische Tageszeitung *Népakarat*, der jüdischen Zeitung *Ujélet* und der Tageszeitung der Ungarischen Arbeiterpartei (MDP) *Szabad Nép* berichtet. Ob Nyiszli gezielt den Kontakt zur Presse gesucht hatte, Journalisten vorgestellt oder von ihnen gesucht worden war, lässt sich nicht mehr rekonstruieren. Seine Präsenz als im öffentlichen Interesse stehende Person ist jedenfalls früh nachweisbar und provozierte den Unmut Einzelner, die ihre Kritik an dem Werk und persönliche Angriffe gegen den Arzt und Überlebenden Nyiszli in der Presse verbreiteten.

Kurz nach der Erstveröffentlichung übertrug Nyiszli die Veröffentlichungsrechte an seinem Buch an die Budapester Zeitung *Világ*, wo der gesamte Inhalt unter dem Titel »Ich war Mengeles Obduktionsarzt in Auschwitz« vom 16. Februar bis 6. April 1947 in 41 Folgen abgedruckt wurde.[23] Dadurch erhoffte er sich in Ungarn eine größere Verbreitung, als dies mit einer ungarischsprachigen Edition in Rumänien möglich gewesen wäre.[24] Nach der erfolgreichen Fortsetzungsserie erschien Nyiszlis Bericht erneut als Buch mit einer ersten Druckauflage von 1000 Exemplaren am 30. Mai 1947 ohne nennenswerte Änderungen im Verlag Világ.[25] Der Leitartikel des Chefredakteurs Géza Supka zur Serie lieferte zahlreiche Steilvorlagen für die spätere Kritik an Nyiszlis Werk.[26] Supkas Vermarktungsstrategie war maßgeblich für die große Verbreitung von Nyiszlis Schrift und die Steigerung seines Bekanntheitsgrads, aber auch für die Abstempelung als »Boulevardroman« verantwortlich.

Eine gegen Nyiszli gerichtete Hetzkampagne begann bereits im Januar 1947 und war auch eine Folge seiner (Selbst-)Darstellung in der Presse, die von Einzelnen als übertrieben und unangemessen angesehen wurde.[27] Einige Leser und Leserinnen störten sich insbesondere an Nyiszlis nüchterner und sachlicher Darstellung des grausamen und tragischen Massenmords und seiner distanzierten Haltung zu den meist jüdischen Opfern sowie einer Gleichsetzung der Opfergruppen. In seinem im November 1946 in der Zeitung *Demokrátia* abgedruckten

Interview sagte Nyiszli: »Ich möchte nicht, dass man denkt, ich wollte aus der Herausgabe meines Buches eine jüdische Angelegenheit machen (...).[28] Meiner Ansicht nach ist meine Arbeit vielmehr sowohl unter ärztlichem als auch unter allgemein menschlichem Aspekt von öffentlichem Interesse. Es handelt sich hier ohnehin nicht um eine rein ›jüdische Unrechtssache‹, denn in den Krematorien kamen durch das nationalsozialistische Barbarentum nicht nur Juden um, sondern auch sogenannte Ur-Arier. Hunderttausende von Franzosen, Jugoslawen und 40 000 spanische Freiheitskämpfer, die vor dem Terror der Franco-Regierung nach Frankreich emigriert waren, sind umgekommen. Nachdem die Deutschen in Frankreich gesiegt hatten, veranstalteten sie eine regelrechte Hetzjagd auf diese Emigranten, und fast ausnahmslos alle von ihnen fanden in Deutschland den Tod.«[29] Offenbar versuchte der Verfasser, auf diese Weise eine nichtjüdische antifaschistische und damit besonders breite Leserschaft zu gewinnen, die er nicht mit emotionalen Beschreibungen, hasserfüllten Anklagen und pathetischen Forderungen verschrecken wollte. Sein Werk war damit seiner Zeit voraus und wurde von einigen seiner Zeitgenossen missverstanden.

Nyiszlis Selbstdarstellung als hoch qualifizierter, international bekannter Wissenschaftler, der von Mengele aufgrund seines guten Rufs auserwählt worden und an einzigartigen medizinischen Forschungen beteiligt war, sogar als Häftling zum »Gerichtsmediziner des Kreises Gleiwitz« in eine Stellung gebracht worden sei, die es »sicher nicht zweimal auf der Welt« gegeben habe, wurde von einigen Lesern als überheblich, unpassend und unzutreffend kritisiert.[30] Andere waren durch Nyiszlis wiederholte Hinweise auf seine privilegierte Behandlung durch Mengele und die Behauptung, dass er mit dem Naziverbrecher auf Augenhöhe diskutiert habe und von ihm als Wissenschaftler geschätzt sowie als »gleichrangiger ärztlicher Kollege« behandelt worden sei, verärgert. Die behauptete Anerkennung durch den SS-Arzt führte in Leserkommentaren zur Verurteilung Nyiszlis als »Verräter« und »Nazi«. Er wurde als »Nisling«, der wie der Begriff »Quisling« im Skandinavischen und Englischen als Eponym für Kollaborateur und Marionette verwendet wurde, und als Mengeles Stellvertreter sowie Komplize der SS und sogar als Mengele-Verehrer beschimpft.[31] Zahlreiche haltlose Anschuldigungen machten Nyiszli in einer destruktiven Form der Vergangenheitsbewältigung und in einer Phase der Verfolgung von Tätern und Kollaborateuren, die zur Rechenschaft gezogen werden sollten, zum Sündenbock.[32]

Obwohl die Kritiker in der Minderheit waren, hatte die Debatte negative Folgen: Das Buch musste sich in Rumänien zwei symbolischen »Literaturprozessen« stellen, am 17. April 1947 in Cluj sowie am 27. Mai 1947 vor 1400 Zuschauern im Szigligeti-Színház-Theater in Oradea. Letztlich wurde es als Zeitdokument akzeptiert, jedoch die Darstellung des Faschismus und seiner Opfer als unangemessen verurteilt. Der Autor wurde vom Tribunal für sein »unterwürfiges« und »unkollegiales« (sic!) Verhalten gerügt.[33]

Die vor einigen Jahren aufgekommene unglaubwürdige Hypothese, Nyiszli hätte die Prozesse selbst inszeniert, um dadurch sein Buch besser verkaufen zu können, reiht sich ein in eine Reihe von irreführenden Verschwörungstheorien um Nyiszli, die häufig einen revisionistischen Hintergrund haben und sich antisemitischer Vorurteile bedienen.[34] Die Prozesse schadeten Nyiszli in jeder Weise mehr, als sie ihm aufgrund der Aufmerksamkeit genutzt hätten. Sie waren der Höhepunkt der eskalierenden Angriffe und Rufschädigung Nyiszlis. Auch wenn der Ausgang der Prozesse in der Presse als sein »Sieg« dargestellt wurde, war dies nur eine Beschönigung des herbeigeführten Skandals, mit dem einerseits ein Überlebender der Shoah verunglimpft wurde, anderseits der Versuch unternommen wurde, einen einzigartigen Zeugen zum Schweigen zu bringen, seinen Überlebendenbericht zu verbieten und ein Exempel zu statuieren. Das sollte andere Überlebende einschüchtern. Letztlich wurde Nyiszli nicht nur zum Vorwurf gemacht, sein Zeugnis medienwirksam abgelegt zu haben, sondern sein Überleben wurde ihm letztlich nicht verziehen.[35] Durch den politischen Wandel in Ungarn sah sich Nyiszlis Verbündeter Géza Supka Anfang 1949 gezwungen, sich aus dem politischen, publizistischen und dem literarischen Leben zurückzuziehen. Damit endete auch die Aufmerksamkeit für Nyiszlis Bericht. Nyiszli und sein Herausgeber Supka zogen sich beide aus dem öffentlichen Leben zurück und starben 1956.[36] Auch wenn das Buch nicht verboten und in den genannten »Literaturtribunalen« gewissermaßen »freigesprochen« worden war, erschien fast 20 Jahre lang keine Neuauflage in Ungarn (1964) oder Rumänien (1965).

Instrumentalisierung und internationale Verbreitung

In der ersten rumänischen Edition von 1965 schreiben die Herausgeber im Vorwort: »In den Jahren nach seiner Befreiung entwickelte Miklós Nyiszli ein politisches Bewusstsein, das ihn in die Reihen der

Rumänischen Arbeiterpartei führte. Als Mitglied dieser Partei und als Bürger Rumäniens (...) lebte und arbeitete er in seiner Heimatstadt Oradea (...).«[37] Obwohl Nyiszli laut eigenen Angaben Mitglied in der Kommunistischen Partei Rumäniens war, soll er seiner Enkelin zufolge weder ein religiöser noch ein politischer Mensch und politisch auch nicht aktiv gewesen sein. Eine Parteimitgliedschaft könnte ihn jedoch vor der politischen Verfolgung und dem Gefängnis bewahrt haben. Die politische Instrumentalisierung erlebte Nyiszli durch seinen frühen Tod nicht mehr. Sie war aber die Voraussetzung dafür, dass sein Buch dank des großen Interesses am Eichmann-Prozess in Jerusalem (1961), am ersten Frankfurter Auschwitz-Prozess (1963–1965) und während des Kalten Kriegs im Kampf gegen den Faschismus überhaupt wieder verlegt werden durfte. In diesem Sinne endet das Vorwort der ungarischen Neuauflage von 1964: »Die Veröffentlichung dieses Buches dient einem einzigen Zweck, demselben Zweck, den der Autor damals selbst verfolgte: einen Schlag gegen den organisierten Faschismus zu führen, der die Welt bedroht.«[38] Diesem politischen Kampf im Kalten Krieg verdankte das Buch schließlich auch seine Verbreitung im Westen.[39] Was 1947 noch öffentlich in der Presse kritisiert worden war, wurde inzwischen von dem Literaturkritiker und Rezensenten Kohn relativiert: »Wie bereits erwähnt, haben einige inländische Leser das Buch von Nyiszli nicht sofort verstanden. Umso erfreulicher ist es, dass dieses Buch die Aufmerksamkeit des internationalen Lagers der antifaschistischen Kämpfer auf sich gezogen hat. Die französischen Antifaschisten waren die ersten, die seinen enormen dokumentarischen Wert erkannten.«[40] Die erste Buchausgabe im Westen wurde jedoch im Jahr 1960 in den USA publiziert, erst 1961 und 1962 folgten Editionen in Frankreich, Italien und Großbritannien.

Der erste Mittler

Es sollte Jahrzehnte dauern, bis Sonderkommando-Überlebende ihre Erinnerungen veröffentlichten. Eine Ausnahme war Filip Müllers Kurzbericht, den er seinen Kameraden Erich Schön (alias Kulka) und Ota Kraus für dessen 1946 erschienenes Buch »Tovarna na smrt« (Die Todesfabrik) und dem darin enthaltenen Sonderkommando-Kapitel in einem Prager Sanatorium diktierte.[41] Alle anderen in den ersten Jahren nach Kriegsende publizierten oder verfassten Berichte, die das Sonderkommando und das Zentrum der Massenvernichtung ausführlicher behandelten, stammten hauptsächlich von außenstehenden Ärztinnen und Ärzten oder Pflegepersonal, die Zeugenaussagen von Sonderkommando-Häftlingen, die sie während der Inhaftierung mündlich überliefert bekommen hatten, zum Teil verzerrt wiedergaben, oder von Ärzten, die wie Nyiszli zeitweise zur Versorgung kranker Sonderkommando-Häftlinge abgestellt worden waren.[42]

Nyiszlis Bericht war detaillierter und analytischer als die anderen frühen Berichte. Mit dem Blick des Obduzenten sezierte er die Mordfabrik und protokollierte die wichtigsten Ereignisse. Mit dem Wissen des Arztes diagnostizierte er die körperlichen und seelischen Beschwerden von Opfern und Tätern und analysierte das Verhalten seiner Zeitgenossen im Birkenauer Krematorium. Während andere Überlebende Sonderkommando-Episoden in ihren Berichten erzählten, schrieb Nyiszli ein Sonderkommando-Buch. Er war unter den Nicht-Sonderkommando-Häftlingen dem Geschehen am nächsten und für eine breite Leserschaft der erste ausführliche Mittler der Sonderkommando-Geschichte mit einer besonderen, aber distanzierten Perspektive.[43] Eben weil er nicht dazu gehörte, konnte er die Häftlinge des Sonderkommandos kritisch darstellen, was indessen zur Verbreitung ihres negativen Images in Literatur und Film maßgeblich beitrug.[44] Nyiszlis Bericht ist bis zum Erscheinen von Filip Müllers Buch »Sonderbehandlung« im Jahr 1979 der umfangreichste Bericht über die Lebenswelt des Sonderkommandos in Auschwitz-Birkenau gewesen.

Zur deutschen Edition

Die erste deutsche Edition des vorliegenden Buchs ist das Verdienst von Dr. Friedrich Herber, der 1987 die Diplomarbeit von Hrjehor Nawka, »Der Lebensweg des Gerichtsmediziners Dr. Miklós Nyiszli und die historische Bedeutung seines Erlebnisberichtes ›Ich war Arzt in Auschwitz‹« an der Karl-Marx-Universität Leipzig im Fachbereich Medizin betreut hatte.[45] Herber war 1985 Wegbereiter für die Themenwahl und unterstützte Dr. Nawkas Forschungsarbeit durch wertvolle Auslandskontakte, nicht zuletzt durch seinen persönlichen Kontakt zu Nyiszlis Enkelin Monica Belthegy-Vizitiu (Reich), den er durch seinen Kollegen Prof. Dr. Moisse Terbancea, Direktor des gerichtsmedizinischen Instituts an der Universität Bukarest, hergestellt hatte. Die Übersetzung aus dem Ungarischen erfolgte in den Jahren 1985/86 durch Herbers Nichte, Angelika Bihari. Nach ersten Korrespondenzen erhielt Herber von der Enkelin 1987 auch bedeutende Dokumente und Fotos ihres Großvaters zur Verfügung gestellt.[46] Die Grundlage des Anhangs der deutschen Erstveröffentlichung war Nawkas Diplomarbeit, die im Januar 1988 eingereicht worden war und wichtige Dokumentenfunde aus dem Universitätsarchiv und dem Archiv der Medizinischen Akademie in Wroclaw sowie dem Staatlichen Museum Auschwitz verarbeitet hatte,[47] sowie wesentliche biografische Angaben, die von der Enkelin mitgeteilt worden waren. In der Einleitung seiner Diplomarbeit schreibt Nawka: »Wir wollen den Lebensweg dieses Arztes, der sich sicherlich nicht durch bedeutende wissenschaftliche Leistungen, wohl aber durch eine genaue Schilderung der Geschehnisse in den Gaskammern und Krematorien der letzten acht Monte des Lager-Bestehens ausgezeichnet hat, im folgenden Text nachgehen, da wir der Ansicht sind, dass dieses sein Buch auch medizin-historisch, insbesondere für die Geschichte der gerichtlichen Medizin, als Beitrag eines Fachvertreters von Bedeutung ist.«[48] Herber setzte sich daraufhin unermüdlich für die Veröffentlichung des Buchs in der DDR ein. Nach der Wende in der DDR dauerte es nur wenige Monate, bis das Buch schließlich einen Verlag gefunden hatte, der das wirtschaftliche Risiko der Herausgabe auf sich nahm.[49] Im März 1990 setzte sich der Dietz Verlag in Berlin mit der Enkelin Nyiszlis in Verbindung. Zwei weitere Jahre dauerte es, bis das Buch erschien. Die geringe Auflage war schnell vergriffen und es sollte 13 Jahre dauern, bis 2005 der deutsche Filmstart des US-Spielfilms »Die Grauzone« von Tim Blake Nelson, dessen Drehbuch auf Nyiszlis Erinnerungsbericht basiert, einen geeigneten Anlass zur Neuauflage im inzwischen umbenannten Karl Dietz Verlag Berlin lieferte.

Die neu bearbeitete Edition und Nyiszlis Gesamtwerk

Seit der deutschen Erstauflage von Nyiszlis Buch im Jahr 1992 wurden vermehrt Erinnerungsberichte und Zeitzeugeninterviews der unmittelbaren Augenzeugen aus dem Sonderkommando veröffentlicht, die mit Nyiszlis Darstellung verglichen werden können.[50] Nyiszli betonte, dass sein Bericht für Psychologen und Kriminologen von großem Wert sein würde, im Gegensatz zu den Sonderkommando-Chronisten Salmen Gradowski und Salmen Lewenthal erwähnte er Historiker jedoch nicht.[51] Als zeithistorisches Zeugnis kann Nyiszlis Werk sich einer historischen Prüfung jedoch grundsätzlich nicht entziehen. Deshalb bedarf sein Bericht einiger Korrekturen und Kommentierungen, die auf zuverlässigeren Aussagen anderer Zeitzeugen und auf Quellenfunden insbesondere aus den letzten Jahren beruhen, die sich in den Anmerkungen des vorliegenden Werks wiederfinden. Nyiszlis Enkeltochter, Monica Reich, konnte viele offene biografische Fragen klären und weitere wertvolle zeitgenössische Fotos und Dokumente für die vorliegende Edition zur Verfügung stellen, wofür ihr sehr gedankt sei. Ausführlichere und detailliertere biografische Informationen zu ausgewählten in den Texten erwähnten Personen sind in alphabetischer Reihenfolge, nach Opfern und Tätern getrennt, im Anhang aufgelistet.

Weil 1964 in der dritten ungarischen Edition Streichungen, sprachliche Korrekturen und stilistische Änderungen am Text vorgenommen wurden, liegt der deutschen Übersetzung die ungarische Originalfassung von Nyiszlis Buch »Ich war der Obduktionsarzt von Dr. Mengele im Krematorium von Auschwitz« von 1946 zugrunde.[52] In der deutschen Übersetzung der Editionen von 1992 und 2005 konnten 69 Kürzungen festgestellt werden, die in der vorliegenden Edition rückgängig gemacht wurden. Nach dem Abgleich der deutschen Übersetzung mit der Erstausgabe von Nyiszlis Buch mussten einige Änderungen vorgenommen werden: Die in der Übersetzung häufig verwendete Abkürzung »SK« wurde in der Originalausgabe tatsächlich nur an einer einzigen Stelle verwendet und die falschen Abkürzungen entsprechend zurückgenommen. Einige Wörter, Nebensätze und Sätze, die in der deutschen Übersetzung bislang fehlten, wurden ergänzt. Originalschreibweisen wie z. B. »Lager F« wurden beibehalten und in den Anmerkungen kommentiert (die übliche Bezeichnung ist »Lager B II f«). Korrekturen von Bezeichnungen oder Fehlern wurden zurückgenommen, in den Originalwortlaut zurückgesetzt und kommentiert (z. B. »das Berlin-Dahlemer Institut für rassenbiologische und anthropologische Forschungen« statt »Institut für Anthropologie, menschliche Erblehre und Eugenik, Berlin-Dahlem« oder »Lager II« statt »Lager III«). Falsche Namensschreibweisen wurden dagegen korrigiert (z. B. Mußfeldt statt Muhsfeldt, Zenkteller statt Senkteller). In wenigen Einzelfällen mussten in der Übersetzung Korrekturen vorgenommen werden (z. B. »Halterung einer Maschinenwaffe« statt »Geländer einer Maschinenwaffe«, »Betonpfeiler« statt »Betonsäule«, »Lastkähne« statt »Flöße«), auch bei seltenen inhaltlich falschen Übersetzungen und Interpretationen (z. B. »verbrannt« statt »vernichtet«, »blutüberströmt« statt »lief rot an«, »Vorderhof« statt »Hinterhof«, »lebender Toter« statt »Todeskandidat«, »Barackenaufseher« bzw. »Blockführer« statt »Kapo«, »Pipel« statt »Unteroffizier«, »Barackenwärter« statt »Blockälteste«, »Lageraufseher« statt »Lagerführer«), bei anderen Eingriffen (z.B. »jüdischer Resignation« statt »Resignation«, »der jüdischen Rasse« statt »anderer Rassen«, »eines Volkes« statt »niederer Rassen«, »schreckliches Drama unserer jüdischen Existenz« statt »Verirrung des Schicksals«, »furchtbare Ironie unseres jüdischen Schicksals« statt »Tragödie unseres gemeinsamen Schicksals«) oder bei veränderten Zeit- und Zahlenangaben (z. B. »eine Woche« statt »zwei Wochen«, »innerhalb weniger Stunden nach ihrer Ankunft« statt »schon in der Stunde der Ankunft«, »14« statt »15 Jahre«, »Hunderttausende« statt »Tausende«, »ein halbes Bataillon« statt »etwa 200«, »sieben Kilometer« statt »sechs Kilometer«, »sechs Millionen Juden« statt »Millionen Juden«). Im ungarischen Original enthaltene deutsche Wörter werden im Text kursiv gesetzt.

Ergänzt wird die Neuauflage durch zwei protokollierte Zeugenaussagen Nyiszlis, durch seine Aussage vom 29. Juli 1945 vor dem Ungarischen Wohlfahrts-Komitee für die Betreuung deportierter Juden (DEGOB) in Budapest und seine eidesstattlichen Erklärung vom 3. Oktober 1947 im Nürnberger IG-Farben-Prozess (Verfahren Fall Nr. VI »Vereinigte Staaten vs. Carl Krauch et al.«) sowie drittens durch seinen in 27 Folgen im April/Mai 1948 in der Budapester Zeitung *Világ* erschienenen Bericht, »Ich war ein Zeuge in Nürnberg«. Dieser Fortsetzungsbericht wird in der vorliegenden Edition erstmals seit 1948 vollständig publiziert.[53] Er schließt Lücken, die in seinem ersten Bericht bemängelt worden sind, insbesondere die darin ausgelassene Überstellung in das Lager Monowitz, und ändert die an seinem Buch kritisierte stellenweise nüchterne und emotionslose Form in eine pathetische politische Anklage.

Nyiszlis Bericht von 1948 ist in zwölf Kapitel, eine Zusammenfassung, eine Einleitung und ein Nachwort unterteilt und kann einerseits als Ergänzung und andererseits als Antwort auf die kritische Rezeption seines Buchs in Ungarn und Rumänien betrachtet werden.[54] Als von der SS missbrauchter Zwangsarbeiter für NS-Medizinforschung musste sich Nyiszli für sein Überleben und für seine Tätigkeit für den SS-Lagerarzt Mengele rechtfertigen und sich gegen zahlreiche Unterstellungen verteidigen. Dies erfolgte in mehreren Stellungnahmen in den ungarischen Zeitungen *Világ* und *Demokrátia* sowie indirekt in seinem Bericht aus Nürnberg. Eine seiner Stellungnahmen in der Budapester Zeitung *Világ* vom 10. April 1947, die die wesentliche Zusammenfassung seiner Antworten auf kritische Leserbriefe ist, ergänzt die Sammlung von Nyiszlis Schriften in deutscher Übersetzung in dieser Edition. Damit soll nicht zuletzt ein Einblick in die Rezeptionsgeschichte von

Nyiszlis Buch in Ungarn zwischen 1947 und 1948 gewährt werden, die bislang nur ansatzweise untersucht wurde.[55] Nach Nyiszlis Schriften folgt die ausführliche Darstellung seines Lebenswegs durch Dr. Friedrich Herber, die sein tragisches Schicksal zusammenfasst und an seinen frühen Tod im Jahr 1956 erinnert.

Der 2013 verstorbene Herausgeber der deutschen Edition und ehemalige Oberarzt am Institut für Rechtsmedizin der Universität Leipzig, Dr. Friedrich Herber, dessen Initiative und selbstlosem Engagement die Veröffentlichung in Deutschland zu verdanken ist, beendete sein Vorwort in der ersten deutschen Ausgabe mit folgenden Feststellungen:

> »›Hic gaudet mors succurere vitae‹ (Hier steht der Tod im Dienst des Lebens) ist ein Leitspruch, den junge Medizinstudenten in den anatomischen Präpariersälen der Universität lesen und der auch das humanistische Anliegen eines Pathologen oder eines Gerichtsmediziners verdeutlicht.
> In der medizinischen Enklave der Sektionsräume der Auschwitzer Krematorien wurde sogar dieses Anliegen pervertiert: Selbst der Tod stand hier im Dienst einer verbrecherischen Medizin, die repräsentiert wurde durch SS-Ärzte wie Josef Mengele.
> Insofern war der Häftling Dr. Nyiszli wahrhaftig ein ›Arzt im Jenseits der Menschlichkeit‹.
> Sein Buch aber soll den Lebenden dienen: als Erinnerung, als Mahnung, als Verpflichtung und Auftrag.«

Dem ist nichts hinzuzufügen.

Teil 1

Erklärung

Ich, der unterzeichnende Dr. Miklós Nyiszli, bin Arzt und ehemaliger Häftling des K.Z.[1], Tätowierungsnummer A–8450; ich war beschäftigt im Krematorium und an den Scheiterhaufen,[2] wo das Feuer Millionen Körper von Vätern, Müttern und Kindern verzehrte.

Ich erkläre als unmittelbarer Zeuge, dass ich meinen Bericht über diese finsterste Zeit der Menschheitsgeschichte nach der Wirklichkeit, ohne Übertreibung und ohne zu beschönigen, niedergeschrieben habe.

Als Arzt beim Auschwitzer Krematorium angestellt, formulierte ich ungezählte ärztliche und gerichtsmedizinische Protokolle über Sektionen von Leichen; ich unterschrieb sie eigenhändig mit der mir eintätowierten Häftlingsnummer.

Anschließend wurden diese Dokumente von dem mir vorgesetzten SS-Arzt Dr. Mengele signiert und gelangten mit der Post an das *Berlin-Dahlemer Institut für rassenbiologische und anthropologische Forschungen*[3] – also an eines der bekanntesten medizinischen Institute der Welt. Es ist sehr wahrscheinlich, dass man die Protokolle noch heute im Archiv dieses Institutes vorfinden kann. Mit meiner Arbeit erstrebe ich keinerlei literarischen Erfolg. Ich war kein Schriftsteller, ich war Arzt, als ich die unvorstellbaren Schrecken erlebte, und nun, da sie beschrieben wurden, schrieb ich sie nicht mit der Feder des Reporters, sondern mit der Feder des Arztes.[4]

ORADEA – NAGYVÀRAD,[5] IM MÄRZ 1946
Dr. Miklós Nyiszli[6]

»Ich war der Obduktionsarzt von Dr. Mengele im Krematorium von Auschwitz«

I

Immer unerträglicher werden an diesem heißen Mai-Nachmittag die Ausdünstungen der 90 zusammengepferchten, ungewaschenen Menschen und der Gestank der übervollen Koteimer in dem mit Stacheldraht umspannten geschlossenen Güterwagen.

Der Zug der Deportierten, der aus 40 solcher Wagen besteht, fährt schon den vierten Tag, erst durch die Slowakei, dann durch das »*Generalgouvernement*«,[1] und bringt uns zu einem unbekannten Ziel. Die erste Gruppe der einen Million ungarischer Juden, die zur Vernichtung verurteilt wurden, befindet sich im Zug.[2]

Wir lassen die Tatra hinter uns, fahren durch den Bahnhof von Lublin, später durch *Krakau*.[3] Im Verlaufe des Krieges werden beide Städte zu Sammel- und Vernichtungsstätten für die nazifeindlichen Bürger Europas, die die Vertreter der »Neuordnung Europas« aus den besetzten Gebieten hierher verschleppten.

Nachdem wir *Krakau* verlassen haben, fährt der Zug noch eine knappe Stunde, hält schließlich auf einer größeren Station. Wir lesen, was in gotischen Buchstaben geschrieben steht: Auschwitz. Der Name sagt uns nichts. Wir haben ihn nie gehört, weder als Eisenbahnpunkt noch in anderem Zusammenhang.[4]

Um unseren Zug herum entsteht Bewegung, wie wir durch die Ritzen des Waggons beobachten können. Unsere bisherigen SS-Bewacher steigen aus. Ihren Platz nimmt eine neue Wachmannschaft ein. Auch das zugbegleitende Bahnpersonal verlässt seinen Platz. Aus den Satzfetzen, die wir hören, erfahren wir, dass wir unsere Endstation erreicht haben.[5]

Wieder setzt sich der Zug in Bewegung, nach etwa 20 Minuten bleibt er – mit einem langen Pfiff der Lokomotive – erneut stehen.

Ich finde eine Ritze, durch die ich wieder hinaussehen kann. Ich erblicke eine kahle Ebene mit gelbem Lehmboden, so wie die ostschlesischen Landschaften im Allgemeinen aussehen. Nur gelegentlich wird die Eintönigkeit unterbrochen von einem grünen Wäldchen und von den fernen Windungen der Weichsel. Das vor mir liegende Gelände ist bis zum Horizont in regelmäßigem Abstand von Betonpfeilern begrenzt, zwischen denen mehrere Reihen Stacheldraht gespannt sind. Die Porzellanisolierungen und dicht an dicht angebrachte Warnschilder verraten, dass die Drähte Hochspannung führen. Die Zäune umgeben riesige Areale, in denen sich Hunderte grüngestrichene, mit Teerdächern gedeckte Baracken und zwischen ihnen hindurchführende lange gerade Straßen befinden.

Innerhalb der Drahtumzäunung bemerke ich Gestalten in gestreifter Häftlingskleidung. Eine Gruppe trägt Holzpfosten, eine andere marschiert in militärischer Ordnung, auf den Schultern sehe ich Schaufeln, weiter weg werden Lastwagen mit großen Ballen beladen. Hinter der Umzäunung, jeweils 30 bis 40 Meter voneinander entfernt, bestimmen kleine Türme das Bild.[6] Es sind Wachtürme. Auf jedem ein SS-Soldat in grüner Uniform,[7] auf einer Halterung eine Maschinenwaffe montiert. Das ist das Konzentrationslager Auschwitz.[8] Oder, wie es die Deutschen, die Abkürzungen lieben, nennen: das KZ.

Der Anblick ist nicht vertrauenerweckend, doch Spannung und Neugier unterdrücken vorläufig das Angstgefühl in mir.

Ich betrachte meine Waggongefährten. Es sind 26 Ärzte, acht Pharmazeuten, ihre Frauen und Kinder sowie einige Greise und alte Frauen: die Eltern meiner Kollegen. Auf ihren Gepäckstücken oder auf dem Boden sitzend, starren sie mit sorgenvollem, erschöpftem Gesichtsausdruck ins Leere. Vielleicht sind es ihre schlimmen Ahnungen, die sie auch in der Aufregung der Ankunft nicht aus ihrer Apathie erwachen lassen. Ein Teil der Kinder schläft, einige essen vom Rest der Lebensmittel, meist Brot. Wer nichts mehr abbekommen hat, leckt sich nutzlos die von Durst und Hunger aufgesprungenen Lippen.

Unter harten Schritten knirscht Kies. Laute Befehle zerreißen die Eintönigkeit des Wartens. Die Schlösser der Waggons werden geöffnet. Die Tür rollt zur Seite, man befiehlt: Die Pakete und Koffer im Waggon lassen, mit Handgepäck aussteigen! Wir heben unsere Frauen und Kinder aus den anderthalb Meter hohen Wagen. Vor dem Zug müssen wir in einer Reihe Aufstellung nehmen.

Wir sehen uns einem jungen SS-Offizier in Lackstiefeln und mit Goldtressen gegenüber.[9] Offensichtlich gibt er den auf Befehle wartenden Soldaten Anweisungen. Ich kenne die Rangabzeichen der SS noch nicht, doch wegen des Äskulap-Symbols am Ärmel des Offiziers vermute ich, dass es sich um einen Arzt handeln muss. Später erfahre ich, dass der Offizier SS-Hauptsturmführer war. Sein Name: Dr. Mengele, der leitende Arzt des Konzentrationslagers Auschwitz.[10] Bei der Ankunft jedes Transportes ist er auf der Rampe anwesend.[11] Er ist der selektierende Arzt.

Die einzelnen Abschnitte der Selektion in Auschwitz vollziehen sich innerhalb weniger Minuten. Welche Folgen sie für jeden von uns haben, das sollen wir erst später erfahren.

Es geht los! Die SS-Mannschaft trennt eilig die Männer von den Frauen sowie Kindern unter 14 Jahren. Diese bleiben bei ihren Müttern. Die lange Front vor den Waggons zerfällt so in zwei Teile. Wir alle werden unruhig. Schon sind wir von unseren Familien getrennt. Die Bewacher antworten beruhigend auf besorgte Fragen. Das alles hat nichts zu bedeuten, sagen sie, man bringt euch zum Baden und zum Desinfizieren, so ist es hier vorgeschrieben, danach kommt jeder wieder zu seiner Familie.

Bis die Teilung der 4000 Menschen umfassenden Menge beendet ist, habe ich Zeit, mich umzuschauen.[12] Im Licht der untergehenden Sonne erblicke ich plastisch das auch aus dem Waggon erspähte Landschaftsbild. Doch jetzt sehe ich mehr. Das Erste, was meine Aufmerksamkeit fesselt und magisch anzieht, ist ein riesiger, viereckiger, aus roten Ziegeln erbauter und sich nach oben verjüngender Schornstein, der sich aus einem gewaltigen, ebenfalls aus Ziegeln errichteten zweistöckigen fabrikähnlichen Gebäude erhebt. Dieser Fabrikschornstein hat eine merkwürdige Form. Was mich erschüttert, ist die aus ihm hervorbrechende, acht bis zehn Meter hohe Flammensäule zwischen den auf dem Schornstein angebrachten vier Blitzableitern.[13] Ich rätsele, welche Höllenküche das wohl sein mag, in der ein so gewaltiges Feuer gebraucht wird. Rasch finde ich die Antwort: Wir sind im Lande der Krematorien, in Deutschland, wo ich zehn Jahre lang als Student und Arzt lebte.[14] Seit damals weiß ich, dass jede deutsche Kleinstadt ein Krematorium besitzt.[15] Dies ist also ein Krematorium! Nicht weit entfernt ein Zweites, und ziemlich versteckt in einem Wäldchen gelegen, entdecke ich einen dritten ähnlichen Bau, mit einem ebensolchen feuerspeienden Schornstein.[16]

Der leichte Wind treibt den Rauch in unsere Richtung. Der übelerregende Geruch verbrannten Fleisches und versengter Haare lässt meinen Atem stocken. Für einen Arzt ist dies ein bekannter Geruch! Es ist der Geruch brennenden Menschenfleisches, das Akrolein abgibt.[17] Ganz ähnlich riechen die aus Kadaverfett hergestellten Kirchenkerzen. Ich hätte noch viel zu grübeln, doch es folgt die zweite Etappe der Selektion: Im Gänsemarsch ziehen die Männer, Frauen und Kinder an dem Selektionsbeauftragten vorüber. Auf Wink des selektierenden Arztes, den ich von nun ab bei seinem Namen Dr. Mengele nenne, stellen sie sich entweder links oder rechts auf, also wieder in zwei Gruppen. In der Reihe auf der linken Seite, so beobachte ich, befinden sich hauptsächlich Alte, Krüppel, Schwache und Frauen mit Kindern unter 14 Jahren. Die rechte Gruppe ist die der Arbeitsfähigen.[18] Hier sehe ich meine Frau und mein 14 Jahre altes Töchterchen. Zu einem Gespräch haben wir keine Gelegenheit mehr. Wir winken uns nur zu.[19]

Die gehunfähigen Kranken, Alte und Geistesgestörte werden in Rot-Kreuz-Wagen verladen, auch einige alte Kollegen von mir steigen mit ein.[20] Zuerst setzen sich diese Wagen in Bewegung. Dann folgt die linke Gruppe, in Fünferreihen, langsamen Schrittes, begleitet von einigen SS-Wachen. Nach einigen Minuten verlieren wir sie zwischen den Bäumen eines Wäldchens aus den Augen. Die rechte Gruppe steht noch immer verloren da. Dr. Mengele ruft die Ärzte gesondert heraus. Nachdem das geschehen ist, tritt er zu der etwa 50 Ärzte zählenden Gruppe und fordert diejenigen auf, sich zu melden, die an deutschen Universitäten studiert haben, Sektionen durchführen können und gerichtsmedizinische Kenntnisse haben.[21] »Aber geben Sie gut acht«, sagt er, »dass Sie den Ansprüchen auch genügen, sonst ...« Er lässt eine kleine, vielsagende, drohende Geste folgen. Ich blicke nach rechts, nach links, beobachte meine Gefährten – sind keine Fachleute unter ihnen? Oder erschraken sie vor der Drohung? Es meldet sich niemand. Einerlei! Schon habe ich mich entschieden. Ich trete aus der Reihe, nehme vor Dr. Mengele Haltung an und nenne meinen Namen. Er fragt mich gründlich aus, will wissen, wo ich studiert, wo und bei wem ich sezieren gelernt habe, woher meine gerichtsmedizinischen Kenntnisse stammen und wie lange ich auf diesem Gebiet gearbeitet habe.[22] Meine genauen Antworten haben ihn anscheinend befriedigt, denn er lässt mich gesondert antreten.

Meine Kollegen werden in die rechte Gruppe zurückbefohlen. Mit ihr begeben sie sich ins Lager.

Was ich damals noch nicht wusste: Die linke Gruppe trat wenige Minuten nach dem Abmarsch durch das Tor in eines der Krematorien. Von dort aber gab es keine Rückkehr ...

II

Nun stehe ich allein hier. An unsere Schicksalsschläge denke ich und an Deutschland, wo ich so viele Jahre, die schönsten Jahre meiner Jugend, verbrachte. Der Himmel über mir ist schon voller Sterne. Hoch oben, genau über meinem Kopf, leuchtet das Sternbild des Großen Wagens, genau wie zu Hause in Ungarn. Die vom Abendwind abgekühlte Luft würde mich erfrischen, bliese sie mir nicht aus den Krematorien des Dritten Reiches den Geruch der verbrannten Leichen, den Geruch des Akroleins, entgegen.

Hunderte große Bogenlampen werfen blendendes Licht. Doch es ist, als hätte sich hinter der Lichterkette die Luft verdichtet; als bedecke ein schwerer Schleier das Lager. Man sieht die Lagerbaracken nur schemenhaft.

Die Rampe ist leer, nur einige Häftlinge machen Lärm beim Verladen der in den Waggons verbliebenen Gepäckstücke auf Lastwagen.[23] Die 40 nun leeren Waggons, vorher Träger unseres Schicksals, verschmelzen im Dunkel immer mehr mit der Umgebung.

Auch Dr. Mengele hat seine letzten Anweisungen an die noch wartenden SS-Soldaten gegeben, er geht zu seinem Opel und nimmt auf dem Fahrersitz Platz.[24] Dabei winkt er in meine Richtung: Ich soll einsteigen. Auf dem anderen Rücksitz lässt sich ein SS-Unteroffizier nieder. Wir fahren los.[25]

Unser Wagen schleudert auf dem lehmigen, vom vielen Regen aufgeweichten, unebenen Boden des Lagers. Schnell huschen die an den Drahtzäunen befindlichen Bogenlampen vorüber.

Die Fahrt ist kurz. Vor einem geschlossenen Eisentor stoppen wir. Aus der Wachstube stürzt ein SS-Unteroffizier und öffnet das Tor für Dr. Mengeles Wagen. Wir fahren noch einige 100 Meter auf der Hauptstraße des Lagers zwischen den beiderseits aufgereihten Baracken und halten vor einem der gepflegteren Gebäude.

Dr. Mengele steigt aus, auch ich werde dazu aufgefordert. »Lagerbüro« kann ich auf der am Eingang angebrachten Tafel lesen.[26] Wir treten ein. Mehrere Häftlinge, mit intelligenten Gesichtern, springen von ihren Plätzen an den Schreibtischen auf und nehmen wortlos Haltung an. Dr. Mengele wendet sich an einen etwa 50-jährigen Häftling mit kahl geschorenem Kopf. Ich stehe einige Meter hinter den beiden und verstehe nicht, was gesprochen wird. Dr. Zenkteller[27] – so heißt der Häftling, der leitender Arzt des Krankenbaulagers F ist, wie ich später erfahre – nickt.[28] Er winkt mich heran und begleitet mich zum Schreibtisch eines anderen Häftlings. Dieser »Schreiber« nimmt eine vorgedruckte Karteikarte zur Hand, erfragt meine Personalien, trägt sie auf der Karte und auch in einem großen Buch ein.[29] Die ausgefüllte Karteikarte gibt er dem begleitenden SS-Mann. Schon im Aufbruch, senke ich den Kopf vor Dr. Mengele, was Dr. Zenkteller veranlasst, eher ironisch als erzürnt zu bemerken, ich solle hier nicht mit Verbeugungen den Mann des Salons spielen, sondern mich schnellstens daran gewöhnen, dass dies ein KZ sei!

Nur bis zur dritten Baracke gehe ich mit meinem Begleiter.[30] Dort gibt es eine neue Tafel: »Bad und Desinfektion«. Mein Bewacher übergibt meine Karteikarte einem weiteren SS-Angehörigen. Zwei Männer in Häftlingskleidung treten zu mir, durchsuchen meine Taschen und fordern mich auf, die Kleidung abzulegen. Ein Friseur erscheint. Er schneidet mich kahl, rasiert mich überall und schickt mich unter eine der Duschen. Mein Kopf wird mit einer Chlorkalklösung übergossen. Sie brennt in meinen Augen, sodass ich sie minutenlang nicht öffnen kann. In einem anderen Raum erhalte ich ein neues graues Jackett und eine gestreifte schwarze Hose anstelle meiner eigenen Kleidung. Meine Schuhe bekomme ich zurück, nachdem man sie in ein Becken mit Chlorkalkwasser getaucht hatte. Ich ziehe die Kleider an. Sie passten perfekt, als ob sie für mich gemacht wären. Wer weiß, welcher meiner Schicksalsgefährten sie getragen hat?

Einer der Häftlinge krempelt mir den linken Ärmel hoch, sieht sich die auf meiner Karte eingetragene Nummer an. Dann bringt er mir mit einem schreibstiftähnlichen Gerät und gewohnheitsmäßiger Schnelligkeit zahlreiche feine Stiche auf der Haut bei, ein zusammenfließender Farbfleck entsteht. Der Häftling beruhigt mich: Die Haut werde sich etwas entzünden, nach einer Woche vergehe das und die Zahlen würden klar sichtbar. So bin ich also tätowiert. Und damit habe ich, Dr. Miklós Nyiszli, aufgehört, unter diesem Namen zu existieren. Ich bin nur noch eine Nummer: A-8450, Häftling im KZ.[31]

Unvermittelt kommt mir ein anderer Akt in den Sinn, und zwar der Augenblick, als der Dekan der Medizinischen Fakultät der Friedrich-Wilhelm-Universität *Breslau* mir vor 15 Jahren feierlich die Hand schüttelte, mir mein ausgezeichnetes Diplom überreichte und eine glückliche Zukunft wünschte.[32]

III

Ich befinde mich in einem merkwürdigen seelischen Zustand. Doch wie ich mich bisher im Leben nie der Verzweiflung hingab, die zu nichts führt, muss ich mich auch jetzt mit meiner Situation abfinden. Ich darf nicht verzweifeln. Ich darf nicht sentimental werden. Ich darf weder zu viel sehen, noch zu nüchtern sein. Völlig bei Verstand, sage ich mir Folgendes: Meine Situation ist momentan nicht die schlechteste. Dr. Mengele wünscht ärztliche Arbeit von mir. Wahrscheinlich soll ich die gerichtsmedizinische Arbeit eines zur Front eingezogenen deutschen Kollegen wenigstens teilweise im Institut einer deutschen Stadt fortsetzen.

Mit Zuversicht erfüllt mich auch, dass ich, sicher auf Anweisung von Dr. Mengele, keine Häftlingskleidung, sondern einen Zivilanzug erhielt. Auch daraus lässt sich ableiten, dass er mir eine Aufgabe zugedacht hat, die auch ein angemessenes Äußeres verlangt. Doch das sind lediglich Vermutungen. Es wird sich herausstellen!

Aus dem Bad gehe ich mit meinem neuen Begleiter, der meine Karte bei sich hat, in die gegenüberliegende Baracke. Sie trägt an der Stirnseite die Nummer 12. Das Gebäude ist etwa 100 Meter lang, im Innern bildet es eine Halle.[33] Auf beiden Seiten befinden sich dreistöckige, aus Latten und Brettern gezimmerte, in Boxen abgeteilte Liegeplätze, gefüllt mit Kranken. Ich bin in der Krankenhausbaracke des Lagers F.

Meine Karteikarte übergibt mein SS-Begleiter einem herbeieilenden Häftling mit dickem Gesicht, der Haltung annimmt. Der SS-Mann entfernt sich.

Ich gebe dem Häftling die Hand, wir stellen uns vor. Er ist der Blockälteste des Blocks 12.[34] Er führt mich in sein kleines Zimmer, das von der großen Halle abgeteilt ist, und erzählt mir nach Häftlingsgewohnheit seine Lebensgeschichte: ein »Reichsdeutscher«, 50 Jahre alt. Sein Zivilberuf: Bankräuber. Er hatte immer allein gearbeitet. Bei seinem letzten großen Coup überfiel er am helllichten Tag ein Düsseldorfer Geldinstitut. Drei Jahre lebte er von dem erbeuteten Geld, bis ihn seine Frau, die sich von ihm getrennt hatte, verriet. Zehn Jahre saß er dann im Zuchthaus Berlin-Moabit. Als er nach seiner Entlassung durch das Tor trat, wartete bereits die SS auf ihn, um ihn nach Auschwitz zu bringen. Seit fünf Jahren ist er nun hier gefangen.[35]

Auf dem gestreiften Kittel trägt er in Brusthöhe, über dem Herzen, auf weißem Grund eine Zahl im grünen Dreieck. Das grüne Dreieck ist im KZ das Symbol der Berufsverbrecher. Er erklärt mir auch die Zeichen der anderen Häftlinge. Ein rotes Dreieck kennzeichnet die Politischen, ein braunes die Bibelforscher und Baptisten. Die notorisch Arbeitsscheuen und die Prostituierten tragen blaue Dreiecke. Ein schwarzes Symbol markiert die Homosexuellen, die gegen den § 175 verstoßen haben. Ein auf einem schwarzen Armband befindliches »A« bedeutet Arzt, doch eine solche Kennzeichnung haben nur wenige. Inhaftierte Ärzte dürfen das Band nur tragen, wenn sie im KZ auch eine ärztliche Funktion innehaben.[36]

Mitternacht ist schon vorüber, doch die Neugier besiegt meine Erschöpfung. Ich achte auf jedes Wort des Blockältesten. Er weiß genauestens Bescheid über die komplizierte Organisation des Konzentrationslagers. Von sämtlichen SS-Befehlshabern aller Lagerteile weiß er den Namen. Er kennt die »Prominenten« unter den Häftlingen, die besondere Positionen einnehmen. Ich erfahre, dass Auschwitz kein Arbeitslager ist, sondern das größte Vernichtungslager des Dritten Reiches. Ich höre auch von den in den Krankenbaracken und im Lager wöchentlich stattfindenden Selektionen, bei denen Hunderte von Opfern auf Lastwagen geladen und in die wenige 100 Meter entfernten Krematorien gebracht werden.

Nach dem Bericht des Blockältesten kann ich mir das Lagerleben nun besser vorstellen, das Leben in den Baracken, wo 800 bis 1000 Menschen in engen, selbst als Käfig ungeeigneten Boxen zusammengepfercht sind. Ihre Füße liegen auf den Köpfen, den Hälsen, den Körpern der anderen. So, kreuz und quer durcheinander auf elenden Schlafstätten, verbringen sie ihre kurze Nachtruhe. Ihrer Menschlichkeit beraubt, schlagen, treten und beißen sie sich gegenseitig, um sich ein paar Zentimeter Platz für ihren kurzen Schlaf zu verschaffen.

Ihr Schlaf ist nämlich schon morgens um drei Uhr zu Ende. Aufpasser[37] prügeln sie mit Gummiknüppeln hoch, drängen sie zum Tor hinaus und lassen sie antreten. Es beginnt die unmenschlichste Programmnummer des KZ: der Appell. Die Häftlinge stehen in Fünferreihen. Sie werden geordnet: Der Schreiber stellt die Großen in die erste Reihe, die Kleinen nach hinten. Dann kommt ein anderer »Prominenter«, der Stubenälteste. Unter Faustschlägen treibt er die Großen nach hinten, die Kleinen wieder nach vorn. Schließlich tritt der gut genährte und sauber gekleidete Blockälteste heraus. In seiner frischgewaschenen und gebügelten Häftlingskleidung bleibt er in der Pose eines Napoleon vor der ersten Reihe stehen und sieht sich die Gesichter an: Findet sich nicht irgendein Makel? Dann geht es los, er schlägt einigen Brillenträgern ins Gesicht und stößt sie nach hinten. Warum? Keiner weiß es. Man denkt auch nicht darüber nach. Das hier ist ein KZ, nichts hat hier Sinn oder Ziel.

Mitunter dauert diese Tortur stundenlang. Bis zu 15-mal werden die Reihen von links nach rechts, von hinten nach vorn und umgekehrt gezählt. Ist die Reihe nicht gerade genug, müssen alle Insassen der Baracke eine halbe Stunde mit hochgereckten Armen am Boden hocken.

Allen zittern die Beine vor Ermüdung. Die Morgen in Auschwitz sind auch im Sommer sehr kühl. Die dünne, gestreifte Leinenkleidung schützt weder vor Regen noch vor Kälte, und der in der Dämmerung beginnende Appell ist erst morgens um sieben Uhr zu Ende, wenn der SS-Unteroffizier erscheint. Der Blockälteste ist ein getreuer Diener der SS. Fast in jeder Baracke beaufsichtigt ein Krimineller die Häftlinge. Jetzt nimmt er Haltung an und meldet den Bestand.[38]

Nun geht auch der SS-Mann die Reihen entlang. Er zählt und trägt die Anwesenheit in sein Büchlein ein. Wenn die Baracke Tote hat – jeden Tag gibt es fünf, sechs, manchmal zehn –, werden auch sie bei der Zählung erfasst. Auch die Toten stehen, und zwar am Ende der Reihen, je zwei Häftlinge halten sie aufrecht, solange die Zählung dauert, denn, ob lebend oder tot: Die Anwesenheit muss stimmen! Es passiert häufig, dass das Leichentransportkommando mit seinen von Menschen gezogenen Karren wegen Überlastung zwei, drei Tage nicht kommt, um die Toten wegzubringen. So müssen sie bei jeder Zählung »anwesend« sein, bis man sie endlich abholt und ihre Nummern aus dem Bestand gestrichen werden.

Nach allem, was ich von dem Bankräuber gehört habe, hadere ich nicht mit meinem Schicksal: Ich hatte den Mut, mich bei Mengele zu melden und so das Schicksal zu korrigieren. Ich habe die von ihm gewünschte Aufgabe übernommen. Ich wurde zum Arzt ernannt, und gleich am ersten Tag gelang es mir, nicht mit den Massen von dem Elend der Baracken des Quarantänelagers verschluckt zu werden.[39] Dadurch, dass ich Zivilkleidung trage, bewahre ich mein menschliches Äußeres, und heute Nacht schlafe ich in einem richtigen Bett im Arztzimmer der Krankenhausbaracke 12.[40]

In der Krankenhausbaracke wird morgens um sieben Uhr geweckt. Die Ärzte, unter ihnen auch ich, und das übrige Krankenrevierpersonal treten vor unserer Baracke an. Wir werden gezählt, das dauert zwei bis drei Minuten. Auch die Kranken in den Boxen zählt man, ebenso die im Laufe der Nacht Verstorbenen. Die Toten liegen zwischen den Kranken.

Das Frühstück nehmen wir in unserem Zimmer ein, dabei lerne ich auch meine Kollegen kennen. Der leitende Arzt von Block 12 ist Dr. Levy, vormals Dozent an der Universität Strasbourg, sein Stellvertreter heißt Dr. Grosz, früher Professor an der Universität Zagreb,[41] beide sind Fachärzte für innere Medizin. Ich kenne sie als herausragende Persönlichkeiten der medizinischen Wissenschaft und Forschung in Europa.

In Auschwitz scheuen sie weder persönliche Gefahr noch Erschöpfung, verdrängen sie ihre eigene Tragödie, um mit wenigen Instrumenten, ohne spezielle Arzneimittel, ohne Asepsis und Antisepsis zu helfen, die Qualen in einer Umgebung wie dieser zu lindern, wo innerhalb von drei bis vier Wochen auch der in bester Kondition Angekommene vor Hunger und Schmutz, aufgrund von Misshandlungen und Schwerstarbeit zusammenbricht. Wie ergeht es da erst jenen, die eine organische Krankheit haben! Diese beiden Mediziner sind vollkommene Ärzte auch dort, wo es schwer ist, ein Mensch zu bleiben, und noch schwerer, ein Arzt zu sein.

Hingebungsvoll folgen ihrem Beispiel die sechs Unterärzte. Sie sind liebenswerte, zuvorkommende jüngere Ärzte aus Frankreich und Griechenland. Schon seit drei Jahren essen sie das aus Wildkastanien hergestellte, mit Sägemehl vermischte KZ-Brot.[42] Ihre Eltern, Frauen und Kinder wurden innerhalb weniger Stunden nach ihrer Ankunft liquidiert, also verbrannt. Wer auf die rechte Seite, die der Arbeitsfähigen, kommt, steht höchstens drei, vier Monate durch, dann verschlingt auch ihn das Feuer des Krematoriums.

Im Wissen um diese Schrecken, unter der großen Last der Aussichtslosigkeit des eigenen Schicksals, bemühen sich die Ärzte mit tiefster Hingabe, den ihnen anvertrauten noch lebenden, aber zum Tode Verdammten zu helfen.

Denn lebende Tote sind die im Krankenbau Gepflegten. Muss man doch schon sehr schwer krank sein, um ins Krankenrevier des KZ zu kommen … Bis auf die Knochen ausgezehrte, kaum 30 Kilogramm wiegende, dahintaumelnde Skelette, ekelerregende mit ausgedehnten Phlegmonen und eitrigen Abszessen bedeckte Körper, vom Hunger erschreckend aufgetriebene, an nicht zu stoppendem Durchfall leidende, gelbhäutige Schatten – so sieht das Patientengut in den Krankenblöcken des Konzentrationslagers aus. Und diesen Kranken muss geholfen werden …

IV

Ich bin noch unbeschäftigt. In Begleitung eines französischen Kollegen sehe ich mich ein wenig im Lagerteil F um. Was mich sofort interessiert, ist ein kleiner Anbau am Block 12.[43] In ihm befinden sich ein mannsgroßer, aus rohen Brettern gezimmerter Tisch und ein Stuhl mit einer Holzkiste: In mehreren Fächern liegen Instrumente, wie sie zur Leichenöffnung benutzt werden. In einer Ecke steht ein Zinkeimer. Das ist die ganze Einrichtung der Kammer. Von meinem Kollegen erfahre ich, dass dies früher der Sektionsraum gewesen sei, der einzige im ganzen Lager, doch er werde nicht mehr benutzt. Momentan gebe es auch keinen Fachmann für Leichenöffnungen hier.[44] Mein Kollege hält es nicht für unwahrscheinlich, dass mein Erscheinen mit dem Plan Dr. Mengeles zusammenhängt, diesen Sektionsraum wieder zu nutzen.

Diese Möglichkeit kühlt meine Fantasie etwas ab. Ein modernes Institut hatte ich mir als Arbeitsplatz vorgestellt, nicht diesen Lagerschuppen. Während meiner Praxis, selbst bei Exhumierungen in der Provinz und bei den vielen gerichtlichen Leichenöffnungen von Selbstmördern und Getöteten hatte ich kaum unter so primitiven Bedingungen, mit so mangelhaften Instrumenten gearbeitet.[45]

Doch meine anpassungsfähige Natur akzeptiert auch diese Möglichkeiten. Im KZ ist das auch eine erstklassige Tätigkeit! Ich verstehe nur nicht, weshalb man mir für die Arbeit in diesem schmutzigen Raum neue Zivilkleidung gab. Hier klafft ein Widerspruch, aber ich grüble nicht lange darüber nach. Mit meinem Gefährten schaue ich durch die Drahtumzäunung. Im benachbarten Lagerteil sind kreischende, dunkelgesichtige, nackt umherlaufende und spielende Kinder zu sehen. Frauen in bunten Kleidern, mit kreolischem Gesichtsschnitt,[46] halb nackte Männer, Junge und Alte gemischt, auf dem Boden sitzend oder in Gruppen beieinanderstehend, unterhalten sich bzw. beobachten das Spiel der Kinder.

Das ist das bekannte Zigeunerlager.[47] Die Rassenforscher des Dritten Reiches befanden auch dieses Volk für minderwertig, vom Standpunkt der »Rassenhygiene« für schädlich. Aufgrund dieser Einstufung verschleppt man die Zigeuner aus allen Teilen des Deutschen Reiches und aus den okkupierten Ländern hierher und macht sie zu Gefangenen des Konzentrationslagers. Mit Rücksicht auf ihren katholischen Glauben genießen sie den Vorzug, im Familienlager leben zu dürfen. Alte, Junge, Kinder bunt durcheinander, jeder, wo er will. Es sind etwa 4500 Menschen.[48] Sie arbeiten nicht, sondern sind in den Baracken des von Juden bewohnten Lagerteils als Barackenwärter und Lageraufseher eingesetzt. Diesen Dienst versehen sie mit unvorstellbarer Grausamkeit.[49]

Die »Sehenswürdigkeit« des Zigeunerlagers ist eine Versuchsbaracke. Das Forschungslabor leitet Professor Dr. Epstein, früher ordentlicher Professor an der Prager Universität, ein weltbekannter Kinderarzt.[50] Schon seit vier Jahren ist er KZ-Häftling.[51] Sein Assistent ist Dr. Bendel, vormals Dozent an der Pariser Universität.[52]

Drei Versuchsprogramme laufen hier. Das erste ist die weltweit in Mode gekommene Zwillingsforschung, die nach der Geburt der kanadischen Fünflinge Aufschwung erfuhr.[53] Das zweite Programm soll der Erforschung der biologischen und pathologischen Ursachen des Zwergwuchses dienen.[54] Das dritte umfasst die Erforschung der Ursachen und Behandlungsmethoden des *Noma faciae*, des Wangenbrandes oder Wasserkrebses.[55] Diese schreckliche Krankheit kommt in der normalen ärztlichen Praxis nur sehr selten vor. Massenhaft tritt sie aber bei den Kindern des Zigeunerlagers auf.[56] Dies war der Anstoß für die Einleitung von Forschungen, deren konkretes Ergebnis eine bahnbrechende Erkenntnis in der Medizin war. Die Forschungen haben ergeben, dass bei einem Großteil der Zigeunerkinder eine angeborene Syphilis vorliegt. Typhus, Diphtherie, Scharlach, Masern und Unterernährung sind nur begünstigende Umstände für diese Krankheit, sie sind auch in den tschechischen, polnischen und jüdischen Lagerteilen anzutreffen.[57] Dort jedoch tritt das Krankheitsbild *Noma faciae* bei Kindern – sie sind frei von angeborener Syphilis – nicht auf. Diese Feststellungen stehen im Widerspruch zu der gängigen ärztlichen Auffassung, der zufolge der Wasserkrebs hauptsächlich im Zusammenhang mit Masern, Scharlach und Typhus auftrete. Diese wichtige Erkenntnis hat zur Entwicklung einer Behandlungsmethode geführt, die eine sichere Heilung verspricht: eine Kombination aus Neosalvarsan und Malaria-Impfung.

Dr. Mengele besucht die Versuchsbaracke täglich und verfolgt mit großem Interesse die Arbeiten der zwei prominenten Ärzte und die Tätigkeit einer Kunstmalerin namens Dina, die die wissenschaftlichen Zeichnungen mit großem Können anfertigt. Sie kam aus Prag hierher, seit drei Jahren lebt sie im tschechischen Lager.[58] Als Mitarbeiterin Dr. Mengeles genießt sie gewisse Erleichterungen, so zählt auch sie zu den »Prominenten«.

V

Dr. Mengele, der erste Arzt des KZ Auschwitz, ist unermüdlich.[59] Stunden verbringt er in der Versuchsbaracke des Zigeunerlagers, halbe Tage steht er auf der Judenrampe, wo nun schon täglich vier bis fünf Züge mit ungarischen Deportierten eintreffen.

In langen Kolonnen und Fünferreihen marschieren immer neue Häftlinge in Begleitung der SS heran. Nur von Weitem kann ich dies beobachten, doch anhand der guten Kleider und modernen Mäntel, der hübschen Handtaschen vermag ich auch durch drei, vier Umzäunungen festzustellen, dass diese Menschen aus einer Großstadt kommen müssen, in der sie Kultur und Wohlstand für alle geschaffen haben. Das war ihr Verbrechen!

Auch sich mit mir zu beschäftigen, findet Dr. Mengele noch Zeit. Ein von Häftlingen gezogener langer Karren hält vor der Sektionskammer. Das Leichentransportkommando lädt zwei Leichen vom Wagen. Auf der Brust tragen sie die mit blauer Fettkreide gemalten Buchstaben »ZS« – Abkürzung für »*Zur Sektion*«.

Ich hole mir vom Barackenaufseher von Block 12 einen intelligenten französischen Gefangenen als Gehilfen.[60] Wir legen den ersten Leichnam auf den Tisch. Ein starkes schwarzes Drahtkabel liegt um seinem Hals – entweder hat er sich selbst erhängt oder er wurde erhängt. Oberflächlich untersuche ich auch die zweite Leiche; an den kleinen runden Hautverschmorungen und der auffallenden lilarötlichen Verfärbung der Haut erkenne ich unschwer die Todesursache: Stromtod. Auch hier rätsle ich, welche von beiden Möglichkeiten wohl zutrifft: Rannte das Opfer freiwillig gegen die geladenen Drähte, oder wurde es hineingestoßen? Im KZ treten beide Fälle gleich häufig auf ...

Die Formalitäten sind in beiden Fällen die gleichen, es ist gleichgültig, ob jemand Selbstmord beging oder ermordet wurde. Beim Zählappell wird er aus dem Bestand gestrichen, man verlädt ihn auf einen Leichenkarren und bringt ihn zur Leichenkammer. Täglich werden 50 bis 60 Tote gebracht; von dort transportiert sie ein Lastwagen in eines der Krematorien.

Die beiden Leichen sind mir von Dr. Mengele als Prüfungsobjekte zugedacht. Vorher mahnt er mich nochmals zur Achtsamkeit: Soll ich doch dem genügen, wozu ich mich gemeldet hatte.

Autogeräusche. In der Baracke 12 wird »Achtung« gerufen. Dr. Mengele ist mit zwei hochrangigen SS-Offizieren eingetroffen. Sie hören sich die Meldungen vom Kapo und vom leitenden Arzt an. Dann gehen sie geradewegs zum Sektionsraum, gefolgt von den prominenten Häftlingsärzten des Lagerteils F. Es ist, als wären sie in der Sektionsabteilung eines großen Forschungsinstitutes, wo ein besonders interessanter Fall untersucht werden soll. Auf den Gesichtern nehme ich gespannte Aufmerksamkeit wahr und Neugier darauf, was ich wohl kann. Ich habe vor einem gefährlichen Forum zu bestehen. Ich fühle, wie meine Häftlingsgefährten mit mir fiebern.

Außer mir weiß niemand, dass ich am Breslauer Gerichtsmedizinischen Institut als Mitarbeiter von Professor Dr. Georg Strassmann drei

Jahre lang auch viele Selbstmordfälle bearbeitet habe.[61] Was mein damaliger Verstand konnte, kann auch der jetzige, der des KZ-Arztes mit der Nummer A–8450.

Ich beginne mit der Sektion. Ich öffne den Schädelinnenraum, den Brustkorb, die Bauchhöhle, entnehme alle Organe und erläutere bei deren Sektion jede Abweichung vom Normalen. Die auf mich einhagelnden Fragen beantworte ich prompt.

Ein Ausdruck befriedigter Neugier macht sich auf den Gesichtern breit, die anerkennenden Blicke vermitteln mir die Erkenntnis, dass meine Prüfung glücklich verlief.

Nach der Sektion der zweiten Leiche fordert mich Dr. Mengele auf, alle Befunde sorgfältig zu protokollieren.[62] Morgen werde er danach schicken. Die SS-Ärzte entfernen sich. Ich unterhalte mich noch mit meinen Häftlingskollegen – waren sie bisher nur höflich, so haben sie mich jetzt in ihren Kreis aufgenommen.

Am nächsten Tag kommen weitere drei Leichen zur Sektion. Mein Publikum ist dasselbe, doch die Stimmung ist heute weniger steif. Es werden viele Meinungen laut, um einige wissenschaftliche Probleme entspinnt sich sogar ein eifriges Streitgespräch.

Nachdem uns die SS-Ärzte verlassen haben, besuchen mich einige junge griechische und französische Ärzte. Sie bitten mich, sie in die Technik der Lumbalpunktion einzuführen. Ich soll ihnen erlauben, diese Entnahme von Rückenmarkflüssigkeit an Leichen zu üben. Ich erfülle ihre Bitte, denn es beeindruckt mich, dass auch zwischen den Stacheldrahtzäunen des Konzentrationslagers ein so großes fachliches Interesse herrscht. Sie probieren fleißig, und nach fünf, sechs Versuchen gelingt ihnen auch die Lumbalpunktion. Sie gehen mit einem stolzen, strahlenden Gesicht.

VI

In den nächsten drei Tagen habe ich kaum etwas zu tun.[63] Ich bekomme die für Ärzte bestimmte Essensration, ruhe auf meiner Pritsche oder sitze auf einer Bank des Sportplatzes, der dem Lagerteil F benachbart ist.[64] Ja, so etwas gibt es auch im Konzentrationslager Auschwitz. Doch nur »Prominente«, reichsdeutsche Häftlinge, dürfen ihn benutzen.[65] Sonntags herrscht hier ein reges sportliches Treiben. Sonst ist es auf dem großen Platz still. Nur ein Drahtzaun trennt ihn vom Krematorium I.[66] Ich möchte unbedingt wissen, was sich am Fuße des riesigen, rauchenden Schornsteins abspielt, aber von meinem Platz aus sehe ich wenig. Sich dem Zaun zu nähern ist nicht ratsam: Ohne Warnung wird eine Maschinengewehrsalve von den dicht an dicht stehenden Wachtürmen auf denjenigen abgegeben, der sich in dieses Niemandsland, die »neutrale Zone«, verirrt.

Ich kann beobachten, dass auf dem Hof des Krematoriums vor dem großen roten Ziegelgebäude Männer in Zivilkleidung antreten, 200 werden es etwa sein. Vor ihnen stehen einige SS-Soldaten. Ich ahne, dass dort jetzt Appell und Zählung stattfinden: Das Personal des Krematoriums wechselt, die Nachtschicht wird von der Tagschicht abgelöst. Von einem alten Häftling weiß ich, dass das Krematoriumspersonal als »Sonderkommando« eingestuft ist.[67] Die Verpflegung ist ausgezeichnet, man darf gute Zivilkleidung tragen, muss die grässlichste Arbeit von allen verrichten. Die Angehörigen des Sonderkommandos können das Gelände des Krematoriums nicht verlassen. Nach jeweils vier Monaten, wenn sie zu viel gesehen haben, werden sie liquidiert. Seit das KZ besteht, erging es jedem Sonderkommando so. Noch keiner ist hier lebend herausgekommen. Keiner konnte der Welt berichten, was seit Jahren zwischen diesen schrecklichen Mauern geschieht.[68]

Rechtzeitig kehre ich zum Block 12 zurück, um Dr. Mengele zu treffen. Er kommt im Auto, der Blockälteste empfängt ihn. Mengele lässt mich rufen, fordert mich auf, einzusteigen. Diesmal habe ich keinen Begleiter, ich habe nicht einmal Zeit, mich von meinen Kollegen zu verabschieden. Wir fahren los, doch vor der Lagerschreibstube halten wir an. Dr. Mengele verlangt von dem herbeieilenden Dr. Zenkteller meine Karteikarte; er bekommt sie.

Zehn Minuten lang fahren wir zwischen den Drahtzäunen umher, an stark bewachten Toren vorbei, hinein und hinaus, von einem Teil des Lagers in den anderen. Erst jetzt sehe ich, von welch riesenhafter Ausdehnung das Lager ist. Ein Häftling hat ja sonst kaum Gelegenheit, all das zu sehen, denn die meisten gehen in dem Teil des Lagers zugrunde, in dem sie ankamen. Das Konzentrationslager Auschwitz hielt zeitweise 500 000 Menschen zwischen seinen stromführenden Drahtzäunen gefangen.[69] Plötzlich werden meine Gedanken von Dr. Mengele unterbrochen. Nach hinten gewandt, sagt er: »Es ist kein Sanatorium, wohin ich Sie bringe, aber es lässt sich aushalten.«

Wir verlassen das Lager, an der Judenrampe vorbei fahren wir an die 300 Meter. Der Wagen wird langsamer, der Fahrer hupt, im Drahtzaun öffnet sich ein großes Eisentor, vor dem Wachposten stehen.[70] Wir biegen ein und gelangen auf einen geräumigen, sauberen, mit grünem Rasen bedeckten Hof. Sandwege und grüne Kiefern würden ihm ein freundliches Aussehen geben, wäre dort nicht das große rote Ziegelgebäude mit seinem feuerspeienden, riesigen Schlot.[71] Wir sind an einem der Krematorien, steigen aus. Ein SS-Mann stürzt herbei, macht Dr. Mengele Meldung. Durch eine große Tür gelangen wir ins Innere des Krematoriumsgebäudes.

»Ist das Zimmer fertig?«, fragt Dr. Mengele unseren Begleiter von der SS. Der bejaht. Wir gehen geradewegs dorthin, sie treten ein, ich folge ihnen. Wir stehen in einem frisch gestrichenen Raum, sein Fenster, hell, groß, mit einem Eisengitter, liegt hofwärts. Die Einrichtung ist ungewöhnlich freundlich im Verhältnis zur Baracke des Lagers: ein weißes Bett, ein weißer Kleiderschrank, ein langer Tisch, Stühle. Auf dem Tisch eine rote Samtdecke, auf dem Betonfußboden schöne Teppiche. Alles deutet darauf hin, dass man meine Ankunft erwartet hat. Die Leute vom Sonderkommando haben das Zimmer gestrichen und möbliert, es mit Stühlen, Teppichen und Tischdecken, mit dem in dörflicher Tischlerwerkstatt gefertigten Bett aus Kiefernholz und dem Schrank eingerichtet. All das stammt aus dem Hab und Gut der hier Vernichteten.[72]

Vom Zimmer aus geht es durch einen dunklen Flur in einen neuen Raum:[73] Wir sind in einem hellen, zweifenstrigen Sektionssaal modernsten Typs: roter Betonfußboden, in der Mitte des Raumes ein auf ein Betonpodest montierter grauer Sektionstisch aus Marmor mit mehreren Abflüssen. An einem Ende des Tisches ein Wasserbecken, vernickelte Wasserhähne. An den mit Ölfarbe hellgrün gestrichenen Wänden sind drei Porzellanwaschbecken angebracht. Die großen Fenster sind eisenvergittert, vor ihnen hängen grüne Netze gegen Fliegen und Mücken.

Aus dem Sektionsraum treten wir ins nächste Zimmer. Es ist ein Arbeitsraum, elegant, mit polierten Möbeln ausgestattet. Bequeme Armlehnstühle, ein mit grauem Tuch bedeckter Arbeitstisch steht in der Mitte. Auf dem Tisch drei Mikroskope, in einer Ecke ein breiter, großer Bücherschrank mit neuester Fachliteratur. Auch ein Glasschrank mit Chemikalien ist vorhanden, außerdem ein Wäscheschrank für Kittel, Schürzen, Gummihandschuhe und Handtücher. Ein modernes, großstädtisches gerichtsmedizinisches Institut könnte nicht besser ausgerüstet sein …

All das nehme ich zwar wahr, doch der Schrecken hat mich erstarren lassen. Mir wird klar: Seit ich dieses Tor durchschritten habe, wandle ich auf dem Weg des Todes, eines schwindelerregend tiefen, langsamen Todes. Ich bin verloren.

Jetzt verstehe ich, warum ich Zivilkleidung bekam! Zivilkleidung trägt das Sonderkommando, das Kommando der lebenden Toten. Mein Chef macht sich bereit zum Gehen. Er verdeutlicht der SS, dass ich dienstlich nur ihm, Dr. Mengele, unterstellt bin. Das SS-Personal des Krematoriums darf in keiner Weise über meine Person verfügen. Um meine Verpflegung kümmert sich die SS-Küche.[74] Meine Kleidung und meine Wäsche kann ich aus dem Lager ergänzen und wechseln.[75] Zum Rasieren und Haareschneiden kann ich den im Krematoriumsgebäude verfügbaren SS-Friseur beanspruchen.[76] Beim morgendlichen und beim abendlichen Zählappell muss ich nicht erscheinen.

Neben meiner gerichtsmedizinischen und Laborarbeit bin ich verpflichtet, die zu den vier Krematorien gehörenden 120 SS-Angehörigen und die 860 Mitglieder des Sonderkommandos ärztlich zu betreuen.[77] Die benötigten Medikamente, Instrumente und Verbandsmaterial stehen mir in ausreichender Menge zur Verfügung. Ich habe die auf dem Gelände des Krematoriums befindlichen Kranken laufend ärztlich zu versorgen, dazu muss ich sie täglich aufsuchen. Ich kann mich frei und ungehindert innerhalb der vier Krematorien bewegen, ohne jede Begleitung habe ich Ausgang von sieben Uhr früh bis neun Uhr abends.[78] Die Zahl der bettlägerigen und gehfähigen Kranken habe ich täglich dem Befehlshaber der SS und des Sonderkommandos, Oberscharführer Mußfeldt, zu melden.[79]

Wie gelähmt höre ich die Aufzählung meiner Rechte und Pflichten an.

Dr. Mengele entfernt sich grußlos. Einen KZ-Häftling grüßt auch der niedrigste SS-Angehörige nicht. Ich schließe die Tür des Sektionssaales, nehme den Schlüssel an mich. Hier bin ich jetzt für alles rechenschaftspflichtig. Ich gehe in »mein« Zimmer, setze mich, versuche, meine Gedanken etwas zu ordnen.

Das Bild meines früheren, nunmehr verlassenen Heimes erscheint vor mir: das sonnenbeschienene kleine Haus mit der Terrasse, die gemütlichen Zimmer, wo ich so viele glückliche Tage im Kreise meiner Familie erlebte. Auch meine Praxis fällt mir ein: Wie viele schwere Stunden habe ich für die Heilung meiner Patienten aufgewendet, wie froh war ich, wenn ich ihnen helfen konnte. Und: Wo sind meine Angehörigen, in dieser Masse von Hunderttausenden, namenlos in dieses gigantische Gefängnis Eingesperrten? Was ist aus meinem 15-jährigen Töchterchen geworden, konnte es bei seiner Mutter bleiben? Werden sie auseinandergerissen? Was wird mit meinen alten Eltern sein, deren letzte Lebensjahre ich mit viel Liebe sorglos gestalten wollte? Was ist mit meiner Schwester, dem schönen sensiblen Mädchen, für das ich anstelle unseres kranken Vaters Vater war? Es war so gut, sie zu lieben, für sie zu sorgen!

Ich zweifelte keinen Augenblick an ihrem Schicksal: Meine Eltern, meine Schwester, sie alle sind in einem der klapprigen, aus 40 Waggons bestehenden Züge auf dem Wege hierher, zur vernichtenden Judenrampe von Auschwitz, auf der meine Eltern auf einen mechanischen Wink meines Chefs, Dr. Mengele, nach links geschickt werden.[80] Doch auch meine Schwester wird nach links gelangen, denn selbst wenn ihr ein besseres Urteil beschieden wäre: Sie würde händeringend darum bitten, mit unserer Mutter gehen zu dürfen. Man wird es ihr erlauben, und mit Tränen in den Augen wird sie sich dafür bedanken ...

Die Nachricht von meiner Ankunft hat sich schnell unter dem SS-Personal des Krematoriums und beim Sonderkommando verbreitet. Es kommt Besuch: Zuerst öffnen SS-Unteroffiziere die Tür – zwei Oberscharführer von brutalem Aussehen und riesiger Gestalt kommen herein. Ich weiß, dass mein Verhalten jetzt ihre zukünftige Haltung zu mir bestimmen wird. Ich denke an den Befehl des Dr. Mengele: Nur ihm bin ich unterstellt. Der Besuch ist also ausschließlich »privater« Natur, und ich betrachte ihn als Akt der Höflichkeit und springe nicht auf, um zu melden, wie es sonst KZ-Vorschrift ist. Ich bleibe sitzen, begrüße so meine Gäste, biete ihnen Platz an. Sie bleiben in der Mitte des Raumes stehen, betrachten mich prüfend, von oben bis unten. Ich fühle die Wichtigkeit dieses Augenblickes: Erneut werde ich geprüft. Der erste Eindruck ist entscheidend.

Es scheint, ihr Eindruck schlägt nicht zu meinen Ungunsten aus: Ihren hervorstehenden Wangenknochen entweicht die Starre, sie setzen sich mit lässiger Gebärde.

Unser Gespräch bewegt sich in engen Bahnen: Wie mein Weg hierher war, warum ich ins KZ kam – all das können sie nicht fragen. Über Politik, Krieg, über die im KZ herrschenden Zustände kann ein Häftling nicht sprechen. Die Situation bringt mich dennoch nicht in Verwirrung. Meine im Deutschland der Friedenszeit verbrachten Studienjahre liefern genügend Gesprächsstoff. In der Unterhaltung werden beide schließlich richtig »warm«: Es beeindruckt sie, dass ich ihre Sprache besser handhabe als sie selbst. Einige Ausdrücke sind ihnen unbekannt, dies zu verraten, hüten sie sich. Ich kenne ihr Land, ihre Städte, das Familienleben der Deutschen, ihre moralischen und religiösen Auffassungen recht gut. Auch diese mündliche Prüfung ist anscheinend glücklich verlaufen, denn sie entfernen sich lächelnd.

Es kommen andere Besucher: saubere, rasierte Männer in Zivilkleidung. Der Hauptkapo des Sonderkommandos und zwei seiner Männer treten ein.[81] Auch dies ist ein Antrittsbesuch. Sie ließen ihre Leute mein Zimmer einrichten, hörten, dass ich angekommen bin, und bitten mich nun zum Abendbrot, damit ich meine anderen Leidensgefährten auch noch kennenlernen kann.

Abendbrotzeit. Ich begleite meine Gäste ins erste Stockwerk des Krematoriums, in den dort eingerichteten »Personalschlafsaal«. Das ist eine riesige Halle, auf beiden Längsseiten befinden sich bequeme Schlafplätze für je eine Person.[82] Die Betten, aus rohem Holz gefertigt, tragen Seidensteppdecken und Kissen von verschiedener Form und Farbe. Die farbenfrohe Bettwäsche steht im scharfen, schreienden Kontrast zur Umgebung, aber sie war ja auch nicht für diese Schlafplätze bestimmt, sie stammt aus den Habseligkeiten der ins Lager Verschleppten. Es gehört zu den Vergünstigungen des Sonderkommandos, sie benutzen zu dürfen.

Die ganze Halle schwimmt in hellem, blendendem Licht. Hier wird nicht wie in den Baracken des Lagers mit Strom gespart. Wir gehen die lange Reihe der Schlafplätze entlang. Nur die Hälfte des Kommandos ist anwesend. Die andere Hälfte, 100 Männer, ist bei der Arbeit. Ein Teil der Männer hat sich bereits hingelegt und schläft schon. Einige lesen. Bücher gibt es genug. Fast jeder Deportierte bringt etwas, seinen geistigen Bedürfnissen entsprechendes mit. Auch das ist eine Vergünstigung des Sonderkommandos: Seine Angehörigen dürfen Bücher lesen. Im Lager selbst bekommt man 20 Tage Stehzelle, wenn man beim Lesen ertappt wird, sofern man nicht gleich erschlagen wird. Eine mit Seidenbrokattischdecken bedeckte Tafel erwartet uns. Feine Porzellanteller mit Monogramm, silberne Bestecke, Porzellankannen – alles Gegenstände aus den Transporten. Die Tafel ist beladen mit den guten Sachen, die die Deportierten auf ihrem unbestimmten Weg mit sich nahmen. Es gibt jede Art Konserven, Speck, Wurst, Marmelade, Kuchen, Schokolade. An den Aufschriften sehe ich, dass diese Lebensmittel schon von den ungarischen Deportierten stammen. Die verderblichen Lebensmittel gehören den »Rechtsnachfolgern«, dem vorläufig am Leben bleibenden Sonderkommando. Der Hauptkapo, ein Ingenieur, der Hauptheizer, der Leiter des Zahnzieh-Kommandos, der Führer der Goldgießerei – sie alle sitzen hier bei Tisch.[83] Ein sehr freundlicher Empfang. Sie bieten gerne alles an, was man will. Es ist genug da! Die Transporte aus Ungarn kommen einer nach dem anderen an. Sie bringen von allem reichlich mit! Die Bissen bleiben mir im Halse stecken. Mir kommen die aus ihrem Zuhause verschleppten Schicksalsgefährten in den Sinn, die in den letzten Stunden unter Tränen ihre Wegzehrung zusammenpackten. Lieber hungerten sie unterwegs, ließen das Essen für ihre alten Eltern oder ihre Kinder, für schwere Tage übrig. Doch sie erlebten den neuen Tag nicht ... Die Lebensmittel blieben unberührt im Auskleideraum des Krematoriums zurück.

Ich schlürfe Tee mit Rum, erst zaghaft, dann trinke ich ihn gierig. Nach einigen Gläsern löst sich die Anspannung meiner Nerven. Mein Gehirn wird klar, frei von quälenden Gedanken, mein ganzer Körper wird wieder beweglich. Angenehme Wärme durchströmt mich, ich fühle, wie der Alkohol wirkt. Wir rauchen gute Zigaretten, auch sie sind ungarische »Importware«. Im Lager ist der Preis für eine Zigarette die Brotration eines Tages. Hier liegen die Packungen zu Hunderten herum.

Das Gespräch ist rege. Vertreten sind Polen, Franzosen, Griechen, Russen, Deutsche, Italiener. Wir sprechen Deutsch, fast jeder versteht diese Sprache.[84]

Während der Unterhaltung erfahre ich die Geschichte der Krematorien. Zehntausende von Gefangenen haben die riesigen Gebäude aus Stein und Beton errichtet, in einem sehr kalten Winter wurden sie fertig. An jedem Stein klebt das Blut unzähliger unglücklicher Deportierter. Von Hunger und Durst gepeinigt, mangelhaft bekleidet, mit Suppe und schlechtem Brot ernährt, arbeiteten sie Tag und Nacht an den schrecklichen Todesfabriken, in denen schließlich ihr eigener Körper zu Asche zerfiel. Seitdem sind vier Jahre vergangen, Millionen von Menschen sind seither an der Rampe aus den Zügen gestiegen und haben das Tor des Krematoriums durchschreiten müssen.[85]

Ich lerne die Geschichte des Sonderkommandos kennen. Das jetzige ist das zwölfte. Ich lerne seine Helden kennen. Und ich vernehme, was ich schon im Lager hörte: dass das Leben der Sonderkommandos nur einige Monate währt.[86]

Diejenigen, die dem jüdischen Glauben angehören, können am Tag ihrer Ankunft mit dem Ritual der Reinigung vor dem Tod beginnen.[87] Dieser Tod ist sicher, bei jedem Sonderkommando war das so.

Es ist schon gegen Mitternacht. Die Angehörigen des Kommandos sind ausgelaugt von der Arbeit des Tages, abgestumpft vom genossenen Alkohol. Unsere Unterhaltung wird immer schleppender. Eine SS-Wache, die sich auf dem Rundgang befindet, macht uns darauf aufmerksam, dass es Zeit sei, schlafen zu gehen. Ich verabschiede mich und gehe zu Bett. Nach dem Genuss des starken Rums schlafe ich diese erste Nacht recht ruhig, aber auch meine völlig erschöpften Nerven mögen dazu beigetragen haben.

VII

Ein früher Morgen. Aus der Richtung der Rampe ist der gedehnte Pfiff einer Lokomotive zu hören. Ich gehe zum Fenster, von dem aus ich die Rampe gut sehe. Ein langer Zug steht dort. Schon nach wenigen Minuten öffnen sich die Türen der Waggons und entlassen die Angehörigen des »auserwählten Volkes Israel«. Antreten und Selektieren beanspruchen kaum eine halbe Stunde. Die linke Gruppe setzt sich langsam in Bewegung.

Ich vernehme laute Befehle und eilige Schritte. Dieser Lärm kommt aus dem Heizraum des Krematoriums, dort laufen die Vorbereitungen zum Empfang des Transports. Man hört das Brummen der Elektromotoren – also sind die riesigen Ventilatoren eingeschaltet, die das Feuer in den Öfen bis zur notwendigen Temperatur entfachen. 15 Gebläse arbeiten gleichzeitig, neben jedem Ofen eines. Der Verbrennungsraum, etwa 150 Meter lang, ist ein heller, weiß gekalkter Raum mit gewaltigen Gitterfenstern und Betonfußboden. Die 15 Verbrennungsöfen sind jeweils gesondert im Ziegelmauerwerk eingelassen. Schwarz und glänzend reihen sich ihre mächtigen Eisentüren über die Länge des Raumes aneinander.[88]

In fünf, sechs Minuten erreicht der Transport das Tor, und dessen Flügel öffnen sich weit. In gewohnten Fünferreihen schwenken alle auf den Hof ein. Über das, was nun folgt, kann keiner der Marschierenden jemals berichten. Die 300 Meter von der Rampe waren ihr letzter Weg, denn links von ihnen wartet das Krematorium und kein Lager für Alte, Kranke, Kinder, wo die Arbeitsfähigen die Kleinen betreuen, wie es die deutschen Soldaten den besorgten Angehörigen der anderen Gruppe erzählt haben.

Mit langsamen, erschöpften Bewegungen gehen die »Selektierten« weiter: Die Kleinen hängen müde an den Rockschößen ihrer Mütter, die Säuglinge werden meist von den Vätern getragen oder im Wagen geschoben. Die begleitende SS-Mannschaft bleibt außerhalb des Tores zurück, denn auch für sie trifft das Warnschild zu, das allen Fremden den Eintritt verbietet.

Schnell entdecken die Angekommenen die auf dem Hof befindlichen Wasserhähne. Töpfe kommen zum Vorschein. Die Ordnung zerfällt, die Menschen drängen danach, ihren Durst zu stillen. Es ist kein Wunder, dass sie ungeduldig sind, denn seit fünf Tagen bekamen sie fast nichts zu trinken. Was sie erhielten, war fauliges Wasser und löschte nicht den Durst. Die SS-Wachen, die den Transport in Empfang nehmen, sind an diese Szenen gewöhnt, sie warten geduldig, bis alle an die Reihe gekommen und ihre Gefäße gefüllt sind. Solange sie nicht getrunken haben, ist ohnehin keine Ordnung in die Menge zu bringen. Langsam werden nun alle zusammengetrieben. Weiter geht es, etwa 100 Meter über den von grünem Rasen gesäumten Schlackeweg bis zu einem grauen Eisengitter. Dort führen zehn oder zwölf Betonstufen in einen unterirdischen Raum. An seinem Eingang verkündet eine Tafel in deutscher, französischer, griechischer, ungarischer Sprache, dass dies ein Bade- und Desinfektionsraum sei. Die Ahnungslosen beruhigen sich, sogar die Zweifelnden. Fast fröhlich gehen sie die Treppe hinab.

Sie betreten einen etwa 200 Meter langen, hell erleuchteten und weiß getünchten Raum. Eine Säulenreihe zieht sich in der Mitte des Raumes hin. Rings um die Säulen und an den Wänden stehen Bänke, über ihnen sind Kleiderhaken in endloser Reihe angebracht, darüber stehen Zahlen. Tafeln geben bekannt, dass jeder seine Schuhe und Kleider zusammengebunden an einen Haken hängen möge. Man müsse sich aber die Nummer seines Hakens unbedingt merken, damit bei der Rückkehr vom Bad kein unnötiger Tumult entstehe.

»Typisch deutsche Ordnungsliebe«, sagen diejenigen, die zu einer Schwäche für die Deutschen neigen. Und sie haben sogar recht! Denn tatsächlich geschieht dies alles der Ordnung halber: Die im Dritten Reich so sehnsüchtig erwarteten Tausende Paar Schuhe dürfen nicht durcheinandergeraten, und auch die Kleider müssen für die ausgebombte deutsche Bevölkerung erhalten bleiben.

3000 Menschen bevölkern jetzt diesen Raum im Kellergeschoss, Männer, Frauen, Kinder.[89] SS-Soldaten erscheinen und geben den Befehl: »Alles ausziehen!« Die Zeit dafür ist genau festgelegt: zehn Minuten. Erschrocken stehen Alte, stehen Großväter und Großmütter, Kinder, Frauen, Männer. Mädchen und schamhafte Frauen sehen einander ratlos an: Vielleicht haben sie die deutschen Worte falsch verstanden? Doch der Befehl wird wiederholt. Der Ton ist nun ungeduldiger, fast schon drohend.

Die Menschen ahnen Schlimmes. Ihr Selbstwertgefühl bäumt sich auf. Doch schließlich nehmen sie mit jüdischer Resignation zur Kenntnis, dass man mit ihnen offenbar alles machen kann.[90] Widerstrebend beginnen sie, sich zu entkleiden. Den Alten, Gelähmten und Geisteskranken hilft eine eigens dafür eingerichtete Gruppe des Sonderkommandos. Nach zehn Minuten sind alle nackt. Die Schuhe hängen an den Haken, die Kleider auch. Die Nummer seines Hakens hat sich jeder gut eingeprägt ...

Die SS bahnt sich einen Weg durch die dichte Menge zu der am Ende des Saales befindlichen Doppeltür aus Eichenholz. Die nackten Menschen drängen in den nächsten, ebenfalls hell erleuchteten Raum. Dieser Raum ist so groß wie der Auskleideraum, nur die Bänke und Haken fehlen.[91] In der Mitte reichen vier Säulen in etwa jeweils 30 Meter Abstand vom Boden bis zur Decke. Doch dies sind keine Stützpfeiler, sondern viereckige Stahlblechrohre, an jeder Seite wie ein Sieb mit Löchern versehen.[92] Nun sind alle im Saal. Ein lauter Befehl: »SS und Sonderkommando verlassen den Raum!« Die Betreffenden gehen hinaus und zählen einander. Die Türen schlagen zu, von außen wird das Licht gelöscht.

Außerhalb des Gebäudes brummelt inzwischen ein Pkw, ein Luxuswagen des Roten Kreuzes, heran. Ein SS-Offizier und ein SDG, ein *Sanitätsdienstgefreiter* steigen aus.[93] Letzterer trägt vier grüne Blechbüchsen im Arm.

Beide betreten den Rasen, aus dem im Abstand von 30 Metern flache Betonschächte ragen. Den ersten haben sie erreicht. Sie setzen Gasmasken auf und nehmen die ebenfalls aus Beton bestehende Abdeckplatte ab. Der Patentverschluss der ersten Büchse wird aufgeschlagen. Der Inhalt des Behälters – eine lilafarbene, aus bohnengroßen Körnern bestehende Substanz – wird in die Öffnung geschüttet, von der aus er durch Blechrohre in die unterirdischen Gaskammern gelangt. Die Substanz: Zyklon B.[94] Im Kontakt mit der Luft entwickelt sich aus der Substanz ein Gas, das durch die vielen Tausend Löcher der Stahlrohre in den mit Menschen vollgestopften Raum eindringt. Innerhalb von fünf Minuten ist so der gesamte Transport vernichtet.

Bei der Ankunft eines jeden Transports erscheint der Rot-Kreuz-Wagen.

Die Behälter mit der das tödliche Gas bildenden Substanz werden stets von außerhalb geholt – niemals befindet sich ein Vorrat davon im Krematorium. Welch hinterlistige Vorsicht! Doch ist nicht die Tatsache noch hinterhältiger, dass ausgerechnet ein Wagen mit dem Zeichen des Roten Kreuzes das Gift transportiert?

Weitere fünf Minuten warten die zwei Gashenker, ehe sie sich ihrer Sache völlig sicher sind. Sie zünden sich eine Zigarette an, dann steigen sie in ihren Wagen. 3000 völlig unschuldige Menschen haben sie soeben umgebracht.

Nach 20 Minuten werden die elektrischen Entlüfter eingeschaltet, um das Gas zu entfernen. Die Türen werden geöffnet, Lastwagen treffen ein. Eine Gruppe des Sonderkommandos verlädt Schuhe und Kleider jeweils gesondert in die Wagen. Ihre Ladung wird zum Desinfizieren gebracht, diesmal in einen echten Desinfektionsraum! Von dort aus wird die Beute waggonweise in die verschiedenen »Not leidenden« Zentren des Reiches weitergeleitet.[95]

Die modernen Luftreiniger entfernen das Gas rasch aus dem Saal, doch in den Ritzen und zwischen den Leichen bleibt es, wenn auch in kleinen Mengen, noch lange zurück. Wenn man es einatmet, ruft es noch nach Stunden einen quälenden Hustenreiz hervor. Deshalb trägt die mit Wasserschläuchen ausgerüstete Gruppe des Sonderkommandos, die den Raum betritt, Gasmasken.

Der Raum ist nun wieder hell erleuchtet. Dem Eintretenden offenbart sich ein schreckliches Bild.

Die Leichen liegen nicht etwa kreuz und quer auf dem Fußboden, sondern türmen sich stockwerkhoch zu einem Haufen. Die Erklärung dafür ist, dass die herabfallenden gasbildenden Körnchen zuerst den unmittelbar über dem Boden gelegenen Raum vergiften, erst nach und nach erreicht ihre tödliche Ausdünstung auch die höher gelegenen Abschnitte der Umgebung. So werden die Unglücklichen gezwungen, einander niederzutreten und an den vor ihnen Sterbenden hochzukriechen. In der Höhe erreicht sie das Gas später. Welch schrecklicher Überlebenskampf muss hier stattgefunden haben! Dabei beträgt der Zeitgewinn nur ein, zwei Minuten. Hätten sie noch denken können, wäre ihnen klar geworden, dass sie umsonst auf ihren Eltern, Frauen und Kindern herumtrampeln. Aber sie können nicht mehr denken! Was sie tun, ist der letzte Reflex zur Aufrechterhaltung des Seins. Ich beobachtete, dass zuunterst im Leichenberg immer Säuglinge, Kinder und Frauen jeglichen Alters lagen, ganz oben die kräftigeren Männer.

Alle liegen ineinander verkrampft, mit blutenden Nasen und Mündern, die Körper im Tumult blutig gekratzt. Livide gestaut sind die Köpfe, bis zur Unkenntlichkeit entstellt die Gesichtszüge. Trotzdem: Häufig erkennen Mitglieder des Sonderkommandos in den Toten ihre Angehörigen ... Vor den Schrecken solchen Wiedersehens fürchte auch ich mich am meisten!

Eigentlich hatte ich hier gar nichts zu suchen, trotzdem stieg ich zu den Toten hinab. Ich fühlte die Pflicht gegenüber meinem Volk und der Welt, als Augenzeuge von all diesem zu berichten, sollte ich aufgrund eines eigentlich unmöglichen Zufalls jemals hier herauskommen. Doch darauf kann mein nüchterner Verstand nicht hoffen.

Die Gruppe des Sonderkommandos nimmt in Gummistiefeln rund um die Leichenberge Aufstellung und überschwemmt sie mit mächtigen Wasserstrahlen, denn das allerletzte Stadium des Erstickungstodes, also auch des Gastodes, ist die Befreiung vom Stuhl. Alle Leichen sind beschmutzt. Nachdem das »Bad« der Toten beendet ist – mit welchem Aufgeben des eigenen Ichs erledigen das die Angehörigen des Sonderkommandos! –, beginnt das Auseinandernehmen des Leichenberges.

Das ist eine schwere Arbeit. Lederriemen werden um die Handgelenke der krampfhaft geballten Fäuste gelegt und so die vom Wasser glitschigen Leichen zu den im Nachbarraum befindlichen Aufzügen geschleift.[96] Vier große Lastenaufzüge sind hier in Betrieb, 20 bis 25 Leichen werden jeweils eingeschichtet.[97] Ein Klingelsignal gibt das Zeichen zum Hochziehen. Im Verbrennungsraum des Krematoriums hält der Aufzug, seine großen Türflügel öffnen sich automatisch. Hier wartet das »Zugkommando«. Wiederum werden den Toten Riemen angelegt. Auf der im Fußboden eigens dafür angelegten »Rutschbahn« zieht man sie entlang – bis zu den 15 Öfen.

In langen Reihen liegen die Leichen von Alten, Jungen und Kindern auf dem Beton. Aus ihren Nasen und Mündern, aus den durch das Umherschleifen entstandenen Wunden sickert Blut und vermischt sich mit dem ständig fließenden Wasser in den Ablaufrinnen des Betonbodens.

Nunmehr folgt eine weitere Station bei der »Verwertung« der Opfer. Ihre Kleider und Schuhe hat sich das Dritte Reich bereits angeeignet. Doch auch das Haar ist ein wertvolles Material, man benötigt es zur Herstellung von Bomben mit Zeitzündern. Ein Haar ist wie ein Faden, der sich in feuchter Luft ausdehnt und in trockener zusammenzieht. Diese Eigenschaft kann auch den Zündmechanismus von Bomben auslösen. Also werden die Toten geschoren.[98]

Die Wertbasis des Dritten Reiches ist nicht Gold, sondern Arbeit – so posaunte man es in die Welt. So aber sieht die Wahrheit aus: Die acht Mann des Zahnzieh-Kommandos stehen vor den Öfen, in ihren Händen zwei Werkzeuge bzw. »Instrumente«. Ein Stechbeitel und eine Zange. Für diese furchtbare Arbeit werden die Leichen mit dem Gesicht nach oben gedreht, ihr Mund wird weit geöffnet und die darin befindlichen Goldzähne und Brücken werden eher herausgebrochen als -gezogen. Die Männer dieses Kommandos sind allesamt ausgezeichnete Zahnärzte und Kieferchirurgen. Für »feine zahnärztliche und kieferchirurgische Arbeiten« hatte Dr. Mengele sie an der Rampe aufgerufen. Die Unglücklichen hofften auf eine Anstellung in ihrem Fachgebiet, deshalb meldeten sie sich – und stürzten dann in die Hölle des Krematoriums hinab. Genauso, wie es auch mit mir geschehen war.[99]

Die Goldzähne gibt man in Eimer, die mit verdünnter Salzsäure gefüllt sind, um die Knochen- und Fleischreste zu beseitigen. Andere bei den Toten gefundene Gold- und Platingegenstände, Perlen, Ketten, Ringe, kommen in eine eigens dafür eingerichtete, verschlossene Kiste. Durch eine Öffnung im Deckel werden die Wertgegenstände eingeworfen.

Gold ist ein schweres Metall. Ich schätze, dass acht bis zehn Kilogramm jeden Tag in einem Krematorium zusammenkamen. Natürlich hängt das auch von den Transporten ab.[100] Es gibt arme und reiche Transporte, je nach dem, woher sie stammen.

Die ungarischen Deportierten treffen schon völlig ausgeplündert an der Rampe ein. Die aus den holländischen, tschechischen und polnischen Gebieten Verschleppten besitzen oft auch nach jahrelangem Gettoleben noch Wertstücke, Goldgegenstände und Dollars. So bringt sich das Dritte Reich in den Besitz ungeheurer Schätze.

Nachdem auch der letzte Goldzahn aus dem Mund seines toten Besitzers gebrochen ist, bemächtigt sich das Einäscherungskommando der Leichen. Jeweils drei werden auf ein aus Stahlplatten hergestelltes Gleitgestell gelegt. Automatisch öffnen sich die schweren Eisentüren der Öfen, das auf Stahlrädern montierte Gestell schiebt sich in das glühende Innere, wirft seine Last ab und kehrt zurück. Es ist glühend heiß. Zwei Männer mit Gummischläuchen richten kräftige Wasserstrahlen auf das Gestell und kühlen es ab.[101]

Die Leichen sind innerhalb von 20 Minuten zu Asche verbrannt. Das Krematorium arbeitet mit 15 Öfen. Seine tägliche Kapazität reicht so zur Verbrennung von 5000 Menschen aus. Insgesamt gibt es vier Krematorien mit dieser Kapazität. Täglich gehen 20 000 Menschen durch die Gaskammern und die Einäscherungsöfen.[102] Die Seelen mehrerer Tausend unschuldiger Menschen steigen durch die riesigen Schornsteine empor. Nichts bleibt von ihnen als Ascheberge auf dem Hof des Krematoriums. Lastwagen bringen die Ascheberge zu der kaum zwei Kilometer entfernten rauschenden Weichsel, um sie in deren Wellen abzukippen.[103] Selbst nach so vielen Leiden, nach so viel Schrecklichem ist es den Opfern nicht einmal vergönnt, dass ihre Asche in der Erde einen Ruheplatz findet.

VIII

Die Sektionsabteilung entstand auf Betreiben meines Vorgesetzten, des Dr. Mengele, und war ausersehen, dessen ärztliche Forschungslust zu befriedigen. Erst wenige Tage zuvor war sie fertig geworden. Man wartete nur noch auf einen geeigneten Facharzt, um mit der Arbeit beginnen zu können.[104]

Auf dem Territorium des KZ bestehen unbegrenzte Möglichkeiten, die zahlreich vorkommenden Fälle von Selbsttötung gerichtsmedizinisch zu untersuchen, ebenso aber auch Erkenntnisse in der Zwillingsforschung und zu Entwicklungsstörungen wie Zwerg- oder Riesenwuchs zu sammeln. Das Leichenmaterial steht in einer Breite wie nirgendwo sonst zur Verfügung. Aus Erfahrung weiß ich, dass selbst die großen Kliniken der Weltstädte jährlich kaum 100 oder 150 Leichen zu Forschungszwecken an pathologische oder gerichtsmedizinische Institute schicken können. Dagegen stehen im KZ Auschwitz Mengen von Leichen zur Verfügung. Ihre Zahl bewegt sich in sechsstelliger Größenordnung.

Ein Todeskandidat ist jeder, der das KZ-Gebiet betreten hat. Wer auf die linke Seite gerät, wird innerhalb einer Stunde das Opfer der Gaskammern: Das sind die Glücklicheren. Unglücklicher sind jene, die das Schicksal auf die rechte Seite dirigierte. Auch sie sind Todeskandidaten, ihr Leben erlischt innerhalb weniger Monate – doch bis dahin müssen sie noch alle Schrecken des KZ erdulden. Sie brechen unter der Sklavenarbeit zusammen. Sie bluten aus tausend Wunden. Sie schreien vor Hunger. Viele verlieren den Verstand und brüllen mit weit aufgerissenen Augen. Bis zum Kältetod vegetieren sie auf Schneefeldern. Abgerichtete Bluthunde reißen sie in Stücke. Und wenn an ihren ausgetrockneten Körpern selbst die Läuse keine Nahrung mehr finden, erst dann holt sie der erlösende Tod.

Wer also hat mehr »Glück« unter unseren Vätern, Müttern, Brüdern und Kindern? Derjenige, der auf die linke, oder der, der auf die rechte Seite gelangte?

Schon bei der Ankunft der Transporte gehen SS-Soldaten die Reihen entlang und suchen nach Zwillingen und Zwergen. Die Mütter, gute Behandlung für ihre Kinder erhoffend, geben sie ohne Zögern heraus. Die erwachsenen Zwillinge wiederum wissen um ihre wissenschaftliche Bedeutung; das kann für sie nur günstig sein, bereitwillig melden sie sich. Auch die Zwerge sind dieser Meinung.

Die Zwillinge und Zwerge werden also ausgesondert, sie alle kommen nach rechts. Wachen begleiten sie in die eigens für sie bestimmte sogenannte Schonbaracke des Lagers. Dort ist die Verpflegung ausreichend, die Schlafplätze sind bequem, sanitäre Anlagen sind vorhanden, die Behandlung ist gut. Von Block 14 des Lagers F gehen sie immer in Begleitung zur Versuchsbaracke des Zigeunerlagers.[105] Dort werden täglich Untersuchungen an ihnen durchgeführt: Blutentnahmen, Rückenmarkpunktionen, Blutaustauschtransfusionen zwischen den Zwillingen und zahllose andere Untersuchungen, viele darunter schmerzhaft und erschöpfend. Dina, die Prager Kunstmalerin, fertigt Vergleichsbilder der Schädel-, Ohrmuschel-, Nasen-, Mund-, Arm- und Beinlinien der Zwillinge an. All diese Bilder ergänzen ein mit den genauen Daten der untersuchten Zwillingspaare versehenes Dossier, das auch die Ergebnisse der Forschungen enthält. Dasselbe geschieht mit den Zwergwüchsigen.

Diese Versuche – in der Sprache der Medizin sagt man: in vivo, also am lebenden Organismus, durchgeführt – umfassen bei Weitem nicht die gesamten Möglichkeiten der Zwillingsforschung. Sie enthalten zu viele Lücken und erbringen zu wenig Greifbares. Es folgt also die letzte und wichtigste Station der Zwillingsforschung: die genaueste Auswertung durch eine Sektion, der Vergleich der gesunden, der abnormal funktionierenden oder der kranken Organe von Zwillingen – dazu aber braucht man Tote. Da die Untersuchung der gefundenen Abnormitäten gleichzeitig erfolgen muss, ist es notwendig, dass die Zwillinge auch gleichzeitig sterben.

Und so geschieht es auch. Sie sterben in einer der Versuchsbaracken des KZ Auschwitz, im Lager B III.[106] Dr. Mengele löscht ihr Leben aus. Ein in der Geschichte der Medizin weltweit nie da gewesenes Ereignis wird hier realisiert: Zur gleichen Zeit sterben Zwillingsgeschwister, und es besteht die Möglichkeit, ihre Leichen einer Sektion zu unterziehen. Wo gibt es schon im normalen Leben den an ein Wunder grenzenden Fall, dass Zwillinge am gleichen Ort, zur gleichen Zeit sterben? Denn auch Zwillinge werden durch ihre Lebensumstände getrennt. Oft leben sie weit voneinander entfernt und sterben auch zu ganz unterschiedlichen Zeitpunkten, der eine beispielsweise mit zehn, der andere erst mit 50 Jahren. Eine vergleichende Sektion ist also unter normalen Umständen absolut unmöglich. Im Lager von Auschwitz aber gibt es mehrere Hundert Zwillingspaare, ihr Tod wiederum bietet mehrere Hundert Möglichkeiten!

Darum werden Zwillinge und Zwerge von Dr. Mengele schon an der Rampe ausgesondert. Darum schickt man sie auf die rechte Seite und in die Schonbaracke. Darum auch dürfen sie sich waschen, es sei verhütet, dass etwa einer früher an irgendeiner Infektion stirbt! Als Paar, in einwandfreiem Gesundheitszustand, zu gleicher Zeit müssen sie sterben!

Ein Hauptkapo des Sonderkommandos kommt zu mir herein. Er meldet, dass mich ein SS-Soldat mit dem Leichentransportkommando am Tor erwartet. Ich gehe zu ihnen hinaus, denn für sie ist es verboten, den Hof zu betreten. Der SS-Mann übergibt mir die Begleitpapiere der Toten. Es sind die Dossiers zweier kleiner Zwillingsbrüder. Das aus Frauen bestehende Kommando stellt die Bahre vor mir nieder. Ich hebe die Abdeckung an. Die Leichen eines zweijährigen Zwillingspaares liegen vor mir. Ich rufe zwei meiner Leute vom Sonderkommando, die die Leichen in den Untersuchungsraum tragen und auf den Sektionstisch legen.

Ich schaue in die Unterlagen, blättere die Papiere durch: Qualifizierte klinische Untersuchungen und ausführliche Niederschriften, ergänzt durch Röntgenaufnahmen und kunstvolle Zeichnungen, widerspiegeln die Exaktheit der wissenschaftlichen Erforschung aller Lebensäußerungen der zwei kleinen Kinder.

Was fehlt, ist nur noch der Sektionsbefund. Ihn zu erheben ist meine Aufgabe. Die kleinen Zwillinge starben zur gleichen Zeit.

Nebeneinander liegen sie auf dem Sektionstisch. Mit ihrem Tod, mit der Öffnung ihrer kleinen, für die Forschung bestimmten Körper sollen sie dazu beitragen, das Geheimnis der Rassenvermehrung zu entschlüsseln!

Das Vorantreiben der Vermehrung der »zur Herrschaft berufenen höheren Rasse« ist das »große Ziel«. Genauer: In der Zukunft soll nach Möglichkeit jede deutsche Mutter Zwillinge gebären.

Dieser Plan ist Wahnsinn, die irrsinnigen Rassentheoretiker des Dritten Reiches haben sich so etwas ausgedacht. Die Durchführung der Versuche aber übernahm Dr. Mengele, der erste Arzt des KZ Auschwitz, der gut ausgebildete und talentierte »*Kriminaldoktor*«.[107]

Er verkörpert den gefährlichsten Typ eines Verbrechers. Seine Gefährlichkeit wächst proportional zu der Macht, die er in seinen Händen hält. Millionen schickt er in den Tod, weil sie nach der deutschen Rassentheorie »Untermenschen« sind, minderwertige Geschöpfe, schädlich für die Menschheit wie Ungeziefer.

Eben dieser Verbrecher sitzt stundenlang neben mir, zwischen Mikroskopen, Desinfektionsgeräten und Reagenzgläsern, er steht mit blutbeflecktem Kittel und blutigen Händen am Sektionstisch, um besessen zu untersuchen und zu forschen. Zur Vermehrung der germanischen Rasse beizutragen ist seine Absicht. Sein Ziel: Es müssen genügend Deutsche vorhanden sein, um die zur Entvölkerung bestimmten tschechischen, ungarischen, polnischen, holländischen und anderen Gebiete wieder zu besiedeln, die dann neue »Lebensräume« des Dritten Reiches sind.

Ich obduziere die beiden Kinder. Über das Ergebnis fertige ich vorschriftsmäßige Protokolle an. Es scheint, als sei Mengele mit meiner Arbeit zufrieden. Etwas schwer fällt ihm, meine Druckbuchstabenschrift zu lesen. Daran hatte ich mich in Amerika gewöhnt.[108] So bemerke ich: Wenn er ein schönes, sauberes Protokoll haben wolle, bräuchte ich eine

Schreibmaschine, auf der ich auch zu Hause alles geschrieben hatte. »Welchen Maschinentyp sind Sie gewöhnt?«, fragt er, und ich antworte: »Olympia-Elite.« »Geht in Ordnung, Sie bekommen eine. Morgen schicke ich sie her. Ich brauche ordentliche Arbeit, denn wir leiten die Protokolle von hier weiter zum Rassenbiologischen und Anthropologischen Institut in Berlin-Dahlem.«

So erfahre ich, dass die hier stattfindenden Untersuchungen von den höchsten medizinischen Autoritäten der berühmtesten wissenschaftlichen Institute der Welt überprüft werden.[109]

Am nächsten Tag bringt mir ein SS-Soldat tatsächlich eine Schreibmaschine vom Typ »Olympia«.

Ich erhalte neue Zwillingsleichen. Vier Paare aus der Zwillingsgruppe des Zigeunerlagers werden gebracht. Es sind die Leichen von Zigeunerkindern, die noch nicht einmal zehn Jahre alt sind. Ich führe die Sektion des ersten Zwillingspaares durch. Jede Phase des Verlaufs protokolliere ich. Ich eröffne die Schädelhöhle, entnehme das Gehirn und die Hirnanhangdrüse. Alles überprüfe ich. Dann erfolgt die Eröffnung des Brustkorbes, das Heraustrennen von Rippen und Brustbein. Anschließend entferne ich die Zunge durch einen Schnitt unter dem Kinn, zusammen mit der Speiseröhre, der Luftröhre und den Lungen. Damit ich alles klar erkennen kann, säubere ich die Organe von Blut. Der anscheinend bedeutungsloseste kleine Fleck, die kleinste Verfärbung kann ein wichtiger Befund sein. Nun habe ich auch das Herz herauspräpariert. Ich halte es unter fließendes Wasser und wasche es ab. In meiner Hand drehe ich es hin und her. An der Außenwand der linken Herzkammer bemerke ich einen winzigen, runden, blassroten Fleck, der kaum von der Umgebung abweicht. Er kann nur von einem Nadelstich stammen. Ich kann mich nicht täuschen! Es ist ein Einstich, der mit einer sehr feinen Nadel ausgeführt wurde. Natürlich mit einer Injektionsnadel. Das Kind bekam also eine Injektion ins Herz. Doch warum? Dorthin erhält man Injektionen nur in ganz dringenden Fällen, etwa bei einem Herzstillstand. Gleich werde ich es wissen. Ich öffne das Herz und lege seine linke Kammer frei. Das dort befindliche Blut wird bei einer Sektion mit einem Löffel entfernt und gewogen. Das ist hier nicht möglich, denn das Blut ist zu einem harten Klumpen erstarrt. Ich zerteile ihn mit einer Pinzette und rieche daran. Der typische starke Geruch von Chloroform[110] wird spürbar.

Das Kind erhielt eine Chloroform-Injektion ins Herz! Und dies aus keinem anderen Grunde, als durch das eingespritzte Chloroform das Blut gerinnen zu lassen und einen sofortigen Herztod hervorzurufen!

Meine Knie zittern vor Aufregung. Ich habe das dunkelste ärztliche Geheimnis des Dritten Reiches gelüftet. Hier wird also nicht nur mit Gas, sondern auch durch ins Herz injiziertes Chloroform gemordet![111] Schweiß steht auf meiner Stirn. Zum Glück bin ich allein. Es wäre mir schwergefallen, meine Erschütterung vor anderen zu verbergen. Ich beende die Sektion, notiere die vom Normalen abweichenden Befunde und beschreibe sie detailliert. Doch weder den Chloroformgeruch noch das geronnene Blut in der linken Herzkammer oder den Nadelstich in der Herzwand erwähne ich im Protokoll. Das ist eine lebensnotwendige Vorsichtsmaßnahme.

Die Unterlagen Dr. Mengeles über diese Zwillinge liegen vor mir. Auch sie enthalten alle wichtigen Untersuchungsergebnisse, Röntgenaufnahmen sowie die schon erwähnten Zeichnungen, doch die Umstände des Todes, die Todesursache selbst sind nicht angeführt.

So fülle auch ich diese Rubrik im Sektionsprotokoll nicht aus. Es ist nicht gut, an diesem Platz die erlaubten Grenzen zu überschreiten und das Gesehene auszuplaudern! Ich bin nicht feige. Meine Nerven sind stark.

Schon viele Todesfälle habe ich in meinem Leben aufgeklärt. Nicht wenige Ermordete untersuchte ich, Menschen, die man aus Eifersucht, Rache oder materieller Vorteile wegen umgebracht hatte. Ich obduzierte Selbstmörder und ermittelte bei an Krankheiten Verstorbenen die genaue Todesursache. Ich bin an die Erforschung der oft verborgenen Rätsel des Todes gewöhnt. Oft habe ich atemberaubende Überraschungen erlebt. Doch jetzt jagt mir ein Schauder des Schreckens nach dem anderen über den Rücken. Wenn Dr. Mengele ahnte, dass ich das Geheimnis seiner Injektionen kenne, wären zehn Ärzte im Namen der Politischen Abteilung der SS zur Stelle, um meinen Tod zu konstatieren.

Die Leichen muss ich nach der Sektion befehlsgemäß dem Verbrennungskommando übergeben, das sie sofort einäschert. Die wissenschaftlich interessanten Leichenteile werden aufbewahrt, damit Dr. Mengele sie sich ansehen kann. Was auch für das Dahlemer Institut von Bedeutung sein kann, muss ich asservieren.[112] Das geht schließlich in einem Paket auf die Reise, und damit es schneller befördert wird, kommt ein Stempel darauf: »Eilig, kriegswichtiger Inhalt«. Ungezählte solcher Pakete expedierte ich während meines Aufenthaltes im Krematorium nach Berlin-Dahlem, auf die ausführliche Antworten mit wissenschaftlichen Meinungen oder Anweisungen eingingen. Zwecks Bewahrung dieses Schriftwechsels erstellte ich ein gesondertes Dossier. Für die übersandten seltenen Materialien sprach das Institut Dr. Mengele fast immer seinen tiefsten Dank aus.

Ich führe auch die Sektionen der anderen drei Zwillingspaare durch. Die gefundenen Abnormitäten werte ich aus. Die Todesursache ist auch bei ihnen die gleiche: eine Chloroform-Injektion ins Herz.

Dabei mache ich noch eine interessante Entdeckung: Von den vier Zwillingspaaren sind bei dreien die Augen verschiedenfarbig. Das eine ist blau, das andere braun. Diese Erscheinung tritt auch bei Nichtzwillingen auf, doch im vorliegenden Fall war sie von acht Zwillingen bei sechs zu beobachten. Das war eine außerordentliche Häufung dieser Abnormität. In der Medizin heißt sie Heterochromie, also Verschiedenfarbigkeit. Ich präpariere die Augen heraus und lege sie, jedes für sich, in Formalin, wobei ich alle Angaben dazu genau notiere, damit sie nicht durcheinandergeraten. Bei den vier Zwillingspaaren finde ich noch etwas. Als ich die Halshaut an beiden Seiten freipräpariere, liegt unter dem oberen Ende des Brustbeines ein runder walnussgroßer Gewebeknoten. Beim Eindrücken mit der Pinzette bricht zähflüssiger Eiter hervor. Ein sehr seltener, aber in der Medizin bekannter Befund. Man nennt ihn Dubois-Abszess, ein Symptom der angeborenen Syphilis.[113] Bei allen acht Zwillingen ist er vorhanden. Zusammen mit dem umgebenden gesunden Gewebe entnehme ich die Knoten und lege sie in mit Formalin gefüllte Gläser. Bei zwei Paaren finde ich auch eine aktive Lungentuberkulose. Ich protokolliere alles. Nur die Rubrik »Todesursache« lasse ich auch hier frei.

In den Nachmittagsstunden macht Dr. Mengele seine Visite. Ich berichte über die ausgeführte Arbeit. Die Protokolle von zehn Zwillingen übergebe ich ihm. Er setzt sich und liest sie aufmerksam durch. Die Heterochromie der Augen interessiert ihn sehr, noch mehr die Dubois-Abszesse. Sofort gibt er Anweisung, das gesamte Material zusammen mit den Protokollen zum Versand fertigzumachen, aber ich soll auch die Todesursachen angeben. Er überlässt mir, was ich schreibe, nur verschieden müssen die Todesursachen sein.[114] Beinahe entschuldigend meint er, dass diese Kinder, wie ich ja selbst sehen konnte, an Syphilis oder Tuberkulose litten und sowieso nicht lebensfähig gewesen wären, also ... Mehr sagt er nicht. Aber damit ist alles klar: Er hat den gewaltsamen Tod von zehn Kindern begründet. Ich enthalte mich jeden Kommentars und nehme zur Kenntnis, dass in dieser ärztlichen Umgebung Lungentuberkulose nicht durch Ruhigstellung des erkrankten Lungenflügels und Syphilis nicht mit Neosalvarsan behandelt werden, sondern mit Injektionen ins Herz. Die Haare stehen mir schaudernd zu Berge, wenn ich daran denke, was ich alles während meines kurzen Aufenthalts bereits erfahren musste und wie viel ich noch erfahren würde, bis auch mich der Tod trifft. Ich wusste es, als ich hier eintrat, doch jetzt, im Besitz so vieler Geheimnisse, gibt es keinen Zweifel mehr, dass ich ein lebender Toter bin. Ist es vorstellbar, dass mich Dr. Mengele oder das Dahlemer Institut am Leben lassen würden?

IX

Es wird schon Abend. Mengele geht. Ich bleibe mit meinen schweren Gedanken allein zurück. Mit mechanischen Bewegungen lege ich die zur Sektion benutzten Instrumente auf ihren Platz, wasche die Hände und gehe hinüber in den Arbeitsraum. Ich zünde eine Zigarette an und setze mich, um mich ein wenig zu beruhigen. Da dringt mir ein markerschütternder Schrei bis ins Hirn. Danach folgen ein Knall und das Fallen eines Körpers. Ich sitze starr und wachsam, warte, was in den folgenden Minuten geschieht. Es vergeht nicht einmal eine, da ertönt ein neuer entsetzlicher Schrei, wieder ein Knall und das Fallen. 70 Todesschreie mit den nachfolgenden Geräuschen zähle ich. Dann entfernen sich schwere Schritte, alles wird ruhig.

Der Raum neben dem Sektionszimmer, der einen Sondereingang besitzt, ist der Schauplatz der furchtbaren Szene. Es ist ein leeres, halbdunkles Zimmer mit Betonfußboden. Sein vergittertes Fenster führt zum Hinterhof. Ich benutze es als Leichenkammer. Hier bewahre ich die Leichen bis zur Sektion auf, und auch anschließend bringe ich sie hierher, bis man sie zur Verbrennung abholt. Vor dem Eingang des Zimmers liegt jetzt ein Berg schmutziger, zerrissener Frauenkleider. Holzpantoffeln und trockene Brotstücke liegen auf dem Boden, die typischen »Besitztümer« der KZ-Frauen.

Ich betrete den Raum. Nach dem Gehörten war ich auf etwas Außergewöhnliches gefasst, doch was sich jetzt meinen Augen bot, war entsetzlicher, als ich es mir je hätte vorstellen können. Die blutigen, nackten Leichen von 70 jungen Frauen liegen vor mir, übereinander, sich gegenseitig mit Blut befleckend. Ich trete näher. Mit wachsendem Grauen sehe ich, dass nicht alle tot sind. Einige von ihnen leben noch, mit Armen und Beinen machen sie fahrige Bewegungen, heben den blutigen Kopf, ihre Augen sind weit offen.

Ich hebe den einen sich noch bewegenden Kopf an, den zweiten, dritten und muss erkennen, dass man hier außer Zyklongas und Phenolspritzen noch eine Art des Mordes anwendet. Genickschuss! Die Einschussöffnung verrät, dass die Wunde von einer 6-mm-Kleinkaliberwaffe stammt. Eine Ausschusswunde gibt es nicht. Das lässt auf eine weiche

Bleikugel schließen. Sie kann im Schädelknochen so flach werden, dass sie steckenbleibt. Leider bin ich Fachmann, so überblicke ich innerhalb von Minuten die schreckliche Situation. Ich wundere mich nicht mehr, dass die kleinkalibrigen Kugeln nicht sofort den Tod herbeiführten, obwohl die Schüsse aus drei bis vier Zentimeter Entfernung direkt in Richtung des Großhirns abgegeben wurden, wie die Hautverschmorungen zeigen. Es sieht so aus, als ob das Geschoss ein bis zwei Millimeter von seiner Bahn abwich, deshalb verursachte es nicht den sofortigen Tod.

Auch das nehme ich zur Kenntnis. Ich denke nicht mehr, denn ich habe Angst, verrückt zu werden. Ich gehe hinaus auf den Hof. Einen Angehörigen des Sonderkommandos frage ich, woher man die 70 Unglücklichen brachte. Er antwortet, dies seien die Selektierten des Lagers C.[115] Jeden Abend bringt das Lastauto 70 hierher. Sie alle erhalten den Genickschuss.

Mit schwerem Kopf, halbbetäubt gehe ich über den Hof des Krematoriums. Ich sehe mir den Abendappell des Sonderkommandos an. Heute gibt es keinen abendlichen Schichtwechsel, denn das Krematorium I ist heute nicht in Betrieb. Ich schaue in Richtung der Krematorien II, III und IV. Ihre Schornsteine speien Flammen.

Zum Abendessen ist es noch zu früh. Die Angehörigen des Sonderkommandos holen einen Fußball hervor. Die Mannschaften formieren sich: SS gegen S.K.[116] Sie spielen. Lautes Lachen dringt über den Hof. Die aus SS-Leuten und Häftlingen bestehende Zuschauerkulisse feuert die Spieler an, als wären sie auf dem Sportplatz einer friedlichen Kleinstadt.[117] Konsterniert nehme ich auch dieses zur Kenntnis, doch das Ende des Spieles warte ich nicht ab. Ich gehe in mein Zimmer. Dort esse ich zu Abend und nehme zwei Luminal-Tabletten ein. Schlafen, nur schlafen! Ich fühle, dass ich einem Nervenzusammenbruch nahe bin. Der Luminal-Schlaf ist das beste Gegenmittel.

X

Am Morgen erwache ich leicht benommen. Ich gehe in die im Nachbarraum eingerichtete Duschkabine und lasse mir das eiskalte Wasser der Weichsel über den Körper rinnen. Ich fühle, das tut meinen überreizten Nerven gut. Auch die Betäubung verschwindet. Wieder die deutsche Ordnungsliebe: Ein weißgekachelter Duschraum für zehn Personen steht dem Sonderkommando zur Verfügung. Wer mit Leichen arbeitet, muss sich oft waschen. Zweimal duschen am Tag ist hier eine Pflicht, die jeder gern erfüllt.

Ich hole meine elegante Arzttasche. Ein Sonderkommando-Angehöriger brachte mir sie aus dem Auskleideraum herauf, sie stammt von einem meiner zum Gastod verurteilten Kollegen. Sie enthält ein Blutdruckmessgerät, ein Stethoskop, gut gearbeitete Spritzen, einige wichtige Instrumente, Injektionsmittel für die Erste Hilfe. Für meine »Außenpraxis« kann ich dies alles sehr gut gebrauchen. Die Außenpraxis, das sind die vier Krematorien. Ich beginne die Visite hier, im Zweiten. Zuerst besuche ich die Aufenthaltsräume der SS und untersuche die Kranken. Davon gibt es immer welche. Jeder ist gern drei, vier Tage ein bisschen krank, um sich vom anstrengenden Dienst etwas auszuruhen. Doch es gibt auch ernstere Fälle.

Die Heilung der Kranken ist nicht schwierig, denn was den Medikamentenbestand betrifft, könnten wir es mit der besten Berliner Apotheke aufnehmen. Es gibt ein gesondertes Kommando, dessen Aufgabe es ist, das Handgepäck der in der Gaskammer Ermordeten zu durchsuchen, bevor es zusammen mit den Kleidern und Schuhen abtransportiert wird. Die gefundenen Medikamente werden eingesammelt und zu mir gebracht. Ich ordne sie nach ihrer Wirkung. Das ist eine ermüdende Arbeit, denn die Transporte bringen Medikamente aus den verschiedensten Teilen Europas mit, ihre Aufschriften sind in der jeweiligen Landessprache gedruckt. Viele Probleme habe ich zum Beispiel mit griechischen, polnischen, tschechischen und holländischen Aufdrucken. Es ist bezeichnend, dass die meisten dieser Medikamente in irgendeine Gruppe der Beruhigungsmittel gehören, dies verdeutlicht den psychischen Zustand der verfolgten und drangsalierten Juden aus fast ganz Europa.

Nachdem ich meine Visite bei der SS beendet habe, gehe ich zum Sonderkommando hinauf. Hier sind einige Brandwunden zu versorgen, die häufig beim Verbrennungskommando vorkommen. Organische Krankheiten sind beim Sonderkommando selten. Ihre Betten und Kleider sind sauber, ihre Verpflegung ist gut, ja ausgezeichnet. Ohnehin handelt es sich bei ihnen um ausgesuchte kräftige Männer. Doch sie sind seelisch krank. Das schreckliche Wissen, dass hier ihre Geschwister, Frauen, Kinder, ihre alten Eltern, ihr ganzes Volk zugrunde gehen, die Tatsache, dass sie selbst die Leichen zu Tausenden vor die Öfen schleifen und hineinschieben, führen zu schweren Depressionen und Melancholie. Jeder hier hat eine schmerzliche Vergangenheit und eine Zukunft, an die er nur mit Schrecken denken kann. Diese Zukunft besteht für einen Sonderkommando-Angehörigen aus ganz kleinen Zeiteinheiten. Nach vier Jahren trauriger Erfahrung weiß man, dass das Sonderkommando jeweils nur vier Monate zu leben hat.[118] Sind diese um, erscheint eines Tages ein größeres SS-Kommando und treibt die Mitglieder des Sonderkommandos auf dem Hinterhof zusammen. Eine Maschinengewehrgarbe, und eine halbe Stunde später erscheint das neue Sonderkommando.[119] Die Toten werden entkleidet und nach einer weiteren halben Stunde bleibt nur ein Haufen Asche von ihnen übrig. Das ist die erste Aufgabe des neuen Sonderkommandos: die Verbrennung der Vorgänger.[120]

Jedes Mal, wenn ich hier meine Krankenbesuche durchführe, gibt es einige, die mich beiseiterufen und ein schnell und sicher wirkendes Gift von mir verlangen. Ich schlage es allen ab. Heute bereue ich meine Handlungsweise. Sie starben alle, schnell und sicher, wie sie sich den Tod gewünscht hatten, doch nicht mit eigener Hand setzten sie ihrem Leben ein Ende, was sicher besser für sie gewesen wäre. Sie gingen unter den Händen ihrer Henker zugrunde.[121]

XI

Die nächste Station meiner Krankenbesuche ist das Krematorium II. Ein Feldweg und das Bahnsteigende der Judenrampe trennen es vom ersten. Beide Gebäude entstanden nach dem gleichen Plan. Gleich sind die Entkleidungsräume, die Gaskammern, die Verbrennungsräume, die Aufenthaltsräume von SS und Sonderkommando. Der Unterschied ist nur, dass hier anstelle des Sektionsraumes eine Goldgießerei eingerichtet wurde. Dorthin werden aus den vier Krematorien die gesammelten Goldzähne, Schmucksachen, das Goldgeld, Edelsteine, Platingegenstände, Uhren, Zigarettenetuis und alle Dinge aus Edelmetallen, die man aus dem Gepäck der Deportierten, aus ihren Kleidern oder von ihren Körpern nahm, gebracht. Drei Goldschmiede arbeiten hier. Zuerst werden die Gegenstände desinfiziert und geordnet. Edelsteine werden entfernt, dann wird das Gold in den Schmelztiegel gegeben. Täglich werden so 30 bis 35 Kilogramm reines Gold aus den in den Krematorien »erbeuteten« Goldzähnen und Schmuck geschmolzen.[122] Das Schmelzen erfolgt in einem Graphittiegel von etwa fünf Zentimeter Durchmesser, der die Form einer Plakette hat. Eine Goldplakette wiegt 140 Gramm. Das weiß ich genau, da ich sie selbst auf der Waage des Sektionsraumes wog. Die Zahnärzte, die den vor den Öfen liegenden Leichen die Goldzähne entfernen, legen nicht alles in den Eimer mit Salzsäurelösung. Einen Teil – einmal mehr, einmal weniger – stecken sie in ihre eigenen Taschen. Das hängt davon ab, ob sich die SS-Wachen ihrem Arbeitsplatz nähern oder von ihm entfernen. Auch die im Entkleidungsraum arbeitenden Häftlinge zweigen teilweise Schmuckgegenstände, in die Kleider eingenähte Edelsteine und Goldstücke, für sich ab.

Das ist ein sehr gefährliches, sogar lebensgefährliches Unterfangen, denn die SS-Wachen sind überaus aufmerksam und allgegenwärtig, wenn es darum geht, die in Besitz des Dritten Reiches übergegangenen Werte zu bewachen. Besonders gilt das für Gold und Edelsteine.

Zuerst hatte ich keine klare Meinung zum Handeln des Sonderkommandos. Ich konnte es moralisch nicht einordnen. Nach einigen Tagen aber, als ich die Situation besser überblickte, bejahte ich diese Handlungsweise. »Ihr« Gold bringen die Leute des Sonderkommandos ebenfalls in die Goldgießerei. Auch die strengste Überwachung hat Lücken, macht das möglich. Das Gold erhalten sie in »Münzen« zu 140 Gramm zurück. Schwieriger ist nun das Umsetzen des Goldes, der Tausch gegen nützliche Dinge. Auf den Gedanken, hier Gold zu sammeln, kam niemand, schließlich waren sie alle Todeskandidaten mit einer Galgenfrist von vier Monaten. Wie schrecklich lang sind in dieser Situation vier Monate! Zum Tode verurteilt zu sein und dazu noch eine solche Arbeit verrichten zu müssen, das war ein den Körper und die Seele aufreibender, viele zum Wahnsinn treibender Zustand. Man muss das Leben in dieser kurzen Zeit leichter und erträglicher machen! Mit Gold ist das auch hier zu erreichen.

So wurde schon im ersten Sonderkommando ein Zahlungsmittel geboren, die Goldplakette von 140 Gramm.[123] Da kein kleinerer Schmelztiegel in der Gießerei existiert, gibt es auch keine kleineren Goldstücke. Was der gewünschte Artikel in der Außenwelt auch wert sein mag, hat hier absolut keine Bedeutung, denn: Wer das Gold mitbringt, hat sein Leben schon im Moment der Ankunft im Lager verspielt. Und wer den neuen Besitzern des Goldes etwas verkauft, setzt gleich zweimal sein Leben aufs Spiel. Das erste Mal, wenn er den auch draußen nur schwer erhältlichen, oft rationierten Artikel durch die vierfache Wachkette der SS schmuggelt, ein zweites Mal, wenn er das Gold durch diese Ketten zurückbringt: Beim Kommen und beim Gehen kann er durchsucht werden.

Das Gold wandert also in der Tasche eines Sonderkommando-Mannes bis zum Tor des Krematoriums. Dort geht er zum wachhabenden SS-Angehörigen und wechselt einige Worte mit ihm. Daraufhin dreht dieser sich um und entfernt sich vom Tor.

An dem vor dem Krematorium verlaufenden Bahngleis arbeitet eine aus 20 bis 25 Mann bestehende Gruppe polnischer Gleisarbeiter mit einem Arbeitsführer. Ein Wink, und schon bringt dieser einen Sack, für den er die in Papier eingewickelte Goldplakette erhält. Für den nächsten Tag nimmt er eine neue Bestellung auf.

Der Sonderkommando-Angehörige geht in die Wachstube neben dem Tor. Aus dem Sack nimmt er 100 Zigaretten und eine Flasche Schnaps. Der SS-Mann tritt ein. Schnell steckt er Flasche und Zigaretten weg und ist zufrieden, denn die SS-Leute erhalten nur zwei Zigaretten täglich, Schnaps natürlich überhaupt keinen. Zigaretten und Alkohol sind hier aber wichtige Genuss- bzw. Rauschmittel. Sowohl SS als auch Sonderkommando rauchen und trinken. Auf diesem Weg kommt jede Ware herein, die gebraucht wird, vor allem Butter, frischer Schinken, Zwiebeln und Eier, Dinge also, die die Deportierten nicht mitbringen. Da man gemeinsam das Gold besorgt, werden auch die eingeschmuggelten Waren unter allen aufgeteilt. Der Befehlshaber des Krematoriums, die Unteroffiziere – alle erhalten reichliche Zuteilungen an Zigaretten, Schnaps und Lebensmitteln.[124] So tun alle, als wüssten sie von nichts, denn jeder hat seinen Vorteil vom Tauschgeschäft. Die SS-Wachen des Krematoriums sind, jeder für sich, leicht zu gewinnen. Nur voreinander haben sie Angst. Das Sonderkommando verrät niemanden, dessen sind sie sicher. So kommt es, dass Zigaretten, Schnaps oder Lebensmittel den SS-Leuten jeweils einzeln, unter vier Augen übergeben werden. Auf diesem Weg findet auch jeden Morgen der *Völkische Beobachter*, die Regierungszeitung des Dritten Reiches, den Weg durch das Tor. Auch die bringt der Vorarbeiter der Eisenbahner mit. Ihr Preis: ein Stück Gold. Wer es auf sich nimmt, KZ-Häftlingen 30 Tage lang eine Zeitung herbeizuschaffen, hat die hohe Bezahlung auch verdient.

Seit ich im Krematorium bin, erhalte ich das Blatt. An einem sicheren Platz lese ich es durch und gebe die Tagesnachrichten an den Kommandoschreiber weiter. Er übermittelt sie dann seinen Kameraden. Innerhalb weniger Minuten ist so jeder über die neuesten Ereignisse informiert.

Ein Angehöriger des Sonderkommandos gehört zur Elite des KZ. Er schläft in einem geheizten, gelüfteten, sauberen Raum, auf weichem Kissen, im sauberen Bett, unter einer warmen Decke. Seine Verpflegung ist gut, seine Kleidung nicht minder. Er hat etwas zum Rauchen und zum Trinken. Vielleicht vertiert er deshalb nicht, wie die in den schmutzigen Boxen des Lagers zwischen Ungeziefer hausenden, vom Hunger gequälten Menschen, die einander umbringen für ein herabgefallenes Stück Brot oder eine halbe Kartoffel. Auch das Verhalten der Angehörigen des

Sonderkommandos anderen gegenüber unterscheidet sich: Wenn sie können, geben sie jedem etwas ab von ihren »Reichtümern«.

Vor dem Tor arbeitet seit Tagen ein aus 500 Frauen bestehendes Straßenbaukommando. Zwei SS-Leute und drei, vier Bluthunde bewachen sie. Die Frauen schleppen Steine für die Straße heran. Einige Männer des Sonderkommandos treten mit Einverständnis ihrer eigenen Wachen in Verbindung mit den Bewachern der Frauen, übergeben ihnen einige Päckchen Zigaretten, und alles ist klar. Vier Frauen, Steine tragend, kommen vor das Tor, als arbeiteten sie dort, und erhalten Pullover, Schuhe, Kleidungsstücke. Auch Zigaretten, Brot und Speck gibt man ihnen. Sich abwechselnd gehen die Frauen zum Tor, sich abwechselnd überreichen die Männer die »Geschenke«. Für sie ist das eine Ehrenpflicht. Keiner kennt eine dieser Frauen, trotzdem wechseln Hunderte Kleider, Strümpfe, Pullover, außerdem Zigaretten und Seife die Besitzer. Die Frauen entfernen sich glücklich und am nächsten Tag wiederholen sich diese Szenen. In den riesigen Lagern des Krematoriums gibt es Unmengen von Kleidern, Schuhen und Strümpfen![125]

Auf mehrere Tausend schätze ich die Zahl derer, denen das Sonderkommando so half. Auch ich halte mich nicht aus dieser Aktion heraus. Ich fülle die Taschen mit Vitamintabletten, Wundpuder, Verbandszeug und Jodtinktur, drei-, viermal eile ich in mein Zimmer zurück, um die lebensrettenden Mittel zu holen und sie den so sehr darauf Angewiesenen zu übergeben.

Nach dem Krematorium II erledige ich auch mein Krankenbesuchspensum in den Krematorien III und IV. Im dritten arbeiten neben Griechen und Polen auch schon 100 ungarische Deportierte im Sonderkommando, im vierten sind es hauptsächlich Polen und Franzosen.[126]

Überall herrscht voller Betrieb. Die Judenrampe ergießt wie ein Fluss mit vier Armen die zum Tode verurteilten Opfer in die Krematorien, und dies in einem wahnsinnigen Tempo. Schaudernd betrachte ich diese »Harmonie«, die mechanische Vorbereitung des Massenmordes und die höllische Ordnung, mit der er durchgeführt wird. Als hätte man sich auf Ewigkeit eingerichtet!

Wenn ich doch eines Tages freikäme und von dem hier Erlebten berichten könnte! Wer würde mir wohl glauben? Gesprochene oder geschriebene Worte können keine Vorstellung davon vermitteln, was hier geschieht. Vielleicht ist es eine vergebliche Anstrengung, dass ich das Gesehene mit meinem Hirn fotografiere und in meiner Erinnerung vergrabe ...

XII

Mir steht ein französisches Lexikon, ein »Petit Larousse«,[127] zur Verfügung, auf dessen Landkarten ich die in der Zeitung genannten Ortsnamen suche. In meinem Zimmer studiere ich die militärische Lage an der West-, der Süd- und der Ostfront. Als sich schwere Schritte nähern, schlage ich schnell eine andere Seite auf. Gespannt sehe ich zur Tür. Der Besucher ist der Befehlshaber des Krematoriums. Er setzt mich davon in Kenntnis, dass um zwei Uhr nachmittags eine wichtige auswärtige Kommission zu erwarten sei. Der Sektionsraum müsse vorbereitet werden.

Noch vor Eintreffen der Kommission rollt ein schwarzer geschlossener Leichenwagen in den Hof. Er bringt die Leiche eines SS-Sturmführers. Ich lasse den Toten, so wie er ist, in Uniform also, auf den Sektionstisch legen.

Pünktlich zur angegebenen Zeit erscheint die Kommission, bestehend aus hochrangigen SS-Führern in blitzsauberen Uniformen. Ein SS-Arzt im Range eines Hauptsturmführers, ein Staatsanwalt, ein Untersuchungsrichter, zwei Kriminalisten von der Gestapo und ein Kriegsgerichtsschreiber – das sind die Mitglieder des Gremiums. Einige Minuten später trifft auch Dr. Mengele ein. Ich biete allen Platz an, und nach einem kurzen Gespräch geben die Kriminalisten die Umstände bekannt, unter denen die Leiche gefunden wurde. Die von einer Schusswaffe stammenden Wunden des Toten sprächen für Mord oder für ein Attentat. Der Revolver des toten Offiziers habe sich in der Pistolentasche an seinem Gürtel befunden, eine Selbsttötung sei damit ausgeschlossen.

Sie nehmen an, dass ein Mord vorliegen könnte, den Offiziersgefährten, vielleicht auch verärgerte Untergebene aus irgendeinem Grund begingen. Noch mehr aber käme die Möglichkeit eines Attentats in Betracht, denn im hauptsächlich von Polen bewohnten Gleiwitz und seiner Umgebung gäbe es viele Partisanen.

Anschläge kämen häufig vor. Die Autopsie muss entscheiden, ob der Schuss von vorn oder von hinten abgegeben wurde, aus welcher Entfernung, mit welcher Art Waffe.

In *Gleiwitz* gibt es momentan keinen Gerichtsmediziner. Darum wurde die Leiche hierher nach Auschwitz gebracht. Die Entfernung zwischen beiden Orten beträgt lediglich 40 Kilometer, der hiesige Sektionsraum ist der nächstgelegene.

Dem Gespräch der Kommission folge ich in respektvoller Entfernung als Zuhörer, und mit der Geduld eines KZ-Häftlings erwarte ich Dr. Mengeles Anweisungen.

Dass es mir, dem jüdischen KZ-Häftling »vergönnt« sein würde, die Leiche eines arischen SS-Angehörigen mit meiner Berührung zu »beschmutzen«, sie sogar zu sezieren, wäre mir nicht im Traum eingefallen. Schließlich hatten mir die Rassengesetze schon im freien bürgerlichen Leben verboten, christliche bzw. arische Kranke zu behandeln.[128]

Ich war also sehr überrascht, als Dr. Mengele mir die Durchführung der Sektion befahl.

Zuerst muss die Leiche entkleidet werden. So etwas ist keine leichte Aufgabe. Schon das Ausziehen der Stiefel ist eine Arbeit für zwei. So bitte ich um die Erlaubnis, mir Hilfe für das Entkleiden des Toten zu holen. Die Kommissionsmitglieder unterhalten sich eifrig, dabei sehen sie uns zerstreut zu. Bei den ersten Schnitten habe ich mit Lampenfieber zu kämpfen. Ich führe einen Schnitt durch die Haut des Hinterkopfes und ziehe mit geübter Bewegung den größeren Teil der Kopfschwarte über das Gesicht des Toten, den anderen in seinen Nacken. Dann kommt die anstrengendste Arbeit: das Aufsägen des Schädels, die Abnahme des Schädeldaches. Schnell folgen dann die vorgeschriebenen Schritte zur Untersuchung der Kopfhöhle.

Nun komme ich zur Inspektion der beiden Wunden. Wenn ein Durchschuss vorliegt, entstehen bei jeder Schussverletzung zwei Wunden: vom Einschuss und vom Ausschuss. In der Mehrzahl der Fälle kann sie der Fachmann leicht voneinander unterscheiden, da die Einschusswunde in der Regel kleiner ist. Im vorliegenden Fall sind die unter der linken Brustwarze bzw. im oberen Teil der Schulterblattregion befindlichen Wunden aber gleich groß.

Der Fall beginnt kompliziert und damit interessant zu werden. Wieso sind Ein- und Ausschusswunde gleich groß? Ich muss die Erklärung für dieses den Erfahrungen widersprechende Phänomen finden. Dr. Mengele kommt plötzlich ein Gedanke: Wenn nun kein Durchschuss, sondern zwei Einschüsse vorliegen. Der erste von vorn, der zweite von hinten oder umgekehrt. Folgender Ablauf wäre denkbar: Nach dem ersten Schuss stürzte das Opfer zu Boden, wo es der zweite traf. Die Geschosse wiederum haben den Körper nicht verlassen, daher die zwei gleich großen Schusswunden. Diese Version hat vieles für sich. Ich muss sie überprüfen, also lege ich den Schusskanal frei. Das Geschoß durchschlug die Herzmuskulatur, streifte die linke Seite der Wirbelsäule und gelangte in einem Winkel von 35 Grad zur oberen Seite des linken Schulterblattes. Ein kleines Stück davon absplitternd, verließ es den Körper. Die Situation ist völlig klar. Ein Schuss wurde abgegeben, aller Wahrscheinlichkeit nach von vorn, da der Schusskanal im Winkel von 35 Grad von vorn unten nach hinten oben verläuft. Einschuss- und Ausschusswunde sind deshalb gleich groß, weil die Kugel die Wirbelsäule streifte, ein Stück Schulterblatt ausbrach und dermaßen an Geschwindigkeit verlor, dass keine größere Ausschusswunde entstehen konnte. Von oben nach unten, in einem Winkel von 35 Grad, schießt normalerweise niemand. Um so schießen zu können, müsste man den Arm hochhalten. Das wäre sehr umständlich und riskant. Ein Partisan handelt nicht so, er kann geradeaus schießen. Der Schuss wurde aber von vorn abgegeben, mit nach oben gerichteter Waffe, aus nächster Entfernung. Ob ein Bekannter oder ein Fremder den Lebensweg des Sturmführers beendet hatte – dies herauszufinden blieb Sache der Kriminalisten.

Wie ich sehe, sind die Mitglieder der Kommission zufrieden, sie erklären sogar, nun jeden ähnlichen Fall hierherzubringen. Für sie ist das eine bequeme und gute Lösung.

So werde ich nach dieser Sektion zum Gerichtsmediziner des Kreises Gleiwitz, bin ein KZ-Gerichtsarzt mit allen daraus resultierenden Aufgaben. Eine solche Stellung gibt es sicher nicht zweimal auf der Welt.[129]

XIII

Eines Tages werde ich am frühen Vormittag telefonisch aufgefordert, sofort zum Scheiterhaufen hinauszugehen, um die dort gesammelten Medikamente und Brillen abzuholen. Diese werden nämlich geordnet und dann abtransportiert. Der Scheiterhaufen befindet sich hinter dem kleinen Birkenwäldchen bei Birkenau, vom Krematorium IV etwa 500 bis 600 Meter entfernt, auf einer von Nadelwald umgebenen Lichtung. Dieser Platz liegt außerhalb der KZ-Umzäunung, zwischen der ersten und der zweiten Postenkette.[130] So weit reicht meine Bewegungsfreiheit nicht. Ich verlange die schriftliche Genehmigung in der Schreibstube.[131] Ein für drei Personen geltender Passierschein wird ausgestellt. Zwei Männer muss ich zum Tragen der Pakete mitnehmen. Wir machen uns auf den Weg in Richtung der sich dicht zusammenballenden, schwarzen Rauchsäule. Jeder, den das Schicksal hierher verschlägt, kann sie sehen. Sie springt einem an jedem Ort des KZ ins Auge. Doch auch den erschreckten Blicken derer entgeht sie nicht, die nach dem Verlassen der Waggons an der Rampe zur Selektion antreten. Zu jeder Tages- und Nachtstunde ist sie sichtbar. Tags verdüstert sie als dichte Wolke den Himmel über dem Birkenauer Wald, nachts beleuchtet sie die Umgebung, als sei sie das Feuer der Hölle. Wir kommen am Krematorium vorbei. Am Zaun weise ich dem diensthabenden SS-Posten den Passierschein vor und wir können ungehindert den offenen Weg einschlagen.[132] Eine grüne Lichtung erscheint, völlig friedlich. Doch meine Augen entdecken rasch die etwa 100 Meter entfernte zweite Postenkette, deren Angehörige neben ihren Machinengewehren stehen oder sitzen. Gesellschaft leisten ihnen riesige Bluthunde. Nachdem wir die Lichtung überquert haben, erreichen wir den Rand des benachbarten Tannenwäldchens. Erneut stehen wir vor einem Drahtzaun.[133] Am Tor ist eine Warntafel angebracht, ihr Text ist dem am Krematorium befindlichen gleich: »Das Betreten dieses Gebietes ist Unbefugten, auch auswärtigen SS-Angehörigen, untersagt!« Wir Mitglieder des Sonderkommandos dürfen hinein. Unseren Passierschein brauchen wir gar nicht vorzuweisen. Die SS-Leute des Krematoriums haben auch hier Dienst, ebenso 60 Männer vom Kommando des Krematoriums II, die Tagesdienstgruppe. Sie arbeitet von früh sieben Uhr bis abends sieben Uhr, dann wird sie von der Nachtdienstgruppe abgelöst, die aus 60 Männern vom Krematorium IV besteht.[134]

Wir betreten einen hofähnlichen Platz. In seiner Mitte steht ein langgestrecktes Haus mit abgeblättertem Putz und Strohdach. Die kleinen Fenster sind mit Holzbrettern verschlossen. In der bekannten Art deutscher Bauernhäuser erbaut, ist es vielleicht schon 150 Jahre alt. Das längst geschwärzte Strohdach und der oftmals ausgebesserte Mauerputz deuten darauf hin. Birkenau liegt neben Auschwitz. Im Interesse des KZ-Aufbaus wurde das Dorf vom deutschen Staat in Besitz genommen, seine Häuser wurden bis auf dieses eine abgerissen, die Einwohner vertrieben.[135]

Was war wohl die ursprüngliche Funktion dieses Hauses? War es ein Wohnhaus? Vielleicht hatte man die Trennwände entfernt, sodass ein einziger großer Raum entstand. Vielleicht aber sah es schon vorher so aus, diente als Lager oder etwas Ähnliches.[136] Ich weiß es nicht. Jetzt stellt es einen Entkleidungsraum dar, in dem die zum Tode auf dem Scheiterhaufen Verurteilten ihre Kleidung ablegen. An diesen Ort werden die Transporte von der »Judenrampe« geschickt, die von den vier Krematorien nicht mehr bewältigt werden können. Ihnen ist das fürchterlichste Ende bestimmt.

Hier gibt es keine Wasserleitungen, an denen die Opfer wenigstens ihren brennenden Durst löschen können.

Es sind auch keine ablenkenden Aufschriften vorhanden, die ihre schlimmen Befürchtungen vertreiben können. Hier existiert keine Gaskammer, die man für eine Badestätte halten könnte. Nur ein vormals gelb gestrichenes Bauernhaus mit Strohdach und geschlossenen Fensterläden steht da. Hinter ihm aber steigt ein riesiger Rauchpilz zum Himmel, den Geruch von brennendem Menschenfleisch und schmorendem Haar verbreitend.[137]

Eine etwa 5000 Seelen zählende Menschenmenge steht, vor Angst versteinert, auf dem Hof.[138] Eine dichte Kette von SS-Posten, die ihre Bluthunde kaum an den Leinen halten können, umgibt sie. 300 bis 400 Menschen auf einmal werden in das Entkleidungshaus getrieben. Unter Stockhieben werfen sie die Kleidung ab und treten nackt aus der gegenüberliegenden Tür, machen den nachfolgenden Opfern Platz.

Wenn sie aus dem Haus treten, bleibt ihnen keine Zeit, sich umzusehen, das Fürchterliche ihrer Situation zu erfassen. Schon packen zwei Leute des Sonderkommandos sie an den Armen und schleifen sie zwischen zwei Postenketten auf dem von Bäumen begrenzten, etwa 150 Meter langen Weg bis zum Scheiterhaufen. Ihn können sie erst am Ende des Weges sehen, wenn sie zwischen den Bäumen heraustreten.[139]

Der Scheiterhaufen, das ist ein 50 Meter langer, sechs Meter breiter und drei Meter tiefer Graben, voll mit Hunderten brennender Leichen.[140] An seiner Längsseite stehen in fünf bis sechs Meter Abstand voneinander SS-Männer. In den Händen halten sie die für den Genickschuss gebräuchliche, kleinkalibrige 6-mm-Waffe. Wenn das unglückliche Opfer das Ende des Weges erreicht hat, packen es zwei andere Männer des Sonderkommandos und schleppen es über 15 bis 20 Meter vor einen der SS-Schützen. Zwischen den markerschütternden Todesschreien klingt der Schuss nur wie ein Knacken. Danach wird das meist noch lebende Opfer in das Flammenmeer gestoßen.

50 Meter weiter ist ein zweiter Scheiterhaufen voll in Betrieb. Bei den Scheiterhaufen befehligt *Oberscharführer* Moll.[141]

Als Arzt und Augenzeuge behaupte ich, dass Moll der wahnsinnigste und zugleich kaltblütigste und entschlossenste Mörder des Dritten Reiches ist. Im Vergleich zu Moll blitzt sogar in Mengele gelegentlich etwas Menschliches auf.

Manchmal, wenn an der Rampe eine junge, lebenskräftige Frau mit Gewalt ihrer Mutter auf die linke Seite folgen will, lässt er sie in die rechte Reihe zurückholen. *Oberscharführer* Mußfeldt, der Chefschütze des ersten Krematoriums, schießt auch noch ein zweites Mal auf sein Opfer, wenn es durch den Genickschuss nicht sofort getötet wird. *Oberscharführer* Moll hingegen verschwendet für so etwas keine Zeit. Bei ihm werden die meisten noch lebend ins Feuer gestoßen.[142] Wehe dem Angehörigen des Sonderkommandos, durch dessen Schuld das Menschenfließband vom Auskleideraum bis zum Scheiterhaufen ins Stocken gerät, sodass die wartenden Mörder einige Minuten untätig herumstehen. Moll ist allgegenwärtig, unermüdlich geht er um die Scheiterhaufen herum oder den Weg vom Feuer zum Entkleidungshaus entlang. Die meisten Menschen dulden es ohne Widerstand, dass man sie diesen Weg entlangschleift. Vor Angst sind sie wie gelähmt, so erstarrt, dass sie vielleicht nicht einmal wissen, was mit ihnen geschieht. Das gilt besonders für Alte und Kinder. Es gibt aber auch junge Männer, die mit aller Kraft ihres Lebenserhaltungstriebes Widerstand leisten. Wenn Moll eine solche Szene beobachtet, reißt er die Pistole aus seiner immer geöffneten Waffentasche. Ein Schuss, oft aus 40 bis 50 Meter Entfernung, und der sich Wehrende stürzt tot zwischen seinen Begleitern nieder. Moll gilt als Meisterschütze. Die Arme vieler Leute des Sonderkommandos hat er schon durchschossen, wenn er mit ihrer Arbeit unzufrieden war, immer nur die Arme – ohne vorherige Warnung.[143]

Die Kapazität der beiden Scheiterhaufen beträgt 5000 bis 6000 Tote, etwas mehr als die eines Krematoriums.[144] Doch tausendmal schrecklicher ist das Sterben derer, die hierher geraten, denn sie sterben doppelt: durch Genickschuss und Feuertod. Nach dem Gastod, der Injektionsspritze, dem Genickschuss ist das die vierte Tötungsart, die ich kennenlerne: den kombinierten Tod.

Ich sammle die zurückgelassenen Medikamente und Brillen ein. Mit vernebeltem Gehirn und vor Erschütterung zitternden Beinen mache ich mich auf den Weg »nach Hause«, ins Krematorium I, das nach Dr. Mengeles Worten »kein Sanatorium ist, aber man fühlt sich dort ganz gut«. Er hat recht, nach dem hier Gesehenen hat er unbedingt recht!

Am Krematorium eingetroffen, taumle ich in mein Zimmer. Heute klassifiziere ich keine Medikamente, ordne keine Brillen. Ich nehme Luminal ein und lege mich hin. Die heutige Dosis beträgt 30 Zentigramm. Ob sie gegen die Scheiterhaufenkrankheit hilft?

XIV

Am kommenden Tag erwache ich, werde Zeuge neuer Begebenheiten. Jeder Tag bringt ein Ereignis, ein für mich bisher unvorstellbares neues Schreckenserlebnis.

Von den Sonderkommando-Leuten, die immer alles wissen, höre ich, dass im KZ absolute Blocksperre verhängt wurde. Das bedeutet, niemand darf seine Baracke, seinen Block verlassen. Die SS-Posten versehen ihren Dienst mit gesteigerter Wachsamkeit, wobei ihnen ihre Wolfshunde helfen. Heute wird das Tschechenlager liquidiert. Anfangs bestand der tschechische Lagerteil aus 15 000 Menschen, die man aus dem Getto Theresienstadt nach Auschwitz verschleppt hatte.[145] Er trug den Charakter eines Familienlagers, so wie das Zigeunerlager. Bei ihrer Ankunft wurden auch die Theresienstädter Juden nicht selektiert: Alte, Junge und Kinder lebten gemeinsam, konnten so ihr schweres Dasein erträglicher machen. Sie trugen ihre eigenen Kleider und wurden nicht zur Arbeit gezwungen.

Zwei Jahre lebten sie so, bis auch für sie der Augenblick der Vernichtung kam. Das KZ Auschwitz ist ein Vernichtungslager! Es ist nur eine Zeitfrage, wann für jeden Insassen die letzte Stunde schlägt. In kurzen Abständen kommen die Transporte mit ungarischen Juden an der Rampe an. Oft geschieht es, dass zwei Züge gleichzeitig eintreffen, die Tausende Menschen zu dieser Stätte der Vernichtung bringen.

Man kann es schon nicht mehr Selektion nennen, was Dr. Mengele an der Rampe praktiziert. Seine Hand weist nur noch in eine Richtung: nach links. Die Menschenfracht ganzer Züge endet auf diese Weise in den Gaskammern oder auf den Scheiterhaufen.[146]

Das Quarantäneläger, das Lager C, das Lager D,[147] der Frauenlagerteil: Sie alle sind – trotz der täglich in entferntere Lager in Marsch gesetzten Transporte – hoffnungslos überfüllt. Die Alten, die nach zwei im KZ verbrachten Jahren entkräfteten Jüngeren und die bis auf die Knochen abgemagerten Kinder des tschechischen Lagerteils müssen ihren Platz für die neuangekommenen Arbeitsfähigen räumen.[148]

Ihre Situation hat sich in den letzten Wochen immer mehr verschlechtert. Nach dem Eintreffen der ersten ungarischen Transporte setzte man ihre Lebensmittelrationen herab. Einige Tage später, als große Menschenmengen, deren Verpflegung die Lagerführung nicht gewährleisten konnte, das Lager füllten, wurde die Lebensmittelausgabe an die Tschechen so gut wie ganz eingestellt.[149]

Seit Tagen toben und brüllen sie vor Hunger. Ihre ohnehin geschwächten Körper verloren innerhalb von wenigen Tagen die letzten Kraftreserven. Durchfall, Ruhr, Typhus finden viele Opfer. 50 bis 60 Tote an jedem Tag sind die Regel. Unbeschreibliche Leiden durchleben sie in ihren letzten Tagen, bis auch für sie die Stunde der Erlösung, die Stunde der Vernichtung gekommen ist …

Die Blocksperre wird schon am frühen Morgen für das gesamte Lager angeordnet.[150] Mehrere Hundert SS-Soldaten riegeln das tschechische Lager von allen Seiten ab. Sie treiben die Menschen zum Zählappell zusammen. Es ist entsetzlich, die Angstschreie der auf den Abtransport Wartenden zu hören, die schließlich auf Lastwagen geladen werden. Sie wissen, was sie erwartet, nicht umsonst haben sie zwei Jahre hier gelebt. Ihre Zahl ist innerhalb kurzer Zeit auf 12 000 gesunken. Heute, am Tag der Liquidation, werden 1500 noch arbeitsfähige Männer und Frauen sowie acht Ärzte ausgesondert. Die anderen kommen in die Krematorien II und III.[151] Anderntags ist das zwei Jahre lang bewohnte Tschechenlager menschenleer. Auch in den zwei Krematorien ist alles wieder ruhig. Ich sehe ein mit Asche beladenes Lastauto, als es den Hof des Krematoriums verlässt und in Richtung Weichsel davonfährt.

Mit einem Schlag ist die Zahl der Lagerinsassen um 10 000 Mann gesunken,[152] dafür wird das Archiv des KZ um ein Blatt Papier umfangreicher. Auf ihm steht eine kurze Meldung: »Der von Tschechen bewohnte Teil des Konzentrationslagers Auschwitz, das sogenannte Tschechenlager, wurde wegen gehäuften Auftretens von Typhuserkrankungen liquidiert.« Unterschrift: *Hauptsturmführer* Dr. Mengele, *1. Lagerarzt*.

Die acht Ärzte des Tschechenlagers, die Mengele auf Fürbitte Prof. Dr. Epsteins am Leben ließ, kommen – wegen der aufreibenden Arbeit der letzten Wochen oder weil sie selbst Typhus hatten – als Patienten in die Krankenhausbaracke des Lagers F. Am Tag nach der Liquidation habe ich offiziell im Lager F zu tun. Dort spreche ich mit ihnen, so mit dem bekannten Prager Arzt Dr. Heller, dem ehemaligen leitenden Arzt des Tschechenlagers.[153] Er erzählt mir von den Leiden und dem Sterben der Mehrheit der tschechischen Juden, unter ihnen berühmteste Persönlichkeiten.

Heute sind auch diese acht Ärzte nicht mehr am Leben.[154] Sie waren wirkliche Ärzte. Ihrem Angedenken bewahre ich tiefe Achtung.

XV

Das neben dem Tschechenlager liegende Lager C ist die Unterkunft der ungarischen Jüdinnen. Trotz der täglich von hier abgehenden Transporte überstieg die Zahl der hier Lebenden oft die 60 000.[155] In diesem überfüllten Lager diagnostizierten die Ärzte eines Tages bei einigen Insassen eines Blocks *Scharlach*. Auf Anweisung Dr. Mengeles wurde diese Baracke, zusammen mit den links und rechts von ihr gelegenen, gesperrt. Die Sperre dauerte von früh bis abends. Dann kamen Lastwagen und sämtliche Bewohnerinnen dieser Blocks wurden ins Krematorium gebracht. Das war Dr. Mengeles wirksame Maßnahme zur Verhinderung einer Epidemie.

Solchen Aktionen Mengeles waren früher schon Bewohner des Tschechenlagers und drei anderer Baracken des Lagers C zum Opfer gefallen. Zum Glück schalteten die Häftlingsärzte schnell, und wenn irgendwo Symptome einer Infektionskrankheit entdeckt wurden, hüteten sie sich davor, dies den SS-Ärzten mitzuteilen. Nach Möglichkeit versteckten sie die Kranken in entlegenen Boxen der Baracken und pflegten sie dort, soweit ihre beschränkten Mittel es gestatteten. Ins Krankenrevier überwiesen sie keinen, weil die SS-Ärzte täglich die Kranken überprüften. Wurde aber doch eine Infektionskrankheit entdeckt, so zog das unweigerlich die Liquidation der Baracke der Kranken und der benachbarten Baracken nach sich. Das Resultat einer solchen Aktion waren ein, zwei Lastwagen voll Asche. Diese Methode hieß in der Sprache der SS-Ärzte »auf breiter Basis verhinderte Ausbreitung der Epidemie«.

Als ich noch Arzt in meiner Heimatstadt war, benutzte auch ich diesen Ausdruck. Infektiöse Krankheiten wurden eingegrenzt, ihr Ausbreiten wurde dadurch verhindert, dass wir die ansteckenden Kranken isolierten, beispielsweise bei Typhus oder Diphterie, dass wir die in der Umgebung der Kranken Wohnenden, oftmals die Einwohner mehrerer Straßen, mit einer Schutzimpfung versahen. Andere Städte, andere Sitten!

Eines Morgens bringt man mir zwei weibliche Leichen aus dem Krankenrevier des Lagers B II,[156] die Dr. Mengele zur Sektion geschickt hat. Wie gewohnt nehme ich zuerst die Krankenpapiere der Toten zur Hand, studiere den Krankheitsverlauf und die Behandlung. In der Rubrik für die Diagnose steht Bauchtyphus, als Todesursache ist Herzversagen angegeben, doch beides ist mit einem Fragezeichen versehen.

Ich entschließe mich sofort. Daraus, dass Dr. Mengele als Ergebnis der Sektion von beiden Leichen Bauchtyphus ausgewiesen bekommt, wird nichts! Die Krankheitsgeschichten sind lückenhaft, die Diagnosen unsicher, Dr. Mengele ist sich also seiner Sache nicht sicher. Für ihn ist der Sektionsbefund entscheidend. Darum hat er die zwei Leichen überwiesen.

Ich führe die Sektion durch. Bei beiden Toten zeigt der Dünndarm den geschwürigen Zustand eines drei Wochen alten Bauchtyphus. Auch die Milz ist bei beiden geschwollen. Es ist also Typhus in beiden Fällen!

Zur gewohnten Zeit, gegen fünf Uhr nachmittags, trifft Dr. Mengele ein. Mit heiterem Gesicht, das so viel Skrupellosigkeit verbirgt, kommt er auf mich zu und ist neugierig auf das Sektionsergebnis. Beide Leichen liegen geöffnet auf dem Tisch. Der sezierte und gesäuberte Dünn- und Dickdarm sowie die Milz liegen zur Demonstration der Befunde bereit.

Ich erläutere meine Diagnose: eine unspezifische Dünndarmentzündung mit ausgedehnter Geschwürbildung. Ich halte Dr. Mengele einen Vortrag über die inneren Symptome eines drei Wochen bestehenden Bauchtyphus und vergleiche sie mit den bei anderen Darmentzündungen gleichfalls auftretenden Geschwürbildungen. Das Anschwellen der Milz komme bei solchen Entzündungen ebenfalls häufig vor, also sei dies kein Typhus, sondern eine schwere unspezifische Entzündung, die wahrscheinlich durch eine Fleischvergiftung entstand.[157]

Dr. Mengele ist Rassenbiologe und kein Facharzt für pathologische Anatomie. So ist es nicht schwer, ihn von meiner Version zu überzeugen. Die Enttäuschung aber macht ihn reizbar, und er verleiht wütend seiner Überzeugung Ausdruck, dass Ärztinnen, die solch fehlerhafte Diagnosen aufstellten, dem KZ als Steinträgerinnen nützlicher wären als auf ihrem Fachgebiet. Schließlich könnten ja durch solche Irrtümer Kranke, die man noch hätte retten können, sterben.

Er nimmt die Protokolle an sich, doch ehe er sie in seine Aktentasche steckt, macht er sich darauf eine Notiz. Ich stehe hinter ihm und kann so über seine Schulter mitlesen: »*Rücksprache mit Ärztinnen*«. Er will sie also zur Verantwortung ziehen. Es tut mir sehr leid, dass ich die Kolleginnen in eine schwierige Situation brachte, wo sie doch mit ihrer Diagnose völlig recht hatten. Jetzt können sie ihre Stellung verlieren und werden vielleicht zur Schwerstarbeit in die Straßenbaukommandos eingeteilt. Macht Dr. Mengele seine Drohung wahr, ist meine Diagnose der Grund dafür.

Ich gebe zu, dass ich gegen jene ärztliche Ethik verstoßen hatte, die außerhalb der Stacheldrähte gültig war. Zwei, drei Menschen können durch mich in die größten Schwierigkeiten geraten. Doch auf welch »breiter Basis« hätte wohl Mengele diesmal seine Aktion gegen die Weiterverbreitung des Typhus durchgeführt, wenn ich nicht so gehandelt hätte?

Trotzdem bin ich sehr froh, als ich anderntags beruhigende Nachrichten betreffs der Ärztinnen bekomme: Dr. Mengele verwarnte sie nur streng, etwas anderes geschah nicht. Sie konnten ihre Arbeit weiterführen.

Viele Leichen kamen noch zu mir, mit vielen Krankenblättern, doch niemals mehr war die Diagnose exakt angegeben. Auch ich wollte es so, denn das war hier das einzig Richtige. Dr. Mengeles »Empörung«, dass aufgrund der falschen Diagnose zwei Frauen nicht gerettet werden konnten, beschäftigte mich noch tagelang. So viel Zynismus, so viel Bosheit in einem Mann, der ein Arzt ist! Mehr als ein Arzt, er ist ein bösartiger Arzt, ein »*Kriminaldoktor*«!

XVI

Eines Morgens erhalte ich die Anweisung Dr. Mengeles, ihn unverzüglich im Befehlsstand des Lagers F aufzusuchen.[158] Diesen Befehl erfülle ich gern, denn für einige Stunden kann ich der drückenden Umgebung des Krematoriums entrinnen. Auch der kleine Marsch wird mir nicht schaden. Nach dem Gestank des Krematoriums tut mir die frische Luft sicher gut. Mit besonderer Freude aber erfüllt mich, dass ich mich mit den Kollegen des Lagers F unterhalten kann, die mir jegliche Hilfe erwiesen, als ich mich zu Beginn meiner »KZ-Laufbahn« bei ihnen aufhielt.

Ich bereite mich vor, fülle meine Taschen mit den wichtigsten Medikamenten, vergesse auch einige Päckchen Zigaretten nicht. Ich möchte den Krankenhausblock 12 nicht mit leeren Händen aufsuchen, das würde zu einem Mann des Sonderkommandos auch nicht passen.

Als ich durch das Eisentor des Krematoriums gehe, notiert sich der Posten meine Nummer, und ich kann mich auf den Weg machen.[159] Ich beeile mich nicht, denn ich möchte mich gern ein wenig erholen. An den Stromdrähten des Frauenlagers komme ich vorbei, viele Tausend Frauen sehe ich zwischen den Barackenreihen umhergehen. Mit ihren geschorenen Köpfen und den zerschlissenen Kleidern sind alle auf die gleiche Weise entstellt. Ich muss an meine Frau und meine 15-jährige Tochter denken, an ihr welliges dichtes Haar. Ganz unvermittelt fallen mir lange Familiengespräche über modische Entwürfe von Kleidern ein.

Es ist nun schon drei Monate her, dass wir an der Rampe getrennt wurden. Was mag seitdem mit ihnen geschehen sein? Konnten sie zusammenbleiben? Sind sie noch in einem Teil des Auschwitzer Frauenlagers oder wurden sie schon weitergeschickt in ein entfernteres Lager des Dritten Reiches? Drei Monate sind eine lange Zeit. Im KZ aber sind sie unermesslich lang! Irgendwie aber fühle ich doch, dass sie hier sind. Aber wo? Welcher der vielen Drahtzäune trennt sie von mir? Wohin ich sehe: Bis zum Horizont gibt es nur Drähte, Betonpfeiler und Warntafeln. Das ganze KZ scheint nur aus Drähten zu bestehen, ganz Deutschland ist ein einziges großes KZ, umgeben von Draht. Ich nähere mich dem Tor des Lagers F. Diesen Eingang bewacht man von der Blockführerstube aus. Ein grobgesichtiger SS-Unteroffizier und ein Soldat haben Dienst. Ich trete vor das kleine Fenster des Wachzimmers, mache meinen Unterarm frei und nenne vorschriftsmäßig meine Nummer: A-8450. Beim Hochkrempeln meines Ärmels wird die Armbanduhr sichtbar. Das Tragen einer Uhr gehört zu den größten Vergehen gegen die KZ-Ordnung, doch ich habe die Genehmigung Mengeles – bei meiner Arbeit brauche ich die Uhr.

Der SS-Unteroffizier springt wie ein gereizter Tiger hoch. Mit heiserem Gebrüll fragt er mich, was ich hier zu suchen hätte und woher ich die Frechheit nähme, eine Uhr zu tragen. Drei Monate im Krematorium sind eine lange Zeit – und eine gute Schule![160] Ich stehe bewegungslos, und während ich ihm gerade in die Augen schaue, antworte ich, dass ich gar nichts suche, sondern auf Befehl Mengeles hier sei. Dieser wünsche mich zu sprechen, doch wenn ich nicht hineinkäme, würde ich ins Krematorium zurückgehen und es ihm telefonisch melden.

Dr. Mengeles Name wirkt wie eine Zauberformel! Alle zittern vor ihm. Auch der SS-Mann ist sofort zahm und fragt mich beinahe zuvorkommend, wie lange ich hierzubleiben gedenke. Er müsse es nämlich notieren. Ich schaue auf meine Uhr, was er diesmal ohne Bemerkung hinnimmt. Sie zeigt zehn Uhr. »Ich möchte bis zwei Uhr nachmittags bleiben, bis dahin ist meine Aufgabe bei Dr. Mengele erledigt«, sage ich und nehme aus meiner Tasche eine Schachtel Zigaretten, aus der ich dem SS-Unteroffizier einige gebe, damit er bis nachmittags etwas zu rauchen hat ... Er nimmt sie freudig entgegen. Jetzt grüßen wir uns beinahe freundschaftlich, ein Wunder, dass er nicht hinzufügt, wie gern er mich wieder hier sehen würde.

Nicht von ungefähr! Der Name Dr. Mengele und ein paar Zigaretten haben ihre Wirkung getan. Jetzt kann ich beruhigt einige Stunden in Gesellschaft meiner Kollegen verbringen. Zuerst aber muss ich Dr. Mengeles Befehl hinter mich bringen.

Ich betrete die Befehlshaberbaracke und warte im Vorzimmer, bis mich der Diensthabende nach meinem Begehr fragt. Er zeigt auf eine Tür. Ich gehe hinein und finde ein gut eingerichtetes Arbeitszimmer vor. Die Wände sind voller Diagramme, diese zeigen den Menschenbestand des KZ in verschiedenen Perioden seines Bestehens; auch ein großes Bildnis Himmlers fehlt nicht. Drei Männer sitzen mir gegenüber: Dr. Mengele, *Hauptsturmführer* Dr. Thilo,[161] der leitende Chirurg, und *Obersturmführer* Dr. Wolff, Chefarzt für innere Medizin.[162] Dr. Mengele teilt Dr. Wolff mit, dass ich derjenige sei, der die Sektionen im Krematorium durchführe. Dr. Wolff beginnt ein Gespräch mit mir. Er erklärt, dass er an den Sektionen sehr interessiert sei, doch habe er bisher keine Gelegenheit gehabt, daran teilzunehmen. Jetzt aber arbeite er an einer wichtigen Forschungsaufgabe, deshalb habe er mich rufen lassen.[163] Im KZ hätten sich die Durchfallerkrankungen ins Unermessliche ausgeweitet und 90 Prozent endeten tödlich. Mit dem klinischen Verlauf sei alles klar, darüber wisse er vollkommen Bescheid, nachdem viele Tausend Untersuchungen durchgeführt und darüber genaueste Aufzeichnungen gemacht worden seien. Doch wäre die Arbeit noch unvollständig, denn es fehle die Auswertung durch Sektionen im größeren Umfang.

Also auch dieser Dr. Wolff ist ein »Forschungsarzt«.[164] Auch er will seinen Nutzen ziehen aus der blutigen, vom Rauch der Krematorien verseuchten Umgebung des KZ, und zwar durch das Studium Hunderttausender, kaum noch 30 Kilogramm wiegender, an Durchfall Erkrankter und Verstorbener. Eine große Zahl von Leichen will er untersuchen lassen, um die bislang verborgenen inneren Symptome jener Krankheit kennenzulernen.

Dr. Mengele will durch die Auswertung des unbegrenzt vorhandenen Menschenmaterials das Geheimnis der Rassenvermehrung lüften. Dr. Wolff wiederum forscht nach den Ursachen der Durchfallerkrankung. Dabei sind diese für niemanden im KZ ein Geheimnis.

Nach folgendem Muster entsteht Durchfall: Man nehme einen Menschen, gleichgültig ob Mann, Frau oder Kind, reiße ihn aus seiner Umgebung heraus, stecke ihn zusammen mit hundert anderen in einen Waggon, lasse es auf der »Reise« am primitivsten fehlen, stopfe ihn dann in Auschwitz mit Tausenden in eine selbst als Pferdestall unbrauchbare Baracke und verabreiche ihm täglich 700 Kalorien in Form von schimmeligem Wildkastanienbrot und aus dem Fleisch kranker Pferde hergestellter, von Wasser triefender drei Deka wiegende Wurst.[165] Das spüle der als Opfer ausersehene Mensch zusammen mit einem halben Liter salz-, fett- und mehlloser Brennnessel- oder Rübensuppe hinab – und nach vier, fünf Tagen ist der Durchfall da.[166] Nach drei, vier Wochen ist dann der Fall ganz erledigt: Das Versuchsobjekt stirbt, trotz aller ärztlichen Bemühungen.

Dr. Wolff erläutert, dass für seine Forschungen die Sektion von etwa 150 Leichen nötig sei. Auch Dr. Mengele schaltet sich ein, er meint, wenn ich täglich sieben Sektionen durchführte, könnte ich in drei Wochen fertig sein. Damit bin ich nicht einverstanden. Ich erkläre, dass man ja genaueste, ernsthafte Ergebnisse, an denen es keinen Zweifel geben dürfe, von mir erwarte. Deshalb könne ich an einem Tag nicht mehr als drei Tote untersuchen. Man ist einverstanden. Mit einem kurzen Nicken werde ich entlassen.

Ich suche nun meine Kollegen im Block 12 auf. Sie freuen sich über die Medikamente, rauchen die Zigaretten, doch auf ihren Gesichtern sehe ich Niedergeschlagenheit und Erschöpfung. Alle stehen noch unter der Wirkung des furchtbaren Endes des Tschechenlagers. Langsam werden sie sich, genau wie ich, der Hoffnungslosigkeit ihres Schicksals bewusst. Der Unterschied ist nur, dass mein Optimismus nicht langsam verschwand, sondern schon in jenem Augenblick, als ich durch das Tor des Krematoriums trat. Trotzdem versuche ich, ihnen Mut zu geben, und halte sie zur Standhaftigkeit an. Ich beschreibe den für uns immer günstigeren Frontverlauf. Da ich täglich zu einer Zeitung komme, kann ich sie ausführlich informieren.

Mit herzlichem Händedruck nehmen wir Abschied. Nirgends ist es wahrer als im KZ, dass Abschied immer ein klein wenig auch Sterben bedeutet.

Jedenfalls ergebe ich mich der Verführung meiner Eitelkeit und stelle fest, dass ich eine starke Persönlichkeit sein muss, wenn ich in meiner Situation anderen Mut geben kann ...

XVII

Einer nach dem anderen liegen *Obersturmführer* Dr. Wolffs Durchfalltote unter meinem Messer. Ich habe bereits die dreißigste Sektion hinter mir und fasse die bisherigen Ergebnisse meiner Arbeit zusammen.

Die Magenschleimhaut zeigt in jedem Falle einen Entzündungsprozess. Er wiederum verursacht das Stagnieren der Magensäure abgebenden Drüsen. Ohne Verdauungssäfte aber gibt es keine Verdauung, dafür aber umso mehr Gärung.

Des Weiteren stelle ich einen ausgeprägten Entzündungszustand des Dünndarmes fest. Mit ihm geht die Schrumpfung der Darmschleimhäute einher, die immer dünner werden. Meine dritte Feststellung bezieht sich auf den wichtigsten Verdauungssaft des Dünndarmes, den Gallensaft, der für die Fettverdauung unerlässlich ist. Bei der Öffnung der Gallenblase finde ich meist anstelle des grüngelben Gallensaftes nur eine farblose, schaumige Flüssigkeit vor, die nicht mehr imstande ist, ihre Aufgabe im Verdauungsprozess zu erfüllen.

Auch eine Entzündung der Dickdarmschleimhaut ist immer anzutreffen, außerdem die völlige Schrumpfung und Brüchigkeit auch dieser Darmwandungen. Dünn wie Zigarettenpapier sind solche Darmwände. Das sind keine Verdauungskanäle mehr, sondern Abwasserleitungen.

Was man oben hineingießt, kommt nach Minuten unten wieder heraus.

So lauten also in groben Umrissen meine Feststellungen. Sie sind das Ergebnis einer sehr gleichförmigen, eigentlich uninteressanten Arbeit. Die bakteriologischen Untersuchungen werden wahrscheinlich in dem Institut für Hygiene und Bakteriologie der Waffen-SS durchgeführt, das zwei bis drei Kilometer von Auschwitz entfernt in dem Ort *Reisgau* errichtet wurde.[167] Dort leitet mein Schicksalsgefährte Professor Dr. Mansfeld, der ehemalige Leiter des Bakteriologischen Instituts der Universität Pecs, die Arbeiten.[168]

XVIII

Während meiner Mittagspause öffnet *Oberscharführer* Mußfeldt meine Tür und schiebt drei Unbekannte in Häftlingskleidung herein. Er zeigt auf die Unglücklichen und teilt mir mit, dass Dr. Mengele diese Kollegen geschickt habe.

Die Armen sehen bedauernswert aus, wie sie in ihren schmutzigen Sträflingsanzügen, erschrocken, unsicher in der neuen Umgebung, dastehen. Auch ihnen ist klar, wie hoffnungslos ihre Aussichten sind, seit sie dieses Tor durchschritten haben.

Wir reichen uns die Hände, stellen uns vor. Der erste ist Dr. Denes Görög, ein Privatdozent, der Sektionen im Staatlichen Krankenhaus Szombathely durchführte. Er ist ein kleiner, dünner, etwa 45-jähriger Mann mit starker Brille. Er macht einen guten Eindruck, ich fühle, wir werden gute Kameraden sein. Der zweite ist etwa 50 Jahre alt, pummelig, klein, hat einen krummen Rücken und ein sehr hässliches Gesicht. Sein Name ist Adolf Fischer, 20 Jahre lang arbeitete er im Prager Institut für Anatomie als Sektionsdiener. Als tschechischer Jude ist er seit fünf Jahren im KZ. Mein dritter Helfer heißt Dr. Josef Körner, war Arzt in Nizza, ist seit drei Jahren in Auschwitz. Ein wortkarger, aber sehr gebildeter junger Mann, gerade 32 Jahre alt.[169]

Um die Arbeit zu beschleunigen, hat Dr. Mengele diese drei aus den schmutzigen Blocks des Lagers D gefischt und mir als Helfer für die immer größere Zahl von Sektionen geschickt.[170] Der verantwortliche Leiter der »Forschungsarbeit« bleibe ich. Der Schriftwechsel, das Archiv, die Sektionsprotokolle habe ich auch weiterhin zu führen.[171] Die beiden Ärzte helfen bei den Sektionen, der Sektionsdiener bereitet die Leichen vor.

Er öffnet den Schädel, nimmt die Organe aus den Körperhöhlen und bereitet sie zur Untersuchung vor. Nach der Sektion bringt er die Leichen aus dem Sektionsraum, er sorgt für Ordnung und Sauberkeit im Sektions- und im Arbeitsraum. Ich habe also große Hilfe bei meiner Arbeit bekommen, was für mich eine wirkliche Entlastung bedeutet. Es gibt nur ein Problem: Auf ausdrückliche Anweisung Mengeles muss ich mein Zimmer mit allen dreien teilen. Der Wechsel hat viele Nachteile. Für vier Personen ist das Zimmer zu eng geworden. Das bedeutet, dass ich viel von meinem Komfort aufgeben muss, aber die neue Situation hat auch unbestreitbare Vorteile. Wir sind schließlich soziale Wesen, in diesem Fall soziale Wesen mit Problemen.

XIX

Ich mache meinen morgendlichen Rundgang zu den Kranken. In allen vier Krematorien herrscht Hochbetrieb. Heute Nacht wurde die jüdische Bevölkerung der Mittelmeerinsel Korfu verbrannt.[172]

Auf Korfu befand sich eine der ältesten jüdischen Gemeinden Europas. Mehr als 27 Tage dauerte ihre Verschleppung, erst auf Lastkähnen, dann in geschlossenen Waggons. Sie waren hungrig und durstig. Als sie endlich an der Rampe des Vernichtungslagers Auschwitz ankamen und die Waggons zum Antreten und zur Selektion geöffnet wurden, stieg niemand aus. Die Hälfte war tot, die andere Hälfte bewusstlos vor Erschöpfung. Alle gelangten bis auf den letzten Mann in das Krematorium II. Die ganze Nacht wurde mit verstärkter Anspannung gearbeitet. Am Morgen blieb nichts übrig außer einem großen Haufen schmutziger Lumpen auf dem Hof des Krematoriums. Es ist ein herzzerreißender Anblick, wie die Kleider im Nieselregen liegen. Mein Blick verirrt sich zum Schornstein des Krematoriums. Die vier Blitzableiter an seinen vier Ecken, diese mächtigen Stahlstangen, sind durch das ungeheure Feuer verbogen und angeschmolzen. Im Krematorium IV habe ich heute eine ernste Aufgabe. Ein Heizer des Sonderkommandos hat eine größere Menge Luminal eingenommen, um sein Leben zu beenden.[173] Das ist an diesem Ort die häufigste Form der Selbsttötung. Die Männer des Sonderkommandos kommen leicht an das Luminal heran. Jeden Tag findet es sich reichlich in den Taschen der Getöteten. Ich trete ans Bett des Kranken und erkenne den »Kapitän«.[174] Er ist nur unter diesem Namen bekannt. Zu Hause in Athen war er, ein aktiver Offizier, der Erzieher der Kinder des griechischen Königs.[175] Er ist ein ungemein höflicher, gebildeter Mensch, seit drei Jahren im KZ.[176] Seine Frau und die zwei Kinder kamen in der Stunde ihrer Ankunft ins Gas. Bewusstlos, in tiefem Schlaf liegt er da. Das Gift nahm er, wie ich sehe, schon vor einigen Stunden ein, es ist vom Körper schon aufgenommen worden. Trotzdem halte ich seinen Zustand nicht für lebensbedrohlich. Die um das Bett herumstehenden Kameraden bitten mich still, den Kapitän seinen Weg gehen zu lassen. Bliebe er am Leben, wäre das nur eine Verlängerung seiner seelischen Qualen, vor denen er fliehen wollte. In einigen Wochen schlägt diesem XII. Sonderkommando ohnehin die »Stunde«. Als sie sehen, dass ihre Argumente bei mir nicht wirken und ich ihm eine Spritze gebe, werden einige böse und äußern sich mit harten Worten über meine Lebensrettungsabsichten.

Ich lasse sie allein. Wenn der Kapitän keine Lungenentzündung bekommt, wird er in vier, fünf Tagen wiederhergestellt sein. Er wird noch einige Wochen Koks schaufeln und so das Feuer anfachen unter den Körpern seiner gequälten, gehetzten, in den Gastod geschickten Brüder. Und wenn der letzte Tag des Sonderkommandos kommt, wird auch er in der Reihe stehen. Eine Salve, und blutig wird er zwischen seinen Kameraden stürzen, in den Augen eine Mischung aus Angst und Verwunderung. Jetzt, da ich nicht mehr vor ihm stehe und sein leidendes Gesicht nicht mehr an mein 20-jähriges ärztliches Ich appelliert, gibt mein menschliches Ich seinen Gefährten völlig recht. Ich hätte ihn gehen lassen sollen auf dem selbstgewählten Weg, der nicht vor die kalten Rohre der Maschinengewehre führt ...

Meine Runde ist beendet. Ich kehre ins Krematorium I zurück. Durch einen Blick in den Sektionsraum überzeuge ich mich, dass meine Helfer mit dem Eifer der Anfänger die Durchfallleichen des Dr. Wolff sezieren ...[177]

Die Obduzenten sind frisch rasiert, ihre Hemden sind sauber, die Kleidung neu, die Füße stecken in guten Schuhen. Sie haben ihr menschliches Äußeres zurückbekommen. Wie sie so am Sektionstisch stehen, in weißen Kitteln, mit gelben Gummischürzen, an den Händen Gummihandschuhe – man könnte, wäre man nicht eingeweiht, den Eindruck gewinnen, in einem seriösen wissenschaftlichen Institut zu sein.

Aber ich bin ein Experte! Und ich arbeite bereits drei Monate hier![178] Dies ist kein wissenschaftliches Institut, sondern ein Institut für Pseudo-Wissenschaften! So wie die Rassenforschung auf falschen Theorien basiert, wie der Begriff der höheren Rasse falsch ist, genauso ist auch Dr. Mengeles Zwillingsforschung pseudowissenschaftlich. Falsch ist auch die Degenerationstheorie, die sich auf die abgeschlachteten Zwerge und Krüppel stützt und die Minderwertigkeit der jüdischen Rasse beweisen soll. Nicht heute und nicht der heutigen Generation. Diese würde es noch nicht glauben. Aber die nach dem siegreichen Ende des Kriegs Kommenden, die sollen es glauben!

Doktor Mengele und seine Kumpane träumen davon, dass die in Auschwitz ermordeten Zwerge und Krüppel einst als Skelette in weiten Räumen von Museen ausgestellt sein werden, auf einem Podest montiert, versehen mit den Angaben ihres Namens und Alters. Schullehrer werden dann den Tag des Sieges würdigen: Mit diesem Sieg und im Bewusstsein ihrer rassischen Vorherrschaft haben Mengele und seinesgleichen nicht nur die benachbarten Völker, die Frankreichs, Belgiens, Russlands und Polens, in den Rahmen der Minderwertigkeit gezwängt, sondern ein Volk Europas, das jüdische Volk, vollständig ausgelöscht. Dieses Volk besaß zwar eine 6000-jährige Geschichte, doch seine Daseinsberechtigung war beendet, da es im Laufe der Jahrtausende zu Zwergen und Krüppeln degenerierte. Wer sich mit ihnen vermischte, setzte die einzig saubere, die arische Rasse ebenfalls der Gefahr der Degeneration aus. Die Juden waren schädlich für diese Rasse und auch gefährlich: Ganz Europa wollten sie unter ihre Herrschaft zwingen. Deshalb mussten sie ausgerottet werden! Damit verewigte sich der erste Führer des Dritten Reiches im Buch der Unsterblichen und erntete den Dank der ganzen gebildeten Welt ... So träumen sie.

Gestützt auf diese Wahnsinnsträume und falschen Thesen, führen sie also weiter Krieg gegen eine ganze Welt und vernichten das europäische Judentum bis hin zu neugeborenen Kindern. Im Lande des Nationalsozialismus ist alles falsch! Das Blutbad des Krieges nennen die Nazis einen Kreuzzug. In ihren Augen ist ganz Russland eine einzige wilde Steppe. Frankreich ist das Land eines im Aussterben begriffenen, von Syphilis verseuchten Volkes. Alle Engländer – vom Premierminister abwärts – sind chronische Alkoholiker und befinden sich, durch den ständigen Genuss schottischen Whiskys bedingt, allesamt bereits im Stadium des Deliriums tremens. Die Japaner hingegen, der mongolische Stamm mit den gekrümmtesten Augen, sind Arier ehrenhalber, weil es ihre Interessen augenblicklich so verlangen. Falsch ist die Moral, das ganze Leben! Im Interesse der Rassenvermehrung können deutsche Töchter und Kriegerwitwen von jedem Beliebigen Kinder gebären und für das Kind einen Namen wählen von einem der zahllosen Männer, denen sie sich hingeben. Sie posaunen in die Welt, die Wertgrundlage des Dritten Reiches sei nicht Gold, sondern Arbeit: Trotzdem werden täglich 30 bis40 Kilo Gold in einer eigens dafür eingerichteten Anlage geschmolzen, aus den Zähnen der nach Auschwitz verschleppten und ermordeten Menschen.[179] Die in den unterirdischen Räumen der Krematorien angebrachten Tafeln lügen der Welt in sieben Sprachen vor, hier befinde sich ein Baderaum, doch in Wahrheit ist es eine Gaskammer.[180] Auf den Büchsen mit Zyklongas steht, der Inhalt sei ein Gift zur Vernichtung von Wanzen und Läusen, doch es tötet Menschen in wenigen Sekunden.[181] Mir kommt ein Gedanke: Vielleicht sind die Schilder, die an den KZ-Stromzäunen hängen, ebenfalls falsch! Vielleicht gibt es gar keinen Strom in den angeblichen 6000-Volt-

Drähten? Das muss aber wahr sein, denn ich habe mit eigenen Augen gesehen, wie Oberscharführer Mußfeldts riesiger Wolfshund den Drahtzaun am Tor des Krematoriums berührte und sofort umfiel.[182]

Apropos Inschriften, jeder Häftling des KZ konnte die Aufschrift am Tor lesen: »Arbeit macht frei!«[183] Doch die Wirklichkeit sieht so aus: Einmal hielten drei Waggons an der Rampe. Menschen mit zitronengelber Hautfarbe, bis auf die Knochen abgemagert, taumelten heraus. Es waren 300. Als sie auf den Hof des Krematoriums kamen, sprach ich mit ihnen. Sie berichteten, dass man sie vor drei Monaten aus dem Auschwitzlager D mit 3000 anderen zu einer neuen Arbeit abkommandiert hatte. Sie schufteten in einem Schwefelsäurewerk, viele von ihnen starben an den verschiedensten Krankheiten. Diese 300 erlitten eine Schwefelvergiftung, daher ihre zitronengelbe Gesichtsfarbe.[184] Sie wurden ausgesondert und mit der Bemerkung fortgeschickt, dass man sie in ein Erholungslager bringen würde. Eine halbe Stunde später sah ich ihre blutigen Leichen vor den Verbrennungsöfen liegen. Arbeit macht frei! Erholungslager! Sind diese Dinge nicht höllisch? Davon gibt es hier noch mehr!

Es geschah im Juli oder Juni, als man unter den Insassen der vollgestopften Baracken 100 000 Postkarten verteilte und anordnete, irgendeinem Bekannten zu schreiben. Es wurde streng befohlen, als Aufgabeort nicht Auschwitz oder Birkenau anzugeben, sondern »*Am Waldsee*«. Dieser Ort liegt an der schweizerischen Grenze.[185] Die Karten wurden abgeschickt, auch Antworten trafen ein. Ich war Augenzeuge, als man diese Antwortbriefe – etwa 50 000 Stück – im Hof des Krematoriums verbrannte. Man hätte sie ohnehin nicht zustellen können, denn ehe die Antworten eintrafen, waren auch die Adressaten längst verbrannt. Warum also das Ganze? Um das Gewissen der Welt zu beruhigen und abzulenken.[186]

XX

In der Gaskammer des Krematoriums I liegen 3000 Tote auf einem Haufen. Die Männer des Sonderkommandos sind schon dabei, die im Leichenturm ineinander verkrampften Leichen auseinanderzureißen. Bis in mein Zimmer höre ich das Brummen der Aufzüge, das Zuschlagen ihrer Türen. Die Arbeit läuft in hohem Tempo, denn die Gaskammer muss schleunigst geräumt werden. Ein neuer Transport ist bereits angekündigt. Beinahe mit der Tür stürzt einer der Männer zu mir herein und teilt mir aufgeregt mit, dass man beim Wegräumen der Leichen eine lebende Frau gefunden hätte.

Ich greife nach meiner immer bereitstehenden Arzttasche und schon renne ich in die Gaskammer hinunter. Am Eingang des riesigen Raumes, direkt an der Wand, liegt eine sich in Krämpfen windende junge Frau. Sie gibt keuchende Laute von sich. Erschüttert stehen die Leute des Gaskommandos um mich herum. So etwas ist während ihrer bewegten Zeit noch nie vorgekommen![187]

Wir ziehen den sich bewegenden Körper unter den auf ihm liegenden Toten hervor. Es ist ein noch ganz junges Mädchen. Ich trage es in den Nachbarraum. Hier zieht sich das Sonderkommando vor der Arbeit um. Das Mädchen lege ich auf eine Bank. Ich schätze es auf etwa 15 Jahre. Drei Spritzen nacheinander gebe ich dem ohnmächtigen, schwer atmenden Kind. Seinen eiskalten Körper bedecken die Männer mit dicken Mänteln. Einer rennt zur Küche, um heißen Tee oder Suppe zu holen. Jeder will hier helfen, als kämpfe er um das Leben des eigenen Kindes. Schon zeigt sich das Ergebnis unserer Bemühungen: Das Mädchen bekommt einen Hustenanfall, verbunden mit Auswurf aus der Lunge. Es öffnet die Augen und sieht starr zur Decke. Gespannt beobachte ich jede Lebensäußerung. Die Atmung wird tiefer und gleichmäßiger. Der Puls ist nach den Injektionen schon gut spürbar. Ich warte geduldig, denn die Spritzen sind noch nicht voll wirksam geworden, doch ich weiß, dass das Kind in einigen Minuten zu sich kommen wird. So geschieht es auch.

Sein zartes Gesicht rötet sich, in seinen Blick kehrt der Verstand zurück. Es sieht sich mit unendlicher Verwunderung um, bis sein Blick auf uns haften bleibt. Die Augen schließen sich wieder, die Kleine weiß noch nicht, was mit ihr geschieht. Sie kann die Gegenwart noch nicht begreifen. Sie weiß auch nicht, ob das, was sie sah, die Wirklichkeit ist. Sicher liegt noch ein Schleier über ihrem Verstand. Einige hellere Flecken ihres Gehirns erinnern sie an die Waggons, mit denen sie hier ankam. Dann war sie angetreten, und, ohne es zu merken, wurde sie schon von der Menge vorwärtsgedrängt. Sie kam in einen großen, hellen, unterirdischen Raum. Alles ging so schnell! Auch daran, dass sie sich ausziehen musste, erinnert sie sich. Das war ein schrecklicher Moment für sie. Doch alle taten es, also auch sie. Dann ging es weiter in einen anderen Raum. Plötzlich wurden alle unruhig. Auch hier leuchteten große Lampen. Alarmiert sah sie sich in der Menge um. Sie fand ihre Angehörigen nicht. An die Wand gepresst, wartete sie, was geschehen würde. Plötzlich wurde es stockfinster. Irgendetwas brannte in den Augen, würgte ihre Kehle. Sie brach zusammen. Hier verlässt sie die Erinnerung ... Ihre Bewegungen werden heftiger. Sie hebt die Arme, den Kopf, sieht gehetzt nach rechts und links. Am Knopf meines Mantels zieht sie sich hoch, setzt sich auf. Mehrmals versuche ich, sie wieder hinzulegen, doch sie lässt es nicht zu. Sie ist einem Nervenzusammenbruch nahe. Doch langsam wird sie ruhiger, liegt schließlich völlig erschöpft da. In ihren Augen stehen Tränen, doch sie weint nicht.

Endlich antwortet sie auch auf meine Fragen. Ich möchte sie nicht noch mehr ermüden und frage nicht viel. So erfahre ich nur, dass sie 16 Jahre alt ist und zusammen mit ihren Eltern in einem ungarischen Transport eintraf.

Wir geben ihr eine Tasse Fleischbrühe, die sie auch trinkt. Die Männer bringen alles Mögliche zu essen, doch ich erlaube nicht, dass man es ihr gibt. Bis zum Hals decke ich sie zu und befehle ihr, ein wenig zu schlafen.

Meine Gedanken jagen sich. Ich wende mich zu den Kameraden um. Wir grübeln und überlegen. Was soll mit dem Mädchen werden? Wir wissen, lange kann sie hier nicht bleiben.

Krematorium! Sonderkommando! Was soll man hier mit einem Mädchen anfangen? Ich kenne die Geschichte der Krematorien: Lebend ist hier noch niemand herausgekommen, weder aus den Transporten noch aus dem Sonderkommando, dem XII. Sonderkommando. Wir haben nicht viel Zeit zum Überlegen. *Oberscharführer* Mußfeldt erscheint, um entsprechend seiner Gewohnheit die Arbeiten zu inspizieren. Als er an der offenen Tür des Raumes vorbeikommt, entdeckt er unsere Ansammlung. Er tritt ein und fragt, was hier los sei. Schon hat er das auf der Bank liegende Mädchen gesehen. Ich winke meinen Kameraden, sich zu entfernen. Ich will das Unmögliche versuchen.

In den drei Monaten unserer Zusammenarbeit hat sich ein gewisses Verhältnis zwischen uns herausgebildet.[188] Es ist ohnehin eine Eigenschaft der Deutschen, dass sie auch im KZ die Menschen, die ihre Arbeit verstehen, wenigstens so lange achten, wie man sie braucht. So verhält es sich auch bei den Schustern, Schneidern, Tischlern und Schlossern. Während unserer häufigen Zusammentreffen habe ich die Erfahrung gemacht, dass Mußfeldt mein Fachwissen schätzt. Er weiß, dass Dr. Mengele, die gefürchtetste Person des KZ, mein Arbeitgeber ist. Mußfeldt hält ihn in der typischen Eitelkeit der SS-Leute für einen großen Vertreter der medizinischen Wissenschaft. Dass Mengele Hunderttausende in den Gastod schickt, betrachtet Mußfeldt als patriotische Aufgabe. Die Arbeit im Sektionsraum steht im Dienst des Vorwärtskommens der deutschen Medizinforschung! Daraus ziehe auch ich mit meiner Arbeit in diesem

Sektionsraum Nutzen. Mußfeldt kommt oft zu mir, und häufig unterhalten wir uns über Politik, über die Kriegslage und über viele andere Dinge.

Auch scheint es mir, dass er mich deshalb respektiert, weil er meine Arbeit als eine mit den blutigen Handlungen seiner Kumpane verwandte ansieht.

Neben drei anderen SS-Leuten ist er der Befehlshaber – und zugleich auch Meisterschütze – des Krematoriums I. Die vier liquidieren die aus dem Lager Selektierten mittels Genickschuss, aber auch jene, die zur »Erholung« geschickt wurden. Der Genickschuss findet Anwendung, wenn die Zahl der Opfer 500 nicht übersteigt. Die Großanlage der Gaskammer in Betrieb zu nehmen lohnt sich nämlich nur bei der Vernichtung größerer Menschenmassen. Damit in den Gaskammern eine tödliche Konzentration entsteht, ist stets die gleiche Menge Zyklon B notwendig, ob es sich um 500 oder 3000 Menschen handelt. Auch der Rot-Kreuz-Wagen mit den zwei Gashenkern muss bei Genickschuss nicht zum Krematorium herauskommen. Bei einer kleineren Anzahl Opfer lohnt es sich ebenfalls nicht, extra einen Lastwagen wegen der Kleider zu schicken. Aufgrund solcher Überlegungen wurde die Exekution durch Genickschuss eingeführt.

Ich berichte Mußfeldt in wohlüberlegten Sätzen von der schrecklichen Situation des Mädchens. Das Kind musste alles erleiden: den Auskleideraum und die Todesangst in der Gaskammer. Als es dunkel wurde, atmete es auch ein wenig von dem tödlichen Gas ein, aber eben nur wenig, weil es im Todeskampf der anderen zu Boden gestoßen wurde und sein Gesicht auf einem feuchten Teil des Betonbodens zu liegen kam. Dieses bisschen Nässe rettete ihm das Leben, verhinderte, dass es vom Gas erstickt wurde. Zyklongas verliert nämlich in feuchter Umgebung stark an Wirksamkeit.

So argumentiere ich und bitte Mußfeldt, doch irgendetwas für das Mädchen zu tun. Er hört mir ernst zu und fragt mich schließlich, wie ich mir das vorstelle. Ich weiß es ja selbst nicht und sehe an seinem Gesichtsausdruck, dass ich ihn in eine schwierige Lage gebracht habe. Hier im Krematorium kann die Kleine nicht bleiben. Es gibt nur eine Chance, nämlich sie ans Tor zu bringen. Dort arbeitet ständig ein aus Frauen bestehendes Straßenbaukommando.[189] Sie müsste zwischen diese Frauen geschmuggelt werden, und wenn diese abends ins Lager einrücken, könnte sie in eine der Baracken mitgehen. Sie müsste über alles schweigen, was mit ihr geschah. Zwischen den Tausenden Frauen fiele sie nicht auf, dort kennen sich nur wenige persönlich.

Wäre das Mädchen drei, vier Jahre älter – so Mußfeldts Standpunkt –, würde dies auch glücken. Eine 20-Jährige ist in der Lage, den Ernst der Situation abzuschätzen und in Kenntnis des ungeheuren Glücksfalls ihrer Lebensrettung allen gegenüber zu schweigen. Doch ein 16-jähriges Mädchen ist noch völlig naiv, es würde der erstbesten Person erzählen, woher es kommt, was es sah und was es erlebte. Und so etwas verbreitet sich, wird bekannt und wir drei wären verloren. »Hier gibt es keine Hilfe«, sagt Mußfeldt, »das Kind darf nicht am Leben bleiben.«

Eine Viertelstunde später bringt man das Mädchen hinauf in den Vorraum des Heizungstraktes.[190] Dort tötet man es durch Genickschuss. Nicht Mußfeldt hat geschossen – er schickte einen anderen.

XXI

Im ersten Stock des Krematoriums I, abgetrennt vom Personalraum,[191] befindet sich eine Tischlerei. Drei Tischler führen hier notwendige Arbeiten aus. Momentan aber haben sie einen »Privatauftrag«. Die vorhandenen Möglichkeiten ausnutzend, gab *Oberscharführer* Mußfeldt den Befehl zur Anfertigung eines riesigen Sofas für zwei Personen. Die Tischler machten sich an die Ausführung des Befehls, was in einem Krematorium keine leichte Aufgabe war. Doch ein Befehl kennt nicht das Wort »unmöglich«! Das Holz wurde aus den auf dem Gebiet des Krematoriums verbliebenen Baumaterialien beschafft. Die nötigen Federn wiederum entfernte man aus den Stühlen, die die Deportierten für ihre Alten und Kranken mitgebracht hatten. Zu Dutzenden stehen sie auf dem Hof des Krematoriums. Abends pflegen wir auf ihnen zu sitzen.[192]

Das Sofa wurde also befehlsgemäß fertiggestellt. Vor meinen Augen entstand es aus abgezweigtem Holz, aus den Stahlfedern. Der Bezug wurde aus Perserteppichen geschneidert. Zwei französische Elektriker montierten eine Leselampe und einen Radioschrank an das Möbelstück. Zum Schluss wurde es mit einem korallenroten Lackanstrich versehen. Es sah sehr gut aus. In einer Kleinbürgerwohnung Mannheims wird es sich noch viel besser machen als hier auf dem Boden des Krematoriums. Das Sofa wird nämlich am Wochenende als Stückgut nach Mannheim versandt, in das Heim des *Oberscharführers* Mußfeldt.[193] Dort wird es stehen und warten, bis der Oberscharführer nach den schweren Kämpfen siegreich heimkehren und sich auf ihm von den Mühen des Krieges erholen wird.

Eines Tages, in der Woche vor der Versendung des Sofas, bin ich im Zimmer von Mußfeldt und entdecke etwa ein halbes Dutzend verpackungsfertige Seidenpyjamas. Sicher wird er auch sie nach Hause schicken als stilgemäße Attribute zum neuen Sofa. Schöne ausländische Ware! In Deutschland kann man heute nur noch auf Punktkarten etwas kaufen. Hier bekommt man alles wesentlich leichter, im Auskleideraum ist die Auswahl groß. Für einen Punkt ist alles zu haben: *Oberscharführer* Mußfeldt setzt mit seiner 6-mm-Pistole diesen Punkt hinter das Leben der Besitzer.

So sieht das Auschwitzer Punktkartensystem aus. So bekommt man hier Schmuck, Ledermäntel, Pelze, Seidenkleider, feine Schuhe. Es vergeht keine Woche, in der nicht Pakete nach Hause geschickt werden. Darin finden sich Tee, Kaffee, Schokolade, Konserven – kiloweise. All das lässt sich im Auskleideraum beschaffen.

Diese unbegrenzten Möglichkeiten gaben auch dem *Oberscharführer* die Idee zum Bau des Sofas ein.

Seit Tagen, seitdem ich die Herstellung des Möbels beobachte, habe auch ich eine Idee. Sie nimmt langsam die Form eines Planes an ... In einigen Wochen ist der Viermonatszeitraum des Sonderkommandos zu Ende. Wir alle werden umkommen. Darüber sind wir uns völlig im Klaren. Der Gedanke ist uns vertraut, wir wissen, es gibt kein Entfliehen. Doch eine Sache lässt mir keine Ruhe. Bisher starben elf Sonderkommandos und nahmen die schrecklichen Geheimnisse des Krematoriums und der Scheiterhaufen mit sich. Wir dürfen nicht zulassen, dass es auch diesmal so ist! Wir werden nicht mehr am Leben sein, doch wir müssen wenigstens dafür sorgen, dass die Welt die unvorstellbare Grausamkeit und Niedertracht dieses auf »höherer Ordnung« basierenden Systems kennenlernt. Man muss der Welt eine Nachricht senden. Von hier! Möglich, dass man sie erst nach Jahren finden wird. Doch auch dann wird sie anklagen!

Den bevorstehenden Tod vor Augen, wollen alle 200 Mitglieder des Sonderkommandos vom Krematorium I die Nachricht unterschreiben. Das Sofa wird sie dann mitnehmen in die Welt außerhalb des Stacheldrahtes, vorerst in die Wohnung des *Oberscharführers* Mußfeldt, nach Mannheim.

Die Nachricht ist geschrieben. Ausführlich wird von den in den letzten Jahren begangenen Verbrechen berichtet. Die Henker der Getöteten werden beim Namen genannt, die Methoden und Mittel der Vernichtung aufgeführt, auch die Zahl der Opfer fehlt nicht. Die Nachricht ist auf drei großen Pergamentblättern geschrieben. Der Schreiber des Sonderkommandos, ein Maler aus Paris, fertigte die Mitteilung nach dem Muster alter Pergamentrollen an, in wunderschöner Schrift und mit Tusche, damit nichts verblassen kann.[194] Der vierte Bogen enthält die 200 Unterschriften. Die Pergamentblätter wurden mit einer feinen Seidenschnur zusammengebunden. Zu einer Rolle gefaltet stecken wir die Bogen in zylindrische Blechbehälter, die zwecks Schutz vor Luft und Wasser zugeschweißt werden. Einen dieser Zylinder verbergen die Tischler zwischen die Stahlfedern und die Wolle der Polsterung des Sofas. Eine zweite, gleichlautende Nachricht mit denselben Unterschriften wurde in einem ähnlichen verlöteten Behälter deponiert und auf dem Hof des Krematoriums II vergraben.[195]

XXII

Jeden Abend gegen sieben Uhr fährt ein Lastwagen durch das Tor des Krematoriums. Er bringt 70 bis 80 Frauen oder Männer, die täglich aus den Blocks und Krankenbaurevieren Selektierten. Sie sind seit mehreren Jahren, zumindest jedoch Monaten KZ-Insassen und sich deshalb völlig im Klaren über das ihnen zugedachte Schicksal. Wenn das Auto heranfährt, füllt sich der Hof mit den grässlichen Schreien der Todesangst. Die zum Tode Bestimmten wissen, dass es aus dem Krematorium keine Rückkehr gibt! Ich will diese Szenen nicht sehen.

Jedes Mal ziehe ich mich in den fernsten Teil des Hofes zurück. Hier, in einem kleinen Nadelwäldchen, setze ich mich nieder und warte.[196] Hier hört man das Knallen der Waffen nicht, und die Todesschreie klingen nur dumpf an mein Ohr.

Doch heute Abend habe ich kein Glück. Schon seit fünf Uhr nachmittags arbeite ich im Sektionsraum: Die Selbsttötung eines SS-*Oberscharführers* muss außer der Reihe aufgeklärt werden. Die Leiche wurde aus Gleiwitz gebracht. Ein SS-Kriegsgerichtsoffizier und ein SS-Schreiber kamen mit zur Sektion. Gegen sieben Uhr, ich diktiere dem Schreiber gerade das Sektionsprotokoll, kommt ein großer Lastwagen, beladen mit Männern. Vom Sektionsraum führen zwei große eisenvergitterte, mit grünem Drahtgeflecht verkleidete Fenster auf den Vorderhof des Krematoriums. Der Wagen hält nicht weit von ihnen. Die Unglücklichen verhalten sich ungewöhnlich still. Daraus schließe ich, dass es sich um Selektierte aus den Krankenrevieren handelt. Alle sind offenbar schwer krank, haben keine Kraft mehr zum Schreien, nicht einmal dazu, von der Ladefläche des Lastwagens herabzusteigen.

Die SS-Wachen brüllen und treiben sie an. Keiner bewegt sich. Da verliert der Unteroffizier, der den Wagen fährt, die Geduld. Er steigt in den Wagen zurück und lässt den Motor an. Langsam senkt sich der hintere

Teil der Ladefläche und die Menschen werden regelrecht herausgeschüttet. Die halbtoten Kranken prallen mit ihren Köpfen, Gesichtern, Knien auf den Beton und aufeinander. Wahnsinnige Schreie dringen aus ihren Kehlen, während sie sich vor Schmerzen am Boden winden. Eine furchtbare Szene!

Durch das Jammern und Schreien wird nun auch der Angehörige des SS-Kriegsgerichts aufmerksam. Er fragt mich, was dort auf dem Hof vor sich gehe. Dann tritt er zum Fenster und ich erkläre ihm die Zusammenhänge. Es scheint, als sei der Anblick für ihn ungewohnt, denn er wendet sich mit Schauder ab und bemerkt missbilligend: »So dann aber doch nicht ...!«

Das Sonderkommando entledigt die Opfer ihrer Lumpen, die auf dem Hof angehäuft werden; die Unglücklichen bringt man in den Verbrennungssaal. Dort, nahe bei den Öfen, werden sie vor *Oberscharführer* Mußfeldt geführt. Heute ist er beim Genickschuss an der Reihe. In seiner gummibehandschuhten Hand hält er die Waffe. Einer nach dem anderen sinken die Menschen tot nieder, um Platz für den nächsten zu machen. Nach einigen Minuten hat Mußfeldt alle 80 *»umgelegt«* – so, in der Sprache der Verbrecher, bezeichnet er diese Tätigkeit selbst. Nach einer weiteren halben Stunde sind die Toten eingeäschert.

Kurz darauf sucht mich der *Oberscharführer* in meinem Zimmer auf, um sich untersuchen zu lassen. Sein Herz schlägt unregelmäßig, auch sein Kopf schmerzt. Er legt sein Hemd ab. Ich messe den Blutdruck und höre sein Herz ab. Danach beruhige ich ihn, denn etwas Außergewöhnliches lässt sich nicht feststellen. Sein Puls scheint etwas beschleunigt. Meiner Meinung nach ist das die Folge der »kleinen Arbeit«, die er vor einer Stunde im Verbrennungsraum erledigt hatte. Dies sage ich zu seiner Beruhigung, doch genau das Gegenteil tritt ein.

Geradezu beleidigt springt er auf und tritt vor mich hin. »Ihre Diagnose ist falsch«, sagt er, »denn ich pflege mich nicht aufzuregen, egal ob ich 80 oder 1000 Menschen erschieße. Wissen Sie, weshalb ich erregt bin? Ich sage es Ihnen! Weil ich zu viel trinke!«

Dann entfernt er sich, wie es scheint, recht enttäuscht.

XXIII

Vor dem Einschlafen lese ich meist noch etwas, um müde zu werden. Auch heute halte ich es so, doch lange kann ich nicht lesen, denn die Lampe erlischt plötzlich. Die Sirene heult auf: Luftalarm im KZ.[197] In einem solchen Fall führt uns stark bewaffnete SS immer in den Schutzraum des Sonderkommandos, in die Gaskammer.[198] Auch heute ist es so. Wir ziehen uns an und brechen auf.

Mit schwerem Herzen betreten wir die dunkle Gaskammer. Wir sind 200 Mann! Das ganze Kommando! Es ist ein furchtbares Gefühl, in diesem Raum zu sein und daran zu denken, dass hier so viele Hunderttausende von Menschen gequält wurden. Auch wissen wir genau, dass die Zeit des Sonderkommandos zu Ende geht. Die SS kann eine solche Gelegenheit leicht nutzen, die Türen der Gaskammer zuschlagen und uns mit vier Büchsen Zyklon-Gas bequem umbringen. Von der SS ist alles zu erwarten.

Ähnliches hat sich bereits zugetragen. Einen Teil des neunten Sonderkommandos brachte man ins Männerlager des KZ, in den Block 13 des Lagerteils D, eine gesperrte Baracke. Den Männern wurde gesagt, auf höheren Befehl sei dies von nun an ihr Aufenthaltsraum. Von hier würden sie in jeweils zwei Gruppen zum Krematorium arbeiten gehen. Noch am gleichen Abend brachte man sie zum Baden und Kleiderwechseln in ein Bad des Lagers D. Nach dem Baden führte man sie nackt in den angrenzenden Raum, wo sie desinfizierte Kleidung anziehen sollten. Dieser Raum dient tatsächlich der Desinfektion und ist deshalb hermetisch verschließbar. Hier pflegt man die aus dem Lager zusammengetragene verlauste Kleidung der Häftlinge zu desinfizieren.

400 Angehörige des Sonderkommandos fanden so den Gastod. Die Leichen brachte man mit Lastwagen zu den Scheiterhaufen.[199]

Wir warten also nicht umsonst mit Beklemmung auf das Ende des Luftalarms. Er dauert drei Stunden. Dann kommen wir aus dem Dunkel der Gaskammer zurück nach oben. Die Bogenlampen am Stacheldrahtzaun, die kilometerlangen Lichterketten des Lagers, sind wieder in Betrieb. Wir legen uns hin und ich versuche einzuschlafen. Es fällt schwer.

Anderntags – ich befinde mich auf meinem Rundgang zu den Kranken im Krematorium II – teilt mir der dortige Hauptkapo vertraulich mit, dass sich vergangene Nacht während des Alarms Partisanen dem Lager genähert haben. Den zum Krematoriumshof gehörenden Stacheldrahtzaun haben sie an einer unauffälligen Stelle zerschnitten und durch die Öffnung drei Maschinenpistolen, Munition und 20 Handgranaten gesteckt. Die Männer des Sonderkommandos fanden die Waffen in den frühen Morgenstunden und verbargen sie an einem sicheren Ort.[200]

In unserer eigentlich hoffnungslosen Situation erwacht Mut. Wir wissen, dass diese helfenden Hände, die uns die Waffen gebracht haben, nicht weit sein können. Nach unseren Beobachtungen und Schätzungen mussten die Partisanen ihr Lager etwa 25 bis 30 Kilometer entfernt vom Krematorium aufgeschlagen haben.[201] Wir sind sicher, dass beim nächsten Luftalarm weitere Waffen zu uns gebracht werden. Zurzeit gibt es täglich, manchmal sogar mehrmals am Tage Alarm, doch unsere unbekannten, aufopferungsvollen Kameraden können nur während der langen nächtlichen Verdunkelungen kommen. Es wären noch drei, vier solche Verdunkelungen nötig, und wir würden genügend Waffen besitzen, um einen Ausbruchversuch wagen zu können.

Die Organisation entsteht am Krematorium III und spinnt ihr Netz in die anderen Krematorien.[202]

All das geschieht mit größter Vorsicht. Auf uns wartet der Tod in Gestalt der Maschinengewehre unserer Bewacher, doch wir wollen leben! Wir wollen uns befreien, und wenn dies nur zweien oder dreien gelingt, selbst dann hätten wir gesiegt: Es gäbe Menschen, die der Welt von den furchtbaren Geheimnissen dieser finsteren Stätte berichten können.

Diejenigen aber, die umkommen, werden nicht wie zertretene Würmer unter den Stiefeln der Henker sterben. Sie werden in die Geschichte der deutschen Todeslager eingehen, denn sie haben, mit erhobenem Haupt, den Tod gefunden im Kampf gegen eine tausendfache Übermacht, haben selbst den Tod gebracht.

XXIV

Eines Tages unterhalte ich mich mit *Oberscharführer* Steinberg.[203] Er ist ein häufiger Besucher des Sektionsraumes. Während der Weimarer Republik war er Verkehrspolizist. Im Berlin des Dritten Reichs kam er zur SS. Ich kenne ihn als einen sehr gefährlichen Menschen, denn er ist intelligent und grausam zugleich. Er erzählt, dass er mit drei seiner Gefährten – *Oberscharführer* Seitz,[204] *Rottenführer* Holländer[205] und *Rottenführer* Eidenmüller[206] in ein SS-Erholungsheim in den schlesischen Bergen reisen würde.[207] Mir sind alle vier genauestens bekannt: Sie sind die skrupellosesten Mörder der Krematorien. Steinberg sagt, sie hätten fünf Tage Erholungsurlaub bekommen.

Seit drei Monaten gehöre ich dem Sonderkommando an. Wenn mir ein SS-Mann sagt, etwas sei schwarz, und ich selbst sehe dies, ich würde es dennoch nicht glauben! Wenn mir ein *Oberscharführer* Steinberg von einer Erholungskur erzählt, so handelt es sich mit Sicherheit um die Ausführung eines ganz besonderen, blutigen Auftrages. An einen solchen glaube ich umso mehr, weil das SS-Personal des Krematoriums niemals seinen Dienstplatz verlassen darf, könnte es doch mit Leuten von draußen Kontakt aufnehmen und vielleicht nach einigen Gläsern Alkohol sämtliche geheim gehaltenen Schurkereien ausplaudern. Die SS-Leute dürfen sich nur als geschlossene Gruppe unter Führung eines Offiziers entfernen und genauso kehren sie auch zurück. Wie ich hörte, bilden auch sie gewissermaßen ein Sonderkommando. Nach zwei Dienstjahren im Krematorium kommen sie in ein SS-Lager. In diesem Lager erledigt, also liquidiert das Dritte Reich seine SS-Knechte, die gegen die Disziplin verstoßen haben oder zu viel wussten.[208]

Nach fünf Tagen kehren der *Oberscharführer* und seine drei Kumpane von ihrem »Erholungsurlaub« zurück. Ich frage nichts, er erzählt nichts. Noch am Tag ihrer Ankunft gehe ich zur Küche des Sonderkommandos hinauf, wo Michel, der Koch aus Frankreich, immer einen besonderen Happen für mich bereithält.[209] Er ist eine interessante und geachtete Person des Sonderkommandos. Auch im zivilen Leben war er Koch. Seinen Beruf übte er auf einem zwischen Frankreich und Brasilien verkehrenden Luxusdampfer aus.

Auch jetzt suche ich ihn wegen einiger schmackhafter Kostproben in seiner kleinen Küche auf. Doch er ist nicht so freundlich wie sonst. Irgendetwas ist mit ihm geschehen, denn er hat zwar seine unvermeidliche Matrosenpfeife im Mund, doch sie brennt nicht: Wenn er das nicht bemerkt, muss er schon sehr durcheinander sein! Ich habe recht, denn kaum bin ich eingetreten, verschließt er die Tür hinter mir und zieht mich zu einem Blechbottich, der, mit Wasser gefüllt, in der Ecke auf einem Stuhl steht. Mit zwei Fingern hebt er ein grünes SS-Hemd heraus, dann ein zweites und drittes. Alle drei sind mit großen Blutflecken bedeckt. So blutig kann man nur auf einer Schlachtbank werden. *Oberscharführer* Steinberg und seine Kumpane haben fünf Tage lang auf einer Schlachtbank ihr Unwesen getrieben – einer Menschenschlachtbank. Von Michel erfahre ich, dass sie diese Hemden gleich nach ihrer Ankunft zum Waschen gegeben haben. Ich habe also nicht übertrieben, als ich behauptete: Selbst dann glaube ich einem SS-Mann nicht, dass etwas schwarz ist, wenn ich das mit eigenen Augen sehe.

XXV

Auch für die 4500 Insassen des Zigeunerlagers ist die Stunde der Vernichtung gekommen.[210] Es läuft alles so ab wie bei der Liquidierung des Tschechenlagers. Barackensperre. Eine große SS-Mannschaft mit Hunden geht in Stellung. Die Zigeuner werden aus den Baracken getrieben und müssen antreten. Die Unglücklichen sind der Meinung, sie werden in ein anderes

Lager gebracht, und obwohl sie seit zwei Jahren im KZ sind, glauben sie daran. Die Brot- und Wurstration wird ausgegeben. Jeder erhält drei Portionen, das Essen für einen Weg von drei Tagen.[211] Das ist eine einfache, aber sehr wirkungsvolle Art der Täuschung. Die Betrogenen denken nicht einmal an die Krematorien. Schließlich erhält man für den Weg dahin keine Verpflegung.

Doch es ist nicht der Gedanke, die in den Tod Gehenden zu schonen, der die SS so handeln lässt. Vielmehr ist es das einfache Ziel dieses Manövers, eine große Menschenmenge – wie in diesem Fall – von einer relativ kleinen Begleitmannschaft ohne Zeitverzug und ohne Widerstand in die Gaskammern führen zu lassen.

So geschieht es auch jetzt. Die ganze Nacht speien die Schornsteine der Krematorien I und II Flammen.[212] Ihr Licht erhellt das ganze Lager. Das einst quirlige Zigeunerlager liegt verlassen und stumm.[213] Nur der Wind aus der wolhynischen Weiten schlägt manchmal eine Tür oder ein Fenster der verlassenen Baracken zu.[214]

In dieser Nacht veranstalten sie wieder ein großes Feuerwerk im Konzentrationslager Auschwitz, diese größten Pyromanen der Welt. Die ins Feuer geworfenen Opfer sind diesmal keine Juden, sondern Deutschlands und Österreichs katholische Zigeuner.[215]

Am Morgen verlöschen die Feuer. Auf den Höfen der Krematorien liegen kleine, silbern glänzende Haufen: die Asche der Vernichteten. Die Leichen von zwölf Zwillingspaaren kamen nicht in die Öfen. Dr. Mengele schrieb noch vor ihrem Tod mit Fettkreide zwei Buchstaben auf ihre Oberkörper: »ZS« – der Befehl: »Zur Sektion«.

In dieser Leichensammlung ist fast jedes Alter vertreten, von den Neugeborenen bis zu 16-Jährigen. Auf dem Boden der Leichenkammer liegen die braunhäutigen, schwarzhaarigen Kinderkörper. Es ist eine deprimierende Arbeit, sie so zu ordnen, dass die Geschwister schließlich nebeneinanderliegen. Ich muss achtgeben, sie nicht zu verwechseln, denn es würde mein Leben kosten, wären diese seltenen und wertvollen Objekte zur Zwillingsforschung des kriminellen Dr. Mengele nicht mehr zu gebrauchen.

Gerade heute passierte es, dass ich mit ihm an meinem Schreibtisch saß. Wir blätterten in den Aktenbündeln der bisher untersuchten Zwillinge, und Dr. Mengele entdeckte auf dem Deckel der einen Akte, einem blassblauen Karton, einen schwachen Fettfleck. Während der Sektion nehme ich die Akten häufig zur Hand, so ist sicher der Fleck entstanden. Mengele sah mich vorwurfsvoll an und fragte sehr ernst: »Wie können

Sie nur so sorglos mit diesen Dossiers umgehen, die ich mit so viel Liebe zusammengestellt habe?«

Dr. Mengele hatte das Wort »Liebe« über die Lippen gebracht. Vor Verblüffung konnte ich kein Wort sagen.

XXVI

Die Sektion der zwölf Zwillingspaare führe ich mit größter Sorgfalt durch. Bekanntlich gibt es ein- und zweieiige Zwillinge. Die aus einer befruchteten Eizelle stammenden Zwillinge sind immer gleichen Geschlechts und ähneln sich aufs Haar, was ihre äußeren und inneren Eigenschaften betrifft. Diese Zwillinge nennt man konkordant. Die zweieiigen Zwillinge sind oft verschiedenen Geschlechts und ähneln sich wie andere Geschwister auch. Sie zeigen keine gleichen, sondern diskordante, also verschiedene Eigenschaften. Diese Beobachtungen finden sich als zwillingsbiologisches Vererbungsgesetz in der medizinischen Wissenschaft. Dieses Gesetz ist ein wichtiger Beweis dafür, dass für die individuelle menschliche Konstitution, den Körperbau, die organischen und seelischen Äußerungen äußere Einflüsse nur wenig bedeutsam sind. Freilich können ein guter oder schlechter Ernährungszustand, die Erziehung oder Krankheiten das Individuum im Laufe seines Lebens verändern und beeinflussen.

Wesentlich mächtiger sind aber die Faktoren, die der Einzelne in Form der Vererbung von seinen Vorfahren übernimmt. Treten solche Faktoren über Generationen hinweg in einer Familie mehrmals auf, nennen wir sie dominante, also bestimmende Erbfaktoren. Sie können sich sowohl positiv als auch negativ äußern, z. B. in einem starken, gesunden Gebiss oder in dichtem, nicht ausfallendem Kopfhaar. Aber auch Krampfleiden, hoher Blutdruck, Zuckerkrankheit oder manisch-depressive Erkrankungen können über Generationen hinweg in manchen Familien gehäuft auftreten.

Die Erbfaktoren bzw. ihr Einfluss, ob nun vorteilhaft oder ungünstig, zeigen sich teilweise schon bei der Geburt. Beispielsweise sind an Händen oder Füßen des Neugeborenen mehr oder weniger Finger bzw. Zehen als normal vorhanden. Es gibt auch Vererbungen, die sich erst im Laufe des späteren Lebens bemerkbar machen und dann zu chronischen Krankheiten werden, so das Asthma, die Epilepsie, die schon erwähnte Form der Hypertonie, einige Formen des Krebses, der graue Star. Letzterer ist eine Krankheit, die erst im Alter auftritt.

Manche Erbfaktoren sind dadurch besonders gekennzeichnet, dass sie bei dem einen Geschlecht häufiger zur Wirkung kommen als beim anderen. Es sind also geschlechtsgebundene Erbfaktoren. Die häufigsten erzeugen Farbblindheit und die Bluterkrankheit. Diese Krankheiten treten ausschließlich beim männlichen Geschlecht auf.

Frauen haben sie nie. Bei der Bluterkrankheit wird die Anlage dafür vom Großvater über seine gesunden Töchter an deren Söhne vererbt. Niemals aber bekommen die Söhne die Krankheit unmittelbar von ihren Vätern. Alle von einem kranken Vater abstammenden Söhne und deren Kinder sind gesund, ganz gleich, ob es sich um Jungen oder Mädchen handelt. Seine Töchter aber tragen die Erbfaktoren für die Krankheit in sich, und jede ihrer Töchter gibt sie ebenfalls an die männlichen Kinder weiter.

Die Leichen eines Pärchens 15 Jahre alter Zwillinge liegen vor mir auf dem Sektionstisch. Ich führe die Sektionen gleichzeitig durch, da sie »vergleichenden« Charakter haben.

Die Köpfe zeigen in diesem Falle nichts Außergewöhnliches. Als nächstes folgt die Heraushebung der Brustorgane. Beide Zwillinge bieten eine besondere Erscheinung: einen Thymus persistens, eine bleibende Thymusdrüse.

Diese Drüse findet sich normalerweise nur bei Kindern, sie ist ein vom oberen Brustbeinrand bis zum Herzen reichendes Gebilde, das sich mit Eintritt der Geschlechtsreife schnell verkleinert und schließlich verschwindet. Nur ein kleines Fettplättchen bleibt zurück, in dem sich die Gewebsreste der ehemaligen Drüse befinden. Die Thymusdrüse hat großen Einfluss auf das Längenwachstum des Körpers. Die deutlichsten Anzeichen für eine zu frühe Schrumpfung dieser Drüse sind Zwergenwuchs und die auffallende Brüchigkeit der Röhrenknochen. Eine Vergrößerung der Drüse ist häufig bei Kindern festgestellt worden, die ohne jeden erklärbaren Grund und ohne dass eine Krankheit aufgetreten wäre plötzlich verstarben. Auch bei einer geschwächten Widerstandskraft gegen Infektionen beobachtete man eine übergroße Thymusdrüse.

Die bei den beiden Zwillingen noch vorhandene Drüse erweist sich also als Besonderheit. Nicht nur, weil sie etwa im 13. Lebensjahr hätte verschwinden müssen, sondern auch weil ihre Ausmaße weit über dem Normalen liegen. Ich führe noch Sektionen an einem 15 und an einem 16 Jahre alten, ebenfalls eineiigen Zwillingspaar durch. Bei allen ist die Thymusdrüse in ähnlich vergrößerter Form vorhanden.[216]

Bei acht Zwillingspaaren – wiederum eineiigen – präpariere ich die unteren Abschnitte der Wirbelsäulen. Der 4. und 5. Lendenwirbelkörper sowie das Kreuzbein zeigen Abnormitäten der Entwicklung: Die einzelnen Wirbelbögen haben sich auch im 12. und 13. Lebensjahr noch nicht völlig geschlossen, stehen bei den 15-Jährigen spaltförmig offen. Diese Entwicklungsstörung nennen die Ärzte *Spina bifida*, sie ist als eine Veränderung bekannt, die zu schweren Folgen für die Betroffenen führen kann.

Meine Beobachtungen bringe ich im Sektionsprotokoll ausführlich und in medizinisch präziser Formulierung zu Papier. Mehrere Nachmittage verbringe ich im Streitgespräch mit Dr. Mengele, wobei es um die Klärung auftretender Unklarheiten geht.

Im Sektionsraum und Laboratorium trete ich nicht als unterwürfiger KZ-Häftling auf, sondern erkläre und verteidige meinen Standpunkt wie ein gleichrangiger ärztlicher Kollege auf einem medizinischen Konsilium. Ich bin ein recht guter Menschenkenner und meine, dass es meine ausgewogenen Worte, mein entschiedenes Auftreten und meine ärztliche Haltung waren, die Mengele, vor dem sonst selbst die Knie der SS-Leute zitterten, veranlassten, mir bei einem angeregten Streitgespräch eine Zigarette anzubieten und mich beim Gehen sogar zu grüßen.

XXVII

Einmal obduziere ich die Leiche eines älteren Mannes. Dabei entdecke ich sozusagen als Nebenbefund in der Gallenblase Steine mit interessanten Kristallstrukturen. Da ich weiß, dass Dr. Mengele ein Sammler solcher Raritäten ist, säubere ich die Steine, trockne sie und stecke sie in einen breitrandigen Glasflakon. Diesen versehe ich mit einer Aufschrift, die die Daten des ehemaligen Besitzers und die qualitative Beurteilung der Steine ausweist.

Beim nächsten Besuch Mengeles übergebe ich ihm das Glas. Die schönen Kristalle gefallen ihm sehr. Er betrachtet sie eingehend und wendet sich plötzlich mit der Frage an mich, ob ich die Ballade vom Feldherrn Wallenstein kenne. Seine Frage entspricht nicht im Geringsten der Umgebung und dem Anlass, doch ich antworte, dass ich die Geschichte von Wallenstein kenne, die Ballade jedoch nicht. Darauf lächelt er und trägt vor:

»Im Besitze der Familie Wallenstein
Ist mehr Gallenstein als Edelstein ...«

Mein Vorgesetzter rezitiert einige Strophen des balladenhaften Spottgedichtes. Er ist in so guter Stimmung, dass ich mich zu einer vermessenen Bitte entschließe.

Ich bitte ihn, mir ein Treffen mit meiner Frau und meiner Tochter zu ermöglichen. Ich bin mir im Klaren, dass diese Bitte sehr riskant ist, doch nun ist sie ausgesprochen. Mengele sieht mich überrascht an.

»Sie sind verheiratet und haben ein Kind?«, fragt er.

»Jawohl, ich habe eine Frau und eine 15-jährige Tochter«, antworte ich etwas aufgeregt.

»Sie nehmen an, sie seien hier?«

»Ich glaube ja, denn als wir vor drei Monaten hier ankamen, haben Sie sie auf die rechte Seite selektiert.«

»Möglicherweise sind sie längst in einem anderen Lager«, meint er. Plötzlich denke ich an den Rauch des Krematoriumsschornsteins. Vielleicht wurden sie in ein Himmelskommando geschickt!

Den Kopf aufgestützt, sitzt Mengele am Tisch. Ich stehe neben ihm. Er scheint zu überlegen.

»Ich gebe Ihnen einen *Passierschein*, damit Sie die beiden suchen können, aber ...« Er legt den Finger auf den Mund und sieht mich an. Es scheint, als liegt eine Drohung in seiner Bewegung und seinem Blick. »Ich verstehe«, antworte ich, »und bedanke mich sehr, Herr Hauptmann!« Dr. Mengele entfernt sich. Mit dem *Passierschein* in den Händen gehe ich froh in mein Zimmer. Ich lese ihn: »Die Nummer A-8450 ist berechtigt, sich auf dem Gebiet des KZ Auschwitz ohne Begleitung zu bewegen. Die Erlaubnis ist bis zu ihrer Zurücknahme gültig.« Unterschrift: *SS-Hauptsturmführer* Dr. Mengele.

Mein ganzes Sein gerät in Aufregung. In der Geschichte des Lagers ist es vielleicht noch nie vorgekommen, dass ein Häftling die Erlaubnis erhielt, seine Familie zu suchen und ohne Begleitung das Frauenlager zu betreten. Ich weiß nicht einmal, wo ich beginnen soll. Die Frauen sind in den Lagern C, B III und FKL[217] untergebracht. Ein großer Teil der Ungarinnen soll im Lager C sein. Es sind etwa 50 000. Dorthin will ich zuerst gehen.[218]

Anderntags erwache ich unausgeschlafen. Ich habe sehr schlecht geträumt. Sehr große und schreckliche Zweifel quälten mich. Drei Monate sind eine lange Zeit. Schon eine Stunde ist hier eine lange Zeit! Seitdem ist viel geschehen. Ich weiß am besten, was hier zu jeder Stunde des Tages geschieht.

Ich gehe ins SS-Büro, um mein Weggehen zu melden.[219] Dann verabschiede ich mich von meinen Kameraden. Alle wünschen mir ein glückliches Ende meines Weges.

Der Augustmorgen, an dem ich zu dem drei Kilometer entfernten Lager C aufbreche, ist heiß.[220] In Luftlinie liegt es viel näher, doch ich muss mich innerhalb der großen Postenkette aufhalten, mehrere Lagerteile umgehen, um dorthin zu gelangen. Mit einer Mischung aus Neugier, Aufregung und Angst betrete ich die von stromgeladenen Stacheldrähten begrenzte Zone. Wer sich hier bewegt, wird zwar nicht gleich beschossen, doch hier patrouillieren motorisierte SS-Streifen. An einer Halskette tragen sie eine glänzende Kupfertafel mit der Aufschrift *Lagerpolizei*.

Mehrere dieser Lagerpolizisten treffe ich, doch ich muss mich nicht ausweisen. Ich erreiche das Tor des Lagers C, ein riesiges, zweiflügeliges Eisentor. An beiden Flügeln befinden sich schwere Porzellanisolierungen, das Tor ist dicht von Stacheldraht bedeckt. Davor befindet sich wie vor jedem Lagerteil die Wachstube.[221] Einige SS-Soldaten sonnen sich auf einer Bank. Sie mischen sich nicht in die Angelegenheiten des im Zimmer diensthabenden SS-Mannes, doch sie mustern mich ungläubig. Ich bin wohl eine ungewohnte Erscheinung, aber sie sagen nichts. Ich trete zum Fenster, nenne meine Nummer. Der Posten sieht mich fragend an. Aus meiner Tasche nehme ich das Papier Dr. Mengeles und übergebe es. Der Posten liest es und weist an, das Tor zu öffnen. Er fragt mich, wie lange ich mich im Lager aufhalten wolle, hier müsse ich mich zurückmelden. Es ist jetzt zehn Uhr. Ich antworte, bis mittags um zwölf. Der Posten notiert es. Zwei Stunden sind eine lange Zeit, doch eine Zehnerpackung Josma-Zigaretten[222] ist überall ein guter *Passierschein*. Ich gebe sie ihm und gehe.

Auf der schlechten, von grünen Baracken gesäumten Hauptstraße des Lagers C ist ein ständiges Kommen und Gehen. Eine Gruppe Frauen schleppt einen großen Blechbottich mit heißer Suppe. Hier wird vormittags um zehn Uhr Mittag gegessen. Ein Straßenbaukommando trägt Steine. Zu beiden Seiten der Straße liegen viele in der Sonne. Ihre Körper sind in Lumpen gehüllt, ihre Köpfe geschoren. Ein mitleiderregendes Bild.

Viele Frauen tragen fantastische Kostüme: bis auf den Boden reichende, ärmellose, tief ausgeschnittene, zerlumpte Abendkleider. Sie sitzen auf der Erde und lausen sich, entfernen die Parasiten von ihrem Körper und dem ihrer Gefährtinnen. Ihre Leiber sind bedeckt von schmutzigen nässenden Geschwüren.

Lager C ist ein Quarantänelager, seine Insassen arbeiten nicht.[223] Hier werden die Transporte für Arbeitslager zusammengestellt. Sie wurden gründlich selektiert. Ich kann es beurteilen. Nur völlig geschwächte Menschen blieben zurück. Glück für die, die von hier wegkamen! Sie haben noch Hoffnung, die Zeit irgendwie zu überstehen. Jene aber, die hierblieben, sind schon vom Schicksal gezeichnet. Bald werden sie wie die Häftlinge des Tschechen- und des Zigeunerlagers aussehen.

Ich nähere mich der ersten Baracke. Schriller Lärm, wildes Schreien empfangen mich. Die auf der Erde liegenden Lumpenbündel beleben sich, und die gespenstischen Gestalten stürzen mir entgegen. Es sind etwa 30 Frauen. Sie haben mich erkannt, fragen mit verzweifelter Ungeduld nach ihren Männern und Kindern.

Sie erkennen mich, da ich ein ordentliches menschliches Äußeres habe, aber sie, diese Unglücklichen, kann man nur noch schwer identifizieren. Immer mehr Frauen umdrängen mich. Jede möchte etwas von ihrer Familie erfahren. Seit drei Monaten leben sie in ständiger Furcht, unter grässlichen Bedingungen. Jede Woche findet eine Selektion statt. Drei Monate KZ lehrten sie, Angst vor der Zukunft zu haben und die Vergangenheit zu beweinen. Jede fragt, ob die Gerüchte über das Krematorium wahr seien. Was ist das für ein Rauch bei Tage, für ein Feuer bei Nacht? Werden dort wirklich Menschen verbrannt?

Soweit es in meiner Macht steht, beruhige ich sie. Ich streite alles ab. Nichts davon sei wahr. Außerdem, bald sei der Krieg zu Ende, und wir würden nach Hause zurückkehren. Ich glaube das selbst nicht, doch ich sage es, um sie etwas zu beruhigen. Dann verabschiede ich mich.

Von meiner Frau und meinem Kind konnte ich nichts erfahren.

Ich betrete die nächstgelegene Baracke. Die Blockälteste, ein slowakisches Mädchen, ruft die Namen meiner Angehörigen auf. In einer solchen Baracke leben 800 bis 1000 Frauen, in den auf beiden Seiten befindlichen Boxen zusammengepfercht. Es ist schwer, hier mit Rufen durchzukommen. Der Lärm, den 1000 Frauen machen, unterdrückt jeden Ruf. Nach einigen Minuten geben wir es auf, jede Bemühung war umsonst. Ich bedanke mich für die gute Absicht und gehe zur nächsten Baracke.

Hier ist die Situation nicht besser, alles läuft so ab wie in der vorigen Baracke. In der dritten trete ich in die Mitte des großen Raumes und rufe die Namen meiner Frau und meiner Tochter. Ohne Ergebnis. Schließlich schickt die Blockälteste zwei flinke Mädchen los, die überall in den Boxen nach ihnen suchen. – Sie bringen meine verschreckte Frau und das Mädchen.

Beide nähern sich mit vor Angst geweiteten Augen, halten sich an den Händen. Es bedeutet nichts Gutes, wenn in der Baracke jemand aufgerufen wird. Doch da haben sie mich erkannt. Sie bleiben stehen, vor Überraschung wie versteinert. Ich eile ihnen entgegen, umarme und küsse beide gleichzeitig. Wir finden keine Worte, weinen nur still und bitterlich. Ich beruhige sie. Dann bitte ich die Blockälteste, uns in ihr kleines Zimmer zu lassen. Endlich sind wir unter uns.

Sie berichten über alle bitteren Erlebnisse der zurückliegenden drei Monate. Von den gefürchteten Selektionen sprechen sie, die sie erlebten, vom ewigen Zittern im Schatten der Krematorien. Sie hungern, sie frieren in ihren Lumpen. Der Regen dringt in die Baracke, die Kleider lassen sich nicht trocknen. Das Essen ist ungenießbar, doch am schlimmsten ist, dass sie nicht schlafen können. In den Boxen hätten sieben Personen Platz, doch zwölf müssten sich in einer zusammendrängen.[224] Frauen, die zu Hause der sogenannten besseren Gesellschaft angehören, zerren, treten und schubsen sich gegenseitig, um sich auf Kosten anderer ein paar Zentimeter mehr Raum für ihr eigenes Wohlbefinden zu verschaffen. Jeder hier wird seiner Häuslichkeit beraubt! Bekannte achten ebenso wie Fremde nur auf ihre eigenen Interessen und sind nicht bereit, auch nur die geringsten Zugeständnisse zu machen. Meine Tochter erzählt, dass sie seit Wochen sitzend auf dem Betonboden schläft, weil man ihr in der Box, in der ihre Mutter liegt, keinen Platz für sie freimachen will. Meine Frau fragt, wo ich arbeite. Ich berichte, dass ich bei Dr. Mengele im Krematorium angestellt bin und zum Sonderkommando gehöre. Nach drei Monaten KZ wissen auch sie, dass dies ein Kommando der lebenden Toten ist. Entsetzt blicken beide mich an. Irgendwie aber gelingt es mir doch, sie ein wenig zu beruhigen. Bald muss ich mich verabschieden, doch ich verspreche, am nächsten Tag wiederzukommen.

Im Krematorium betrachten es alle als eine Sensation, dass es mir gelungen ist, meine Familie zu finden. In der Kleiderabteilung packt man mir warme Sachen, Wäsche und Strümpfe in einen Rucksack. Von einer anderen Abteilung bekomme ich Zahnbürsten, Seife, eine Nagelschere und einen Kamm. Ich nehme Medikamente und Vitamintabletten, Wundsalbe und Verbandsmaterial, alles, was nützlich sein kann. Außerdem Würfelzucker, Butter, Brot, Marmelade, von allem so viel, dass es auch für andere reicht. So mache ich mich erneut auf den Weg ins Lager C. Jeden Tag bin ich dort, immer mit gefüllten Taschen.

Doch alles Gute hat eines Tages ein Ende.

Zwei Wochen lang bin ich täglich im Lager C zu Besuch. Was ich fürchte, trifft schließlich ein. Schon bei der Liquidierung des Tschechen- und des Zigeunerlagers konnte ich mich überzeugen, dass die Vernichtung nur eine Frage der Zeit ist. Früher oder später ereilt sie jeden, der zwischen den Drähten des KZ Auschwitz sein elendes Leben fristet.

Eines Nachmittags sitze ich am Schreibtisch des Laboratoriums. Dr. Mengele und Dr. Thilo sind anwesend und besprechen administrative Fragen des KZ-Betriebs. Dr. Mengele erhebt sich von seinem Platz und, als wäre er soeben zu einer Entscheidung gekommen, sagt er zu Dr. Thilo: »Ich bin nicht mehr in der Lage, die untätigen, geschwächten Bewohner des Lagers C weiter durchzufüttern! Innerhalb der nächsten zwei Wochen werden sie liquidiert!«

Es kommt oft vor, dass sie in meiner Gegenwart über solche Dinge sprechen. Sie diskutieren die internen KZ-Angelegenheiten, als sei ich überhaupt nicht vorhanden. Ich bin für sie ein lebender Toter, ich zähle nicht, existiere nicht.

Dr. Mengeles Worte versetzen mich in tiefsten Schrecken. Neben meinen Angehörigen ist vom Leben vieler Tausender meiner unglücklichen Landsleute die Rede. Ich muss unverzüglich handeln!

Kaum haben Dr. Mengele und Dr. Thilo das Krematorium verlassen, bin auch ich außerhalb des Tores. Mein Weg führt mich geradewegs ins Lager D. In diesem Lager befindet sich das Büro der SS-Gruppe, die die Einteilung der ausländischen KZ-Häftlinge zur Zwangsarbeit leitet.[225] Diese Gruppe versorgt das Territorium des ganzen Reiches mit KZ-Gefangenen, schickt sie in die Arbeitslager und Waffenfabriken, von denen sie angefordert werden.

Der Leiter dieses Büros ist ein *Oberscharführer*.[226] Ich treffe ihn allein in seinem Zimmer an. Nach der Vorstellung zeige ich den noch immer gültigen *Passierschein* von Dr. Mengele vor. Ich erkläre ihm, dass meine Frau und meine Tochter im Lager C sind. Mit Dr. Mengeles Hilfe konnte ich sie suchen und finden.

Ich hätte ihnen geholfen, trotzdem halte ich es für dringend erforderlich, dass sie von hier fortkommen, denn ich als Krematoriumsarbeiter weiß, welches Schicksal sie hier erwartet.

Der Büroleiter teilt meine Meinung und sagt seine Hilfe zu. Noch in dieser Woche werden zwei Transporte mit je 3000 Frauen vom Lager C in westdeutsche Waffenbetriebe abgehen.[227] Diese Fabriken sind relativ gute Arbeitsplätze, das Ziel heißt dort nicht Vernichtung. Die Unterbringung, die Verpflegung, die Behandlung – alles ist darauf ausgerichtet, die Arbeiter bei guter Kondition zu halten, um höchstmögliche Leistungen zu erreichen.

Ich lege eine Hunderterpackung Zigaretten auf den Tisch. Der Leiter nimmt sie an sich und verspricht, bei der Zusammenstellung der Transporte meine Familie zu berücksichtigen, wenn sie sich freiwillig meldet.

Ich habe erreicht, was ich wollte!

Dann eile ich ins Lager C. Dort habe ich es schwerer. Ich muss den Meinen verständlich machen, dass sie das Lager verlassen müssen. Die

Wahrheit kann ich nicht sagen. Ich will keine Panik verursachen, die für alle das Ende wäre.

Ich lasse meine Frau und meine Tochter in das kleine Zimmer der Blockältesten rufen und sage ihnen, wie schwer mir die Trennung von ihnen fällt. Doch die Lage der Dinge erfordere es, dass sie hier weggehen. Wir müssen uns damit abfinden, einander nicht wiederzusehen. Ich muss mich damit abfinden, nicht mehr auf sie achtgeben zu können. In dieser Woche würden hier zwei große Transporte zusammengestellt. Für einen davon, am besten für den ersten, müssten sie sich freiwillig melden!

Ich versichere meiner Frau, dass mich sehr ernste Gründe zu diesem Rat zwingen. Gleichzeitig bitte ich sie, auch alle anderen, mit denen sie zusammentrifft, anzuhalten, sich zu den Transporten zu melden! Etwas anderes brauche sie nicht zu sagen.

Bei der Formierung der Transporte geht die SS nämlich so vor, dass sie die Häftlinge zuerst aufruft, sich freiwillig zu melden. Nur wenn die erforderliche Zahl so nicht erreicht wird, wird Zwang angewendet. Freiwillige allerdings gibt es selten, denn nur wenige wollen ihre augenblickliche Situation gegen eine andere, unsicherere eintauschen. Wie sollten sie sich bei einer Ernährung, die sogar im Quarantänelager zum Überleben zu wenig war, zur Schwerstarbeit melden?

Die armen Unglücklichen! Sie kennen nicht die KZ-Moral des Dritten Reiches, sie wissen nicht, dass wer nicht arbeitet, auch kein Recht zum Leben hat.

Zum Glück sehen meine Frau und meine Tochter ein, dass ich gewichtige Gründe haben muss. Sie versprechen mir, sich gleich bei der ersten Aufstellung zu melden.

Ich verabschiede mich mit dem Versprechen, sie in zwei Tagen noch einmal aufzusuchen und dann Kleidung und Lebensmittel für den weiten Weg mitzubringen.

Die zwei Tage vergehen, und schweren Herzens mache ich mich diesmal auf den Weg ins Lager C. Warme Kleidung und viele Lebensmittel habe ich bei mir, deshalb gehe ich nicht allein. So viele Päckchen wage ich nicht allein durchs Tor zu bringen. Es könnte passieren, dass sich hochrangige SS-Führer in der Nähe aufhalten. Deshalb habe ich einen von der SS-Wache des Krematoriums, einen ehemaligen Patienten, den ich von einer schweren Lungenentzündung geheilt hatte, gebeten, mich zu begleiten.

Heute besuche ich die Meinen nicht in ihrer Baracke, sondern lasse sie an die Drahtumzäunung rufen. Zusammen mit meinem SS-Begleiter werfe ich die Päckchen über den Zaun. Glücklicherweise ist der Platz abgelegen genug, sodass niemand etwas bemerkt.[228]

Zwischen uns spannt sich der Draht. So können wir uns nicht mehr umarmen.

Einige Minuten unterhalten wir uns noch. Meine Frau erzählt, dass die Meldung für den Transport problemlos verlaufen sei. Es war nicht einmal notwendig, den Namen zu nennen. Der auswählende SS-*Oberscharführer* schrieb sofort beide ein.

Meine Freude vervielfacht sich, als ich erfahre, dass viele, dem Rat meiner Frau folgend, sich freiwillig gemeldet haben.[229]

XXVIII

Drei Tage später suche ich das Lager C noch einmal auf. Ich will mich an Ort und Stelle davon überzeugen, dass meine Familie wirklich fort ist.

Alles ist meinen Wünschen gemäß gelaufen. Die zwei, aus jeweils 3000 Frauen bestehenden Transporte haben das KZ Auschwitz verlassen.[230] Mit ihnen sind auch die Meinen gegangen. Ich weiß nicht, was die Zukunft ihnen bringen wird, trotzdem fühle ich große Erleichterung.

Hier erwartete sie der sichere Tod, ihr neuer Aufenthaltsort kann ihnen – mit etwas Glück – die Freiheit bringen! Es gibt bereits viele Anzeichen, dass sich der Krieg seinem Ende nähert. Das Grab des Dritten Reiches wird bereits ausgehoben. Mit Recht können diejenigen wieder Hoffnung schöpfen, die von hier weggingen ... In mir aber verstärkt sich mehr denn je das Wissen um die Hoffnungslosigkeit meines eigenen Schicksals.

Umso mehr erfüllt es mich mit tiefer Genugtuung, die Schritte meiner Familie in eine hoffnungsvollere Richtung gelenkt, sie der Straße zu den Scheiterhaufen entrissen zu haben. Ich selbst gehe auf ihr weiter in den sicheren Tod. Nicht Angst oder Verzweiflung lassen mich das Morgen so sehen, sondern die blutige Tragödie der bisherigen elf Sonderkommandos, die Sachlichkeit meiner kalten Logik, die frei von jeder Sentimentalität ist.

Ich verlasse das Lager C. Meine Blicke streifen noch einmal die düsteren Baracken. Mit Schmerz verabschiede ich mich von diesem Ort, wo man unsere einst schönen Töchter und Frauen kahl geschoren, in Lumpen gehüllt und jeglicher Menschenwürde beraubt hat. Kälte durchrieselt mich und schüttelt meinen ganzen Körper, als ich durch das Tor trete. Ich hülle mich fester in meinen Mantel. Erst jetzt merke ich, dass Herbst ist. September. Nordwind weht schon von den mit Schnee bedeckten Gipfeln der Beskiden, schüttelt die Drahtzäune des KZ, lässt die Flammen in den Schornsteinen der Krematorien aufflackern. Hier und da fliegen Krähen auf, die einzigen Vögel, die hier leben. Der Wind weht mir Rauchfetzen von den scheinbar für die Ewigkeit errichteten Krematorien entgegen.

Ich spüre den schon gewohnten Geruch verbrannten Fleisches und verschmorter Haare.

In dumpfer Tatenlosigkeit und unruhigem Dämmern vergehen die Tage und Nächte. Ich habe keine Worte, keine Wünsche. Seit meine Lieben gegangen sind, würgt mich die Einsamkeit. Meine Ohnmacht quält mich.

Seit Tagen schon wird das KZ Auschwitz von Stille und unendlicher Monotonie beherrscht. Ein böses Zeichen! Mein Vorgefühl hat mich noch nie getrogen. Die große Ruhe ist das Zeichen für neue blutige Ereignisse.

Dreieinhalb der auf vier Monate begrenzten Lebensfrist des XII. Sonderkommandos sind inzwischen verstrichen. Der Sand fließt immer schneller durch unsere Lebensuhr. Noch zwei Wochen ... Dr. Mengele hat seine Entscheidung in die Tat umgesetzt. Die Liquidierung des Lagers C hat begonnen. Die Opfer werden von 50 Lastwagen in die Krematorien gebracht. Jeden Abend kommen 4000 Mädchen und Frauen an.[231] Die lange Reihe der Lastwagen, vollgestopft mit einer tobenden, schreienden oder vor Todesangst erstarrten Fracht, bietet einen furchtbaren Anblick, wenn sie in den Krematoriumshof einfährt.

Nacheinander werden die schon nackt herangefahrenen Todgeweihten vor dem Eingang zur unterirdischen Gaskammer abgeladen. Dann treibt man sie ohne Aufenthalt hinein. Alle wissen genau, dass sie in den Gastod gehen, doch das viermonatige Sklavendasein, das Leib und Seele zermahlende Leid, der langsame Zusammenbruch des Nervensystems ließen alle Willensäußerungen abstumpfen. Die Opfer werden ohne Widerstand in die Gaskammern getrieben, wo sie ihr ziellos gewordenes, von unendlichen Qualen erfülltes Leben gegen den Tod tauschen.

Wie lang war ihr Weg in den Tod! Welche unvorstellbaren Leiden hat jede Station dieses Weges ihnen gebracht! Ihr friedliches, Liebe und Geborgenheit ausstrahlendes Heim wurde zerstört und ausgeraubt. Mit ihren Männern, Kindern und alten Eltern wurden sie in Gettos verbannt, in die Ziegelwerke der Vorstadt, wo sie wochenlang in den Pfützen des Frühlingsregens lagen. Von dort schleppte man täglich die Opfer in besonders eingerichtete Folterkammern, um sie mit Daumenschrauben und Gummiknüppeln so lange zu quälen, bis sie endlich sagten, wo ihre Wertsachen versteckt waren. Viele starben an den Folterungen. Danach pferchte man sie, 80 bis 90 Personen, in einen Güterwaggon.

Vier, fünf Tage waren sie unterwegs. Gemeinsam mit ihren unterwegs verstorbenen Gefährtinnen kamen sie schließlich an der Rampe des Konzentrationslagers Auschwitz an.

Was hier mit ihnen geschah, wissen wir bereits. Man trennte sie von ihren Lieben. Mit schmerzerfülltem Herzen, halb wahnsinnig, kamen sie in die Baracken des Lagers C. Bevor sie aber diese Horte des Schmutzes, der Läuse und der Infektionskrankheiten betraten, erlebten sie noch die endgültige Demütigung ihrer Menschenwürde: die Prozedur des Badens.

Rohe Hände schnitten ihnen die Locken ab und rissen ihnen die Kleider vom Leibe. Nach dem Bad bekamen sie andere, solche, die sogar ein Landstreicher voller Ekel von sich gewiesen hätte. Mit diesen Kleidern aber erhielten sie auch eine weitere Segnung des Dritten Reiches – die Läuse.

So begann das Schattenleben unserer Mütter, Schwestern, Frauen und Töchter zwischen KZ-Drähten. Ihr selbst als Schweinefutter nicht verwendbares Essen ließ ein Sterben nicht zu, aber auch kein Leben. Ihrer Ernährung fehlte Eiweiß völlig, dadurch wurden ihre Beine bleischwer. Der Fettmangel trieb ihren Körper auf. Die normale monatliche Blutung blieb aus, Nervosität, Kopfschmerz, häufiges Nasenbluten waren die Folge. Der Vitamin-B-Mangel löste dauernde Müdigkeit und Vergesslichkeit aus, was so weit ging, dass sie sogar die Namen der Straßen und Nummern der Häuser vergaßen, in denen sie einst gewohnt hatten. Nur in ihren Augen flackerte noch Leben. Doch es war nicht die reine Flamme des Verstandes, die aus ihnen leuchtete, sondern das nebelige Feuer eines durch endlose Schmerzen gestörten Geistes.

Stundenlang standen sie bei den Zählappellen, und wenn sie ohnmächtig niedersanken und man sie mit einem Eimer kalten Wassers wieder zu sich brachte, war das Erste, worauf ihr Blick fiel, der über dem KZ stehende Rauch und die Flamme aus dem Schornstein des Krematoriums. Diese beiden Zeichen, Rauch und Flamme, machten ihnen zu jeder Stunde klar, dass sie am Tor der Vernichtung standen ...Vier Monate lebten die Bewohner des Lagers C vor den Toren der Krematorien, und zehn Tage dauerte es, bis sie diese Tore, die in den Tod führten, durchschritten hatten. Aus 45 000 gequälten Körpern entwich die Seele.[232] Auf das Lager C aber, den Aufenthaltsort so vieler, von ihren Tragödien Gezeichneter, fiel unendliche Stille ...

XXIX

Tage, Wochen, Monate sind vergangen. Das Sonderkommando wartet Tag für Tag auf die Stunde, da sich sein Schicksal erfüllen wird. Das Gespenst des Todes schwebt ständig über uns, unerbittlich nähert sich die Vernichtung. Wir sind zu jeder Tagesstunde darauf eingestellt, dass die SS-Henker die Türen öffnen.

Am 6. Oktober 1944 knallt in den frühen Morgenstunden außerhalb der neutralen Zone, zwischen der großen und kleinen Postenkette, ein Schuss, und ein KZ-Häftling stürzt tot zu Boden.[233] Es war ein ehemaliger russischer Offizier, der wegen eines Fluchtversuchs aus einem Gefangenenlager nach Auschwitz gebracht worden war. Höchstwahrscheinlich wollte er auch hier wieder fliehen und geriet so vor die Waffe des Postens.

Eine aus Angehörigen der Politischen Abteilung der SS bestehende Kommission, geführt von Dr. Mengele, erscheint am Tatort und prüft den Vorgang.[234] Es handelt sich um einen gewöhnlichen, alltäglichen Vorfall. Würde nicht ein Offizier das Opfer sein, würde man es ohne jede Formalität in die Leichenkammer und von dort aus ins Krematorium bringen. Doch als russischer Offizier ist es mit vollem Namen und persönlichen Daten in der Anwesenheitsliste erfasst.[235] Zur Begründung eines gewaltsamen Todes wird ein Sektionsprotokoll benötigt. Mengele lässt den Toten ins Krematorium schaffen und ordnete die gerichtsmedizinische Untersuchung an. Laut Befehl habe ich das Protokoll nachmittags um halb drei zu übergeben. Mengele will es persönlich entgegennehmen und die darin enthaltenen Angaben an der Leiche überprüfen.

Es ist etwa neun Uhr morgens, als Dr. Mengele den Sektionsraum verlässt.

Ich lasse die Leiche auf den Sektionstisch legen und könnte sicher in 30–40 Minuten mit der Untersuchung und dem Protokoll fertig sein. Doch es ist der 6. Oktober, der letzte Tag in der Frist des Sonderkommandos.[236] Wir wissen nichts Genaues, doch wir fühlen nahezu physisch die Nähe des Todes.

Ich bin unfähig zu arbeiten. Also verlasse ich den Sektionsraum und gehe in mein Zimmer. Dort nehme ich eine hohe Dosis Luminal ein und rauche eine Zigarette nach der anderen. Doch ich habe einfach keine Ruhe. So mache ich mich auf den Weg in den Verbrennungssaal.

Die Männer des Tagdienstes versehen ihre Arbeit nur schleppend, dabei liegen einige Hundert Tote vor den Öfen. In kleinen Gruppen sprechen die Häftlinge leise miteinander. Ich steige in das Obergeschoss hinauf und betrete den Aufenthaltssaal des Personals. Dort herrscht eine ungewöhnliche Situation: Sonst nimmt die Nachtschicht des Sonderkommandos morgens nach dem Dienst ein Frühstück zu sich und legt sich dann sofort schlafen. Jetzt ist es zehn Uhr, und alle sind wach. Es fällt auf, dass die Männer sportliche Kleidung, Pullover und Stiefel tragen, obwohl heute ein strahlend sonniger Oktobertag ist. Sie sind alle sehr beschäftigt, hantieren mit Koffern, diskutieren. Die ungeheure Spannung ist deutlich zu spüren und kann sich jeden Moment entladen. Irgendetwas wird geschehen. Ich begebe mich in das kleine, abgeteilte Zimmer des Hauptkapos. Er sitzt am Tisch, neben ihm die Leiter des Nachtdienstes, der Maschineningenieur, der Generalheizer und der Chef des Gaskommandos.[237] Kaum habe ich Platz genommen, wird mir schon ein halbes Glas aus der auf dem Tisch stehenden Flasche des stärksten polnischen Schnapses, des berühmten Kümmels, eingeschenkt.[238] Ich trinke in einem Zug. Es ist nicht gerade ein lebensrettendes Mittel in den letzten Stunden des vierten Monats des Sonderkommandos, doch eine hervorragende Medizin gegen die Todesangst ... Meine Kameraden unterrichten mich detailliert über unsere Situation. Den erhaltenen Informationen und beobachteten Anzeichen zufolge dürfte die Liquidation des Sonderkommandos erst am nächsten oder übernächsten Tag erfolgen. Deshalb wurden alle Vorbereitungen getroffen, den Ausbruch der 860 Angehörigen der Sonderkommandos in dieser Nacht zu versuchen.[239]

Es soll in Richtung der sich in zwei Kilometer Entfernung dahinschlängelnden Weichsel gehen, die jetzt, am Ende des Sommers, sehr seicht und damit leicht zu überqueren sein würde. Etwa acht Kilometer hinter der Weichsel liegt ein Waldgelände. Hier könnten wir wochen-, ja monatelang in Sicherheit sein.[240] Die Partisanen würden wir sicher bald ausfindig machen.

Für die Ausführung der Fluchtpläne haben wir ein ausreichendes Waffenarsenal angelegt. In den letzten Tagen sind etwa hundert hochexplosive Ekrasit-Granaten aus den Union-Werken in Auschwitz eingetroffen, einer großen Fabrik, die ausschließlich auf Munitionsherstellung spezialisiert ist und in der polnische Jüdinnen ihre Sklavenarbeit verrichten. Die Deutschen benutzen sie zur Sprengung von Eisenbahnschienen. Außerdem besitzen wir fünf Maschinenpistolen und 20 Handgranaten. Das ist unser Bestand an Waffen. Er genügt zur Ausführung der Pläne, denn zuerst wollen wir die Nachtwachen überraschend auf ihren Posten angreifen und mit dem Messer unschädlich machen. Danach wollen wir uns auf die in ihren Räumen schlafenden SS-Leute stürzen und sie mit Waffengewalt zwingen, uns zu begleiten, so lange, wie es nötig ist ...[241]

Das Zeichen zum Aufbruch soll mit einer Stablampe vom Krematorium I an das II. gegeben werden. Dieses leitet es zum III. weiter, von dort aus erhält das Krematorium IV das Zeichen.[242] Auch meiner Auffassung nach ist der Plan durchaus realisierbar, umso mehr, da heute lediglich im Krematorium I Verbrennungen stattfinden. Bis 18.00 Uhr wird die Arbeit auch hier beendet sein. Das Sonderkommando muss also nicht zum Nachtdienst erscheinen. Auch das nächtliche Aufgebot an SS ist heute schwächer als sonst. In jedem Krematorium besteht die Wache nur aus drei Mann.

Wir trennen uns, um bis zum vereinbarten Zeichen unserer Arbeit nachzugehen und so keinerlei Verdacht aufkommen zu lassen. Ich kehre in mein Zimmer zurück. Wieder muss ich durch den Verbrennungssaal. Die Männer gehen, wenn auch langsamer als sonst, ihrer Arbeit nach. Ich berichte meinen zwei ärztlichen Kollegen von der Situation. Dem Sektionsgehilfen gegenüber schweige ich. Er ist ein alter KZ-Häftling, ich traue ihm nicht. Die vollendeten Tatsachen werden auch ihn mitziehen.

Die Mittagszeit naht. Ruhig nehmen wir das Essen ein und gehen dann hinaus auf den Hof, um etwas von der Herbstsonne zu genießen. Mir fällt auf, dass sich von unseren SS-Bewachern niemand sehen lässt. Anscheinend halten sie sich in ihren Stuben auf. So etwas hat es schon an früheren Tagen gegeben. Die Tore sind geschlossen. Den Dienst außerhalb des Tores verrichten Angehörige der Lager-SS! Sie sind auf ihren Posten. So messe ich dem Verschwinden »unserer« SS-Leute keine Bedeutung bei. Ruhig rauche ich meine Zigarette. Der Gedanke, heute Abend schon außerhalb der Drähte und frei zu sein, hat den ungeheuren Druck von mir genommen, der vier Monate lang auf mir lastete. Sollte es nicht gelingen, würde ich auch nichts verlieren!

Ich sehe auf die Uhr, sie zeigt halb zwei. Meine Gefährten und ich begeben uns zur Sektion, um halb drei, bei Ankunft Dr. Mengeles, fertig zu sein. Wir erledigen die Arbeit zügig. Heute führt einer meiner Kollegen die Sektion durch. Ich sitze an der Maschine und schreibe das Protokoll.

Etwa 20 Minuten haben wir gearbeitet, als eine furchtbare Explosion die Luft erschüttert. Es folgt das Knattern von Maschinenpistolen. Ich schaue zum großen, grünbenetzten Fenster hinaus. Das riesige rotziegelige Dach des Krematoriums III öffnet sich mitsamt der Geländerbefestigung, und eine riesige Stichflamme und schwarzer Rauch steigen auf. Kaum eine Minute später knackt vor der Tür des Sektionsraumes der Verschluss einer Maschinenpistole.[243]

Wir haben nicht die geringste Ahnung, was passiert ist. Unsere Pläne betrafen die Nacht. Wurden wir etwa verraten, und die SS ging dazwischen? Oder haben größere Abteilungen von Partisanen die Krematorien angegriffen?

Der Alarmton der Sirenen ertönt aus Richtung Auschwitz I und Auschwitz II. Die Detonationen und Maschinengewehrsalven verstärken sich immer mehr. Auch schwere Maschinenwaffen sind bereits zu hören.

Ich habe mich schnell entschieden: Am besten ist es, ob unsere Sache nun verraten ist oder nicht, vorläufig im Sektionsraum zu bleiben. Von unseren Arbeitsplätzen aus werden wir die Entwicklung der Ereignisse verfolgen. Durch das Fenster beobachte ich die Ankunft von acht, zehn Lastwagen.

Vor unserem, dem Krematorium I, bremsen sie. Ein halbes Bataillon SS-Soldaten springt von den Wagen und formiert sich vor dem Drahtzaun zu einer Angriffslinie.[244]

Jetzt ist alles klar: Das Sonderkommando hat das Krematorium I in seine Hand bekommen, schießt und wirft Handgranaten aus den Fenstern auf die vor dem Hof aufmarschierenden SS-Leute. Diese Verteidigung scheint Erfolg zu haben, denn ich sehe mehrere SS-Männer tot oder verwundet niedersinken. Das ist der Anlass für die Angreifer, zu wirksameren Mitteln zu greifen. Sie holen 40 bis 50 Bluthunde und hetzen sie auf die sich im Inneren des Krematoriums befindenden Verteidiger.[245]

Doch mit Verblüffung sehe ich, dass die sonst so diensteifrigen, gut abgerichteten Tiere sich nicht von der Stelle bewegen. Winselnd verkriechen sie sich hinter ihren SS-Herren. Ich erkläre mir das so, dass die Hunde auf die Verfolgung von Menschen in gestreifter Häftlingskleidung dressiert wurden. Hier gibt es solche Menschen nicht, dafür ist aber etwas anderes für die Hunde ungewohnt: In der ganzen Umgebung des Krematoriums breitet sich ein durchdringender Geruch nach Blut, verbranntem Fleisch und verschmorten Knochen aus. Davor haben die Bluthunde mit ihren empfindlichen Geruchsnerven Angst. Nachdem dieser Versuch gescheitert ist, schafft die SS unter ständigem Beschuss zwei Luftabwehrkanonen herbei, richtet sie aufs Krematorium und beginnt sie in Stellung zu bringen.

Gegen eine solche Übermacht an Waffen und Menschen kann das Sonderkommando nicht bestehen. Ein mächtiges Hurra-Geschrei erschüttert das Gebäude, und das Kommando bricht durch die hinteren Türen aus.[246] Dabei werden die SS-Leute laufend weiter beschossen. Das Kommando flieht durch die zuvor zerschnittenen Stromdrähte in Richtung Weichsel.[247] Ein heftiges Gefecht entbrennt zwischen den Fliehenden und der SS. Ich kann neben dem Knallen der Gewehre und dem Donnern der Granaten und Sprengstoffdosen auch die schweren Maschinengewehre der Wachtürme deutlich hören.

Die Schießerei dauert etwa zehn Minuten, dann wird alles still.

Die weit vorgerückte SS-Linie geht zum Sturm über, ohne die zwei Kanonen zu benutzen. Mit aufgepflanzten Bajonetten stürmen sie von allen Seiten in das Gebäude und überrennen die unteren und oberen Räume.

Eine Zehnergruppe dringt in den Sektionsraum ein. Die Pistolen auf uns gerichtet, umstellen sie uns, treiben uns – wir haben die Hände erhoben – unter Gewehrkolbenschlägen auf den Hof. Dort müssen wir vier uns mit dem Gesicht nach unten auf den Boden legen.

»Wer sich bewegt oder den Kopf hebt, bekommt eine Kugel in den Kopf!« lautet der Befehl.

Nach einigen Minuten bringt man – ich höre es an den Schritten – eine größere Gruppe von Leuten des Sonderkommandos und lässt sie sich neben uns hinlegen. Wie viele können es sein? Ich weiß es nicht, denn ich liege bewegungslos mit dem Gesicht zur Erde, in einer Linie mit den eben Angekommenen. Nach drei bis vier Minuten wird die nächste Gruppe gebracht, die sich hinter uns legen muss.

Wir liegen unbeweglich, während man uns mit Gewehrkolben prügelt. Unter heftigen Flüchen werden wir mit den Stiefeln in Rücken, Kopf und Nierengegend getreten. Ich fühle die Wärme des Blutes, das über meinen Kopf und mein Gesicht fließt, fühle den salzigen Geschmack meines Blutes, das mir über die Lippen rinnt. Ich nehme nur die ersten Schläge wahr. Mein Schädel brummt. Ich denke an nichts. Meine Sinnesorgane beginnen zu versagen. Ich fühle, wie ich in wachsende Gleichgültigkeit versinke.

20 bis 30 Minuten liegen wir so, jeden Augenblick auf eine Kugel in den Kopf gefasst. Ich weiß ja, dass in solch einer Situation der Genickschuss angewendet wird. Das ist der schnellste und mildeste Tod. Als Fachmann weiß ich Bescheid. Ich sehe es geradezu vor mir: mein von dem hydrodynamischen Druck der aus unmittelbarer Nähe abgegebenen Kugel zerspritzendes Gehirn und meinen in tausend Stücke zerspringenden Schädel.

Ich höre ein Auto ankommen. Das kann nur Dr. Mengele sein! Auf ihn haben die Männer der Politischen Abteilung der SS gewartet.[248] Ich kann nicht aufsehen, vernehme aber seine Stimme. Er spricht unmittelbar vor unseren Köpfen mit dem SS-Befehlshaber. Plötzlich ein durchdringender Befehl: »Ärzte aufstehen!« Wir kommen ihm nach. Alle vier erheben wir uns. Haltung annehmend, harren wir der weiteren Ereignisse.

Dr. Mengele winkt mich zu sich. Mein Gesicht und mein Hemd sind voll Blut, meine Kleidung ist schlammverschmiert. So stehe ich vor ihm. Neben Mengele lauern drei SS-Offiziere, die Führer der Politischen Abteilung. Dr. Mengele fragt, was wir getan haben. »Nichts«, antwortete ich. »Wir sind lediglich dem Befehl des Herrn *Hauptsturmführers* nachgekommen und haben die Leiche des russischen Offiziers seziert, als die Ereignisse eintraten. Dadurch wurden die Sektion und das Protokollieren unterbrochen. Jeder kann sich davon überzeugen! Wir waren die ganze Zeit an unserem Arbeitsplatz, wo man uns dann auch fand.« Der SS-Befehlshaber bestätigt meine Aussage. Dr. Mengele sieht mich an und befiehlt: »Gehen Sie, waschen Sie sich und arbeiten Sie weiter!« Er winkt auch meinen Kameraden zu gehen.

Ich mache kehrt, die drei folgen mir. Wir erreichen die Tür des Krematoriums. Da zerreißen hinter uns Gewehrsalven die Luft – das Sonderkommando liegt tot auf den blutigen Steinplatten.[249]

Ich drehe mich nicht um. Meine Schritte beschleunigen sich, ich gehe in mein Zimmer. Mit zitternden Händen versuche ich, mir eine Zigarette anzuzünden. Endlich gelingt es mir, nach einigen tiefen Zügen taumle ich zu meinem Bett und lege mich hin. Erst jetzt beginne ich, am ganzen Körper die Schläge und Tritte zu fühlen.

Was alles ist an diesem Tag geschehen! Dabei ist es erst drei Uhr nachmittags. Meine Rettung lässt mich weder Freude noch Erleichterung empfinden. Ich weiß, es ist nur ein Aufschub, denn ich kenne die Mentalität Dr. Mengeles und der SS. Mein Arbeitsgebiet ist wichtig, ich bin zurzeit nicht ersetzbar. Im KZ gibt es keinen Gerichtsmediziner, der den hiesigen Anforderungen genügt.[250] Selbst wenn es einen gäbe, würde er sich hüten, sein Fach zu verraten und in Dr. Mengeles Klauen zu geraten, aus denen er als Angehöriger des Sonderkommandos nach vier Monaten nur durch den Tod entlassen werden kann.

Als sich meine bis zum äußersten angespannten Nerven etwas beruhigen, stehe ich auf und gehe hinaus, um mich umzusehen. Ich will wissen, was heute Nachmittag eigentlich geschehen ist. War wirklich ein Verräter unter uns und hatte die SS mit der Vernichtung des Sonderkommandos die geplante Flucht verhindert?

Sie hätte sich keinen besseren Anlass zur Liquidierung des Kommandos wünschen können.

Meine zweite Annahme ist, dass einfach heute die Frist von vier Monaten abgelaufen war. Die Politische Abteilung der SS hatte den Befehl zur Exekution erhalten. Sie war in Aktion getreten, um ihn auszuführen, hatte die Leute des Kommandos zum Antreten in den Hof befohlen, als würde man sie zum Appell oder zur Befehlsverkündung rufen. In Wirklichkeit sollten sie umgebracht werden.[251] Bisher ist es jedem Sonderkommando so ergangen. Doch das zwölfte hat sich nicht seinem Schicksal ergeben. Unser Kommando hatte den bewaffneten Widerstand gewählt.

Im Verbrennungssaal liegen meine toten Kameraden nackt in langen Reihen vor den Öfen. Ich erkenne die Leichen meiner aus dem I. Krematorium ausgebrochenen Gefährten. Sie starben auf der Linie der Postenketten. Von dort brachte man die Toten auf Handwagen her. Hier liegen auch die, die auf dem Hof erschossen wurden, nachdem man mich und meine drei Kameraden aus ihrer Mitte genommen hatte. Nach der Niederschlagung des Aufstands hatte man die Leute des II., des III. und des IV. Krematoriums zusammengetrieben und ins Krematorium I gebracht, um hier alle töten und verbrennen zu können. Lediglich im Krematorium I waren die Öfen in Betrieb, und 30 neue Sonderkommando-Leute waren eiligst zur Verbrennung zusammengesucht worden.

Ich stehe neben dem Unteroffizier, der die Arme der Toten anhebt, um ihre Nummern zu notieren. Ohne gefragt worden zu sein, sagt er, dass zwölf Männer fehlen. Alle anderen – mit Ausnahme von sieben – sind tot. Zu den sieben Überlebenden gehören wir drei Ärzte und der Gehilfe des Sektionsraumes.[252]

Am Leben blieben auch der Bedienungsingenieur für die Dynamos und Ventilatoren, der Oberheizer und der Pipel, ein Häftling, der »Mädchen für alles« war, im persönlichen Dienst der SS stand, ihre Kleidung, Stiefel, Bestecke in Ordnung hielt und Telefondienst hatte.[253]

Zwölf Männern ist die Flucht gelungen.[254]

Von dem Pipel erfahre ich schließlich Einzelheiten über die Ereignisse des heutigen Tages:

Von Verrat konnte keine Rede sein. Nachmittags um halb zwei kamen im Krematorium IV 70 Angehörige der Politischen Abteilung der SS an.[255] Ihr Befehl rief das Sonderkommando zum Appell, doch niemand rührte sich, denn man ahnte ja, was geplant war. Der SS-Offizier glaubte, sein Ziel durch ein Ablenkungsmanöver leichter erreichen zu können, schließlich war die SS Meister im Irreführen von Menschen. Er stellte sich also in die Mitte des Hofes und hielt folgende Ansprache in der typischen Primitivität und Kürze der SS:

»Leute, auf höheren Befehl habt ihr genug hier gearbeitet, ihr kommt mit dem nächsten Transport in ein Arbeitslager. Dort gibt es für euch gute Kleider, reichliches Fressen und ein leichtes Leben. Wen ich also jetzt mit seiner Nummer aufrufe, der soll herauskommen und antreten!«

Und schon begann er die Nummern abzulesen. Zuerst rief er die 100 ungarischen Angehörigen des Kommandos auf. Sie waren die jüngsten KZ-Bewohner und traten ohne Weiteres an. Ihr Schreck war größer als ihr Mut. Eine SS-Abteilung führte sie sofort vom Krematoriumshof und sperrte sie in den Block 13 des Lagers D.[256] Im Krematorium III ging unterdessen die Nummernverlesung weiter. Die Männer griechischer Nation kamen an die Reihe. Sie traten schon nicht mehr so bereitwillig an, als der SS-Offizier sie aufrief. Dann folgte die Gruppe der Polen. Murren und unterdrückte Zwischenrufe ließen sich aus der Menge vernehmen. Der SS-Mann rief eine Nummer. Keiner bewegte sich!

Als er sich wartend umschaute, fiel eine Mineralwasserflasche vor seine Füße. Eine furchtbare Detonation folgte. Sieben SS-Angehörige waren tot oder verletzt, unter ihnen auch der Befehlshaber. Die Flasche war mit Ekrasit gefüllt. Einer der Polen hatte sie geworfen.[257] Die SS eröffnete ein mörderisches Feuer auf die Aufständischen. Diese stürmten ins Krematorium, warfen von dort aus weitere Ekrasitflaschen in den Hof. Eine Gruppe der SS erschoss inzwischen gnadenlos die immer noch wartenden griechischen Häftlinge. Einige Griechen versuchten zu fliehen. Spätestens am Tor wurden auch sie getroffen. Unter ständigem Feuern näherte sich die SS dem Krematoriumseingang. Ein schweres Unterfangen, denn die Polen wehrten sich verbissen. Dicht aufeinander folgten die Ekrasitflaschen und schützten mit gewaltigen Explosionen den Vorplatz des Gebäudes.

Dann warf eine noch stärkere Detonation die SS-Soldaten zu Boden. Die riesige Dachkonstruktion des Krematoriums tat sich auf, und Hunderte von Stützbalken wirbelten zwischen Flammen und Rauch durch die Luft. Vier mit Benzin gefüllte Stahlfässer waren explodiert. Das große Gebäude verwandelte sich in einen Trümmerhaufen, der die Leute des Sonderkommandos unter sich begrub.[258] Einige der am Leben Gebliebenen leisteten noch Widerstand, doch die SS ermordete auch sie. Die Verletzten, die gehen konnten, waren mit erhobenen Händen zum Eingang gekommen, doch eine Salve brachte auch sie um. Sie wussten, was sie erwartete, doch im Gebäude wütete das Feuer und so wählten sie lieber den leichteren Tod.

Anschließend wurden die ins Lager D gebrachten ungarischen Häftlinge zurückgeholt und ebenfalls liquidiert. Der Aufstand hatte also im

III. Krematorium begonnen. Im I. ging die Arbeit weiter, bis das III. in die Luft flog.[259] Durch die Explosion war die Spannung, die unsere Männer ohnehin schon beherrschte, unerträglich geworden. Im ersten Augenblick wusste niemand, was geschehen war. Die Heizer verließen die Öfen und diskutierten die Möglichkeiten. Dazu hatten sie allerdings nur einen Moment Zeit, denn ein SS-Posten sprang zwischen sie und machte dem Oberheizer klar, welche Folgen das Verlassen des Arbeitsplatzes hat. Dieser antwortete etwas, doch dem SS-Mann genügte die Antwort offenbar nicht, denn mit seinem dicken Spazierstock schlug er dem Heizer mitten ins Gesicht, natürlich mit dem Knauf. Jeder SS-Posten besaß einen solchen Stock, er wurde zum Antreiben des Sonderkommandos benutzt.

Der Schlag war mit einer solchen Kraft geführt worden, dass ein anderer vielleicht mit zertrümmertem Schädel umgefallen wäre. Der Oberheizer, der härteste Mann des Kommandos, schwankte nur. Sein Gesicht war blutüberströmt. Aus dem Stiefelschaft zog er ein langes, scharfes Messer und stieß es dem SS-Soldaten in die Brust. Dieser wäre umgesunken, doch zwei andere Heizer hatten aufgepasst. Die Tür des ersten Ofens öffnete sich, und mit dem Kopf voran warfen sie die Leiche hinein.

All das war eine Sache von wenigen Sekunden, doch offensichtlich hatte der herbeieilende zweite SS-Posten noch die Stiefel seines Kumpans gesehen. Im Laufschritt rannte er zur Tür des Ofens, um sie zu öffnen. Er wollte sehen, wen man da in Kleidern und Stiefeln hineingeworfen hatte, es konnte nur ein SS-Angehöriger gewesen sein! Er erfuhr es nie. Einer unserer Kameraden sprang ihm in den Weg und erstach ihn. Dann wurde auch er in den Ofen geworfen.[260]

Innerhalb weniger Augenblicke kamen die Maschinenpistolen, Handgranaten und Sprengkörper zum Vorschein. Wildes Schießen und Krachen ertönten von beiden Enden des Saales. An einem standen die Leute des Sonderkommandos, am anderen die SS. Eine Handgranate fiel zwischen die SS-Leute, sieben wurden kampfunfähig oder waren sofort tot. Doch Verletzte und Tote gab es auch auf der Seite des Kommandos. Das ließ sie noch erbitterter kämpfen. Einige der SS-Soldaten fielen noch tot zu Boden, dann hielt es der Rest – etwa 20 Mann – für besser, sich aus dem Gebäude zurückzuziehen. Bis zum Tor des Krematoriums gingen sie zurück. Dort schlossen sie sich der inzwischen schon in Aktion getretenen, von außen herbeibefohlenen SS-Abteilung an.

Das Weitere wissen wir bereits. Sieben Sonderkommando-Männer des Krematoriums blieben übrig.

Die zwölf Geflohenen werden nachts zurückgebracht. Sie hatten zwar das andere Ufer der Weichsel erreicht, waren aber in die Hände einer größeren Abteilung der SS geraten. Völlig erschöpft hatten sie ein sicher erscheinendes Haus erreicht. Doch der polnische Besitzer hatte die in der Nähe befindliche SS-Sonderabteilung benachrichtigt, die überraschend angriff und alle zwölf gefangen nahm.[261]

Ich liege schon im Bett, nach diesem schrecklichen Tag will ich nur noch schlafen. Da weckt mich ein neues Knattern von Maschinenpistolen aus dem Halbschlaf.

Nach den Schüssen nähern sich schwere Schritte. Meine Tür springt auf, und zwei SS-Leute taumeln herein. Beide haben blutige Gesichter. Die eingefangenen zwölf Männer waren mit den Fäusten auf ihre Begleiter losgegangen, um ihnen die Waffen abzunehmen, daher die Verletzungen auf den Gesichtern der zwei SS-Wachen. Offensichtlich hat man die zwölf Gefangenen dann sofort erschossen.

Mir wird befohlen, die Wunden der SS-Männer zu verbinden, ich folge dem Befehl.[262]

Der Tod der letzten zwölf Kameraden wirft mich endgültig zu Boden. Selbst um den Preis so vieler Menschenleben ist es nicht einem einzigen Boten gelungen, diesen verfluchten Ort zu verlassen, um aussagen zu können, was hier vor sich geht.

Wie ich mich später überzeugen konnte, verbreitete sich die Nachricht von der Rebellion dennoch rasch. KZ-Häftlinge, die mit Zivilarbeitern zusammenkamen, gaben sie weiter. Auch in der SS gab es einige, die das Geschehen ausplauderten.

Es war ein beispielloses Ereignis! Beispiellos in der Geschichte des Konzentrationslagers. 853 Gefangene kamen um. 70 SS-Soldaten starben, ein *Obersturmführer*, 17 *Oberscharführer* und *Scharführer* sowie 52 *Sturmmänner*. Bis auf den Grund brannte das III. Krematorium ab. Das IV. konnte infolge der Zerstörung der Anlagen nicht mehr genutzt werden.[263]

XXX

Nach einer sehr unruhigen Nacht erwache ich müde und ausgelaugt. Ich bin in einem Zustand hochgradiger Erregung. Das leise Sprechen meiner Zimmergefährten, das Geräusch ihrer Schritte – alles reizt mich.

In niedergedrückter Stimmung gehen wir in den Sektionsraum. Dabei durchqueren wir den Verbrennungssaal. Der Boden vor den Öfen ist sauber. Unsere Kameraden wurden noch im Laufe der Nacht verbrannt. Die Öfen sind bereits abgekühlt, sie verbreiten nur noch laue Wärme.

Die 30 neuen Angehörigen des Sonderkommandos sitzen in starrer Ruhe oder liegen auf den Betten ihrer toten Vorgänger, völlig verschreckt durch die am Vortag erlebte Tragödie.[264]

Dieser Zustand dauert nur einige Tage. Dann bekommen sie Appetit, sehnen sich nach diesem oder jenem guten Happen. Auch das Rauchen nimmt etwas von dem Druck, der auf ihnen lastet. Im Schnaps wiederum werden sie das gesegneteste und wirksamste aller Heilmittel kennenlernen. Der Alkohol allein ist imstande, den Menschen von der Krematoriums-Krankheit zu befreien – für ein paar Stunden. Er lässt die Vergangenheit vergessen, stumpft die Gedanken an die Gegenwart und an die noch schrecklichere Zukunft ab. Was sie in den KZ-Baracken so sehr entbehren mussten, all das bekommen sie jetzt: Sie ziehen gute Kleider an, können sich nach Lust und Laune waschen, es gibt Wasser, ein Bad, Seife und Handtücher. Ich sehe sie an wie ein alter Kasernenbewohner die neuen Rekruten. Auch sie werden sich an alles gewöhnen …

Mangels anderer Arbeit teile ich meinen Leuten – damit irgendetwas geschieht – einige Alibitätigkeiten zu. Sie entstauben die Gefäße mit den Anschauungspräparaten, bringen die Instrumente auf Hochglanz, flicken das durch die Kugeln zerstörte Netz vor dem Fenster. Ich selbst sitze am Schreibtisch und formuliere in meinem mit Pflastern verklebten Kopf Beschwerden und Wünsche an Dr. Mengele.

Ich werde ihm auseinandersetzen, dass kein Raum des Krematoriums für gerichtsmedizinische Arbeiten geeignet ist, denn überall hört man das markerschütternde Schreien der Tausenden, die in den Tod gehen, gleich ob sie durch Gas oder Genickschuss sterben. In die Forschungsarbeit kann ich mich nicht vertiefen, da ich seit dem Tag meiner Ankunft das Schicksal der vorangegangenen elf Sonderkommandos kenne und seit vier Monaten, zu jeder Tages- und Nachtzeit, auf die Vollstreckung dieses Schicksals auch an unserem Kommando, dem XII., wartete.

Ich werde ihn auch bitten, einsichtig zu sein und keine präzise Arbeit zu verlangen, wie zum Beispiel gestern, am 6. Oktober 1944, als er den Befehl gab, die Leiche des russischen Offiziers zu untersuchen und ein Sektionsprotokoll aufzusetzen. Vor meinen Augen flog das Krematorium III in die Luft, ein SS-Bataillon griff uns an. Mit Kanonen und Bluthunden wurden wir bedroht. Handgranaten explodierten. Mit aufgepflanztem Bajonett drangen SS-Soldaten ein, in einen Raum, der für die wissenschaftliche Forschungsarbeit bestimmt ist. Unter Schlägen wurden wir auf den Hof geführt, in den Staub gestoßen, und innerhalb weniger Sekunden verwandelten wir uns von Gerichtsmedizinern zu Opfern, die exekutiert werden sollten.

Sicher, Dr. Mengele hatte uns von den Todgeweihten getrennt, doch das hieß nur, dass weitere qualvolle vier Monate durchzustehen waren.

Ich werde an Mengele appellieren, das Untragbare unserer Situation einzusehen. Gestern Abend erst habe ich zwei SS-Leuten ärztliche Hilfe geleistet, die mich kurz zuvor noch auf die Knie gezwungen, getreten und geschlagen hatten. Sie hatten ihre Waffen auf meinen Kopf gerichtet und nur auf den Befehl gewartet, die tödliche Kugel abzufeuern.

Das sind die Beschwerden, die ich meinem Vorgesetzten vorzutragen beabsichtige. Mein Wunsch lautet, uns, das aus vier Mann bestehende Sektionskommando, mitsamt dem Sektionsraum in einen geeigneten Teil des KZ umzusetzen.

Ich habe meine Gedanken einigermaßen geordnet, als sich auch schon die Tür öffnet und Dr. Mengele hereinkommt. Der Vorschrift gemäß nehme ich Haltung an und melde: »Herr Hauptsturmführer! Drei Ärzte und ein Laborant bei der Ausführung ihrer Arbeit!« Mengeles Blick gleitet an mir herauf und bleibt an meinem Leukoplast-verklebten Kopf hängen.

»Was haben Sie da?«, fragt er halb entgegenkommend, halb zynisch. Seiner Frage entnehme ich sofort, dass er an alles, was gestern geschah, nicht erinnert werden will. So antworte ich gar nicht. Ich sage nur das, was von meinem plötzlich in Nebel aufgelösten Anliegen übriggeblieben ist.

»Herr Hauptsturmführer! Diese Umgebung scheint mir für Forschungsarbeit nicht geeignet zu sein. Wäre es nicht möglich, den Sektionsraum zu verlegen?«

Er sieht mich an. Seine Gesichtszüge werden hart. »Sind Sie etwa sentimental?«, fragt er mit frostiger Kürze.

Wie konnte ich auch nur für einen einzigen Moment vergessen, dass ich gerade die Umgebung kritisierte, in der dieser hirnverbrannte, von seiner verfluchten Forschungsmanie besessene Wahnsinnige sich am wohlsten fühlte?!

Bis hierher leuchtet die Flamme der Scheiterhaufen. Der Rauch der Krematorien ist überall zu spüren. Das Schreien der Todgeweihten und das Knallen der Genickschüsse lassen die Wände erzittern. Dr. Mengele kehrt nach jeder Selektion und jedem Blutbad bei uns ein. Hier, in diesem Klima des Schreckens, verbringt er seine gesamte Freizeit und lässt mich mit stiller Besessenheit Hunderte von Leichen unschuldiger Menschen öffnen. Auf Nährböden, aus frischer menschlicher Muskulatur hergestellt, vermehren sich Bakterien in elektrisch beheizten Brutschränken.[265]

Stundenlang sitzt Mengele am Mikroskop und sucht den Grund für die Erscheinung, die er niemals wird erklären können: den Grund für Zwillingsgeburten.

Heute allerdings sieht er erschöpft aus. Er kommt von der Judenrampe, wo er viele Stunden im strömenden Regen stand und die aus dem Rigaer Getto Verschleppten selektierte.[266] Man konnte es nicht mehr Selektion nennen, denn alle kamen nach links.

Die zwei in Betrieb befindlichen Krematorien und die riesigen Gräben der Scheiterhaufen füllen sich mit den Unglücklichen. Das Sonderkommando besteht, entsprechend der Notwendigkeit, aus 460 Männern.[267] Mein Vorgesetzter setzt sich in seinem regennassen Mantel an den Tisch des Laboratoriums. Auch die Mütze nimmt er nicht ab, obgleich von ihrem Schirm das Wasser tropfenweise herabrinnt. Vielleicht bemerkt er das gar nicht.

Ich bitte um seinen Mantel und die Mütze, um beides im Heizungsraum trocknen zu lassen.

»Lassen Sie«, sagt er, »das Wasser kann ja nur bis zu meiner Haut kommen.«

Er verlangt das Sektionsprotokoll des erschossenen russischen Offiziers. Ich übergebe es ihm. Er schlägt es auf, liest ein paar Zeilen und gibt es mir zurück.

»Ich bin sehr erschöpft! Lesen Sie!«

Überrascht nehme ich das Protokoll zurück. Doch ich komme über vier bis fünf Zeilen nicht hinaus, da unterbricht er mich.

»Lassen Sie, es ist nicht notwendig!« Mit nichtssagendem, leerem Gesichtsausdruck starrt er zum Fenster. Was kann mit ihm los sein? Hat ihn etwa das schlechte Gewissen gepackt? Oder hat er unangenehme Nachrichten erhalten und erkannt, dass es keinen Sinn mehr hat? Es ist natürlich auch möglich, dass die Anstrengungen der letzten Monate ihn so ausgelaugt haben.

Während unserer Zusammentreffen hatte er nie Gelegenheit zu privaten Gesprächen gegeben. Aus seiner Gebrochenheit schöpfe ich Mut. Ich frage ihn:

»Herr Hauptsturmführer! Wie lange dauern die Liquidierungen noch an?«

Er sieht mich an und antwortet:

»*Mein Freund! Es geht immer weiter, immer weiter*!«

In seinen Worten liegt stille Resignation. Er erhebt sich, um das Labor zu verlassen.

»In den nächsten Tagen kommt eine interessante Arbeit auf Sie zu!«

Das sagt er noch, ehe er den Raum verlässt.

Mit Schaudern nehme ich zur Kenntnis, dass die »interessante Arbeit« den Tod einer weiteren Zwillingsgruppe bedeutet.

XXXI

Die Krematorien sind in Bereitschaft. Die Leute des Sonderkommandos wechseln die Schamottverkleidungen im Innern der Feuerschächte aus.[268] Sie streichen die schweren Eisentüren der Öfen und ölen ihre Scharniere. Die Dynamos und Ventilatoren sind den ganzen Tag in Betrieb. Fachleute überprüfen ihre Funktionstüchtigkeit. Die Ankunft des Gettos Litzmannstadt ist signalisiert worden.[269] Dieses Getto wurde im Winter 1939 von den Deutschen errichtet. Anfänglich hatte es 500 000 Bewohner.[270]

Die Gettobewohner arbeiteten in riesigen Rüstungsbetrieben. Ihren Lohn erhielten sie in Getto-Mark, doch mit diesem Geld konnten sie lediglich die aufs Allernötigste beschränkte Lebensmittelration bezahlen. Es versteht sich von selbst, dass die krasse Disproportion zwischen der übermenschlichen Arbeit und der mehr als mangelhaften Nahrung ein Massensterben zur Folge hatte. Häufig traten Epidemien auf, die zahllose Opfer forderten. So schmolz die Zahl der Gettobewohner bis zum Herbst 1944 auf 70 000.

Jetzt ist auch ihr Ende gekommen. In Gruppen zu 10 000 Menschen treffen sie täglich an der Judenrampe des KZ Auschwitz ein.[271] Im Ergebnis der Selektion gelangen 95 Prozent auf die linke, fünf Prozent auf die rechte Seite. Die Ausgestoßenen sind gebeugt von der Bürde ihres tragischen Schicksals, zermartert von der seelischen Leere der fünf Jahre im Getto, um Jahrzehnte gealtert durch die aufgezwungene Sklavenarbeit. Sie fühlen nicht mehr den Unterschied zwischen Gut und Schlecht. Ohne Regung durchschreiten sie das Tor des Krematoriums, obwohl es kein Geheimnis für sie sein kann, dass dies die letzte Station ihres Weges ist.

Ich gehe hinunter in den Auskleidesaal. Kleider und Schuhe liegen durcheinandergeworfen auf dem Boden. Diese Lumpen und die Reste der Holzschuhe kann man nicht mehr auf Haken hängen. Die Nummern der Haken haben diese Menschen nicht mehr interessiert. Auch ihre Handgepäckstücke ließen sie fallen, wo sie gerade standen. Die mit der Sortierung beschäftigten Sonderkommando-Angehörigen öffnen einige Taschen und zeigen mir den Inhalt. Aus Maismehl, Wasser und etwas

Leinöl gebackene Fladen, ein bis zwei Kilogramm Haferflockenmehl – das war ihre ganze Wegzehrung.

Bei der Ankunft eines dieser Transporte entdeckt Dr. Mengele unter den zur Selektion Antretenden einen buckeligen, etwa 50-jährigen Mann. Der Krüppel ist nicht allein. Ein ungefähr 15-jähriger, hochgewachsener Junge mit außergewöhnlich schönen Gesichtszügen steht neben ihm: Vater und Sohn. Das rechte Bein des Sohnes hat einen Fehler: Mit einer Gehstütze aus Stahlplatten und einem dicksohligen orthopädischen Schuh wurde er korrigiert.

Natürlich meint Dr. Mengele sofort, in diesen beiden ein Schulbeispiel für die Degeneration der jüdischen Rasse entdeckt zu haben. Sofort werden sie aus der Reihe genommen. Mengele winkt einen SS-Unteroffizier heran. Aus seinem Notizbuch reißt er zwei Seiten, notiert etwas und schickt die beiden Unglücklichen in Begleitung des SS-Mannes ins Krematorium I.

Es ist etwa mittags zwölf Uhr. Im Krematorium I ist heute Betriebspause. Im Moment auch für mich. Ich halte mich in meinem Zimmer auf. Dort findet mich der diensthabende SS-Posten und ruft mich zum Tor. Da stehen sie, Vater und Sohn, hinter ihnen ihr Begleiter.

Ich nehme die an mich gerichtete schriftliche Nachricht Mengeles entgegen. »Sektionsraum Krematorium I. – Nr. 1 untersucht beide klinisch.[272] Nehmen Sie die genauen Maße von Vater und Sohn. Füllen Sie genaue, alle Daten beinhaltende klinische Untersuchungsblätter aus, unter besonderer Beachtung der Entstehungsursachen für die entdeckten Deformitäten.«

Das zweite Briefchen ist an *Oberscharführer* Mußfeldt gerichtet. Obwohl ich es nicht lesen kann, ist mir klar, was in ihm steht. Ich übergebe es einem Mann vom Sonderkommando, der es Mußfeldt aushändigen wird.

Vater und Sohn, diese von den elenden Getto-Jahren in Litzmannstadt gezeichneten Gestalten, sehen mich, von schlimmen Befürchtungen erfüllt, fragend, doch stumm an. Ich überquere mit ihnen den sonnigen Hof. Mit einigen beruhigenden Worten begleite ich sie in den Sektionsraum. Zum Glück haben wir keine Leiche auf dem Tisch. Es wäre ein furchtbarer Anblick für die zwei! Aus Mitleid untersuche ich sie nicht hier, in dem streng riechenden, düsteren Raum, sondern nebenan in meinem hellen, warmen Arbeitszimmer. Der Vater war, so erfahre ich im Gespräch, ein angesehener Textilgroßhändler in Litzmannstadt, der in den Friedensjahren oft berühmte Wiener Ärzte konsultiert hatte, um eine Heilung seines Sohnes zu erreichen.

Zuerst unterziehe ich den Vater einer gründlichen Untersuchung. Die Krümmung seiner Wirbelsäule ist die Folge einer späten Rachitis, der sogenannten englischen Krankheit.[273] Selbst bei genauester Untersuchung kann ich keine andere Krankheit oder Abnormität finden. Ich versuche, den Alten zu beruhigen, sage, er werde von hier sicher in ein Arbeitslager kommen.

Bevor ich den klugen, auffallend schönen, doch völlig verstörten Jungen untersuche, spreche ich mit ihm. Mit vor Angst zitternder, farbloser Stimme spricht er von den unzähligen schrecklichen und schmerzhaften Erlebnissen des Getto-Daseins. Als er zehn Jahre alt war, sperrte man ihn mit seinen Eltern hinter Stacheldraht. Seine Mutter, eine zerbrechliche, sensible Frau, hielt den auf sie einstürmenden Ereignissen nicht lange stand. Melancholie und Depression beherrschten sie völlig. Damit ihr Mann und ihr Sohn etwas mehr von der ohnehin ungenügenden Nahrung bekamen, aß sie wochenlang kaum. Die selbstlose Gattin und ihr Kind unendlich liebende Mutter starb schon im ersten Getto-Jahr ihren Märtyrertod. So fristeten der verwaiste Sohn und der Mann allein ihr trauriges Dasein. Nun sind sie hier im Krematorium I. Was für ein schreckliches Drama unserer jüdischen Existenz, dass ausgerechnet ich, der jüdische Arzt, sie mit genauen klinischen Methoden untersuchen muss, ehe sie in den Tod gehen, und dass ich anschließend die Sektion ihrer noch warmen Körper vornehmen muss. Ich fühle so stark die furchtbare Ironie unseres jüdischen Schicksals, dass meine Nerven in meiner Machtlosigkeit zum Zerreißen gespannt sind. Wessen Wille war es, der unser unglückliches Volk in solche Ketten des Schreckens legte? Wenn es Gottes Wille war, dann hatte wohl auch er sich schon voll Scham abgewandt, denn so etwas hätte auch er nicht gewollt!

Ich nehme mich einigermaßen zusammen. Dann untersuche ich auch den Jungen. Ich stelle an seinem rechten Fuß eine angeborene Verkrüppelung fest, verbunden mit Muskelschwund. Der wissenschaftliche Name dieser Anormalität: Hypomelie. Geniale Hände hatten ihn mehrmals operiert. Dadurch war zwar sein Bein kürzer geworden, doch mit Bandage und orthopädischem Schuhwerk war er vollständig gehfähig. Andere Auffälligkeiten kann ich an seinem Körper nicht finden.

Ich frage, ob sie essen möchten. Sie seien sehr hungrig, antworten sie. Ein Mann des Sonderkommandos bringt ihnen eine reichliche Portion Makkaroni mit Gulasch. So etwas kommt nur beim Sonderkommando auf den Tisch. Gierig verschlingen sie das lange entbehrte, gute Essen. Sie wissen nicht, dass dies ihre Henkersmahlzeit ist. Ich weiß es dafür umso besser, und das macht es mir nicht leichter. Dann, eine halbe Stunde später, erscheint *Oberscharführer* Mußfeldt mit vier Leuten des Sonderkommandos. Die zwei werden in den Heizungsraum geführt, wo man sie die Kleider ablegen lässt.[274] Die Waffe des Oberscharführers kracht zweimal. Vater und Sohn liegen tot auf dem blutigen Beton.

Oberscharführer Mußfeldt hat Dr. Mengeles Befehl ausgeführt.

Jetzt bin ich wieder an der Reihe. Die zwei Leichen werden in den Sektionsraum gebracht. Mir ist vor ohnmächtiger Wut so übel, dass ich meinen Kameraden die Sektion überlasse, während ich das Protokoll schreibe. Übrigens erbringt die Sektion keinerlei Befunde, die ich nicht auch schon an den Lebenden erhoben hätte. Es sind gewöhnliche, übliche Befunde, doch sicher sehr »brauchbar« als Propagandamaterial zur Untermauerung der Theorie von der Degeneration der jüdischen Rasse ...

Dr. Mengele, der an diesem Tag mindestens 10 000 Menschen in den Tod geschickt hat, erscheint am Abend im Sektionssaal. Mit größtem Interesse lauscht er meinem Bericht über die Untersuchungsergebnisse der lebenden und die Sektionsbefunde der ermordeten Körperbehinderten.

»Diese Leichen dürfen nicht verbrannt werden«, meint er, »man muss die Skelette präparieren und ins Anthropologische Museum nach Berlin schicken.«[275]

Er fragt, welche Methoden einer sauberen Präparation von Skeletten mir bekannt sind. »Es gibt zwei Möglichkeiten«, antworte ich, »einmal die Auflösungsmethode, die darin besteht, dass man die Leichenteile in Chlorkalkwasser legt. Nach zwei Wochen sind alle Weichteile aufgelöst. Danach gibt man die Knochen in eine Benzinlösung, die das Fett löst, wodurch sie trocken, geruchlos und schneeweiß werden. Die zweite Methode ist kürzer: das Kochen. Die Leiche wird einfach so lange im Wasser gekocht, bis sich die Fleischteile leicht von den Knochen lösen lassen. Danach wird auch hier das Benzinbad angewandt, um die Knochen zu bleichen und zu entfetten.«

Dr. Mengele befiehlt die schnellere Methode, das Kochen.

Ein Befehl im Konzentrationslager ist sehr kurz. Niemand sagt, wo der KZ-Häftling die zur Realisierung des Befehls notwendigen Geräte hernehmen soll. Der Befehl aber muss ausgeführt werden!

Solche Sorgen habe ich jetzt auch. Zwei Tote müssen gekocht werden. Worin und wo? Ich wende mich am nächsten Morgen an *Oberscharführer* Mußfeldt um Hilfe. Ich berichte ihm, dass zwei Leichen gekocht werden müssen, ich aber keine entsprechenden Behälter habe.

Mit Schaudern nimmt sogar er das Gesagte zur Kenntnis. Er denkt nach; zwei riesige Eisenblech-Fässer fallen ihm ein. Ungenutzt liegen sie im Lager.

Diese Fässer stellt er mir zur Verfügung; auf dem Hofe soll man ein offenes Feuer unter ihnen entfachen. Ich füge mich seiner Empfehlung. Aus Ziegeln werden die Feuerstätten errichtet, die Fässer mit ihrem furchtbaren Inhalt darüber gesetzt. Das Kochen beginnt. Zwei Kommando-Angehörige teile ich zum Holzholen und Heizen ein.

Nach fünf Stunden und mehreren Proben habe ich mich überzeugt, dass sich die Weichteile nun leicht von den Knochen lösen lassen. Das Feuer kann gelöscht werden, doch bis zum Abkühlen müssen die Fässer noch an ihrem Platz bleiben.

Mangels anderer Beschäftigungen sitze ich in einem kleinen Gebüsch in der Nähe der Fässer und lese. Stille umgibt mich. Heute ist kein Betrieb. Den Schornstein des Krematoriums setzen gerade vier gefangene Maurer aus Auschwitz I instand. Es wird Abend. Die Fässer kühlen langsam ab, und gerade will ich mich erheben, um sie leeren zu lassen, als einer der Bewacher der Fässer angestürzt kommt und völlig außer sich schreit: »Doktor! Die Polen essen das Fleisch aus den Fässern!«

Ich springe auf und renne los. Vier gestreift gekleidete Häftlinge stehen stumm und entsetzt um die Fässer herum: die polnischen Maurer. Sie hatten ihre Arbeit beendet und warteten auf ihre Bewacher, die sie ins Lager Auschwitz I zurückbringen würden. Die ausgehungerten Männer suchten nach etwas Genießbarem, schließlich erblickten sie die eine kurze Zeit unbeaufsichtigten Fässer. Sie nahmen an, das Fleisch in den großen Behältern werde für das Sonderkommando gekocht. Sie rochen daran, nahmen einige größere Stücke heraus und begannen, sie gierig zu verschlingen. Allerdings nicht lange, denn die zwei Heizer kamen zurück und bemerkten sie. Die Polen sind vor Entsetzen wie gelähmt, seit sie wissen, was sie gegessen haben ...

Nach dem Benzinbad richtet der Gehilfe des Sektionsraumes die Skelette mit großer Sachkenntnis her. Sie liegen ausgebreitet auf dem Tisch des Arbeitszimmers, auf dem ich zuvor die noch lebenden Opfer untersucht hatte.

Dr. Mengele ist überaus zufrieden. Er bringt gleich mehrere hochrangige Ärztekollegen zur Besichtigung der Skelette mit.

Mit bedeutsamen Blicken begutachten sie die Skelettteile. Sie werfen mit wissenschaftlichen Ausdrücken nur so um sich. Dabei tun sie so, als sei die körperliche Schädigung der beiden Opfer ein beispielloser medizinischer Befund. *Pseudowissenschaft!* Es gibt hier keine besondere Anomalie! Was man sieht, findet sich bei Hunderttausenden Menschen in allen Teilen der Welt. Selbst ein einfacher praktischer Arzt, der im Vergleich dazu nur mit wenigen Menschen in Berührung kommt, sieht in seiner Praxis hin und wieder solche Fälle. Doch für diese »Fachleute« ist auch ein solcher Gelegenheitsbefund »beweiskräftig«. Nutzt doch die Nazipropaganda naturgemäß jegliche in ein wissenschaftliches Mäntelchen kleidbare Lüge, sei sie auch noch so himmelschreiend. Diejenigen aber, die solche Art »Propagandamaterial« betrachten und den erläuternden Text lesen werden, besitzen kaum kritischen Verstand, sondern werden alles so hinnehmen, wie man es ihnen serviert.

Die beiden Skelette werden in lange derbe Papiersäcke verpackt, mit Begleitpapieren versehen und nach Berlin geschickt. Auch auf diese Sendung wird der Stempel gedrückt: »Dringende kriegswichtige Sendung«. Nachdem die präparierten Reste endlich aus meinem Gesichtsfeld verschwunden sind, fühle ich betäubende Erschöpfung. Der Vater und der Sohn haben mir unendlich bittere Stunden gebracht – solange sie noch lebten genauso wie nach ihrem Tode ...

Eine Woche ist vergangen, die Liquidation des Gettos Litzmannstadt ist beendet. Die Oktobersonne weicht herbstlichem, kaltem Regen.[276] Nebel und Regenschleier verdecken die Baracken des KZ. In Nebel versinkt langsam auch meine Vergangenheit, und noch dunkler erscheint meine Zukunft. Der seit Tagen niedergehende Regen, die bis ins Mark dringende feuchte Kälte, die Stille – all das verstärkt noch die Bitterkeit in mir. Wohin ich auch gehe, wohin ich auch sehe, überall nur stromgeladene Drähte, die Verkörperung der Ziellosigkeit aller Hoffnungen.

Am dritten Tag nach der Liquidierung der Gettobewohner von Litzmannstadt bringt der Hauptkapo des Sonderkommandos eine völlig durchnässte Frau und zwei zehn- bis zwölfjährige zitternde Kinder vom Hof herein. Böses ahnend, hatten sie sich aus dem letzten Todestransport weggestohlen und hinter einem großen Haufen Feuerholz auf dem Hof des Krematoriums versteckt.[277]

Vor ihren Augen verschwand der Transport unter der Erde, und sie konnten sehen, dass keiner von dort zurückkam. In lähmender Angst warteten sie auf einen Zufall, der sie retten könnte, doch es geschah nichts. Drei Tage lang verharrten sie im eiskalten Wind und Regen, ohne Nahrung, bis auf die Haut durchnässt in ihren Lumpen, schon halb ohnmächtig, bis sie der Hauptkapo auf seinem Rundgang entdeckte. Er hatte keine Wahl, so führte er sie zu *Oberscharführer* Mußfeldt.[278]

Die etwas über 30 Jahre alte Frau, die wie 50 aussieht und nur noch Haut und Knochen ist, nimmt ihre letzten Kräfte zusammen und fällt vor dem Oberscharführer auf die Knie, umklammert seine Stiefel und bettelt mit herzzerreißender Verzweiflung um ihr Leben und das ihrer zwei Kinder. Sie sagt, sie habe im Getto fünf Jahre lang in einem Textilbetrieb für die Wehrmacht gearbeitet. Auch jetzt wolle sie arbeiten. Man solle sie doch am Leben lassen. Doch es gibt keine Gnade! Sie müssen sterben! Sie sterben auch, doch selbst den Oberscharführer scheint die Auschwitzer Zeit gründlich fertiggemacht zu haben. Wieder kommt statt seiner ein anderer zur Ausführung der Morde.

XXXII

Auch diese blutige Episode streichen wir aus unserem Gedächtnis. Wir müssen vergessen, wenn wir nicht wahnsinnig werden wollen angesichts der durchlebten Grausamkeiten und der Hoffnungslosigkeit unserer finsteren Zukunft. Dabei helfen uns die im Luminal-Rausch verbrachten Stunden viel. Oft erinnere ich mich an meine Vergangenheit, aber so, als wäre mein ganzes Leben vor dem KZ nur ein Traum. Alles vergessen, das ist mein Ziel, an nichts denken.

Heute ist der 1. November 1944, der katholische Feiertag Allerheiligen. Dicht, in großen Flocken, fällt Schnee. Man kann kaum bis zu den Wachtürmen sehen, alles verschwimmt im weißen Vorhang. Nur die vom Hunger hergetriebenen Krähen fliegen auf, wenn der schneidende Nordwind die Drähte der Umzäunung zum Klingen bringt.

Ich mache einen kurzen Spaziergang in der Abenddämmerung, obwohl das Wetter dafür denkbar ungeeignet ist. Doch die kalte Luft erfrischt mich und wirkt beruhigend auf meine angespannten Nerven. Ich umgehe einige Male den Hof, mein Weg führt am Eingang zur unterirdischen Gaskammer vorbei.[279] Hier bleibe ich einige Sekunden stehen. Ich erinnere mich, heute ist Allerheiligen ...

Mich umgibt die auf allem liegende unheilverkündende Stille. Der kalte Stein der Betontreppe, der Weg zur Gaskammer verschwimmen im Nebel. Vier Millionen unschuldige Menschen nahmen an dieser Stelle mit einem letzten schmerzlichen Blick Abschied von ihrem Leben, sanken dann in ihr ungegrabenes Grab ...[280]

Allein stehe ich hier, auf der letzten Stufe ihres Lebens. Ich fühle, dass ich jetzt die traurige Pflicht habe, anstelle ihrer in alle Welt verstreuten Angehörigen mit tiefer Trauer der Ermordeten zu gedenken ...

Ich verlasse den Platz und gehe in mein Zimmer zurück. Als ich die

Tür öffne, sehe ich überrascht, dass anstelle der gewohnten hellen Lampen Kerzen ihr dämmriges Licht verbreiten. Im ersten Moment denke ich an einen Stromausfall. Mein Kollege, der Privatdozent aus Szombathely, sitzt am Tisch. Den Kopf auf die Hände gestützt, starrt er auf die vor ihm brennende Kerze. Das flackernde Licht beleuchtet sein Gesicht. Er sieht um Jahre gealtert aus. Mein Eintreten hat er gar nicht bemerkt. Ich lege meine Hand auf seine Schulter und frage ihn sanft: »Denes, für wen hast du an diesem Platz Kerzen angezündet?«

Ich bekomme eine verstörte Antwort. Er spricht von seinen Schwiegereltern, die seit 15 Jahren tot sind. Von seiner Frau und seinem Kind, die hier im Krematorium zugrunde gingen – dafür gibt es Zeugen aus dem Sonderkommando –, sagt er nichts. Das sind Anzeichen für eine melancholische Depression und für eine retrograde Amnesie, für das Aussetzen des Erinnerungsvermögens.[281]

Ihn umarmend, führe ich ihn zu seinem Bett und lege ihn hin. Mein armer Freund! Du schwacher, ruhiger, fühlender, wissender Arzt, der, anstatt sich der Heilung von Kranken zu widmen, in den Dienst des Todes geriet, Bewohner seines Reiches wurdest, du bist seit langen Monaten Augenzeuge von Tragödien und Grausamkeiten, die ein menschliches Gehirn nicht aufnehmen kann und die kein Mensch glauben würde, der außerhalb dieser Hölle lebt.

Vielleicht ist es sogar besser, dass sich auf dein Gehirn ein wohltuender Schleier gelegt hat. Wenigstens wirst du die noch folgenden Schrecken nicht mehr wahrnehmen ...

XXXIII

Nach einigen Tagen der Ruhe herrscht wieder der gewohnte Lärm im Gebiet der Krematorien. Es brummen die Motoren der großen Ventilatoren, die das Feuer in den Öfen anfachen. Die Ankunft des Gettos Theresienstadt ist gemeldet.[282]

Theresienstadt war zur Zeit der Tschechischen Republik eine ausgesprochene Kasernenstadt. Die Deutschen machten dem Garnisonsstatus ein Ende, entfernten die Zivilbevölkerung und richteten ein »Mustergetto« in dem Städtchen ein. Zu seinen Bewohnern wurden die aus der Tschechei, aus Österreich und Holland verschleppten Juden. Ihre Zahl erreichte beinahe 70 000. Bisher hatten sie unter relativ guten Bedingungen gelebt. Sie konnten ihren Berufen frei nachgehen. Sie erhielten Post und Hilfspakete des Roten Kreuzes. Abgesandte des Roten Kreuzes aus neutralen Staaten hatten das Städtchen mehrmals besucht und jedes

Mal positiv über die dortigen Zustände berichtet. Die Deutschen hatten mit der Errichtung des »Mustergettos« ihr Ziel erreicht, umgehende Gerüchte über die Schrecken der KZ und der Krematorien unglaubwürdig zu machen und als böswillige Erfindungen darzustellen.[283] Am Vorabend des Zusammenbruchs jedoch kümmert sich das Dritte Reich nicht mehr um die Meinung der Weltöffentlichkeit, die Maske der Schein-Menschlichkeit ist gefallen. Es beginnt die restlose Vernichtung der sich noch in seinen Klauen befindenden Juden.

Die Vernichtung des »Mustergettos« von Theresienstadt steht auf der Tagesordnung.

SS-REICHSKOMMISSION FÜR DEN EINSATZ
UND DIE BESCHÄFTIGUNG VON ZWANGSARBEITERN

EINBERUFUNG

Der Reichsprotektorats-Jude X. Y. wird hiermit in Kenntnis gesetzt, dass er auf Anordnung der oben genannten Behörde zum totalen Arbeitsdienst herangezogen worden ist. Der Einberufene hat vor der Gruppenabreise den Vertretern der oben genannten Behörde die zur Ausübung seines Berufes benötigten Werkzeuge, Instrumente, Winterkleidung, Bettzeug und eine Wochenration abzugeben. Das Datum der Abreise wird durch öffentliche Bekanntmachung mitgeteilt.[284]

Theresienstadt …
Datum, Unterschrift

Mit diesen Einberufungszetteln fuhren die arbeitsfähigen Männer des Gettos Theresienstadt in die Krematorien des KZ Auschwitz. Die Mitteilung über den totalen Arbeitsdienst war eine unerhört hinterhältige Irreführung. Sie sollte gewährleisten, dass die Liquidationsaktion ungestört ablief und das Dritte Reich sich gleichzeitig Werkzeug und Winterkleidung einverleiben konnte.

20 000 kräftige, arbeitsfähige Männer starben in den Gaskammern und verbrannten im Feuer der Öfen zu Asche. Zwei Tage dauerte die Vernichtung. Danach trat eine tagelange Ruhe ein in den Krematorien. 14 Tage später kommen viele lange Züge an der Judenrampe an. Frauen und Kinder entsteigen ihnen. Eine Selektion gibt es nicht, sie werden alle nach links geschickt. Auf dem Boden des Entkleidungsraumes liegen zu Hunderten Zettel folgenden Inhalts:

SS-REICHSKOMMISSION FÜR DEN EINSATZ
UND DIE BESCHÄFTIGUNG VON ZWANGSARBEITERN

BEKANNTMACHUNG

Der Ehefrau und den Kindern des zur totalen Arbeit eingezogenen Reichsprotektorats-Juden X. Y.gibt oben genannte Behörde die Möglichkeit, zum Aufenthaltsort des genannten Juden zu reisen und für die Dauer der Zwangsarbeit in Familiengemeinschaft mit ihm zu leben. Entsprechende Unterbringung steht zur Verfügung. Winterbekleidung, Bettwäsche sowie Lebensmittel für eine Woche sind mitzubringen.

Theresienstadt ...
Datum, Unterschrift

Dieser mit teuflischer Raffinesse ausgeklügelte Aufruf hatte den Tod von 20 000 Frauen, die das Schicksal ihrer Männer erleichtern wollten, und von Tausenden Kindern, die sich nach ihren Vätern sehnten, zur Folge.[285]

XXXIV

Am 17. November 1944 öffnet morgens ein SS-Unteroffizier die Tür und teilt mir vertraulich mit, dass auf Befehl des »Reichsführers SS« die weitere Tötung von Menschen in jeder Art und Weise in den Konzentrationslagern verboten wurde.[286] Ich war schon Zeuge so vieler Irreführungen und Lügen, dass ich dieser Behauptung keinen Glauben schenken kann. Ich verschweige meine Zweifel auch vor dem Überbringer der guten Nachricht nicht, doch er versteift sich immer mehr darauf und behauptet wiederholt, dass diese Anweisung über Funk auch in die Krematorien, zum Befehlshaber der Politischen SS gekommen sei.

Wir werden sehen, was daran wahr ist! Sicher eine neue Zwecklüge.

Noch in den Vormittagsstunden kann ich mich von der Wahrheit der Nachricht überzeugen. Ein aus fünf Waggons bestehender Zug hat auf den Schienen zwischen den Krematorien I und II haltgemacht. 500 geschwächte, kranke Häftlinge bringt er mit »Überweisung ins Erholungslager« vor die Tore der Krematorien. Ich bin Zeuge, wie eine Kommission der Politischen SS den Zug empfängt und mit dem Befehlshaber der begleitenden SS verhandelt. Das Ende der Unterredung ist, dass die fünf Waggons mit ihrer Fracht vor den Toren des Todes umkehren und alle Häftlinge in die Krankenreviere des Lagers F gebracht werden. Dies ist das erste Mal, seit ich im Krematorium bin, dass zur »Erholung« nach

Auschwitz Deportierte nicht in der Stunde ihrer Ankunft mit durchschossenem Kopf vor den Öfen im Verbrennungsraum liegen, sondern in den Krankenhausbaracken ärztlich versorgt werden.

Kaum eine Stunde später trifft erneut ein Zug ein. Der Transport besteht aus 500 slowakischen Juden: Alte, Junge, Kinder, Männer und Frauen gemischt.[287] Sie steigen aus den Waggons. Gespannt verfolge ich die Ereignisse. Das Antreten und die Selektion sind gewohnte Normalitäten an der Judenrampe. Doch jetzt beobachte ich etwas ganz Außergewöhnliches. Die erschöpften Menschen klettern aus ihren Wagen, lassen ihre größeren Gepäckstücke aber nicht – wie üblich – zurück, sondern nehmen diese mit auf den Weg nach rechts, irgendwohin ins Lager E des KZ. Die Mütter schieben ihre Kinder in Wägelchen vor sich her, die Jungen stützen die Alten und Kranken.

Mit überströmender Freude registriere ich die Wahrheit der erhaltenen Nachricht. Es gibt keinen Zweifel: Vor den Todestransporten öffnen sich die Tore der Krematorien nicht mehr.

Für die KZ-Häftlinge ist dies ein glückliches, Hoffnung weckendes Ereignis. Eine Wende, die jedoch auch das nahe Ende des Sonderkommandos bedeuten dürfte ...

Für mich steht außer Zweifel, dass man uns unter diesen Umständen noch vor Ablauf der Viermonatsfrist umbringen wird. Ein neues Leben beginnt in den KZ. Es gibt keinen gewaltsamen Tod mehr, doch die blutige Vergangenheit gilt es zu verbergen. Die Krematorien sollen abgebaut, die Gruben der Scheiterhaufen zugeschüttet werden. Bis auf den letzten Mann müssen alle Augenzeugen und Hauptdarsteller der Untaten sterben. Wir wissen um unser nahes Ende: Wir begrüßen die große Wende mit ernster Ruhe, aber mit freudigem Herzen.

Fast kommt sie zu spät, aber einige Tausend der sechs Millionen Juden, die der wahnsinnige Pyromane, Führer des Dritten Reiches, aus allen Teilen Europas verschleppte und nicht einmal eine Stunde vor ihrem Tod auf den von den Flammen der Scheiterhaufen beleuchteten Bahnsteigen von Majdanek, Treblinka, Auschwitz und Birkenau wieder miteinander vereint hatte, erleben sie.[288]

Die Zeiger nähern sich der zwölften Stunde. Von unruhigen Ahnungen getrieben, suche ich den SS-Unteroffizier auf, der die Funkanlage bedient und am Morgen die gute Botschaft brachte. Ich will erfahren, welche Anordnungen er im Laufe des Vormittags erhalten hat. War keine Anweisung in Bezug auf das Schicksal des Sonderkommandos dabei?

Glücklicherweise treffe ich den Funker allein in seinem Zimmer an.

Ich stelle meine Fragen. Das Sonderkommando – sagt er – wird in einigen Tagen zu schwerer Arbeit in eine unterirdische Rüstungsfabrik in die Nähe Breslaus gebracht.

Ich glaubte ihm kein Wort. Heute weiß ich, dass er mich nicht betrügen wollte, sondern log, um mich zu schonen. Vielleicht, weil ich ihn einmal von einer ernsten Krankheit geheilt hatte.

XXXV

Meine Uhr zeigt zwei Uhr nachmittags. Wir haben Mittag gegessen. Gleichmütig betrachte ich durch mein Zimmerfenster die sich dunkel zusammenballenden Schneewolken. Plötzlich zerreißt ein scharfer Befehl die Stille im Flur des Verbrennungssaales.

»*Alle antreten*!«, lautet die Anweisung.

Dieses Geschrei hören wir täglich zweimal, morgens und abends beim Zählappell. Mittags dagegen hat es eine unheilvolle Bedeutung.

»*Antreten, alle antreten*!«, wird immer schärfer, immer ungeduldiger wiederholt.

Schon dröhnen schwere Stiefel vor der Tür unseres Zimmers. Ein SS-Soldat reißt die Tür auf und brüllt uns an:

»*Antreten!*«

Dies also ist das Ende. Wir gehen auf den Hof und treten in einen Kreis, der umringt ist von einem großen Aufgebot der SS. Hier stehen auch schon unsere Kameraden. Auf den Gesichtern liegt nicht die geringste Überraschung. Niemand macht Lärm. Die SS-Schergen stehen stumm, die Maschinenpistolen auf uns gerichtet. Geduldig warten sie, bis alle in der Gruppe versammelt sind. Ich schaue mich um. Die jungen Kiefern des kleinen Wäldchens sind von Schnee bedeckt, sie stehen unbeweglich. Überall herrscht Stille.

Nach einigen Minuten wird »Links um!« befohlen, und zwischen den bewaffneten Posten setzen wir uns in Bewegung. Als wir den Hof des Krematoriums verlassen, werden wir nicht auf den Weg geführt, sondern in Richtung des gegenüberliegenden Krematoriums II. Wir überqueren den Hof. Alle wissen: Das ist unser letzter Weg. Man bringt uns in den Heizungsraum des Krematoriums. Nicht einer der SS-Posten bleibt hier zurück. Um das Gebäude herum stehen SS-Leute, durch die Fenster richten sie ihre schussbereiten Waffen auf uns. Die Türen sind verschlossen, die Fenster durch schwere Eisengitter gesichert. Es gibt keinen Ausweg.

Auch die Kameraden vom Krematorium II sind hier. Einige Minuten später bringt man noch das Personal des IV. 460 Menschen sind beisammen und warten auf ihren Tod.[289] Man rätselt, welche Art der Liquidierung man für uns vorgesehen hat. Wir alle sind Fachmänner: Wir kennen alle todbringenden Methoden der SS. Gaskammer? Das ließe sich mit dem Sonderkommando nicht ohne Weiteres durchführen! Kugelhagel? Im Heizungsraum wäre das schwer zu realisieren.

Am wahrscheinlichsten ist, dass man uns mitsamt dem Krematorium in die Luft jagen wird. So hätte man gleich zwei Ziele erreicht. Das wäre eine echte SS-Methode. Oder man wirft durch die Fenster einige Phosphorgranaten. Das war mit dem Transport aus dem Mailänder Getto geschehen, unmittelbar nach dem Besteigen der Viehwaggons.[290] Der Zug war noch gar nicht abgefahren, und alle seine Insassen waren bereits tot. So kamen sie in den Auschwitzer Krematorien an.

In starrer Ruhe, wortlos, hockt das Kommando auf dem Betonboden des Heizungsraumes. Wenn doch jemand etwas sagt, dann nur flüsternd. Plötzlich wird die Stille gebrochen. Ein Kamerad mit schwarzem Haar und Brille, groß und mager, etwa 30 Jahre alt, springt auf. Mit klingender Stimme, damit alle ihn hören können, beginnt er zu reden. Er ist der »Dajan«, eine Art Hilfspfarrer, in einer kleinen Glaubensgemeinde Polens.[291] Er ist ein Autodidakt mit großem religiösem und weltlichem Wissen. Man nennt ihn den Asketen des Sonderkommandos. Um den religiösen Vorschriften seines Glaubens zu folgen, isst er aus der reichhaltigen Küche des Sonderkommandos lediglich Brot, Margarine und Zwiebeln. Er wurde eigentlich als Heizer im Verbrennungsraum eingeteilt, doch wegen seines fanatischen Glaubens hatte ich bei *Oberscharführer* Mußfeldt erreicht, dass er von dieser schrecklichen Arbeit verschont blieb.[292]

Ich hatte Mußfeldt meine Bitte damit begründet, dass der Dajan für solch eine kräftezehrende Arbeit ohnehin nicht zu gebrauchen sein würde, da er aus rituellen Gründen ja kaum etwas esse und völlig geschwächt sei. Außerdem sei er für diese Arbeit ungeeignet, weil er diese nur aufhalten würde, denn bei jedem Toten, der in den Ofen geschoben wird, spricht er erst das Totengebet. Mehrere tausendmal am Tage.

Andere Argumente hatte ich nicht. Der *»Ober«*[293] aber war auch so einverstanden, und auf meinen Vorschlag hin kam der Dajan zu dem auf dem Hof des Krematoriums II brennenden Abfallhaufen, dem sogenannten Kanada-Müllhaufen.[294] Auf ihn wurden alle Gebrauchsgegenstände, verdorbenen Lebensmittel, Diplome, Urkunden über militärische Auszeichnungen, Reisepässe, Eheurkunden, Fotos, Gebetsbücher, Gebetsgürtel, Toras, die die Deportierten von zu Hause mitgebracht hatten und die bei der Durchsuchung durch die SS ausgesondert wurden, befördert und als unbrauchbarer Müll verbrannt.

Der Kanada-Müllhaufen war ein ständig brennender Hügel. Die Bilder von Ehegatten, alten Eltern, niedlichen Kindern, schönen Mädchen verbrannten hier, zusammen mit Tausenden von Gebetsbüchern. Oft nahm ich eines der Fotos oder der Gebetsbücher in die Hand. Fast in jedem Buch fanden sich Angaben über die Todestage der verstorbenen Eltern, gepresste Blumen von den Gräbern lieber Angehöriger auf ungezählten Friedhöfen Europas. Feinere und einfachere Gebetsbücher und Gebetsgürtel lagen in großen Mengen herum, auf ihre Verbrennung wartend. Dort also arbeitete der Dajan, das heißt, er arbeitete nicht, sondern sah nur ins Feuer. Doch auch darüber äußerte er sich unzufrieden, als ich ihn nach seinem Befinden fragte. Mit seinen Glaubensgrundsätzen ließ sich auch die Verbrennung von Gebetsgegenständen nicht vereinbaren. Ich bedauerte ihn, doch es lag nicht in meiner Macht, ihm eine andere Arbeit zu beschaffen. Schließlich gehören wir zum Sonderkommando eines Krematoriums.

Es war der »Dajan«, der das Wort ergriff.

»Jüdische Brüder! Ein unergründlicher Wille hat unser Volk in den Tod geschickt. Das Schicksal hat uns die grausamste Pflicht auferlegt, bei ihrer Vernichtung mitzuwirken und ihren Tod bis zur Asche ihrer vom Feuer verzehrten Körper zu begleiten. Der Himmel hat sich nicht geöffnet, kein Regen ist gefallen, der stark genug gewesen wäre, die aus Menschen aufgetürmten Scheiterhaufen zu löschen. Mit jüdischer Ergebung müssen wir uns in das Unabänderliche fügen. Es ist ein Urteil Gottes! Aber warum? Wir schwachen Menschen sollen nicht hinterfragen! Eine solches Urteil ist für uns festgelegt worden! Fürchtet euch nicht vor dem Tod! Was wäre uns das Leben wert, wenn wir durch eine seltsame Fügung des Schicksals am Leben blieben? Wir würden in unsere Städte und Dörfer zurückkehren. Dort würden leere, geplünderte Wohnungen auf uns warten. In jeder Ecke des Raumes schwebten die Erinnerungen an unsere toten Familien vor unseren von Tränen verschleierten Augen. Ohne Familie, ohne Verwandtschaft würden wir umherirren und nirgendwo Ruhe finden, wie die ruhelosen, wandernden Schatten von uns selbst und unserer Vergangenheit.«

In den Augen des Dajan, der zu sprechen begonnen hat, lodern Flammen, sein schmales Gesicht ist durchgeistigt. Alle hören ihm zu, nur ab und zu zischt ein Streichholz, wenn sich jemand eine Zigarette anzündet. Schwere, tiefe Seufzer lassen sich vernehmen – der Abschied der noch Lebenden von den Toten.

Die schweren Türflügel fliegen auseinander. *Oberscharführer* Steinberg betritt in Begleitung zweier bewaffneter Posten den Raum.

»*Ärzte heraus!*«, ruft er mit drängender Stimme.

Mit meinen beiden Kollegen und dem Laboranten verlasse ich den Raum. Steinberg und die zwei SS-Posten bleiben auf dem Weg zwischen den Krematorien mit uns stehen. Der Oberscharführer reicht mir die Papiere, die er bei sich trägt, und fordert mich auf, meine Nummer herauszusuchen und durchzustreichen. Die Tätowierungsnummernliste des Sonderkommandos befindet sich in meinen Händen. Ich nehme meinen Füllfederhalter heraus, nach kurzer Suche finde ich meine Nummer und streiche sie. Steinberg verlangt, auch die Nummern meiner drei Gefährten durchzustreichen. Auch das geschieht. Die SS-Leute begleiten uns bis zum Tor des Krematoriums I. Uns wird befohlen, in unser Zimmer zu gehen und uns nicht von dort wegzurühren!

Am nächsten Tag kommt ein Konvoi von fünf Lastwagen auf den Hof gefahren. Leichen werden abgekippt. Es sind die Toten des Sonderkommandos. Die neueingestellte Gruppe von 30 Mann schleppt sie in den Verbrennungsraum. Vor den Öfen legt man sie nieder. Furchtbare Brandwunden bedecken die Körper. Die Gesichter sind bis zur Unkenntlichkeit verbrannt, die Kleider nur noch in Fasern vorhanden. Es ist unmöglich, jemanden zu identifizieren. Bei den meisten ist auch die eintätowierte Zahl auf dem Unterarm nicht mehr lesbar.[295]

Nach dem Gas, dem Tod am Scheiterhaufen,[296] den Chloroform-Spritzen, dem Genickschuss, dem Tod durch Feuer auf dem Scheiterhaufen, den Phosphorgranaten ist das die siebte Tötungsmethode, die ich hier kennenlerne: Meine armen Gefährten hatte man im Laufe der Nacht in den nahe gelegenen Wald gebracht und mit Flammenwerfern umgebracht.

Wir vier blieben übrig. Doch auch jetzt geschah dies nicht, weil man uns schonen wollte, sondern weil unsere Arbeitsplätze besetzt bleiben mussten. Wieder einmal können wir keine Freude und keine Erleichterung empfinden. Auch jetzt handelt es sich nur um einen Aufschub, wahrscheinlich sogar um den letzten, den Dr. Mengele uns gewährt.

XXXVI

Das Sonderkommando, das dreizehnte in der blutigen Geschichte der Krematorien, ist nicht mehr.

Ruhelos, haltlos, ziellos irren wir zwischen den kalten, stummen Wänden umher. In dieser furchtbaren Stille hallt das Geräusch unserer Schritte umso lauter in unseren Ohren. Wir haben absolut nichts zu tun.

Tatenlos vergehen unsere Tage, schlaflos die Nächte. Nur wir vier blieben im Gebäude. Die 30 zusammengesuchten Neuen stellen kein Sonderkommando dar, sie leben im KZ und kommen nur alle zwei Tage her, um die Toten aus den Krankenrevieren des Lagers zu verbrennen.[297]

Stumm, in uns versunken, erwarten wir das Ende. Es ist ein schlechtes Zeichen, dass *Oberscharführer* Mußfeldt – als hätte man ihn ausgetauscht – jedes Zusammentreffen mit uns vermeidet. Auch er fühlt, dass er seine Rolle zu Ende gespielt hat. Es gibt keinen Ausweg, die Tragödie ist vorüber, auch ihn wird das Schicksal treffen, das für die Träger blutiger Ereignisse und Geheimnisse bestimmt ist. Tagelang hockt er hinter verschlossenen Türen in seinem Zimmer und trinkt mit unstillbarer Gier, um sich im Nebel des Alkohols nicht an die blutige Vergangenheit zu erinnern, um jeden Gedanken an das Morgen zu vertreiben. Eines Tages erscheint völlig unerwartet Dr. Mengele. Er sucht uns in unserem Zimmer auf, wissend, dass wir nicht im Sektionsraum sind, da es seit Tagen nichts zu tun gibt. Er eröffnet uns, dass das KZ Auschwitz auf höheren Befehl vollständig liquidiert wird. Diesmal meint er damit nicht die Insassen, sondern die Einrichtung selbst. Zwei der Krematorien werden abgebaut, eins wird vorläufig noch bestehen bleiben, damit die Toten des Lagers verbrannt werden können. Wir vier ziehen mit der Einrichtung des Sektionsraumes, den Präparaten und dem Archiv ins Krematorium IV. Dieses bleibt in Betrieb. Die Krematorien I und II werden sofort abgerissen.[298] Das dritte verbrannte, wie bekannt, bei der Rebellion des Sonderkommandos am 6. Oktober bis auf die Grundmauern.[299]

Es ist ein historischer Augenblick, als am nächsten Morgen eine aus tausend Häftlingen bestehende Gruppe auf dem Hof des Krematoriums I erscheint und mit dem Abbau des blutbefleckten Gebäudes beginnt.[300] Das ist auch ein glücklicher Moment, er verkündet uns die Zerschlagung des Dritten Reiches. Rotziegelige Mauern stürzen ein. Juden erbauten sie, Juden reißen sie nun nieder. Ich sehe es ihnen an: Noch nie haben KZ-Häftlinge mit solchem Feuereifer gearbeitet wie jetzt, da sie neue Hoffnung auf die Zukunft erfüllt ...

Im Sektionsraum und im Laboratorium wird alles, was beweglich ist, eingepackt. Vom Sektionstisch nehmen wir nur die Marmorplatte mit, die an ihrem neuen Platz auf neue Betonstützen montiert werden soll. Nach einigen Stunden ist der Umzug beendet. Die Nacht verbringen wir bereits im Krematorium IV.

Wir stellen den Sektionstisch auf, suchen Platz für die wichtigsten Präparate, schließlich sind Sektionsraum und Labor funktionsbereit.

Wieder geschieht tagelang nichts. Wir sinken tatenlos in uns zusammen oder setzen das ziellose Umherwandern fort. Unsere SS-Bewacher fliehen endgültig in den Rausch des Alkohols. Sie haben kaum noch nüchterne Momente. Einmal, wir sitzen gerade am Abendbrottisch, kommt *Oberscharführer* Mußfeldt taumelnd zu uns herein. Er beugt sich über unseren Tisch und beginnt mit der schleppenden Sprechweise der Betrunkenen: *»Guten Abend, Jungs! Ihr werdet bald alle krepieren, nachher aber kommen wir!«*

Die ehrlichen Worte des Betrunkenen lassen zur Gewissheit werden, was ich bisher nur ahnte. Unsere Bewacher werden mit uns umkommen.

Ich biete dem Oberscharführer heißen Tee mit Rum an, den er freudig trinkt, ein Glas nach dem anderen. Er sitzt am Tisch und redet, als wolle er das bisher Versäumte nachholen. Er spricht von seiner seit einem Bombenangriff vermissten Frau, von seinem an der Ostfront gefallenen Sohn. »Alles ist zu Ende«, sagt er, »die Russen sind 40 Kilometer von Auschwitz entfernt, die Masse der Deutschen liegt auf den Landstraßen, und aus den Grenzgebieten fliehen sie zu Tausenden nach Westen!«[301]

Durch die Worte des Oberscharführers glimmt in mir wieder der Hoffnungsfunke auf. Vielleicht gelingt es uns doch, am Leben zu bleiben?

XXXVII

Zwischen Zweifeln und Hoffnungen erleben wir den 1. Januar 1945. Neujahrsmorgen! Soweit man sehen kann, überall Schnee, unendliche Weiße bedeckt die Landschaft. Ich mache einen kurzen Spaziergang auf dem Hof des Krematoriums. Das Brummen eines schweren Motors unterbricht die Stille. Nach wenigen Augenblicken fährt der große braune Häftlingstransportwagen des KZ Auschwitz, den die KZler »Braunen Toni« nennen, durch das Tor ein.

Ein hochrangiger SS-Offizier steigt aus. Ich erkenne ihn und begrüße ihn vorschriftsmäßig. Es ist Dr. Klein, ein Arzt der SS, eine der blutigen, finsteren Gestalten des KZ Auschwitz.[302] In der Baracke 10 des KZ befindet sich das Gefängnis.[303] Von dort bringt er jetzt 100 Opfer.

»Ich bringe ihnen Neujahrsarbeit«, sagt er zu dem herbeieilenden Oberscharführer.

Mußfeldt ist so betrunken, dass er kaum stehen kann. Er hat die Silvesternacht gründlich gefeiert. Vielleicht hat er seine eigene Totenfeier begangen. Ich sehe es ihm an, er ist nicht erfreut, dass man ihn sogar am Neujahrsmorgen mit blutiger Arbeit belästigt.

Für 100 polnische Christen ist der Tod gekommen. Die Gruppe besteht aus Männern. SS-Posten führen sie in den leeren Raum neben dem Heizungsraum. Dort erhalten sie den Befehl: »Sofort ausziehen!« Dr. Klein spaziert auf dem Hof mit Mußfeldt umher. Ich gehe in den Entkleidungsraum und frage die Männer aus.

Einer erzählt, dass er einen Verwandten für eine Nacht in seiner Krakauer Wohnung aufgenommen hatte. Die Gestapo erklärte ihn zum Helfer der Partisanen und stellte ihn vor ein Kriegsgericht. In der Baracke 10 erwartete er sein Urteil. Er glaubt, man habe ihn zum Baden hierhergebracht und werde ihn dann zur Zwangsarbeit schicken. Der Arme. Sein Todesurteil ist schon gefällt – deshalb ist er ja hier! –, man hat es ihm nur nicht mitgeteilt. Der andere kam ins KZ-Gefängnis, weil er ein halbes Kilo Butter ohne Karte gekauft hatte. Das war sein ganzes Vergehen. Der dritte verirrte sich auf ein verbotenes Gebiet – ein Partisan und ein Spion wurde aus ihm. Ähnliches höre ich von allen 100. Kleine Vergehen, unbegründete Anklagen hatten sie nach Auschwitz gebracht.

Es gibt kein Sonderkommando, also führen die SS-Posten die Opfer selbst vor die Waffe des Oberscharführers.

Wieder ertönt Motorenlärm. Wieder fährt der »Braune Toni« vor. Er bringt neue Opfer. 100 gut gekleidete Frauen entsteigen ihm. Auch sie treibt man in den Entkleidungsraum, auch sie zwingt man, sich auszuziehen. Eine nach der anderen werden sie vor die Waffe Mußfeldts gestellt. Für kleine Verfehlungen zahlen auch sie – christliche polnische Frauen – mit ihrem Leben.

Die Verbrennung führen SS-Leute durch. Sie verlangen Gummihandschuhe für diese Arbeit von mir. Dr. Klein hat sich entfernt, nachdem er sich vom Tode aller 200 Opfer überzeugt hatte. Es besteht kein Widerspruch zwischen der alle Formen des gewaltsamen Todes verbietenden Anweisung vom 17. November und der heutigen Aktion: Heute wurden Kriegsgerichtsurteile vollstreckt.[304]

XXXVIII

Wieder vergehen unsere Tage ruhig und ereignislos. Wie wir hörten, hat Dr. Mengele Auschwitz verlassen. Es gibt einen neuen leitenden Arzt im KZ, besser gesagt im »Arbeitslager« Auschwitz, denn das KZ ist seit dem Neujahrstag offiziell aufgelöst. Es hat sich in ein Arbeitslager verwandelt.[305] Alles gärt und verfault! Am 10. Januar gerät eine Zeitung in meine Hände, aus der ich vom Beginn der russischen Offensive erfahre.[306] Das ferne Grollen von schweren Kanonen lässt die Fenster meines Zimmers erzittern. Die Front rückt immer näher.

Am 17. Januar lege ich mich früh hin, obwohl ich nicht müde bin. Es mag Mitternacht sein, als mich gewaltige Detonationen, blendendes Licht und das Knattern von Maschinengewehren aus dem Schlaf schrecken. Ich höre das Schlagen von Türen, eilige Schritte entfernen sich auf dem Betonboden des Flurs. Ich springe aus dem Bett, will erfahren, was um mich herum passiert, reiße die Tür auf. Im Heizungsraum brennen die Lampen, die SS-Zimmer sind sperrangelweit offen. Das sind die Zeichen der Flucht.[307]

Auch die große Flügeltür aus Eichenholz des Krematoriums steht offen. Von den Wachen ist nichts zu sehen. Mein Blick schweift zu den Wachtürmen, die das Gebäude umgeben. Nach acht Monaten sehe ich zum ersten Male leere Wachtürme!

Ich stürze ins Zimmer zurück, schlage Alarm bei meinen Gefährten. Mit irrsinnigem Tempo beginnen wir, uns anzuziehen. Auf zum großen Weg! Die SS ist geflohen! Wir können keine Minute länger an diesem Ort bleiben, an dem wir in jeder Stunde unseren Tod vor Augen hatten. Wir können die Russen nicht hier erwarten, denn es besteht die Gefahr, in die Hände zurückweichender SS-Verbände zu fallen. Wenn die uns hier finden, ist es ohne Zweifel um uns geschehen. Wir ziehen uns an. Wir haben gute Kleidung, Wintermäntel und – was bei 18 Grad Kälte am wichtigsten ist – gute Stiefel. Jeder nimmt ein Kilo Fleischkonserven mit. Unsere Taschen stopfen wir mit Medikamenten und Zigaretten voll.

Mit dem unbeschreiblichen Gefühl der Befreiung machen wir uns auf den Weg. Auf zum KZ Birkenau! Es liegt zwei Kilometer vom Krematorium entfernt.[308] Am Horizont lodern riesige Feuer. Wahrscheinlich brennt das KZ. Wir rennen durch den Verbrennungssaal und kommen an der offenen Tür der Goldkammer vorbei.[309] Ungeheure Werte liegen noch immer in den von der SS geplünderten Kisten. Sie konnte nur einen Bruchteil der Schätze mitnehmen. Wir laufen um unser Leben, es kommt uns gar nicht in den Sinn, auch nur für einen Augenblick stehenzubleiben und etwas wegzunehmen. Wir haben gelernt, wie vergänglich all das ist, wie relativ Werte sind. Es gibt nur eine Ausnahme: die Freiheit!

Wir hasten durch die große Tür, niemand hält uns auf. Diese schnelle Wende können wir eigentlich nicht erfassen. Wir durchqueren das kleine Wäldchen auf dem Weg nach Birkenau. Es ist der Weg, den Millionen gingen und der in den Tod führte. Auch an der Judenrampe kommen wir vorbei. Hier stiegen Millionen Unschuldiger aus den Zügen. Hier verabschiedeten sich mit einem traurigen Blick die nach rechts Geschickten von den nach links Getriebenen. Es war nur eine Frage der Zeit, bis sie alle vernichtet waren ...

Tatsächlich flammt ein Feuer im Birkenauer KZ! Die Wachstuben der Lager brennen und mit ihnen die aufgetürmten Akten. Eine schwarze Menge steht vor dem Tor des Lagers, in Marschsäulen angetreten. Sie erwartet den Befehl zum Abmarsch. Ich schätze ihre Zahl auf 3000.[310] Ohne zu überlegen, mischen wir uns unter sie. Ich halte das für die beste Lösung. Auch meine Gefährten sind einverstanden. Hier in der Menge wird uns niemand erkennen. Ich habe aufgehört, zum Sonderkommando zu gehören! Ich bin nicht mehr der Träger finsterer Geheimnisse, der sichere Tod schwebt nicht mehr über mir. Ich bin ein einfacher KZ-Häftling und marschiere mit in der Menge.

Alles flieht. Man kann uns nicht mehr weit treiben! Die Russen werden uns in ein, zwei Tagen einholen. Die SS wird uns sicher irgendwo verlassen. Es ist vorläufig das Beste mitzugehen. Inzwischen ist es gegen ein Uhr nachts. Auch der letzte SS-Mann verlässt das Lager, löscht das Licht im KZ am Zentralschalter neben dem Tor.[311] Für immer schließt er die Eisentore des Lagers. Birkenau, dieser große Friedhof Europas, liegt im Dunkeln. Lange blicke ich auf die Lagerdrähte und die Umrisse der Baracken.

Es ist der Abschied vom Grab vieler Millionen Menschen. Eine SS-Abteilung umgibt uns. Es geht los. Mit den unbekannten Kameraden diskutieren wir über die heutigen und die zu erwartenden Ereignisse. Keiner weiß, was der nächste Tag für uns bringen wird. Gelingt es der SS, unseren Transport weiter zu verschleppen, oder verlässt sie uns in einem für sie günstigen Augenblick?

Erst fünf Kilometer sind wir marschiert, als die linke Seite der Marschsäule zum Zielpunkt mörderischen Feuers wird. Russische Vorposten haben sich dem Transport genähert. Sie halten uns für eine Soldatenabteilung und greifen uns an. Ein kleiner Panzer und einige Maschinenwaffen treten in Aktion. Die SS-Leute befehlen, sich hinzulegen. Sie nehmen den Kampf auf. Heftiges Feuer von beiden Seiten. Danach Ruhe. Wir marschieren weiter auf dem kahlen, schneebedeckten Boden Schlesiens.

Langsam dämmert es. Im Laufe der Nacht haben wir etwa 15 Kilometer zurückgelegt. Jetzt kommen wir auf einen ausgetretenen Weg. Überall sehen wir Gefäße, Decken, von den Füßen geglittene Holzschuhe herumliegen. Ein Frauen-Transport muss vor uns gegangen sein. Nach einigen Kilometern erfahren wir mehr: In Abständen von 40 bis 50 Metern liegen Tote mit blutigen Gesichtern im Straßengraben. Über lange Kilometer ändert sich dieses Bild nicht. Leichen. Alle 50 Schritte eine Tote. Sie hielten den Marsch nicht durch. Wer aus der Reihe geriet, wurde einfach durch Kopfschuss erledigt.

Es scheint, die SS hat den Befehl, keinen Lebenden zurückzulassen. Das ist keine gute Aussicht für uns! Alle entsetzt die scheinbar endlose Reihe der Toten. Wir gehen schneller, denn: Wir marschieren um unser Leben!

Auch in unserem Transport knallen die ersten Schüsse. Die Leichen zweier Kameraden bleiben im Graben zurück. Kopfschuss. Gleiches geschieht von nun ab alle zehn Minuten.

Gegen Mittag erreichen wir Plesow.[312] Dort können wir uns zum ersten Mal etwas ausruhen. Auf einem Fußballplatz verbringen wir eine Stunde. Wer etwas Essbares hat, verzehrt es. Wir rauchen eine Zigarette und schreiten mit neuer Kraft auf der verschneiten Landstraße aus.

Fünf Tage marschieren wir, bis schließlich der Bahnhof von Ratibor erreicht ist.[313] Hungrig und durstig, unter freiem Himmel schlafend, haben wir 200 Kilometer zurückgelegt.[314] Unsere Zahl ist auf 2000 Mann zusammengeschmolzen. Etwa tausend Menschen hat die SS auf dem Marsch erschossen.

Beinahe froh atmen alle auf, als wir die für uns bestimmten offenen Waggons erblicken.

Schnell steigen wir ein. Nach einer Nacht des Wartens fahren wir ab. Wie viele erfrorene Kameraden wir während unserer fünftägigen Fahrt aus den Waggons entfernen müssen, zähle ich nicht. Doch als wir das KZ Mauthausen erreichen, sind wir nur noch 1500 Mann.[315] Von den anderen 500 ist es vielleicht einigen gelungen, in einem günstigen Moment zu fliehen.

XXXIX

Das KZ Mauthausen – die Endstation unserer Reise – liegt mit seinen aus düsteren Granitblöcken erbauten Mauern wie eine alte Burg auf einem Berg nahe der Stadt ähnlichen Namens. Aus vielen Hunderttausend Granitsteinen entstand dieses burgähnlich ausgebaute Vernichtungslager. Seine Türme und die gähnenden Löcher von Kanoneneinschlägen verraten dem Ankommenden sofort den Festungscharakter dieser Stätte.

Die Steine sind weiß, weil die Burg erst jetzt, zur Zeit des Dritten Reiches, mit der Bestimmung als KZ erbaut wurde. Nach der Besetzung Frankreichs brachte man 40 000 geflohene spanische Freiheitskämpfer und 100 000 jüdische Männer aus Deutschland nach Mauthausen.[316] Sie arbeiteten in den furchtbaren Steinbrüchen Mauthausens. Sie schlugen die Steine zurecht und schleppten sie über sieben Kilometer Bergweg dorthin, wo sich bisher nur Gämsen aufgehalten hatten. Sie setzten die Steine aufeinander, damit die Mauern ihres Totenhauses, die die elenden Holzbaracken umschlossen, stark wurden. Mit der Fantasie zum Tode Verurteilter erbauten sie die Burg unter unvorstellbaren Leiden und Entsagungen. Sie selbst wurden aber nicht die Bewohner, denn sie alle kamen um im Meer aus Beton und Steinen.

Das Vernichtungslager blieb aber keine Sekunde lang unbewohnt. Es bevölkerte sich mit Tausenden jugoslawischen Freiheitskämpfern, mit Mitgliedern von Widerstandsgruppen aus allen besetzten Ländern Europas, mit Zehntausenden zur Vernichtung bestimmten Juden. Wenn sich die Baracken leerten, waren sie bereits nach Tagen neu gefüllt. Die neuen Insassen – sozusagen Sklaven – erwarteten in ihnen das Ende ihres kurz bemessenen Lebens.

Von Hunger, klirrender Kälte und Ungewissheit gequält, kommen wir nur schwer auf dem langen, schneebedeckten Weg nach oben voran. Mit dem letzten Rest unserer Kräfte durchschreiten wir das Tor des KZ. Auf dem Appellplatz treten wir in der Abenddämmerung an.

Ich schaue nach meinen Gefährten aus. Fischer, der Laborant des Sektionsraumes, fehlt. Zuletzt sah ich ihn in Plesow, völlig erschöpft lag er im Schnee, als wir rasteten. Auf seinen entstellten Gesichtszügen spiegelte sich das nahe Ende. Er war 50 Jahre alt, fünf Jahre verbrachte er im KZ. Sein Organismus hielt den langen Marsch und die Kälte nicht mehr aus.[317]

Dr. Körner, der junge Arzt aus Nizza, ist erschöpft, doch seine Kondition ist noch gut. Dr. Denes Görog, der Privatdozent aus Szombathely, ist am Ende. Seine Geistesverwirrung tritt noch offensichtlicher als im Krematorium zutage. Schon dort bereitete mir die Geheimhaltung seiner Krankheit Sorgen. Ich tat alles, um ein Zusammentreffen des Kranken mit Dr. Mengele zu vermeiden.

Auch Mußfeldt war ein scharfer Beobachter, also musste ich den Armen auch vor ihm verstecken. Er wäre keine Minute länger am Leben geblieben, wäre sein Zustand bekannt geworden. Er hatte sich schon im Krematorium vom Leben verabschiedet und mir seine letzten Wünsche mitgeteilt.

»Miklós«, sagte er einmal, »du mit deiner Willenskraft wirst es bestimmt schaffen, nach Hause zu kommen. Doch ich fühle, dass ich das Ende nicht erleben werde. Meine Frau, meine Tochter kamen hier in der Gaskammer um. Das ist sicher. Ich habe mich davon überzeugt. Ich habe einen kleinen Jungen bei den Mönchen unseres Gemeindeklosters versteckt.[318] Es ist mein Sohn Sandor, zwölf Jahre alt. Nimm ihn zu dir, wenn Du nach Hause kommst. Ich weiß genau, dass ich sterben werde. Das ist mein letzter Wunsch.«

Ich versprach ihm, so zu handeln, wie er es wünschte.[319]

Unser Schicksal aber hatte eine glückliche Wendung genommen. Wir waren weit fort von dem Platz, an dem uns der sichere Tod bevorstand. Und ausgerechnet jetzt, am Ende des großen Weges, kurz vor dem Ziel, da uns alle die Hoffnung auf Freiheit erfüllt, jetzt muss er zugrunde gehen. Eine furchtbare Tragödie! Nach dem Zählappell werden wir in ein enges, zum Bad führendes Gässchen gebracht. Wir vermischen uns mit Verschleppten aus anderen Lagern, die ebenfalls auf das Baden warten. Etwa 10 000 Menschen drängen sich auf dem engen Platz. Ein schneidender Wind pfeift durch die Mauern der Wolkenburg. Wir sind auf einem Berggipfel im Alpenvorland. Hier ist der Winter sehr hart ...

In Gruppen zu 40 Mann lässt man die Menschen ins Bad. Mehr kann es nicht aufnehmen. Ich mache eine oberflächliche Rechnung: Erst nach drei Tagen werden alle das Bad passiert haben.

In der Burg arbeiten reichsdeutsche Kriminelle als Feuerlöschdienst. Sie sind die treuesten Diener der SS. Jetzt teilen sie die Menschen zum Baden ein. Zuerst kommen die arischen Häftlinge an die Reihe. Wie gesagt: Es wird drei Tage dauern, bis alle das Bad hinter sich haben. Und das bedeutet nach solch einem Weg: leben oder sterben. Erst nach dem Bad kommt der Häftling in eine Baracke, und erst nach dem Bad hat er Anspruch auf Lebensmittel.

Die Zeit bis dahin muss er hungernd und durstend verbringen, im durchdringenden, kalten Wind, völlig erschöpft von dem Zehntageweg, den er hinter sich hat. Er muss ausharren, solange seine Beine ihn aufrecht halten und sein Körper der Müdigkeit trotzen kann. Verlässt ihn seine Kraft und legt er sich in den Schnee – dann steht er nicht wieder auf. Etwa 300 Mann liegen schon um mich herum. Keiner kümmert sich um sie. Hier ist jeder zur Genüge mit sich selbst beschäftigt. Der Kampf ums Überleben ist in seine Endphase eingetreten.

Ich überdenke meine Situation und komme zu dem Ergebnis, dass ich eine weitere Nacht nicht durchhalten würde.

Der arme Denes läuft bereits barhäuptig und ohne Brille umher. Aus seinem Gesicht zieht sich immer mehr der Verstand zurück. Ohne es zu wissen, zieht er seine Kreise und murmelt unverständliche Worte vor sich hin. Ich nehme seinen Arm und ziehe ihn mit. Irgendwie muss es gelingen, ins Bad zu kommen! Nach wenigen Schritten bleibt er stehen, und schon verliere ich ihn aus den Augen, die Menge drängt ihn immer weiter ab.[320] Ich schreie, doch es ist sinnlos: Im Pfeifen des Windes höre ich selbst kaum meine eigene Stimme.

Ich fühle mit dem ganzen Körper die langsam heraufkriechende Gefahr. Ich dränge mich in die Menge, unter Anspannung alle Kräfte nähere ich mich dem Eingang zum Bad. Endlich. Ich bin in der ersten Reihe.

Einige SS-Männer und Leute vom Feuerlöschkommando, ausgerüstet mit Gummiknüppeln, stehen vor einer Gruppe. Diese – 40 Mann stark – ist bereit zum Eintreten ins Bad. Alle sind Arier. Getrieben von meinem wilden Selbsterhaltungstrieb, springe ich plötzlich hervor.

Ich trete vor einem SS-*Oberscharführer* an. Mit fester Stimme melde ich:

»Herr *Oberscharführer*! Ich bin der Arzt des Transportes aus dem KZ Auschwitz! Bitte lassen Sie mich ins Bad!«

Er sieht mich an. Ob meine gute Kleidung, mein sicheres Auftreten oder mein akzentfreies Deutsch auf ihn wirkten – ich weiß es nicht. Doch er ruft seinem an der Tür postierten Gefährten zu: »Lass den Doktor runtergehen!«

Ich bin entkommen!

Die heiße Luft im Bad weckt innerhalb von Minuten neues Leben in meinen durchfrorenen Gliedmaßen. Nach zehn bitteren Tagen bin ich zum ersten Mal wieder in einem beheizten Raum. Die belebende Wirkung des Bades durchströmt meinen ganzen Körper.

Unsere Kleidung gilt als infiziert, also bleibt sie hier. Es tut mir leid um den Wintermantel, die Stiefel und den warmen Pullover. Doch wenigstens die Stiefel darf ich behalten. Gutes Schuhwerk bedeutet im KZ das halbe Leben. Ich ziehe die Stiefel an, und unsere Gruppe tritt nackt hinaus vor das Bad. Dort müssen wir noch eine halbe Stunde warten, bis die Gruppe die Stärke einer Barackenbelegung erreicht hat. Nach dem heißen Bad eine halbe Stunde in klirrender Kälte von minus 18 Grad, in schneidendem Wind zu stehen, das ist wahrhaftig die Versuchung des Todes. Die nächste Gruppe stößt zu uns, endlich setzen wir uns in Bewegung. Unser SS-Begleiter befiehlt Laufschritt, und nach 500 Metern erreichen wir die Baracke des Quarantänelagers Nummer 23.

An der Tür steht ein Berufsverbrecher mit grünem Dreieck, der Blockälteste. Jedem Eintretenden drückt er ein Viertel Brot in die Hand. Ein Diensthabender klatscht einen Esslöffel fettige Fleischkonserve auf das Brot und gießt einen Viertelliter heißen Kaffee in einen Topf. Das ist ein Festessen nach der zehntägigen Entbehrung! In wenigen Minuten verzehre ich es, und beinahe glücklich suche ich einen Platz zum Hinlegen. Ich finde ihn in einer Ecke. In der Ecke zu liegen hat den Vorteil, dass nicht jeder der Umherlaufenden auf einem herumtritt. Selbstverständlich liegen wir auf dem Boden. In der Quarantäne gibt es kein Bett. Ich schlafe ohne Unterbrechung bis zum Wecken. Als ich erwache, kommen mir meine Kameraden in den Sinn, die sicher immer noch vor dem Bad stehen, das heißt, wenn ihre Beine sie noch tragen, wenn sie noch leben.

Drei Tage lang sitzen oder wandern wir untätig in der Baracke herum. Wir erhalten relativ gutes Essen und erholen uns mehr oder weniger gut von den Strapazen des Transports.

Am dritten Tag erscheint plötzlich ein SS-Offizier in Begleitung eines Lagerschreibers in der Baracke und fordert die auf, sich zu melden, die in den Krematorien von Auschwitz gearbeitet hatten. In mir erstarrt das Blut. Haben die eine Liste von uns? Sie sind so verflucht genaue und gute Organisatoren, dass dies durchaus wahrscheinlich erscheint. Dann denke ich, das kann auch bloß ein Trick sein, mit dem sie die Geheimnisträger aus der großen Menge herausfischen wollen. Hätten sie eine Liste, würden sie unsere Nummern aufrufen. Also kennt mich hier keiner!

Stumm warte ich, dass diese aufregenden Minuten vorübergehen. Der SS-Offizier verschwindet. Ich habe gewonnen! Ich habe wieder ein Stück Leben gewonnen!

Noch am gleichen Tage erhalten wir gestreifte Baumwollanzüge und werden auf den Weg zur Bahnstation Mauthausen geschickt. Dort teilt man uns auf bereitstehende Waggons auf, und die Reise des 7000 Mann starken Transports beginnt. Das Ziel: Konzentrationslager Melk an der Donau.[321] Wir verbringen die Reise in den geschlossenen Waggons, auf dem Boden sitzend. Nach drei Stunden Fahrt sind wir am Bestimmungsort.

Auch das KZ Melk liegt auf dem Gipfel eines hohen Hügels. Ursprünglich war das Gebäude eine nach dem *Freiherrn von Birabo*[322] benannte Pionierkaserne. Die mächtigen Baracken hielten bis zu 15 000 Häftlinge zwischen den Steinmauern fest.[323]

Die Schönheit der Gegend mildert etwas die Schwere unserer Situation. Der riesige Barockpalast der Abtei von Melk und das sich vor dem Lager windende Donautal sind ein friedensverheißender Anblick. Die Donau ist für mich auch der Fluss der Heimat. Es ist beinahe, als wäre ich schon zu Hause ...

XL

Im Jahr 1945 kam der Frühling schon zeitig.

Es ist Anfang April. Hinter den stromgeladenen Drähten des KZ Melk grünen schon die Bäume. Am Ufer der Donau macht der Schnee dem frischeren Gras Platz. Seit acht Wochen erlebe ich an diesem Ort die schlechten und besseren Tage des KZ-Daseins. Ich bin müde und schwach. Nur der Gedanke an die immer näher rückende Befreiung kann mich aus der Tiefe der Lethargie zurückholen.

Hier ist alles bereits im Zustand des Verfalls. Die letzten Zuckungen des Dritten Reiches laufen vor unseren Augen ab.

Geschlagene Armeen ziehen in endlosen Kolonnen ins Innere des in einen riesigen rauchenden Trümmerhaufen verwandelten Landes. Auf der von der Frühjahrsschmelze gestiegenen Donau transportieren Hunderte Schiffe und Flöße die Bewohner der evakuierten Städte.

Alles ist vergänglich … Der für 1000 Jahre geplante Traum vom Dritten Reich ist ausgeträumt. Der Glaube an die Herrenrasse wird von bitterem Erwachen abgelöst.

Die freiheitsliebenden Völker Europas sind nicht länger von der Gefahr bedroht, dass man ihre Städte plündert und »ausradiert«, dass man Zahlen in Menschenarme einbrennt, dass man sie aus ihrer Heimat verschleppt, zur Galeerenarbeit im Dienste und zum Nutzen der SS zwingt.

Das Dritte Reich tritt von der Bühne der Welt ab, auf der es in seiner Pyromanie solche Feuer entfachte, in deren Flammen, die eine Welt versengten, es am Ende selbst zugrunde ging.

Die heisere Stimme, die überall Radiowellen in die Häuser der ganzen Erdkugel schrie: »*Deutschland über alles!*« – sie ist verstummt. Die freiheitsliebenden Völker zerbrachen den stolzen Dünkel des Dritten Reiches und wiesen dem Leben eine neue Richtung.

Drei große Männer formen und prägen den Charakter der Völker der Welt und sichern ihre Zukunft: Stalin! Stalin, der feurige Führer des russischen Volkes, Franklin Delano Roosevelt, der weise Präsident der Vereinigten Staaten, und Churchill, der Löwe des britischen Volkes. Am 7. April 1945 werden die Lichterketten der Bogenlampen des KZ Melk nicht angezündet.[324] Dunkelheit und Stille lasten auf der gespenstischen Stätte. Auch dieses Lager leert sich, auch seine Tore werden geschlossen. Die 7000 Häftlinge treibt man weiter. Auf dem Schiff, später auf den von Flüchtlingen verstopften Landstraßen, über schneebedeckte Berge erfolgt der Transport sieben Tage lang, bis er sein Ziel erreicht. Das Konzentrationslager Ebensee ist das vierte KZ, dessen Tore ich durchschreite.[325]

Die erste Programmnummer ist auch hier der stundenlange Zählappell, die zweite: das Baden. Die dritte Station sind die schmutzigen Quarantänebaracken mit ihren einen Gummiknüppel schwingenden Henkern.

Ich spiele meine Rolle in allen drei Nummern. Ein eisiger Wind weht. Eisregen durchnässt meine dünnen Sträflingskleider bei den langen Appellen. Bitterkeit glüht in mir. Jetzt ist es sicher, dass unsere Befreiung nur noch eine Frage von Tagen sein kann. Ungeduldig warten wir darauf, dass endlich etwas geschieht. Doch es kann nicht nur Gutes geschehen. Auch eine blutige Tragödie kann unsere Gefangenschaft beenden. Man kann uns vernichten, ehe die Befreier uns erreichen.

Das wäre ein stilgemäßes Ende, jetzt, in den letzten Tagen des Dritten Reiches, im Zustand der völligen Gesetzlosigkeit, nach zwölf im Totenhaus verbrachten Monaten.

Zu einem solchen Ende kommt es aber nicht!

Am 5. Mai 1945 weht eine weiße Fahne auf dem Turm des Konzentrationslagers Ebensee. Blendend weiß strahlt auch die Frühlingssonne. Schluss! Die Deutschen haben die Waffen niedergelegt! Gegen neun Uhr erscheint ein kleiner amerikanischer Panzer mit drei Soldaten.

Sie übernehmen das Lager.

Wir sind frei ...[326]

Nachwort

Der Zustand völliger Vogelfreiheit weicht dem Bewusstwerden der Freiheit. Nach der Zeit der Drahtzäune zieht es uns in die Weite. Meine eigentlich verloren geglaubten Energien erwachen noch einmal.

Krank, psychisch und physisch zerbrochen, mache ich mich auf den Weg nach Hause. Meine Wanderung wird nicht leichter durch die nun nahe Weite, erwarten mich doch anstelle blühender Städte überall rauchende Trümmerhaufen und Massengräber.

Entsetzen ergreift mich beim Gedanken an die bevorstehende Wirklichkeit: Keine Eltern werden im zerstörten Haus auf mich warten, niemals werde ich die beruhigende Liebe meiner Frau, meiner Tochter, meiner Schwester fühlen.

Die Demütigungen und Schmerzen, die Schrecken der Krematorien und der Scheiterhaufen, das acht Monate lange Leben im Totenhaus, im Kommando der lebenden Toten – all das hat das Gefühl für Gut oder Schlecht in mir abstumpfen lassen. Ich müsste ausruhen. Kräfte sammeln. Aber: Hat das alles noch einen Sinn? Krankheit verzehrt mich. Die blutige Vergangenheit liegt schwer auf meinem kranken Herzen.

Meine Augen begleiten zwei Millionen Menschen bis zur Gaskammer. Ich war Zeuge, wie Menschen auf Scheiterhaufen verbrannt wurden.[327]

Auf Befehl eines fanatischen, sich für ein Genie haltenden wahnwitzigen Arztes öffnete ich die Leichen von Hunderten von Opfern. Er wollte Nutzen ziehen aus dem Tod von Millionen Opfern für falsche, für pseudowissenschaftliche Theorien. Ich schnitt das Fleisch aus den Körpern gesunder Mädchen für Dr. Mengeles Bakterienkulturen. Ich badete die Leichen von Krüppeln und Zwergen in Kalziumchlorid-Lösung und kochte sie in Bottichen, damit die sachgemäß präparierten Skelette in die Museen des Dritten Reiches gelangen konnten, um dort zukünftigen Generationen als Beweis für die Notwendigkeit der Ausrottung eines Volkes zu dienen.

Zweimal fühlte ich vor den Waffen der Exekutionsabteilungen den Hauch des Todes. Ich nahm Abschied von den blutigen Leichen meiner 1300 Kameraden und blieb zurück als einziger Zeuge.[328]

Hunderte und Aberhunderte von Kilometern marschierte ich, gegen den Kältetod ankämpfend, durch die Weiten von Schneefeldern, um der Bewohner neuer Vernichtungslager zu werden. Ich habe einen langen Weg zurückgelegt ...

Ich finde keinen Platz in meiner Wohnung. Ziellos irre ich zwischen den stummen Wänden umher. Meine Vergangenheit ist voll von blutigen Erinnerungen und tiefen Schmerzen, meine Gegenwart ist trostlos. Wie mein eigener Schatten irre ich durch alte, bekannte Straßen. Nur hin und wieder, wenn ich meine Lieben zwischen den Kommenden und Gehenden zu entdecken glaube, schrecke ich aus meiner Lethargie auf.

Stumm ertrage ich die Schmerzen meiner Krankheit. In mich versunken, lasse ich die Monate vergehen. Es ist Oktober, sechs Monate sind seit meiner Befreiung vergangen.[329]

... An einem dunklen Nachmittag sitze ich frierend im Dämmerlicht meines Zimmers. Kann es sein, dass der Ofen die Schmerzen stillt?

Plötzlich geht die Klingel. Die Tür öffnet sich: Meine Frau, meine Tochter treten ein. Bergen-Belsen, das berüchtigte Vernichtungslager, war der Ort ihrer Befreiung.[330] Von dort kamen sie nach Hause zurück. Sind gesund. Das ist alles, was sie sagen.[331] Das Weitere weinen sie in langen Stunden heraus. Doch ich habe auch so alles verstanden. Wer verstünde es besser, wer wüsste es besser als ich? ...

Jetzt hat das Leben wieder einen Sinn. Es ist jemand da, für den man leben kann. Ich will wieder arbeiten. Es wird ein gutes Gefühl sein, wieder den Menschen zu helfen.

Aber nie wieder werde ich Tote sezieren. Nie wieder ...

Abbildungen

Miklós Nyiszli mit seiner Ehefrau Margareta und Tochter Zsuzsanna, 1946.

Nyiszli in Uniform eines rumänischen Unteroffiziers, um 1933.

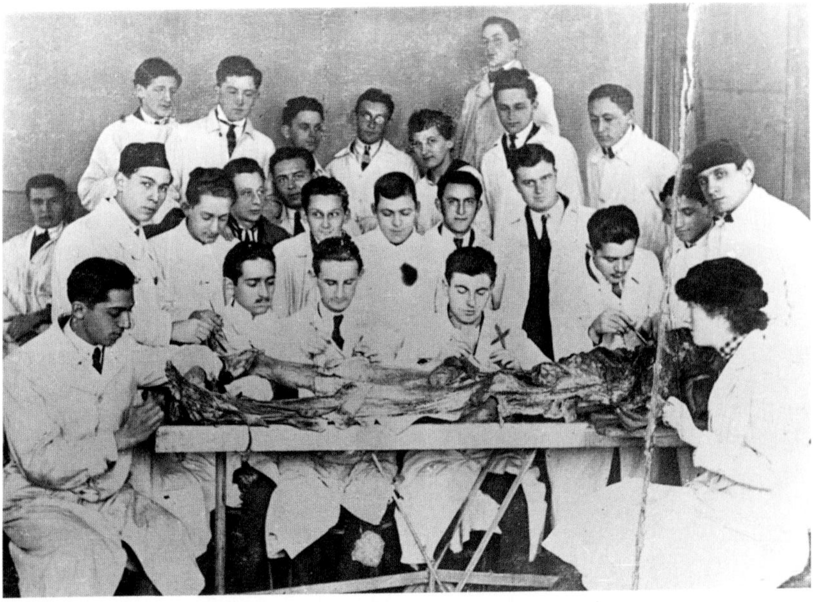

Aus dem
Gerichtsärztlichen Institut der Universität Breslau
(Direktor: Prof. Dr. Reuter)

Selbstmordarten auf Grund des Sektionsmaterials des Breslauer Gerichtsärztlichen Instituts
von Juni 1927 – Mai 1930

Inaugural-Dissertation

zur Erlangung der Doktorwürde in der Medizin und Chirurgie der Hohen Medizinischen Fakultät der Schlesischen Friedrich-Wilhelms Universität zu Breslau

vorgelegt von

Nicolaus Nyiszli

Breslau 1930
Druckerei Emil Wurst, Breslau 1, Schmiedebrücke 33

Nyiszli (X) während eines anatomischen Präparierkurses an der Universität Breslau.

Titelseite der neunseitigen Doktorarbeit von Miklós (Nicolaus) Nyiszli.

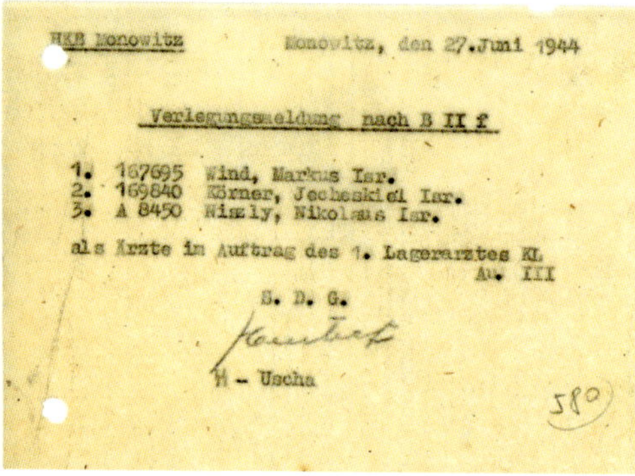

HKB Monowitz Monowitz, den 27.Juni 1944

Verlegungsmeldung nach B II f

1. 167695 Wind, Markus Isr.
2. 169840 Körner, Jecheskiel Isr.
3. A 8450 Nisly, Nikolaus Isr.

als Ärzte im Auftrag des 1. Lagerarztes KL Au. III

S. D. G.

SS - Uscha

580

1

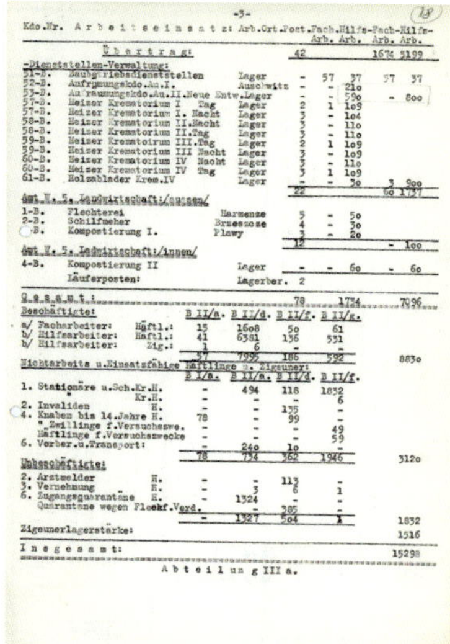

-3-

Kdo.Nr. Arbeitseinsatz: Arb.Ort.Post.Fach.Hilfs-Fach-Hilfs-Arb. Arb. Arb. Arb.

Übertrag: 42 1674 5199

-Dienststellen-Verwaltung:
51-B. Baubetriebsdienststellen Lager - 57 37 57 37
52-B. Aufräumungskdo.Au.I. Auschwitz - - 21o
53-B. Aufräumungskdo.Au.II.Neue Entw.Lager - - 59o - 8oo
57-B. Heizer Krematorium I Tag Lager 2 1 1o9
57-B. Heizer Krematorium I. Nacht Lager 3 - 1o4
58-B. Heizer Krematorium II.Nacht Lager 3 - 11o
58-B. Heizer Krematorium II.Tag Lager 3 - 11o
59-B. Heizer Krematorium III.Tag Lager 2 1 1o9
59-B. Heizer Krematorium III Nacht Lager 3 - 1o9
60-B. Heizer Krematorium IV Nacht Lager 3 - 11o
60-B. Heizer Krematorium IV Tag Lager 3 1 1o9
61-B. Holzablader Krem.IV Lager - - 3o 3 9oo
22 6o 1737

Amt W. 5. Landwirtschaft:/aussen/
1-B. Flechterei Harmense 5 - 5o
2-B. Schilfmeher Brzeszcze 4 - 3o
3-B. Kompostierung I. Plawy 3 - 2o
12 - 1oo

Amt W. 5. Ladwirtschaft:/innen/
4-B. Kompostierung II Lager - - 6o - 6o
Läuferposten: Lagerber. 2

Gesamt: 78 1734 7096

Beschäftigte: B II/a. B II/d. B II/f. B II/g.
a/ Facharbeiter: Häftl.: 15 16o8 5o 61
b/ Hilfsarbeiter: Häftl.: 41 6381 136 531
b/ Hilfsarbeiter: Zig.: 1 6 - -
57 7995 186 592 883o

Nichtarbeits u.Einsatzfähige Häftlinge u. Zigeuner: B I/a. B II/a. B II/d. B II/f.
1. Stationäre u.Sch.Kr.H. - 494 118 1832
" Kr.H. - - - 6
2. Invaliden H. - - 135 -
4. Knaben bis 14.Jahre H. 78 - 99 -
" Zwillinge f.Versuchszwe. - - - 49
Häftlinge f.Versuchszwecke - - - 59
6. Vorber.u.Transport: - 24o 1o -
78 734 362 1946 312o

Unbeschäftigte:
2. Arztmelder H. - - 113 -
3. Vernehmung H. - 3 6 1
6. Zugangsquarantäne H. - 1324 - -
Quarantäne wegen Fleckf.Verd. - - 385 -
- 1327 504 1 1832

Zigeunerlagerstärke: 1516

Insgesamt: 15298

Abteilung III a.

2

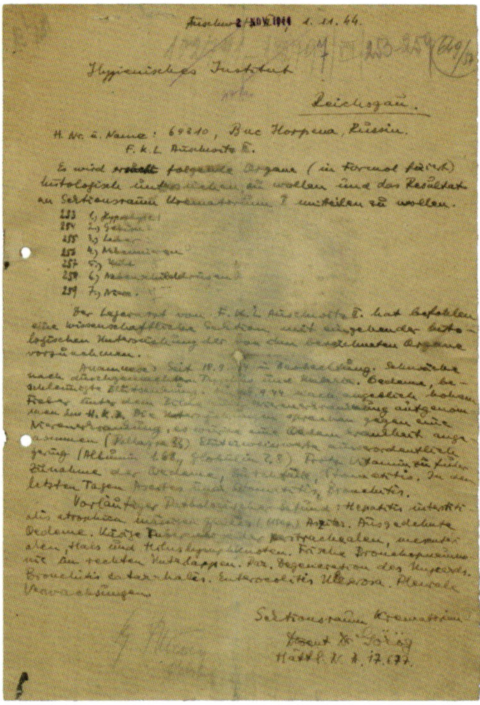

Auschwitz 2/NOV 1944 1. 11. 44.

Hygienisches Institut

Reichsgau.

H.Nr. u. Name: 69210, Buc Horpena, Russin.
F.K.L. Auschwitz II.

Es wird ... Organe (in Formol ...) histologisch untersuchen zu wollen und das Resultat an Sektionsraum Krematorium I mitteilen zu wollen.

[illegible]

Sektionsraum Krematorium
Dozent Dr. Görög
Häftl. Nr. A. 17.677.

3

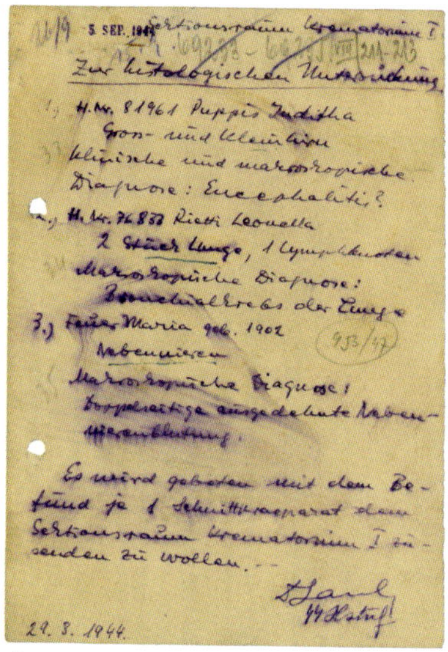

5 SEP. 1944 Sektionsraum Krematorium I.

Zur histologischen Untersuchung

1.) H.Nr. 81961 Puppis Juditha
Gross- und Kleinhirn
klinische und makroskopische
Diagnose: Encephalitis?

2.) H.Nr. 76833 Riotti Leonella
2 Stück Lunge, 1 Lymphknoten
Makroskopische Diagnose:
Bronchialkrebs der Lunge

3.) Feier Maria geb. 1902
Nebennieren
Makroskopische Diagnose:
Doppelseitige ausgedehnte Nebennierenblutung.

Es wird gebeten mit dem Befund je 1 Schnittpräparat dem Sektionsraum Krematorium I zusenden zu wollen.

29. 8. 1944.

4

1: Nyiszlis Überstellung aus dem KL Auschwitz III in das Häftlingskrankenbaulager B II f des KL Auschwitz II (Birkenau) vom 27. Juni 1944.

2: Arbeitseinsatzliste vom 28. Juli 1944 mit höchster Stärkemeldung des Sonderkommandos (»Heizer Krematorium«). Das Sektionskommando wird darin nicht erfasst.

3: Sektionsbericht vom 1. November 1944 aus dem »Sektionsraum Krematorium I« von »Dozent Dr. Görög«.

4: Auftrag zur »histologischen Untersuchung« vom 29. August 1944 aus dem »Sektionsraum Krematorium I« von Dr. Görög.

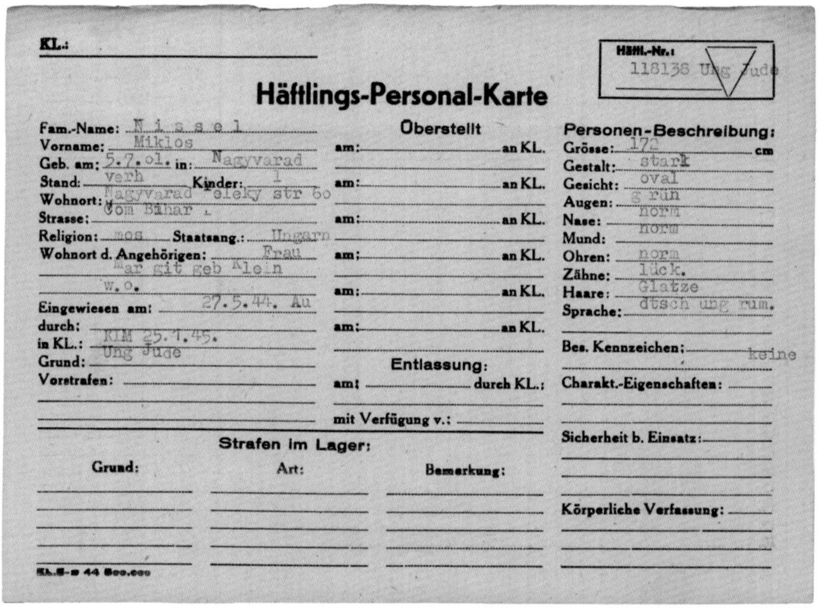

KL.:

Häftl.-Nr.: 118138 Ung Jude

Häftlings-Personal-Karte

Fam.-Name: N i s s e l
Vorname: Miklos
Geb. am: 5.7.01. in: Nagyvarad
Stand: verh Kinder: 1
Wohnort: Nagyvarad Teleky str 60
Strasse: Com Bahar 1
Religion: mos Staatsang.: Ungarn
Wohnort d. Angehörigen: Frau Margit geb Klein w.o.
Eingewiesen am: 27.5.44. Au
durch:
in KL.: KLM 25.1.45.
Grund: Ung Jude
Vorstrafen:

Überstellt
am: an KL.
am: an KL.
am: an KL.
am: an KL.
am: an KL.
am: an KL.

Entlassung:
am: durch KL.:
mit Verfügung v.:

Personen-Beschreibung:
Grösse: 172 cm
Gestalt: stark
Gesicht: oval
Augen: grün
Nase: norm
Mund: norm
Ohren: norm
Zähne: lück.
Haare: Glatze
Sprache: dtsch ung rum.

Bes. Kennzeichen: keine
Charakt.-Eigenschaften:
Sicherheit b. Einsatz:
Körperliche Verfassung:

Strafen im Lager:

Grund:	Art:	Bemerkung:

KL.5-44 8oo.ooo

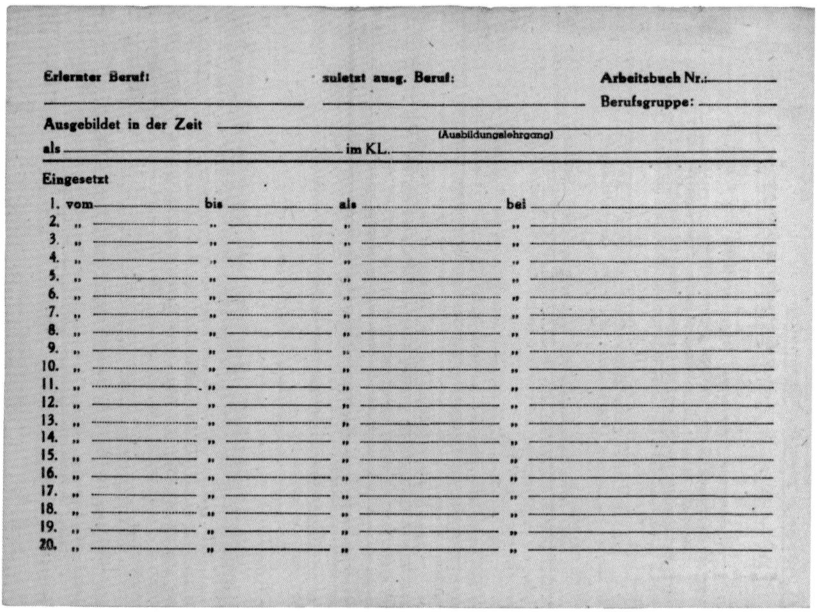

Erlernter Beruf: zuletzt ausg. Beruf: Arbeitsbuch Nr.:
Berufsgruppe:
Ausgebildet in der Zeit (Ausbildungslehrgang)
als im KL.

Eingesetzt

	vom	bis	als	bei
1.				
2.	„	„	„	„
3.	„	„	„	„
4.	„	„	„	„
5.	„	„	„	„
6.	„	„	„	„
7.	„	„	„	„
8.	„	„	„	„
9.	„	„	„	„
10.	„	„	„	„
11.	„	„	„	„
12.	„	„	„	„
13.	„	„	„	„
14.	„	„	„	„
15.	„	„	„	„
16.	„	„	„	„
17.	„	„	„	„
18.	„	„	„	„
19.	„	„	„	„
20.	„	„	„	„

Vorderseite von Nyiszlis Häftlingspersonalkarte im KL Mauthausen sowie die leere Rückseite: Eintragungen befinden sich nur auf der Rückseite der Durchschlagskopie.

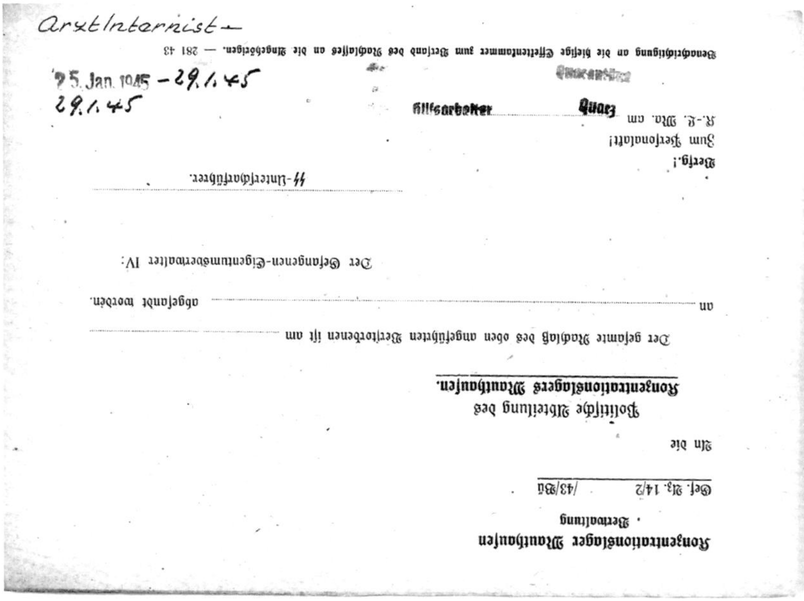

1

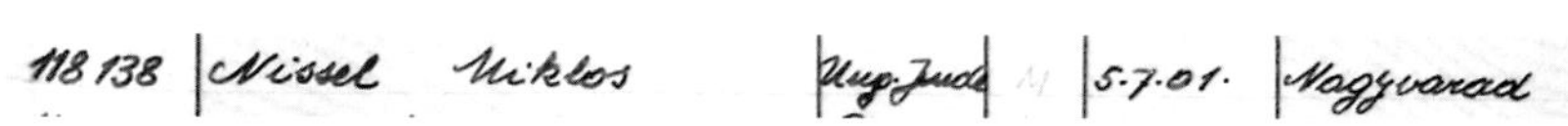

2

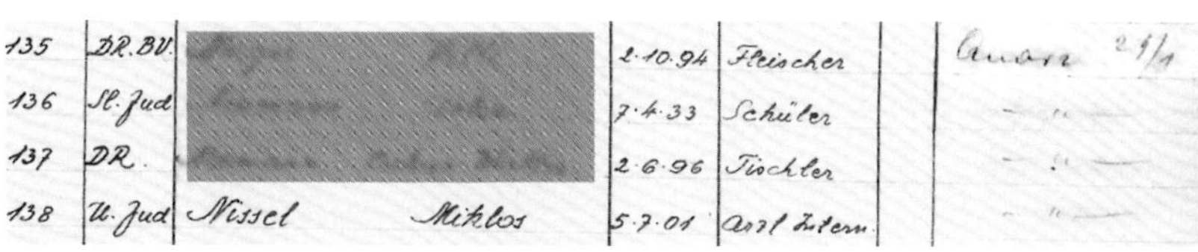

3

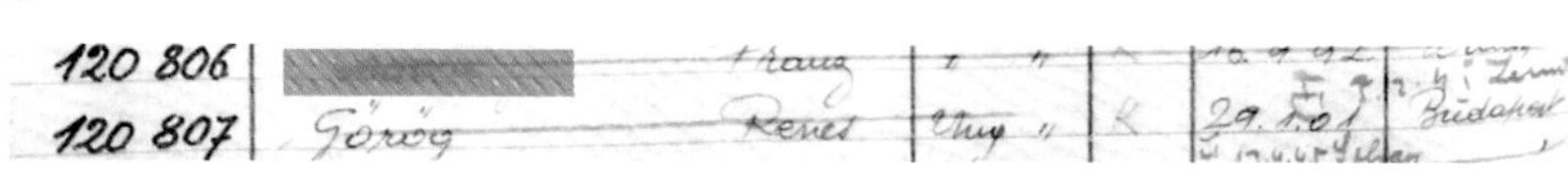

4

1: Durchschlagskopie der vorgesehenen Eintragungen für die Rückseite der Häftlingspersonalkarte: Quarantäne vom 25.–29. Januar 1945, eingesetzt als Hilfsarbeiter in »Quarz« seit dem 29. Januar 1945.

2: Auszug Häftlingszugangsbuch der politischen Abteilung mit Überstellungsvermerk »M« in das Außenlager Melk (»Quarz«).

3: Auszug Häftlingszugangsbuch der Schutzhaftlagerführung mit vermerktem Überstellungsdatum.

4: Auszug Häftlingszugangsbuch für Dr. Görög mit Eintragung des Todesdatums »3.2.45«. Der Todesort »Zement« und die Abkürzung »K« (Kalk) stehen für das KL Ebensee.

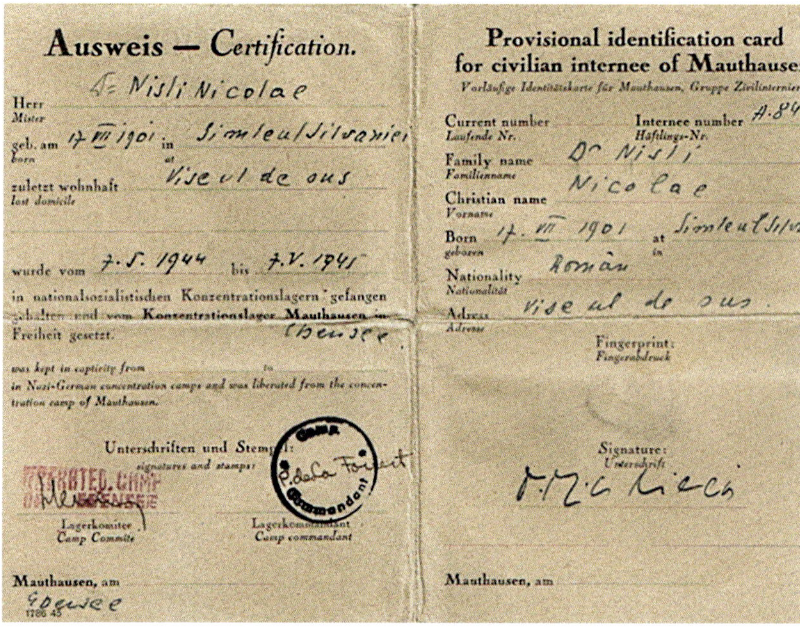

Ausweis — Certification.

Herr / Mister: Dr. Nisli Nicolae

geb. am / born: 17. VIII. 1901 in / at: Simleul Silvaniei

zuletzt wohnhaft / last domicile: Viseul de sus

wurde vom 7. 5. 1944 bis 7. V. 1945 in nationalsozialistischen Konzentrationslagern gefangen gehalten und vom Konzentrationslager Mauthausen in Freiheit gesetzt. Ebensee

was kept in captivity from ... to ... in Nazi-German concentration camps and was liberated from the concentration camp of Mauthausen.

Unterschriften und Stempel: / signatures and stamps:

Lagerkomitee / Camp Committe

Lagerkommandant / Camp commandant

Mauthausen, am Ebensee

Provisional identification card for civilian internee of Mauthausen

Vorläufige Identitätskarte für Mauthausen, Gruppe Zivilinternierte.

Current number / Laufende Nr.

Internee number / Häftlings-Nr. A. 844

Family name / Familienname: Dr Nisli

Christian name / Vorname: Nicolae

Born / geboren: 17. VIII 1901 at / in: Simleul Silv.

Nationality / Nationalität: Român

Adress / Adresse: Viseul de sus

Fingerprint: / Fingerabdruck

Signature: / Unterschrift

Mauthausen, am

1

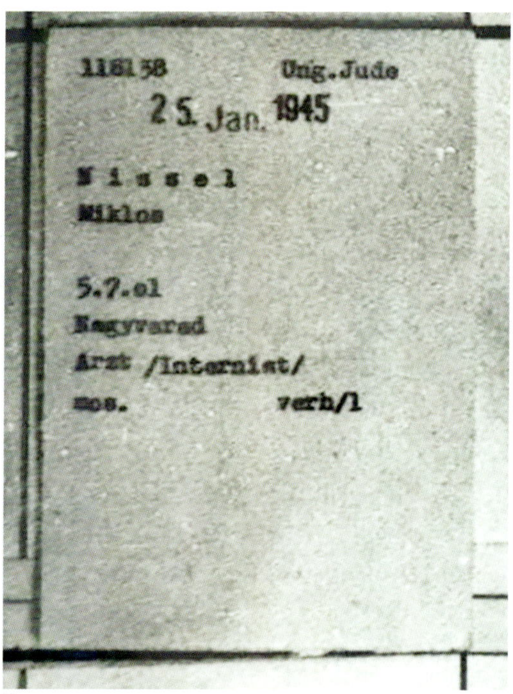

116158 Ung. Jude

25. Jan. 1945

Nissel

Miklos

5.7.01

Nagyvarad

Arzt /Internist/

mos. verh/1

2

1: Provisorisches Personalausweisdokument Dr. Nyiszlis aus Ebensee für die Weiterreise in die Heimat.

2: Schreibstubenkarte aus dem KL Mauthausen mit aufgedrucktem Zugangsdatum.

1, 2: Vorladungsbestätigung vom 17. Juli und 9. Oktober 1947 zur Zeugeneinvernehmung von Dr. Nyiszli im Nürnberger IG-Farben-Prozess.

3: Fünf Tage gültiger Besucherausweis Dr. Nyiszlis für den Nürnberger Justizpalast.

4: Dokumentenverzeichnis mit Datierung der Zurückziehung von Dr. Nyiszlis Affidavit im IG-Farben-Prozess.

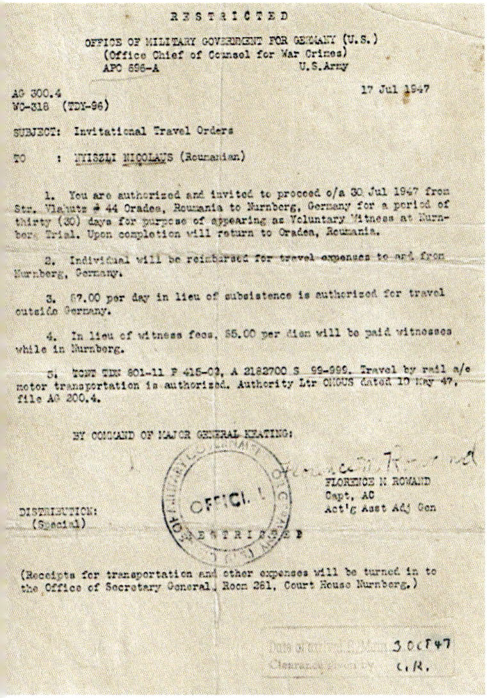

RESTRICTED

OFFICE OF MILITARY GOVERNMENT FOR GERMANY (U.S.)
(Office Chief of Counsel for War Crimes)
APO 696-A U.S.Army

AG 300.4 17 Jul 1947
WC-318 (TDY-96)

SUBJECT: Invitational Travel Orders

TO : NYISZLI NICOLAUS (Roumanian)

1. You are authorized and invited to proceed o/a 30 Jul 1947 from Str. Vlahutz # 44 Oradea, Roumania to Nurnberg, Germany for a period of thirty (30) days for purpose of appearing as Voluntary Witness at Nurnberg Trial. Upon completion will return to Oradea, Roumania.

2. Individual will be reimbursed for travel expenses to and from Nurnberg, Germany.

3. $7.00 per day in lieu of subsistence is authorized for travel outside Germany.

4. In lieu of witness fees, $5.00 per diem will be paid witnesses while in Nurnberg.

5. TONT TDN 801-11 P 415-02, A 2182700 S 99-999. Travel by rail a/c motor transportation is authorized. Authority Ltr OMGUS dated 10 May 47, file AG 200.4.

BY COMMAND OF MAJOR GENERAL KEATING:

FLORENCE M ROWAND
Capt, AC
Act'g Asst Adj Gen

DISTRIBUTION:
(Special)

RESTRICTED

(Receipts for transportation and other expenses will be turned in to the Office of Secretary General, Room 261, Court House Nurnberg.)

3 OCT 47
C.R.

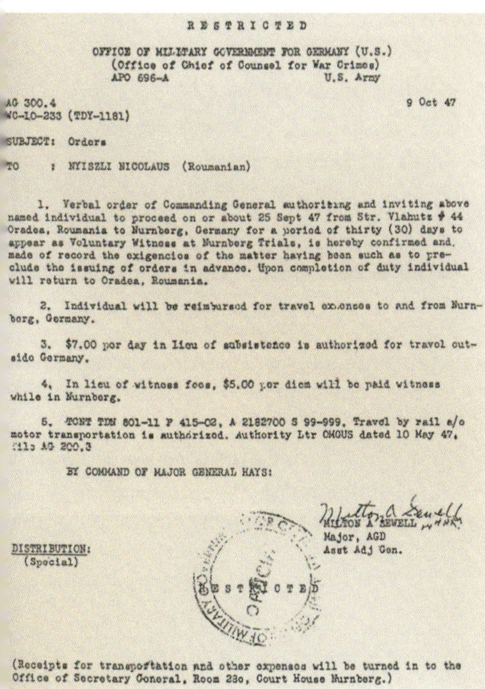

RESTRICTED

OFFICE OF MILITARY GOVERNMENT FOR GERMANY (U.S.)
(Office of Chief of Counsel for War Crimes)
APO 696-A U.S. Army

AG 300.4 9 Oct 47
WC-10-233 (TDY-1181)

SUBJECT: Orders

TO : NYISZLI NICOLAUS (Roumanian)

1. Verbal order of Commanding General authorizing and inviting above named individual to proceed on or about 25 Sept 47 from Str. Vlahutz # 44 Oradea, Roumania to Nurnberg, Germany for a period of thirty (30) days to appear as Voluntary Witness at Nurnberg Trials, is hereby confirmed and made of record the exigencies of the matter having been such as to preclude the issuing of orders in advance. Upon completion of duty individual will return to Oradea, Roumania.

2. Individual will be reimbursed for travel expenses to and from Nurnberg, Germany.

3. $7.00 per day in lieu of subsistence is authorized for travel outside Germany.

4. In lieu of witness fees, $5.00 per diem will be paid witness while in Nurnberg.

5. TONT TDN 801-11 P 415-02, A 2182700 S 99-999. Travel by rail a/o motor transportation is authorized. Authority Ltr OMGUS dated 10 May 47, file AG 200.3

BY COMMAND OF MAJOR GENERAL HAYS:

MILTON A SEWELL
Major, AGD
Asst Adj Gen

DISTRIBUTION:
(Special)

RESTRICTED

(Receipts for transportation and other expenses will be turned in to the Office of Secretary General, Room 230, Court House Nurnberg.)

1

2

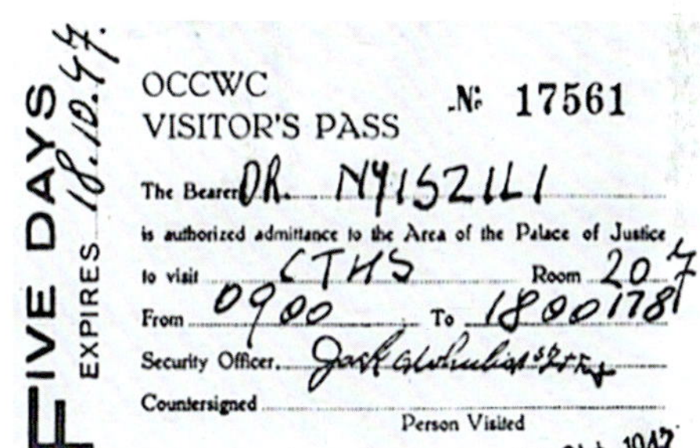

FIVE DAYS
EXPIRES 18.10.47.

OCCWC
VISITOR'S PASS №: 17561

The Bearer DR. NYISZILI
is authorized admittance to the Area of the Palace of Justice
to visit CTHS Room 207
From 0900 To 1800 17/8
Security Officer
Countersigned
Person Visited
Date issued 11 Okt. 1947

3

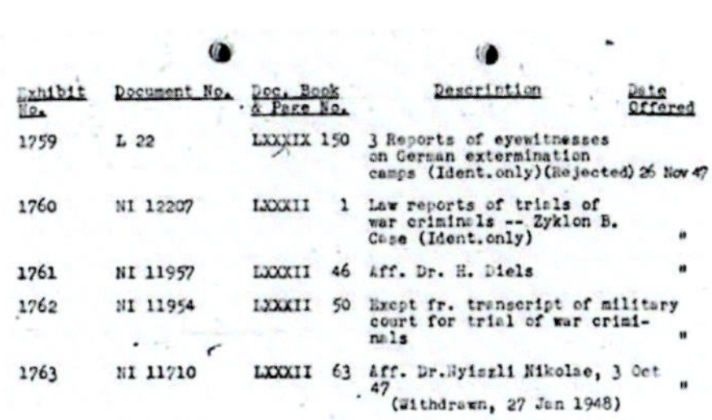

Exhibit No.	Document No.	Doc. Book & Page No.	Description	Date Offered
1759	L 22	LXXXIX 150	3 Reports of eyewitnesses on German extermination camps (Ident.only)(Rejected)	26 Nov 47
1760	NI 12207	LXXXII 1	Law reports of trials of war criminals -- Zyklon B. Case (Ident.only)	"
1761	NI 11957	LXXXII 46	Aff. Dr. H. Diels	"
1762	NI 11954	LXXXII 50	Excpt fr. transcript of military court for trial of war criminals	"
1763	NI 11710	LXXXII 63	Aff. Dr.Nyiszli Nikolae, 3 Oct 47 (Withdrawn, 27 Jan 1948)	"

4

1

2

1: Ziegelstein-Anbau von Block 12 des Häftlingskrankenbaulagers (HKB) im Bauabschnitt B II f, in dem sich Leichenhalle und angeblich der Sektionsraum befunden haben sollen. Sowjetische Fotoaufnahme aus dem Wachhochstand, 1945.

2: Ruine von Block 12: Im Vordergrund ist das Fundament des Anbaus mit einem umgestürzten Teil der Ziegelsteinwand zu sehen. Im Zement-Fußboden ist vermutlich noch ein Teil eines Abflussrohrs der Leichenhalle zu finden. (Aufnahme 2021)

1

2

3

1: Sektionsraum im Krematorium des KL Majdanek: Diese Form des Sektionstischs mit dicker Marmorplatte auf zwei gemauerten Sockeln wurde auch im Birkenauer Krematorium I verwendet. Am Fußende befindet sich die Abflussvorrichtung. Der Kopf der Leiche wurde am anderen Ende des Tischs z. B. auf einem Holzklotz positioniert. (Aufnahme 2021)

2: Ruine des Gebäudes, in dem im HKB des KL Monowitz die Leichenhalle untergebracht war. Der rechte Gebäudeteil wurde vor einigen Jahren abgerissen. (Aufnahme 1994)

3: Teil der ehemaligen Leichenhalle des KL Monowitz. (Aufnahme 1994)

Kryrematorium II (spiegelverkehrt zu K I), SS-Aufnahme vom Juni 1943, nordöstliche Vorderansicht. A: Zugang Kellergeschoss; B: Laboratoriumsfenster in Krematorium I; C: Fenster Sektionsraum in Krematorium I; D: Haupteingang.

Krematorium I im Bau, SS-Aufnahme vom Januar 1943, südöstliche Ansicht. Die beiden unteren Fenster rechts im Bild (B) gehörten zum Laboratorium, die kleinen Fenster rechts davon zum damit verbundenen Sanitärraum. Die Fenster auf der Vorderseite rechts gehörten zum Laboratorium (A), links daneben zum Sektionsraum (C).

Krematorium I, SS-Aufnahme vom Juli 1943, nördliche Hinteransicht. E: Verbrennungsraum mit fünf Dreimuffelöfen; F: SS-Wachstube mit Kontrollfenster zu den Öfen; G: SS-Kommandoführerstube mit Telefon; H: Sanitärraum mit Dusche; J: Unterkunft Sektionskommando.

Krematorium I im Bau, SS-Aufnahme vom Januar 1943, westliche Seitenansicht. Die beiden unteren Fenster links im Bild gehörten zum Schlafraum des Sektionskommandos mit Blick auf das Frauenlager und die Rampe.

1

2

1: Krematorium II in Betrieb, SS-Aufnahme von Ende Mai 1944, nördliche Ansicht. Hinter den Bäumen liegt das HKB-Lager. Die vergitterten großen Fenster gehören zum Verbrennungsraum und dem Brennstofflager.

2: Im Hintergrund: Krematorium I in Betrieb, SS-Aufnahme von Ende Mai 1944, Gebäude-Ostseite mit Blick auf das Fenster von Nyiszlis Unterkunft. Im Vordergrund: Ausstieg deportierter Juden an der Selektionsrampe, an der auch Dr. Nyiszli mit seiner Familie ankam.

1

2

1: Krematorium IV nach dessen Inbetriebnahme, SS-Aufnahme vom April 1943, nordwestliche Ansicht.

2: Ruine von Krematorium IV: In den beiden Räumen hinter dem Haupteingang wurden links Ende November 1944 das Sektionskommando und rechts von Oktober bis Dezember 1944 das lokale Sonderkommando untergebracht. Die Mauerreste wurden nach der Lagerbefreiung wieder aufgebaut. (Aufnahme 2021)

Friedrich Eidenmüller, 1947.

Josef Mengele, Mitte Mai 1944.

Otto Moll, ca. 1936.

Erich Mußfeldt, 1947.

Dr. Sigmund Bendel, Oktober 1945.

Dr. Dénes Görög, ca. 1930.

Schema von Krematorium I

1944

(Krematoriumsgebäude II spiegelbildgleich)

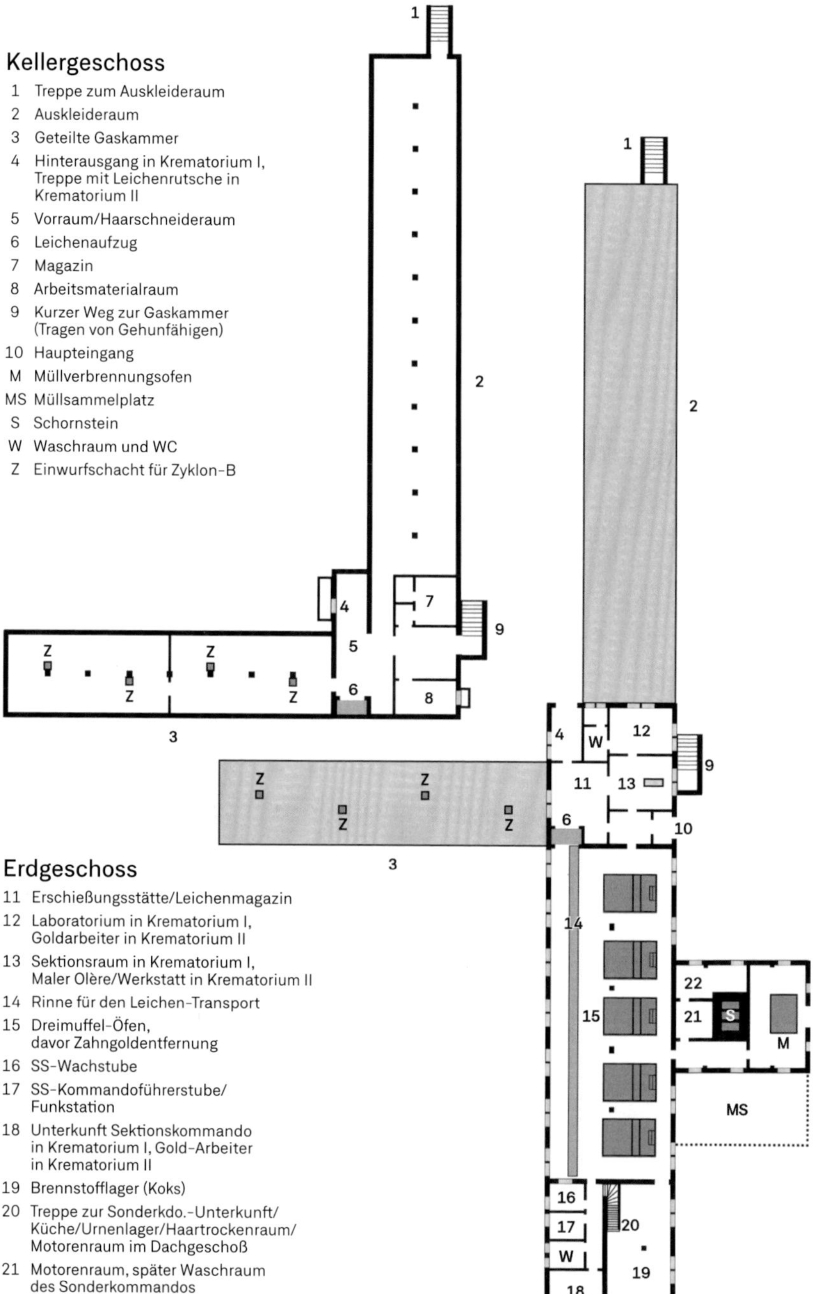

Kellergeschoss

1 Treppe zum Auskleideraum
2 Auskleideraum
3 Geteilte Gaskammer
4 Hinterausgang in Krematorium I, Treppe mit Leichenrutsche in Krematorium II
5 Vorraum/Haarschneideraum
6 Leichenaufzug
7 Magazin
8 Arbeitsmaterialraum
9 Kurzer Weg zur Gaskammer (Tragen von Gehunfähigen)
10 Haupteingang
M Müllverbrennungsofen
MS Müllsammelplatz
S Schornstein
W Waschraum und WC
Z Einwurfschacht für Zyklon-B

Erdgeschoss

11 Erschießungsstätte/Leichenmagazin
12 Laboratorium in Krematorium I, Goldarbeiter in Krematorium II
13 Sektionsraum in Krematorium I, Maler Olère/Werkstatt in Krematorium II
14 Rinne für den Leichen-Transport
15 Dreimuffel-Öfen, davor Zahngoldentfernung
16 SS-Wachstube
17 SS-Kommandoführerstube/ Funkstation
18 Unterkunft Sektionskommando in Krematorium I, Gold-Arbeiter in Krematorium II
19 Brennstofflager (Koks)
20 Treppe zur Sonderkdo.-Unterkunft/ Küche/Urnenlager/Haartrockenraum/ Motorenraum im Dachgeschoß
21 Motorenraum, später Waschraum des Sonderkommandos
22 Stube des Oberkapos

Teil 2

Aussage Miklós Nyiszlis vom 29.7.1945 vor dem Ungarischen Wohlfahrts-Komitee für die Betreuung deportierter Juden (DEGOB)[1]

Protokoll 3632

aufgenommen am 29. Juli 1945 in den Amtsräumen der Landeskommission für Deportiertenfürsorge der Ungarischen Juden. Anwesende: Dr. Miklós Nyiszli, Arzt aus Nagyvárad[2]
István Heimler und László Fischer,
Angestellte der Landeskommission

Am 22. Mai 1944[3] kam ich mit dem Getto von Aknaszlatina[4] zusammen mit 26 weiteren Ärzten – wir waren alle bestellte Kreisärzte – nach Auschwitz. Nach der Selektion kam ich auf die rechte Seite, und nach einem 24-stündigen Aufenthalt in Auschwitz wurde ich nach Buna[5] geschickt, das etwa 14 000 Häftlinge zählte.[6] Dort arbeitete ich ca. zwölf Tage beim Betonkommando Nr. 197,[7] dann ließ der Oberarzt von Buna, ein SS-Hauptsturmführer,[8] alle Ärzte zu sich rufen. Wir erschienen auch, 50 an der Zahl. Er forderte uns auf, dass diejenigen, die die Pathologie präzise beherrschen, sich zu einer leichten Arbeit melden sollten. Von den 50 Ärzten meldeten wir uns zu zweit, umso lieber, als ich schon spürte, dass ich durch die schwere Betonarbeit früher oder später zusammenbrechen würde. Nach einer gründlichen mündlichen Prüfung und Befragungen wurden wir beide angenommen. Ich selbst hatte in Deutschland mein Medizinstudium absolviert und längere Zeit als Pathologe gearbeitet. Meine Anstellung ging glatt vonstatten, ebenso wie die meines Kollegen, der Arzt der Straßburger Fakultät war.[9] Es dauerte keine Stunde, und man schickte uns in Begleitung zweier bewaffneter SS-Männer in einem Luxuswagen des Roten Kreuzes[10] auf den Weg, dann wurden wir zu meinem größten Entsetzen auf dem Hof des Krematoriums Nr. I von Auschwitz abgesetzt und unsere Begleitdokumente wurden dem Oberscharführer Mußfeldt, dem Kommandanten des Krematoriums, übergeben.[11] Wir wurden sofort gründlich darüber belehrt, was wir hier sehen durften und was nicht. Danach wurden wir in ein extra eingerichtetes sauberes Zimmer geführt, das uns nach Oberscharführer Mußfeldts Aussage von Dr. Mengele zur Verfügung gestellt worden war, denn wir bekamen ein eigenes Zimmer. Das Personal des Krematoriums wohnte nämlich im Obergeschoss. Das Personal des Krematoriums bestand aus 200 Personen und war unter dem Namen Sonderkommando bekannt.[12] Der Oberscharführer besorgte uns aus der Kleidung der vergasten Transporte sofort eine komplette, einwandfreie Bekleidung sowie Unterwäsche. Einige Stunden später traf Dr. Mengele ein, der uns ebenfalls einer ca. einstündigen mündlichen Prüfung unterzog. Sofort versah er uns auch mit Arbeit, diese bestand darin, dass wir an Personen mit Entwicklungsanomalien, die bei den Arbeitstransporten selektiert worden waren, eine ärztliche Untersuchung in vivo vornehmen mussten; wir nahmen ihre Maße, dann tötete sie Oberscharführer Mußfeldt durch Genickschuss mit einem »Kleinkaliber«, also einer 6-mm-Waffe,[13] danach bekamen wir den Befehl, sie zu obduzieren und ein äußerst genaues Obduktionsprotokoll zu erstellen.[14] Wir haben die anomal entwickelten Leichen dann mit Chlorkalk abgeätzt und die sauberen Knochen zusammengestellt und verpackt an das anthropologische Institut in Berlin-Dahlem geschickt. Solche Fälle kamen sporadisch vor, bis wir eines Tages um zwölf Uhr in der Nacht von SS-Unteroffizieren geweckt und in den Sektionsraum geholt wurden, wo uns Dr. Mengele bereits erwartete.[15] Im Arbeitsraum neben dem Sektionsraum warteten unter SS-Bewachung 14 Zigeunerzwillinge, bitter weinend. Dr. Mengele redete kein Wort mit uns, er bereitete eine 10-cm³-Spritze sowie eine 5-cm³-Spritze vor. Aus einem Karton nahm er Evipan und aus einem anderen in einem 20-cm³-Fläschchen Chloroform und legte es auf den Operationstisch. Anschließend wurde der erste Zwilling hereingeführt, es war ein 14-jähriges Mädchen. Dr. Mengele befahl mir, sie auszuziehen und auf den Seziertisch zu legen. Als das geschehen war, spritzte er ihr in den rechten Arm intravenös Evipan. Nachdem das Kind eingeschlafen war, ertastete er die linke Herzkammer und spritzte 10 cm³ Chloroform hinein. Das Kind war nach einer einzigen Zuckung tot, und Dr. Mengele ließ es in die Leichenkammer bringen. So erfolgte in dieser Nacht die Ermordung aller 14 Zwillinge. Dr. Mengele fragte uns, wie viele Leichen wir pro Tag obduzieren könnten, er denke, wir sollten sieben bis acht fertigstellen können. Wir antworteten darauf, wenn er präzise wissenschaftliche Arbeit erwarte, könnten wir durchschnittlich vier Tote pro Tag obduzieren. Damit war er auch einverstanden.

Das Material für die wissenschaftlichen Obduktionen bekamen wir aus dem Lager oder den frisch eintreffenden Transporten. In den Monaten Mai, Juni und Juli kamen täglich drei bis vier ungarische Transporte an der Judenrampe von Auschwitz an.[16] Die Selektionen führten Dr. Mengele und Dr. Thilo abwechselnd durch.[17] Die Selektionen erfolgten nach Arbeitsfähigkeit und manchmal ganz willkürlich. Bei der Selektion wurde der angekommene Transport in eine rechte und eine linke Seite aufgeteilt. Die rechte Seite bedeutete das Leben, die linke das Krematorium. In Prozenten ausgedrückt kamen 75 bis 80 Prozent auf die linke Seite, Kinder, Mütter mit Kindern, Alte, Schwangere, Körperbehinderte, Kriegsversehrte. Einige Minuten später setzte sich die linke Seite mit ihrem Handgepäck in langsamem Tempo nach links in Bewegung. Die Krematorien waren 200 Meter von der Judenrampe entfernt, und die Menge von der linken Seite, die aus ca. 2000 Personen bestand, bog befehlsgemäß durch die Tore der Krematorien I, II, III und IV ein.[18] Im Krematorium angekommen, gingen sie über zehn bis zwölf Betonstufen[19] in einen unterirdischen Betonraum, der 2000 Personen fasste. Die erste Reihe kam an der Treppe ins Stocken, aber als sie die in sämtlichen Weltsprachen geschriebenen Schilder »Desinfektion« und »Bad« lasen, gingen sie beruhigt in den Raum hinab. Dort wurde ihnen sofort befohlen, sich auszuziehen. Ringsum an den Wänden des Raumes standen Bänke, über den Bänken waren Haken angebracht und an den Haken Zahlen; die SS ging in der Irreführung so weit, dass sie die Menge darauf hinwies, jeder sollte sich die Nummer seines Kleiderhakens merken, um bei der Rückkehr aus dem Bad seine Kleider leicht wiederzufinden. Die Menge hätte sich auch beruhigt, eine Störung bewirkte einzig, dass Männer, Frauen und Kinder gezwungen waren, sich voreinander auszuziehen. Nach ca. zehnminütigem Ausziehen wurde die Menge von 2000 Personen bereits etwas gröber in den nächsten 2000 Personen fassenden Betonraum getrieben, in dem es keinerlei Einrichtung, ja nicht einmal mehr Fenster gab. Dies war die Gaskammer. Die schweren Eichenholztüren wurden hinter ihnen zugeschlagen, das Licht abgeschaltet, und in den folgenden Minuten erschien ein Luxuswagen des Roten Kreuzes, aus dem ein Arzt im Rang eines Hauptmanns und sein Sanitätsunteroffizier vier Stück ca. 1 kg schwere Blechbüchsen herausnahmen. Sie entfernten die vier Betonplatten, die die Lüftungsschächte bedeckten, die von der Erdoberfläche in den unterirdischen Bunker führten, setzten Gasmasken auf, schlugen die Deckel der Blechdosen ein und schütteten die bohnenähnlichen, lilaroten, eher weinroten Chlorkörner durch die vier Öffnungen in die Gaskammer, dann bedeckten sie die Öffnungen sofort mit den Betonplatten. Einmal war ich selbst Ohrenzeuge, wie der Arzt seinen Sanitätsunteroffizier beim Einwerfen des Gases antrieb und sagte: »Gib schon das Fressen den Juden!« Die Gaskörnchen fielen hinab, und wenn sie mit Luft in Berührung kamen, setzten sie Chlorgas frei, das innerhalb von fünf bis zehn Minuten zu einem äußerst qualvollen Erstickungstod führte.[20] Nach einer halben Stunde sprangen die Ventilatoren an, die eingeteilten Männer des Sonderkommandos öffneten die Türen der Gaskammer, und dort lagen 2000 Tote blutig (durch Nasenbluten) und mit Fäkalien beschmutzt. Sie waren nicht gleichmäßig über die ganze Länge des Bunkers verteilt, sondern lagen stockwerkhoch aufeinandergetürmt; die Erklärung hierfür ist, dass das Chlorgas in den höheren Schichten später ankam. Das Sonderkommando spritzte die Toten mit dem Schlauch ab und begann, sie mit dem Lastenaufzug in den Brennraum zu transportieren. Der Brennraum bestand aus 15 Öfen, jeder mit einem eigenen elektrisch betriebenen Ventilator ausgestattet.[21] Das angelernte Personal zog die Toten so, dass ihnen die gekrümmte Seite eines Spazierstocks in den Mund gesteckt wurde.[22] In jeden Ofen wurden drei Tote auf einmal gelegt, die innerhalb von 20 Minuten zu Asche verbrannten.[23] Vor der Verbrennung entfernte das Zahnarzt-Kommando die Goldzähne der Toten. Das sogenannte Aschenkommando sorgte von Zeit zu Zeit für die Entfernung der Asche und das Zerkleinern der eventuell nicht vollständig verbrannten Knochen. Die Asche wurde einmal in der Woche mit dem Lastauto abtransportiert und in die nahe gelegene Weichsel geschüttet.

Die Verbrennungen im Krematorium wurden am 17. November 1944 landesweit verboten,[24] es kam auch zu keinen weiteren Morden, aber damit keine lebenden Augenzeugen der finstersten Werkstattgeheimnisse der politischen SS übrigblieben, wurde das aus 846 Personen bestehende Personal des Sonderkommandos aus den Krematorien I, II, III und IV am Nachmittag zwischen halb zwei und halb drei Uhr hingerichtet.[25] Unter ihnen waren 100 ungarische Juden, 40 russische Offiziere,[26] die anderen waren Juden aus Frankreich, Holland, Belgien und Polen.[27] Auch wir Ärzte lagen mit unseren Kameraden vor den Maschinengewehren, aber Dr. Mengele, dessen rassenbiologische

Arbeit wir noch nicht beendet hatten, holte uns zwischen den Todgeweihten heraus. Unsere Arbeit verrichteten wir nunmehr in Stille ohne Vergasung und Genickschüsse im entvölkerten Krematorium bis zum 18. Januar 1945,[28] als die Russen bei Varanovice und Krakau[29] die Front durchbrachen und um Mitternacht bis auf sechs Kilometer an Auschwitz herankamen. In den Reihen der SS brach ein fürchterliches Chaos aus, wir wurden ins Lager gebracht, wo man uns unserem Schicksal überantwortete und vollkommen allein ließ. Dort zwischen den ca. 4000 Lagerhäftlingen[30] wusste niemand mehr, dass wir vom Sonderkommando waren. Noch in derselben Nacht begleitete uns fremdes SS-Personal mit einem Transport im Eiltempo nach Mauthausen.[31]

Datum siehe oben [Siegel]

Eidesstattliche Erklärung Miklós Nyiszlis vom 8.10.1947 im Nürnberger IG-Farben-Prozess[1]

Erklärung unter Eid

Ich, Dr. Nyiszli Nikolae, Arzt, wohnhaft Oradia-Mare [Sic!][2] – Str. Vlahuta 44, Rumänien,[3] geboren am 17.6.1901 in Şimleul-Silvaniai [Sic!],[4] nachdem ich darauf aufmerksam gemacht worden bin, dass ich mich wegen falscher Aussage strafbar mache, stelle hiermit unter Eid freiwillig und ohne Zwang Folgendes fest:

1. Ich war bis zu meiner Verhaftung am 15. Mai 1944 als Königlicher Kreisarzt tätig. Am 19./20. Mai 1944 bin ich mit einem großen Transport aus Ungarn in das Konzentrationslager Auschwitz gekommen. Dort wurde ich entlaust, meine Sachen wurden mir abgenommen und ich bekam einen neuen Häftlingsanzug.[5]
   Am 20./21. Mai 1944 kam ich [Satzteile gestrichen][6] nach Monowitz, das Konzentrationslager der IG Farben, Werk Auschwitz. In Monowitz wurden wir wieder entlaust, die neue Häftlingskleidung wurde uns abgenommen, und wir bekamen alte, zerrissene Häftlingsanzüge. Am nächsten Tag war ich in der Zelt-Quarantäne.[7]
   Am darauffolgenden Tag wurde ich in Block 8,[8] Beton-Kommando 179,[9] zur Arbeit auf dem IG-Farben-Baugelände eingeteilt. Nach etwa zwei Wochen kam der Befehl, dass Ärzte [Pathologen] nicht mehr mit den Kommandos zur Arbeit ausrücken sollten. Wir [zwei] Ärzte wurden nach Birkenau, F-Lager, Block 12, gebracht. Dort wurden wir entlaust und bekamen fremde Zivilkleidung. Kurz darauf wurde mir von SS-Hauptsturmführer Dr. Mengele befohlen, als Pathologe im Krematorium von Birkenau tätig zu sein.
   Am 18. Januar 1945 wurde ich im Zuge der Räumung des Lagers Birkenau nach Mauthausen gebracht. Von dort wurde ich nach Melk/Donau transportiert, Anfang April 1945 kam ich nach Eben-

see, wo ich am 5. Mai in schwer krankem Zustand von den Amerikanern befreit worden bin.[10]

2. Bei der Ankunft in Monowitz am 20./21. Mai 1944 wurde uns – wie bereits erwähnt, waren wir 6000 Häftlinge – eine Ansprache gehalten.[11] Uns wurde mitgeteilt, dass wir im Konzentrationslager der IG-Farbenindustrie, Monowitz, seien, und dass wir nicht zum Leben dort seien, sondern zum Verrecken im Beton. Ich wusste nicht, was das Wort Beton bedeuten soll. Nach ein paar Tagen habe ich von alten Häftlingen erfahren, dass auf dem Baugelände der IG Farben, speziell bei den Kabel-Kommandos, früher 20 bis 25 Häftlinge während der Arbeit erschossen oder totgeschlagen worden waren. Diese Häftlinge sind in die Gräben, die für die Kabel ausgehoben waren, geworfen und mit Beton übergossen worden. Unter dem Beton soll eine größere Anzahl von Häftlingen, besonders aus Breslau und Berlin, liegen.
3. Die IG-Farben-Ingenieure teilten die Arbeit bei allen 200 dort auf der IG-Baustelle eingesetzten Häftlingskommandos ein.[12] Anhand von Zeichnungen erteilten sie den Vorarbeitern ihre Instruktionen.
4. Ich war Augenzeuge wie bei mehreren Unglücksfällen, selbst schwerer Natur, auf dem Baugelände keine Erste Hilfe gegeben wurde. Die Kranken oder Verunglückten mussten bis zum Einrücken sämtlicher Kommandos auf dem Baugelände liegen bleiben und erst nach dem manchmal stundenlang dauernden Appell kamen sie in den Häftlingskrankenbau.
5. Es war allgemein bekannt, dass die Kranken nach drei bis vier Wochen, falls sie nicht genesen waren, auf Transport geschickt wurden, d. h. zur Vergasung in Birkenau [, oder Erschießen in Birkenau].
6. Als ich in dem Krematorium von Birkenau tätig war, habe ich mich in drei Fällen überzeugt, dass ca. 200 bis 300 Häftlinge zählende Transporte aus Monowitz zur Vergasung kamen,[13] also Häftlinge, die bei IG Farben gearbeitet hatten. Auch die SS-Leute haben offen darüber gesprochen.
7. Besonders gekennzeichnet waren die zur Vernichtung nach Birkenau geschickten Häftlingstransporte aus Monowitz nicht, da alle Transporte, die zur Vernichtung bestimmt waren, ihr Lager in ganz zerrissenen Kleidern und Schuhen verließen.
8. In meiner Eigenschaft als Pathologe im Birkenauer Krematorium habe ich öfter auf dem IG-Farben-Gelände verunglückte Tote mit

Begleitschreiben übernehmen und sezieren müssen. Von den Todesursachen habe ich genaue Protokolle erstellen müssen. Mit dieser scheinbar gesetzlichen, um die Häftlinge besorgt seienden Genauigkeit in einzelnen Fällen wollten die IG-Leiter im Einvernehmen mit der SS das spurlose Verschwinden von Tausenden von Häftlingen verschleiern.

9. Ich habe nach vollendeter Vergasung Zyklon-B-Kerne in der Hand gehabt. Die grün emaillierten Büchsen wurden mit einem Roten-Kreuz-Auto durch einen SS-Hauptsturmführer und einen SDG an Ort und Stelle gebracht, durch diese in die Gaskammern geworfen. Nach erfolgter Entleerung der Büchsen wurden sie von Häftlingen mit Wasser ausgespült und von den beiden erstgenannten Personen wieder mitgenommen.

10. Zur Vergasung von Häftlingen mit Zyklon B in den unterirdischen Gaskammern von Birkenau kann ich Folgendes sagen: Aufgrund meiner persönlichen Beobachtungen – ich musste des Öfteren Medikamente und Augengläser aus dem Auskleideraum neben der Gaskammer nach Durchsuchen der Handtaschen der Vergasten herausbefördern – weiß ich, dass man die Türen verschlossen hat und das Licht zentral auslöschte, sowie die Masse der Menschen in den Gaskammern war. In diesem Augenblick ist ein schwarz lackiertes Rote-Kreuz-Auto angekommen. Es stiegen ein SS-Offizier und ein SDG aus dem Wagen. Sie hielten vier grün emaillierte Büchsen in der Hand. Sie gingen an die niedrigen Betonschornsteine, die mit Betondeckeln zugedeckt waren und legten Gasmasken an. Die Büchsen wurden geöffnet und der Inhalt der Büchse – Zyklon B in körniger Form von rosa-lila Farbe – in die Öffnung eingeworfen. Die Körner zerstreuten sich nicht in der Gaskammer, da sie durch perforierte Röhren abwärts fielen, und gaben durch Berührung mit der Luft sofort Gas ab. Dadurch, dass die Gaskörner zu Boden fielen, hat sich das Gas zuerst auf den niedrigsten Luftschichten entwickelt und stieg dann allmählich höher. Damit kann ich es erklären, dass die Leichen nach vollendeter Vergasung im Raum nicht verstreut lagen, sondern in turmförmigen Haufen. Wahrscheinlich haben die Stärkeren die Schwächeren niedergeworfen, sind auf die unten Liegenden geklettert, um ihr Leben durch Erreichen noch gasfreier Schichten zu verlängern. So kam es, dass die Frauen und Kinder und alte Leute meistens unten lagen. Als Arzt stellte sich folgende Diagnose: Tod durch zentrale respiratorische Lähmung.

11. Leitende IG-Farben-Angestellte kenne ich dem Namen nach nicht. In Monowitz betätigte sich ein Professor der Chemie, der eine führende Persönlichkeit der IG sein musste[14]. Führende IG-Persönlichkeiten mussten aber vom Vernichtungswerk Kenntnis haben, da sie meistens in der Stadt Auschwitz wohnten und man die Feuer der Krematorien sowie der offenen zwei Gräber,[15] die Tag und Nacht brannten, bis auf eine Entfernung von 30 Kilometer sehen konnte.
12. Im Stammlager Auschwitz waren öfter Besuche, in den Krematorien ebenfalls. Sie waren aber immer in SS-Uniformen, daher nicht bekannt. Zum Beispiel die Öfen von den Krematorien wurden von der Spezialfabrik Topf & Söhne geliefert. Dieser Name war auf jedem Ofen eingegossen. Bei einer Gelegenheit schickte diese Fabrik einen Spezialfachmann für die Revision der Apparate. Es war ein Mann von mindestens 60 Jahren. Ich habe einige Worte mit ihm gesprochen, meiner Meinung nach war er ein Ingenieur in der Uniform eines SS-Oberscharführers.[16] So war es auch für IG-Leute möglich, in Auschwitz zu erscheinen und unerkannt zu bleiben.
13. Vom Sonderkommando der Krematorien gingen täglich Essensträger ins Lager Birkenau, wo sie – trotz strenger Vorschrift – ständig Kontakt mit dortigen Häftlingen hatten. Dadurch war die Tätigkeit der Krematorien bei jedem Häftling bekannt.

Ich habe jede der fünf (5) Seiten dieser Erklärung unter Eid sorgfältig durchgelesen und eigenhändig gegengezeichnet, habe die notwendigen Korrekturen in meiner eigenen Handschrift vorgenommen und mit meinen Anfangsbuchstaben gegengezeichnet und erkläre hiermit unter Eid, dass ich in dieser Erklärung nach meinem besten Wissen und Gewissen die reine Wahrheit gesagt habe.
Dr. Nyiszli Nikolae[17]

Beeidigt und unterzeichnet vor mir an diesem 8. Oktober 1947 in Nürnberg von Nyiszli Nikolae, der mir als die Person bekannt ist, die die obige eidesstattliche Erklärung abgegeben hat.
Benvenuto von Halle[18]
U.S. Civilian AGO D432532[19]
Büro des Hauptanklagevertreters für Kriegsverbrechen[20]
U.S. Kriegsministerium

6 1948 április 18 VILÁG Vasárnap

DR. NYISZLI MIKLÓS: Tanu voltam Nürnbergben

BEVEZETÉS

A holtak nem válnak élőkké

A halálgyárban

A bejelentés

Kigyulladt a Rákóczi-úton egy 75-ös

Egyik utas nagy bátorsággal oltotta el a tüzet

Miniszter, partizán, ügyész

— és sok más érdekes asszony a nőkongresszuson

Küzdelem az analfabetizmus ellen

Aki nyolc éve harcol

SIRKŐ=Eichbaum

özv. Vidor Jenőné

özv. Deutsch Sándorné

özv. Kálmán Henrikné sz. Weisz Ida

Reich Sándor

Művészi síremlékek

Erste Folge von Dr. Nyiszlis Fortsetzungsbericht »Ich war ein Zeuge in Nürnberg« in der Budapester Zeitung *Vilag* vom 18. April 1948.

Dr. Miklós Nyiszli

Ich war ein Zeuge in Nürnberg

Bericht Miklós Nyiszlis in der Budapester Zeitung *Világ* vom 18.4.–22.5.1948[1]

Világ, 18. April 1948, S. 6 – Folge 1

Einleitung

Die Toten werden nicht wieder lebendig[2]

Mein Tagebuch »Ich war Dr. Mengeles Pathologe in Auschwitz« schrieb ich anderthalb Jahre nach Kriegsende.[3] Seine Seiten sind rot von Blut und schwarz von Trauer. Ich ziehe nicht in Zweifel, dass ich meine Schicksalsgefährten in ihrer Trauer gestört habe. Ich kann auch nicht bestreiten, dass durch mein Buch viele Wunden aufgebrochen sind. Dennoch musste ich meine Erlebnisse ans Tageslicht bringen, musste im Gedenken an die in den Wind gestreute Asche meine Dokumentation schreiben.

Die Auffassung derjenigen, die beim Aufschreiben großer Geschehnisse nach einer historischen Perspektive rufen, kann ich nicht teilen. Meiner Ansicht nach ist nicht eine historische Perspektive vonnöten, sondern *Freiheit*, wenn ein Verfasser mitteilen will, was er zu sagen hat. Ich bin ein freier Bürger eines demokratischen Staates, und als solcher habe ich mein Auschwitz-Tagebuch geschrieben.[4] *Ich konnte der Welt unsere Leiden ohne Einschränkung aufdecken.* Ich konnte einem breiten Leserpublikum die mit perversem Sadismus begangenen Verbrechen der auf Gewalt errichteten Macht zur Kenntnis bringen.

Das 20. Jahrhundert steht angeblich im Zeichen des *humanum*. Von diesem Jahrhundert sind erst 47 Jahre in der Ewigkeit verschwunden, und doch hat es schon solche Katastrophen über die Welt gebracht, dass aufgeschrieben werden muss, wie sie geschehen konnten. Man muss die Gründe aufdecken, man muss den Geisteszustand der an ihnen beteiligten Individuen und Massen beleuchten. Für die Diagnose reicht die Wissenschaft der Psychologie nicht mehr aus. Man muss die Psychiatrie, die Kriminalpsychologie und die Soziologie zur Hilfe rufen, um die initialen Triebfedern für die Handlungen zu erforschen und ihre Ursachen aufzudecken.

Meiner Auffassung nach *ist nicht nur die Person, sondern auch das System schuldig. Die Schuld besteht im Absinken der Personen und der Verseuchung des europäischen Geistes, in der Erniedrigung und Schändung freiheitsliebender Völker, in der Ausnutzung ihrer Kraft, im vollständigsten Missbrauch ihrer ausgelieferten Lage.* Dies war ihre Schuld während eines Krieges, in dem uns eine *nie erfahrene Vielfalt von Kriegsverbrechen begegnete.*

Die Millionen derer, die in den Krematorien und auf den Scheiterhaufen von Auschwitz verbrannten, die bis auf die Knochen abgemagerten Versklavten der Konzentrationslager, die mit Eitergeschwüren und Typhusflecken bedeckten Körper, die gelbhäutigen, rasenden Schatten, die vor Hunger den Verstand verloren hatten, sie alle sind zu einem großen Chaos verschmolzen. Und aus diesem Chaos rannen Tränen, Blut und Eiter.

Diese Dunkelheit muss von Tageslicht erhellt werden. *In einem System, das Freiheit und Gleichheit garantiert,* egal, welches Hindernis sich auf seinem Weg auftürmt. Es wurde oft versucht, die sozialen Ideen in Fesseln zu legen. Die Mittel waren und blieben zu allen Zeiten dieselben: Gefängnis, Folterkammer, Galgen. In unserem fortgeschrittenen Jahrhundert dienten die Konzentrationslager und Gaskammern als Mittel, unbequeme Gedanken, Ideen und die von ihnen durchdrungenen Massen aus dem Weg zu räumen.

Erst wurden Bücher verbrannt, dann Menschen, und man glaubte, mit ihnen auch die Ideen zu verbrennen. Heute sehen wir bereits, dass *nur die Menschen vernichtet werden konnten, die sozialen Ideen nicht.* Diese Ideen erobern dank ihres wahren Gehaltes trotz Verfolgung und blutiger Unterdrückung die Welt.

Es gibt also Dinge, die niedergeschrieben und gelesen werden müssen. Im Strudel der Ereignisse und durch das Schicksal des Zufalls war ich Augenzeuge und Beteiligter von Geschehnissen, die ich schon aus der Erwägung der Vergänglichkeit und Sterblichkeit bald niederschreiben musste, damit der Nachwelt ein verwendbares Rohmaterial erhalten bleibt, für Schriftsteller, Psychologen und Kriminalpsychologen.[5] *Das Mitgefühl mit den vielen Millionen Toten und mit meinen trauernden Schicksalsgefährten, die moralische Pflicht führte meine Feder auch,*

als ich dem Internationalen Gerichtshof, der in der Stadt Nürnberg tagte, meine Bereitschaft zur Zeugenaussage meldete.

Die Antwort ließ nicht lange auf sich warten. Ich wurde vor das Forum geladen.[6] *Ich erschien und nahm als ein Zeuge des Prozesses*

an 17 Verhandlungen teil.

In diesen Verhandlungen sagte ich teils mündlich, teils schriftlich über die in großer Anzahl verübten Verbrechen gegen die Menschlichkeit und gegen den Frieden aus.[7]

Die Toten werden nicht wieder lebendig. Unter dieser Zerstörung wird die Menschheit noch lange leiden, aber die Brandmarkung der begangenen Untaten sowie die Bestrafung der Täter wird noch für viele Menschen eine Mahnung sein, die diese schrecklichen Verbrechen angezettelt, sie gutgeheißen oder ihnen tatenlos zugesehen haben.

Ich habe mich bemüht, weitgehend die Linie der Sachlichkeit einzuhalten. *Die Originalexemplare der Dokumente, die ich in dieser meiner Arbeit mitteile, liegen im Archiv des Nürnberger Internationalen Gerichtshofs.* Zum Verfassen meiner Arbeit habe ich außerdem folgende Werke verwendet:

— Ilja Ehrenburg: »Neues Jahrhundert«.[8]
— Eugen Aroneau: »Le Crime Contra L'Humanité«.[9]
— »Grundlage eines neuen Völkerrechts«[10].
— Die Ausgaben des Archivs des Nürnberger Gerichtshofes.
— Psychiatrische Monatshefte Breslau *Psyche und Verbrechen.*

Dr. Miklós Nyiszli

Die Meldung
»Wenn es das Hohe Gericht für erforderlich hält …«

Dr. Miklós Nyiszli richtete im Herbst 1947[11] folgenden Brief an den Internationalen Gerichtshof in Nürnberg:

An den Internationalen Gerichtshof in Nürnberg.
Nürnberg

Ich, der unterzeichnende Dr. Miklós Nyiszli, Arzt, Einwohner von Oradea, Nagyvárad, Rumänien, ehemals KZ-Häftling Nr. A-8450, erkläre Folgendes:

Im Monat Mai 1944 wurde ich aus meinem Dienst als Kreisarzt entfernt und mit meiner Familie, meiner Frau, meiner Tochter und meinen Eltern sowie meiner Schwester nach Auschwitz deportiert.

Dort wurde unser Transport einer Selektion unterzogen. Der Selektionsarzt war ein SS-Hauptsturmführer namens Dr. Josef Mengele, der zu dieser Zeit das »Amt« des ersten Arztes im Konzentrationslager Auschwitz und den 40 Nebenlagern in der Umgebung versah.[12]

Wir waren ungefähr 50 Ärzte. Man ließ uns antreten.

»Gibt es unter Ihnen Ärzte, die an einer reichsdeutschen Universität studiert haben und über hervorragende Kenntnisse der Pathologie verfügen? Gibt es bei Ihnen einen geübten Obduzenten, der in Wort und Schrift perfekt Deutsch kann?«, fragte Dr. Mengele.[13]

Ich meldete mich, um mein Leben im KZ erträglich zu machen und meinem sicheren Schicksal, der Vernichtung, vielleicht zu entgehen. Ich war ein geübter Prosektor.

Dr. Mengele unterzog mich einem Kreuzverhör. Er erkundigte sich intensiv nach meiner ärztlichen Vergangenheit.

Er brachte mich in Baracke Nr. 12 im Krankenbaulager F in Birkenau unter.

Von da an musste ich fünf Tage lang mehrere Leichen in Mengeles Gegenwart und vor einer Ärztegruppe der SS sezieren. Über die Sektionen musste ich ein regelgerechtes Protokoll anfertigen.[14]

Ich hatte den Eindruck, dies war die Prüfung meiner Fähigkeiten.

In der Todesfabrik

Am sechsten Tag, schon im Krematorium I von Auschwitz, wurde mir mit Schrecken klar, dass mich das Schicksal in die größte Todesfabrik des Dritten Reiches verschlagen hatte. Auf den linken Arm bekam ich die Kennzeichnung S.K., das Zeichen des Sonderkommandos,[15] dieses Kommandos der lebenden Toten. Schon einige Minuten nach meiner Ankunft kannte ich die finstersten Werkstattgeheimnisse des Dritten Reiches, und weil ich sie kannte, hatte ich keinen Augenblick Zweifel daran: Wer diesen Ort betrat, durfte ihn nicht lebend verlassen.[16]

Dr. Mengele legte meinen Arbeitsbereich fest und vertraute mir die Schlüssel zum modernsten Sektionsraum und Labor an. Das Personal des Sonderkommandos bestand aus 860 Häftlingen. Diese Menschen waren in Gemeinschaftsquartieren in den vier Krematorien untergebracht.[17] Dr. Mengele war auch Leiter der sogenannten wissenschaftlichen Forschungsarbeit. Diese Forschungsarbeit umfasste folgende Gebiete:

1. Auswertung von Zwillingsphänomenen an »lebenden Personen«. Die Forschungsarbeit auf diesem Gebiet verrichtete der Prager

Universitätsprofessor Dr. Epstein, der schon seit fünf Jahren in Haft war.[18]

2. Nach Abschluss der Untersuchung an den lebenden Zwillingen kamen die Protokolle der ärztlichen Untersuchung, die Röntgenaufnahmen und Zeichenskizzen in eine Mappe, dann wurden die Zwillinge paarweise durch interkardiale, also ins Herz gegebene Injektionen getötet (Chloroform, IG Farben, Sonderabpackung). Die Injektionen verursachten den sofortigen Tod. Die Leichen wurden links auf der Brust mit fettiger, blauer Hautkreide durch die Buchstaben Z.S. gekennzeichnet. Die Markierung Z.S. war die Abkürzung für »zur Sektion«. Zugleich bedeuteten sie die Anweisung zur Obduktion. So kamen die Leichen in den Sektionsraum des Krematoriums I.
3. Die inneren Zwillingsphänomene mussten mit präziser pathologischer Arbeit ausgewertet werden. Jedes auffindbare Symptom von ihnen war zu Protokoll zu nehmen. Die Protokolle kamen in die Mappe mit dem Lebend-Untersuchungsmaterial. Eine weitere meiner Aufgaben war die Auswertung »degenerativer« Symptome bei Juden. Erst »am Lebenden«, dann »am Toten«.

Világ, 20. April 1948, S. 4 – Folge 2

4. Menschliches Material zur ärztlichen Bestätigung der Theorie von der Degeneration der Juden. Das Material wählte Dr. Mengele gleich bei der Ankunft der Judentransporte aus, wenn sie zur Selektion antraten. So schickte er einzelne Personen oder Paare direkt von der Rampe, zum Beispiel: Vater und Sohn, Mutter und Kind, Geschwister; sie wurden von einem besonderen SS-Wächter in das Krematorium I gebracht, wo sie nach Abschluss der Untersuchungen »am Lebenden« von Oberscharführer Mußfeld, dem Oberschützen des Krematoriums I (offizielle Bezeichnung: Obergenickschütze), durch einen Schuss ins Genick (mit einer kleinkalibrigen 6-mm-Waffe) getötet wurden.[19] Danach kamen die Leichen in den Sektionsraum, wo die »degenerativen« Symptome pathologisch ausgewertet werden mussten.
5. Es war verboten, Leichen zu verbrennen, die auffällige Deformierungen oder Anomalien aufwiesen. Ihre Skelette mussten außerordentlich präzise präpariert und in Begleitung sämtlicher Aufzeichnungen als »eilig, kriegswichtiger Inhalt!« per Post ver-

schickt werden. Der Empfänger war das Institut für Entwicklungslehre und Rassenforschung in Berlin-Dahlem.[20]

6. Außerdem fertigte ich zahlreiche gerichtliche ärztliche Protokolle in Todesfällen durch Totschlag, Hochspannungsstrom, Vergiftung, Erschießung usw. an und musste in den Protokollen in vielen Fällen *falsche Diagnosen* als Todesursache angeben.[21] Diese Fälschung der Todesursachen wurde bei zahlreichen Morden befohlen, um die Vielzahl an Verbrechen zu verschleiern.
7. Ich war Augenzeuge der Vernichtungsarbeit in allen vier Krematorien und an beiden Scheiterhaufen[22] in allen Phasen dieser Handlungen.
8. Zur Unterstützung des Inhalts dieser Einreichung verweise ich hochachtungsvoll auf die Namen derjenigen meiner Mithäftlinge, die am Leben sind und meine in den obigen Punkten aufgezählten Anklagen als direkte Untergebene von Dr. Mengele in allem bestätigen können.

— Prof. Dr. A. Epstein, Universitätsprofessor, Prag (Auschwitz II, Zigeunerlager)
— Dr. J. Bendel, Arzt, Paris (Auschwitz II, Krematorium)
— Dr. Robert Levy, Universitätsprofessor, Straßburg (Auschwitz II, F-Lager)
— Dr. Josef Körner, Arzt, Nizza (Auschwitz, Krematorium I, Sektionsraum)[23]

Wenn es das Hohe Gericht als erforderlich ansieht, meine singuläre Zeugenaussage anzuhören, bin ich bereit, zu einem vom Gericht festgesetzten Ort und Termin vor ihm zu erscheinen.
Dr. Miklós Nyiszli

Der Nürnberger Gerichtshof

Der Internationale Militärgerichtshof in Nürnberg, vor dem ich erschien, um meine Zeugenaussage über das Todeslager abzugeben, bestand aus folgenden Richtern:[24]

1. M. le Professeur Donnedieu de Vabres, Richter für die Republik Frankreich.[25]
2. The Hon. Justice Lawrence, Richter für das Vereinigte Königreich und Nordirland.
3. I. T. Nikitschenko, juristischer Generalmajor, Richter für die Union der sozialistischen Sowjetrepubliken.
4. A. F. Woltschkow, Richter für die Union der sozialistischen Sowjetrepubliken.

5. The Hon. Justice Francis Biddle, Richter für die Vereinigten Staaten.
6. The Hon. Justice John Parker, stellvertretender Richter für die Vereinigten Staaten.
7. The Hon. Justice Birkett, stellvertretender Richter für das Vereinigte Königreich und Nordirland.

Zur Entgegennahme meiner Zeugenaussage waren folgende Staatsanwälte berechtigt:[26]

E. E. Minskoff, B. von Halle, Luis Hombs, Lt. Colonel A. M. S. Neave, Cpt. Joseph F. Tubridy, George R. Taylor, I. D. Mc Ilwraith, Armand Martin-Harvard.[27]

Die Vertreter der Anklage als Hauptbeauftragte:[28]

1. R. A. Rudenko, Sowjetunion.
2. M. Justice Robert H. Jackson, Vereinigte Staaten.
3. The Hon. Sir Hartley Shawcross KC MP, Großbritannien und Nordirland.
4. M. Champetier des Ribes, Republik Frankreich.

Erstes Kapitel

Im heutigen Nürnberg

Englische Fliegerbomben haben die Stadt Nürnberg während des Weltkriegs dem Erdboden gleichgemacht. Aus dem Flugzeug betrachtet, wirkt sie wie eine uralte Ruinenstadt. 90 Prozent von Nürnberg liegen in Schutt und Asche. Trümmer über Trümmer, zu Staub zerfallene Paläste, verkohlte Häuser, von denen nicht ein einziges vollkommen unversehrt geblieben ist. Dabei war ein Teil dieser Stadt jahrhundertelang als die am unverändertste erhaltene mittelalterliche Stadt bekannt. Ihre geografische Lage und sonstigen Gegebenheiten mögen die Gründe dafür gewesen sein, dass sie dem Baufieber der Barockzeit und des vergangenen Jahrhunderts entgangen ist. Sie liegt im bayrischen Bezirk Mittelfranken, am Fluss Pegnitz. Erhalten waren die alten Mauern und Türme, erhalten die alte Festung auf ihrem steilen Felsen. Künstlerisch gestaltete Brunnen und Denkmäler, Statuen Schillers und Dürers, schmückten die größeren Plätze der Stadt. Hier gab es die St. Lorenz-Kirche, die St. Egidien-Kirche (mit einem Altarbild von van Dyck) und die Burg von Friedrich Barbarossa, die Wohnstatt von Kaisern. Hier lebten Dürer und Hans Sachs. Hier wurde der erste Religionsfrieden geschlossen.

Világ, 21. April 1948, S. 4 – Folge 3

1934 vertrieben Hunderte von Betonmischern und Hebekränen die Stille der Straßen mit ihren vielen Türmen und den mehrgeschossigen Fachwerk-Patrizierhäusern. Riesige Gebäude aus Stahl und Beton erhoben sich, um dem neuen Geist als festes Obdach zu dienen.

Im Dritten Reich bekam Nürnberg den Namen »Stadt der Bewegung« und sollte als ständiger Schauplatz der Reichsparteitage dienen.

1945 wurde das Dritte Reich, gegründet für 1000 Jahre, hinweggefegt. Sein rasches Ende beweist, dass es nicht das Bauwerk eines »zur Führung berufenen Volkes«, einer »höherrangigen Rasse« war, sondern nur das einer vergänglichen, sterblichen, auf Gewalt errichteten Macht. Das in die Irre geführte Volk stürmte auf Befehl des Führers über die Landkarten von Europa und Afrika. Zertrümmerte Städte, Tausende von Massengräbern, die verrottenden Baracken und der rostige Stacheldraht von Konzentrationslagern flankieren noch heute den Weg, den sie in ihrem Angriffskrieg wie eine Viehherde entlanggetrabt sind.

Überall, wo sie vorbeikamen, leuchten unter einer dünnen Erdschicht weiß ausgewaschene Knochen ... Viele Millionen Mütter weinen um ihre Männer, Väter, Kinder, viele Millionen Männer weinen um ihre Eltern und Geschwister. Und viele Millionen beträgt die Zahl derer, um die niemand weint, weil sie vernichtet wurden, ausgerottet bis auf den Säugling.

Neue Sklaverei

Der Krieg war noch in vollem Gange, und die von Hitlerdeutschland verübten Schrecken hatten solche Ausmaße angenommen, dass sich 1943 in Moskau die Union der sozialistischen Sowjetrepubliken, die Vereinigten Staaten und das Vereinigte Königreich und Nordirland zu einer Versammlung trafen.[29]

Bei dieser Zusammenkunft wurde der Angriffskrieg als Verbrechen eingestuft; als Verbrechen gegen die Menschlichkeit galten: Morde an Kriegsgefangenen und Zivilpersonen, Deportation und Versklavung der Zivilbevölkerung in den besetzten Gebieten. Als Verbrechen galten die Massenmorde an deutschen wie ausländischen Arbeitsunfähigen und Kranken sowie anderen »unnützen Essern«. Zu einem schweren Verbrechen gegen die Menschlichkeit erklärte die Moskauer Versammlung die Politik der Judenvernichtung, deren planmäßige Ausführung schon in den ersten Tagen der Entstehung des Dritten Reiches ihren Anfang nahm.[30]

Eine Feststellung der Versammlung mit großer Tragweite war, dass auch Einzelpersonen zu Schuldigen in Angriffskriegen bzw. in gegen die Menschlichkeit begangenen Straftaten erklärt werden können:

»Daraus folgt, dass jede Person internationale Verpflichtungen hat, die über den Verpflichtungen und der Rücksicht gegenüber ihrer eigenen Nation stehen.«

»Niemand kann also die Anklage der ihm vorgehaltenen Verbrechen mit dem Argument entkräften, er habe auf Befehl gehandelt oder sei gezwungen gewesen, ›ungeschriebene Gesetze‹ zu berücksichtigen.«

Der erhaltene Justizpalast

Diese rechtlichen Feststellungen bekamen in Nürnberg im dort residierenden Internationalen Gerichtshof ihre endgültige Form und dienen als grundlegende Pfeiler eines neuen Völkerrechts.

Nach diesen rechtlichen Bestimmungen fasst der nunmehr seit beinahe drei Jahren aktive Nürnberger Gerichtshof seine Urteile. Niemals während des Zusammenlebens der Menschheit oder in der Geschichte der Kriege hat es eine solche Anhäufung und Schwere von Verbrechen gegeben. Niemals ließen sich so viele Verbrechen feststellen.

Das Schicksal hat zugelassen, dass ein Haus in Nürnberg vollkommen unversehrt geblieben ist, ein Haus, das nicht instandgesetzt werden musste: der Justizpalast. In diesem Palast residiert der Internationale Gerichtshof. In sechs Verhandlungssälen wird über die verschiedenen Gruppen von Kriegsverbrechen verhandelt.

Es ist ein mächtiges Gebäude. Im zweiten Stock suche ich an den dunkel getönten Türen die Nummer von Raum 207.

Diese Nummer steht in meinem Ladungsschreiben.[31] In Zimmer 207 habe ich mich zu melden.[32] Nach kurzer Suche stehe ich vor der Tür. Auf einem kleinen weißen Emailleschild lese ich den Namen:

E. E. Minskoff[33]

Chief of Counsel for War Crimes.[34]

Zwei dunkelhäutige amerikanische Soldaten bewachen den Eingang.

»Ihren Passierschein bitte«, sagt der eine. Ich reiche ihnen den Passierschein, sie sehen ihn sich an.

»Ihre Aktentasche. Please …«

Sie lassen mich die Aktentasche öffnen, sehen hinein und salutieren.

Dann darf ich eintreten.

Mich empfängt ein Herr, der Sekretärsaufgaben verrichtet. Er überfliegt kurz meine Ladung und führt mich zu Ratspräsident[35] *Minskoff* hinein.

Ratspräsident Minskoff ist ein Mann von etwa 40 Jahren mit gewinnendem Äußeren und einem interessanten Gesicht. Er steht von seinem Schreibtisch auf, begrüßt mich, setzt sich wieder und bietet auch mir einen Platz an. Ich setze mich, worauf Ratspräsident Minskoff beinahe ohne jede Einleitung zur Sache kommt.

»Herr Doktor ... Ich habe Ihre Ankunft schon erwartet! Wir halten Sie für einen wertvollen Zeugen aus der Perspektive der Anklage. Ihr Tagebuch habe ich mit großem Interesse gelesen.[36] Ihrer Darstellung konnte ich viele Details der Verbrechen gegen die Menschlichkeit entnehmen.«

»Ist das Material brauchbar?«

»Wir halten es in vollem Umfang für Beweismaterial und werden es im Prozess gegen die Naziverbrecher als solches verwenden.«[37]

Minskoff blättert in Schriftstücken auf seinem Schreibtisch und fährt fort:

»Die Reichhaltigkeit des schrecklichen Materials hat jedoch verlangt und seine Vielfalt geradezu gefordert, es in Gruppen aufzuteilen. Ich selbst beschäftige mich mit dem Prozessmaterial der IG Farben. Ich bitte Sie, Herr Doktor, dass wir die Geschehnisse in Auschwitz momentan beiseitelassen, weil wir bei der Verhandlung ohnehin auf sie eingehen.«

»Worüber soll ich sprechen?«

»Fassen Sie kurz die Erfahrungen zusammen, die Sie im Zusammenhang mit der IG Farben gemacht haben.«

Bevor ich allerdings antworten kann, nimmt Minskoff ein Blatt Papier heraus.

»Bitte teilen Sie mir Ihre Erfahrungen unter Berücksichtigung und Beachtung folgender Hauptpunkte mit ... Ich lese diese 16 Punkte vor. Wir nehmen die Fragen und Antworten der Reihe nach durch. Zuerst nenne ich Ihnen also die Punkte ...[38]

Világ, 22. April 1948, S. 4 – Folge 4

1. Unmenschliche Behandlung der KZ-Häftlinge in den Arbeitslagern der IG Farben.
2. Die IG Farben erhob nur Anspruch auf kräftige, arbeitsfähige Häftlinge, die schwachen ließ sie selektieren und spurlos aus den Arbeitslagern abtransportieren.
3. Bei Krankheit über drei Wochen wurden die Häftlinge im Krankenbau nicht mehr weiter gepflegt. Sie wurden in Transporten in die Gaskammern geschickt.
4. Kamen hochrangige Personen der IG in die Arbeitslager? Waren sie Zeugen der unmenschlichen Arbeit, die die Häftlinge verrichteten, zudem in mangelhafter Bekleidung, bei mangelhafter Ernährung und ohne Rücksicht auf die Witterung?
5. Kamen hochrangige Vertreter der IG Farben in die Stammlager und Krematorien von Auschwitz?
6. Kannten Sie jemanden von ihnen?
7. Haben Sie Kenntnis von ärztlichen Experimenten mit Medikamenten der IG Farben an lebenden Menschen?
8. Wurden die Häftlinge, die aus den Arbeitslagern der IG Farben in die Krematorien gebracht wurden, gekennzeichnet? Waren sie bei ihrer Ankunft gekennzeichnet? War feststellbar, dass sie aus dem Dienst bei der IG zur Vernichtung kamen?
9. Was wissen Sie über das Gas, das in den Krematorien von Auschwitz zur Massenvernichtung von Menschen verwendet wurde?
10. Wie lief der Vorgang des Vergasens ab?
11. Wie viele solcher Fälle haben Sie gesehen?
12. Welche Diagnose haben Sie als Arzt im Fall der Vergasung als Todesursache gestellt?
13. Welche Beobachtungen haben Sie bezüglich der psychischen Einstellung der Nazimörder gemacht?
14. Wie war das Verhalten, das Benehmen der Nazimörder beim Begehen der Morde?
15. Welche Beobachtungen haben Sie gemacht, von welchen unmenschlichen medizinischen Experimenten und Prozeduren hatten Sie Kenntnis?
16. Haben Sie einen Unterschied im Verhalten von Offizieren, Unteroffizieren und Soldaten beim Begehen der Morde festgestellt?

Auf jede Frage, jeden Punkt antwortete ich in einigen knappen Sätzen. Auf Generalstaatsanwalt[39] Minskoff machte die Faktenmenge, die ich vortrug, tiefen Eindruck.

»Das sind sehr reichhaltige und außerordentliche Angaben«, bemerkte er.

Ich sprach weiter und nannte mehr Fakten.

Nach einer Stunde angespannten Schweigens erhob er sich mit den Worten: »Ich wünsche natürlich nicht, dass Sie jetzt ausführlich auf sämtliche Fragen in den Anklagepunkten antworten. Für heute war es genug. Gehen Sie heim ins Hotel. Erholen Sie sich zuerst von der Anstrengung der Reise, und erst dann machen Sie sich an die Arbeit.«

»Wann soll ich mich wieder melden?«

»Fertigen Sie Notizen an, die alles genau enthalten, und seien Sie so freundlich, in zwei Tagen wieder zu mir zu kommen.«

Zweites Kapitel
In Hitlers Quartier

Nach meiner Ankunft in Nürnberg wurde mir von den Verantwortlichen ein Zimmer im Erdgeschoss des Hotels Deutscher Hof zur Unterkunft angewiesen. Das Fenster meines Zimmers geht auf die Straße. Den Fußboden hat man rasch instandgesetzt.[40]

Über den Deutschen Hof muss man wissen, dass es das Quartier des Führers und Kanzlers Hitler während der nationalsozialistischen Parteitage und ähnlicher Zusammenkünfte war. Heute wohnen hier die Offiziere der alliierten Truppen und Ausländer, die sich in offizieller Eigenschaft hier aufhalten. Deutschen ist der Zutritt verboten, außer, wenn sie eine Einladung bekommen.

Ich gehe in den Aufenthaltsraum hinunter und sehe englische, russische, tschechoslowakische und amerikanische Offiziere in einem lebhaften Gespräch begriffen. Auch Damen sind anwesend.

Eine Stunde später hörte ich jemanden Deutsch sprechen. Der Zufall führt mich mit zwei Zivilisten zusammen.

»Wie kommen Sie denn hier in dieses Hotel?«

»Wir warten auf jemanden.«

»Sind Sie auch Zeugen?«

»Ja. Wir sind Zeugen der Verteidigung im Verfahren der IG Farben.«

»Ich bin Zeuge der Anklage. Ich war KZ-Häftling.«

Sie wenden sich von mir ab und gehen weg. Ich habe es im Voraus gewusst. Mit denen werde ich gar nicht weiter sprechen. Ich erwähne das nur interessehalber; der Internationale Gerichtshof stellt für die Anklage und für die Verteidigung mit gleicher Sorgfalt Zeugen zur Verfügung. Ohne Rücksicht auf die Nationalität der Zeugen, sofern sie im Besitz wichtigen Materials sind.

Gelbe Armbinde

Ich gehe spazieren. Das zertrümmerte Durcheinander von Haus- und Mauerstümpfen und zufällig unversehrt gebliebenen mittelalterlichen Türmen an den von Ruinen gesäumten Straßen wirkt schon nach einem kurzen Spaziergang bedrückend. Überall Ruinenhäuser, an ihren vielleicht noch stehen gebliebenen, rußigen Wänden teilen immer wieder Schilder mit, dass das »Gebäude« kunsthistorisch sehr wertvoll sei. Das Schild ist noch da, das Gebäude zerstört. Gegen schwere Artillerie und die Fliegerbomben halfen die Aufschriften nicht viel. Die Ursache für diese Zerstörungen ist Hitler.

Világ, 23. April 1948, S. 4 – Folge 5

Eine eilige Menge wogt über den überall schadhaften Gehweg. Kriegsversehrte in großer Menge, sehr viele Invaliden, die Arm oder Bein verloren haben. Viele tragen gelbe Armbinden: Kriegsblinde. Ich denke an das monomanische Volk und daran, in welchem Maß es an der Serie der unvergleichlichen Verbrechen teilgenommen hat. Rasch beende ich das innere Philosophieren. Der Nürnberger Gerichtshof hat mich nicht rufen lassen, damit mich die Zerstörung deutscher Städte und das Leiden des deutschen Volkes »fesselt«. Nun betrachte ich die vielen Kriegsversehrten, die blassen Gesichter der schlecht gekleideten Frauen und die Tausenden von rachitischen Kindern nicht mehr mit den Augen des »Menschen«, sondern mit denen des Arztes.

Auch in Auschwitz habe ich Kinder gesehen. Viele Zehntausende von Kindern, wie sie, an den Rock ihrer Mutter geklammert, im rätselhaften Dunkel der Gaskammern verschwanden.

Kinderwagen vor dem Krematorium

Während ich so auf der Straße in Nürnberg spazieren gehe, wird das Bild des Krematoriums vor mir wieder lebendig. Wie viele Kinderwagen habe ich dort wochenlang im strömenden Regen durchweichen sehen, bis sie für die Kinder der ausgebombten deutschen Familien abtransportiert wurden![41] In den Gaskammern der Krematorien lagen überall Spielzeugpuppen herum.[42] Puppen mit Haaren und sprechende Puppen, die erst aus den kleinen Kinderhänden fielen, wenn der tödliche Hauch des Zyklongases sie erreichte. Die Kinder sagten nicht mehr »Mama«. Wenn die Stiefel der Schergen hier oder dort auf eine Schlafpuppe traten, quiekte sie noch. Die Puppe konnte noch einen Laut von sich geben. Die toten Kinder nicht mehr.[43]

Allerseelen

Ich sehe mir die auf und ab wogenden, schlecht gekleideten Menschen an. Sie haben eigenartige Blicke, bittere Blicke. Der wievielte ist heute? Der 2. November 1947. Allerseelen. Ein grauer, nebliger Nachmittag. Kalter Regen fällt auf die verkohlten Ruinenmauern. Der Geruch nach nassem Ruß verbreitet sich in der Luft. Aus der Schar meiner Fantasieassoziationen drängt der November 1944 in den Vordergrund, der 2. November. Auch dies war ein Allerseelentag. In allen Kirchen Europas riefen die feierlichen Glocken zum andächtigen Gebet.

Am Horizont brannten riesige Feuer, die Feuer der Krematorien und der Scheiterhaufen.[44] Ihre blutroten Flammen beleuchteten wie die Hölle den Totenweg, den Weg derer, die in den Tod gingen. Der kalte Wind blies von der Weichsel her ein Gemisch aus Schnee und Flugasche zu uns herüber.

Die Gedenkkerze im Arztzimmer des Krematoriums war schon heruntergebrannt, ihre aufflackernde bläuliche Flamme warf nur noch blasses Licht auf die gequälten Gesichter. In tiefsitzenden, vom Fieber brennenden Augen unterdrückten jenseitige Visionen die Geschehnisse unserer Vergangenheit, die uns nur noch wie ein Traum vorkamen. In der Goldschmelze des Krematoriums türmten sich die Stapel aus Scheiben,[45] aus Zahngold zusammengeschmolzen, erschreckend hoch auf, Knochenhaufen schimmerten weiß, Ascheberge glitzerten silbrig. In der Luft verbreitete sich der Rauch der brennenden Märtyrerasche meines Vaters, meiner Mutter, meiner Schwester und von Millionen meiner Geschwister.

Viele Millionen Gespenster schwirren im Luftraum des Dritten Reiches umher, viele Millionen Witwen und Waisen entzünden heute Gedenkkerzen. In ihrem Namen muss ich über die Vielzahl der mit perversem Sadismus begangenen Verbrechen und Untaten einer verflossenen Macht berichten.

Bei meinem Spaziergang komme ich am Justizpalast vorbei. Dieser Gerichtshof ermisst unter Einhaltung aller rechtlichen Form die Größe der Verbrechen, die Schuld derer, die sie begangen haben, und dieser Gerichtshof verrichtet die Arbeit der Verurteilung oder des Freispruchs.

Mein zufälliges Schicksal hat mir, das weiß ich, eine schwere Rolle zuteilwerden lassen. Ich nehme all meine Kraft zusammen. Kühl und sachlich werde ich von den Erfahrungen sprechen, die ich in der Hölle des Auschwitzer Krematoriums gemacht habe, und von den Gräueln, die ich dort gesehen habe.

Viele werden es nicht glauben, denn es gibt keine Feder, es niederzuschreiben, kein Wort, es auszusprechen, kein menschliches Hirn, das es erfassen könnte, weder in seinen Ausmaßen noch in seiner Schrecklichkeit.

Also lege ich alle Empfindlichkeiten beiseite. Ich sammle nicht auf den Straßen der Ruinenstadt Nürnberg mitleiderweckende Impressionen, sondern gehorche lieber Generalstaatsanwalt Minskoff. Ich breche meinen Spaziergang ab, gehe zurück ins Hotel, ruhe mich aus und beginne dann, die 16 Punkte der Verbrechen gegen die Menschlichkeit zu bearbeiten.

Drittes Kapitel
Im Verhandlungssaal

Zwei Tage sind vergangen. Ich habe meine Notizen zu den Anklagepunkten im Protokoll fertiggestellt.

Um neun Uhr am Morgen stehe ich wieder vor Generalstaatsanwalt Minskoff.

»Sind Sie mit Ihrer Arbeit fertig, Herr Doktor?«, fragt er freundlich.

»Ja, ich bin fertig.«

»Dann lasse ich sofort den amerikanischen Staatsanwalt von Halle rufen. Er ist als Staatsanwalt berechtigt, die unter Eid abgegebenen Aussagen, die Affidavits, zu beglaubigen.«[46]

Kurz darauf tritt von Halle ein. Ich stelle mich vor.

»Ich habe schon von Ihrer Ankunft gehört. Kann ich Ihre Notizen bekommen?«

Ich übergebe ihm die Unterlagen, die ich in deutscher Sprache geschrieben habe. Er überfliegt die Aufzeichnungen.

»Bitte unterschreiben Sie die Notizen auf jeder Seite.«

Nachdem ich sie unterschrieben habe, versieht von Halle die Seiten mit seiner Unterschrift.[47] Mit diesem Akt ist das Aktenbündel des Anklagematerials um 16 Affidavits gewachsen.[48]

»Was habe ich jetzt zu tun?«, erkundige ich mich.

Világ, 24. April 1948, S. 4 – Folge 6

»Herr Doktor«, unterbricht ihn Generalstaatsanwalt Minskoff. »Wir bitten Sie, im Gebäude zu bleiben, denn wir werden Ihre Anwesenheit wahrscheinlich bereits heute Vormittag benötigen.[49] Halten Sie sich um Punkt elf Uhr in dem Raum neben dem Verhandlungssaal 248 für den Prozess der IG Farben auf.[50] An der Tür steht ›Zeugenzimmer‹. Solange, wenn es Sie interessiert … Gehen Sie in irgendeinen Verhandlungssaal und hören Sie sich eine Verhandlung an. Außerordentlich interessant …«

Ich nehme den Rat an und sehe vor dem Eingang des nächstgelegenen Verhandlungssaals, dass dort eine zahlreichere Wache steht. Man sieht sich meine Unterlagen an. Ich darf bei den Zuschauern Platz nehmen.

Man drückt mir ein vervielfältigtes, maschinengeschriebenes Programm in die Hand.

Ich sehe mir die Angeklagten an, ich erkenne sie nicht. Aus dem Verhandlungsprogramm erfahre ich, dass General Milch und sein Generalstab auf der Anklagebank sitzen.[51] Der Balkanfeldzug und die auf ihm begangenen Verbrechen … Dafür müssen sie sich verantworten.

Die Verlesung der Anklagepunkte dauert mehrere Tage. Eine Weile höre ich mir die schweren Vorhaltungen an. Ich beobachte ihre Mimik, ihr Verhalten, prüfe ihre körperliche Konstitution und rate ihr Lebensalter. Dreiviertel elf. Ich stehe auf und verlasse meinen Platz.

Die Verhandlung der IG Farben

Einige Minuten vor elf Uhr warte ich im Zeugenzimmer neben dem Verhandlungssaal der IG Farben darauf, dass ich an die Reihe komme. Nur wenige Minuten, und schon öffnet sich die Tür zum Verhandlungssaal.

In der Tür erscheint ein amerikanischer Offizier:

»Mr. Nyiszli …«

Später erfuhr ich, dass der Offizier, der mich beim Namen nannte, im Prozess das Amt des Managers, des »Verhandlungsordners« versieht.

Er begleitet mich in den Saal und zeigt mir meinen Platz.

Ich nehme Platz auf einem Stuhl auf dem Zeugenpodest.[52]

Vor mir ein kleiner Schreibtisch, darauf ein Mikrofon. Ein Kopfhörer, eine Flasche Wasser und ein Glas. Ich habe noch Zeit, mich umzusehen, alles zu betrachten. Hier sind Journalisten, Fotoreporter, Rechtsgelehrte aus allen Teilen der Welt versammelt, Weltreisende, die es sich nicht nehmen lassen, wenigstens einen Verhandlungstag des Nürnberger Prozesses zu erleben.

Auffällig sind die Uniformierten in den Zuschauerreihen. Ich entdecke Uniformen zahlreicher Armeen in buntem Durcheinander. Die IG Farben ist eines der größten Industrieunternehmen der Welt mit Interessen auf allen Erdteilen. Auch deshalb sind zahlreiche Besucher hier.[53]

Links von meinem Platz sitzen auf einem hohen Podest die Staatsanwälte des Gerichtshofes. Unter ihnen in langer Reihe die Notare. Ein großer Stapel von Schriftstücken liegt vor jedem von ihnen.

Rechts, gegenüber den Staatsanwälten, sitzen die Angeklagten in einem geschlossenen Gestühl. Hinter ihnen reihen sich bewaffnete Wächter auf.

Damit alles, was gesagt wird, vollkommen verständlich ist, benutzen die Staatsanwälte, Notare, Zeugen, Verteidiger und Angeklagten Mikrofon und Kopfhörer. Auch an allen Zuschauerplätzen sind Kopfhörer angebracht.

Im Saal herrscht vollkommene Ruhe.

Nur das Rascheln der Papierblätter ist in meinem Kopfhörer zu hören, als die Staatsanwälte in den vor ihnen liegenden Aktenstapeln blättern.

Das Licht geht an

Plötzlich leuchtet auf dem Tisch des Generalstaatsanwalts Minskoff das blaue elektrische Lämpchen auf.[54]

Er hat das Wort.

In die tiefe Stille dringt ein leises Rauschen: Man hat das elektrische Aufnahmegerät in Betrieb gesetzt.[55]

Minskoff erhebt sich von seinem Platz und beginnt mit der Verlesung der Anklageschrift.[56]

»Hier auf der Anklagebank sitzen Männer, die in ihrer Heimat noch vor kurzer Zeit Führungspositionen hatten. Eine Gruppe der Leiter und Direktoren der IG Farben kommt jetzt vor die Richter des Internationalen Gerichtshofes, angeklagt der organisierten und fortlaufenden Verbrechen gegen die Menschlichkeit und den Frieden. Die Zahl der Opfer beträgt viele Millionen. Wie kommt es, dass die ›Söhne einer europäischen Nation‹ fähig waren, derart viele Morde zu begehen?

Ich gebe die Antwort in drei Punkten: 1. Im Dritten Reich und den von ihm besetzten Gebieten wurde das Strafrecht zum Schaden oder Nachteil einzelner Personen und Bevölkerungsmassen ausgesetzt. 2. Die öffentliche Macht wurde in den Dienst der Verbrechen gestellt. 3. Staatlich organisierte Menschenvernichtung.«

Világ, 25. April 1948, S. 6 – Folge 7

Banditenstaat

Minskoff fährt fort:

»Das nationalsozialistische Deutschland, dieser ›Banditenstaat‹, wie Professor Trainin[57] das Dritte Reich nannte, hat auf der Grundlage dieser drei Punkte eine Situation geschaffen, in der im Reich und in den besetzten Gebieten Millionen und Abermillionen Menschen vernichtet wurden. Infolge der Aussetzung des Strafrechts wurden in einzelnen Regionen Personen und Volksgruppen, die zur Vernichtung vorgesehen waren, der unverantwortlichsten Willkür ausgeliefert. Ganz gleich, wohin sie sich wandten – wenn sie überhaupt die Möglichkeit hatten, einen solchen Versuch zu unternehmen –, sie fanden keinen Schutz bei den Gruppen, aber auch nicht in moralischen und religiösen Foren. Wir konnten keinen einzigen Fall des Protests der Presse nachweisen.«

Mit erhobener Stimme fährt der Generalstaatsanwalt fort:

»In keinem einzigen Fall hat die Reichsversammlung, der Reichstag, seine Empörung ausgedrückt. Auch das Militär hat diese Harmonie der Morde nicht für unvereinbar mit seiner Ehre erklärt. Kein einziger Diplomat hat aus solchen Erwägungen seinen Abschied eingereicht. Die kirchlichen Kreise haben nicht protestiert, der Eisenbahnverkehr kam nicht zum Erliegen, die Schwerindustrie und die Finanzmänner haben nicht ihre Empörung zum Ausdruck gebracht, als viele Millionen Unschuldige deportiert und zu Sklavenarbeit gezwungen und schließlich massenweise ermordet wurden.«

Nach einer sekundenlangen Pause, in der nur das Rauschen des elektrischen Aufnahmegerätes zu hören ist, fährt er fort:

»Was geschah stattdessen? Eisenbahnzüge transportierten ungeheure Massen viele 100 Kilometer weit.«

In aller Öffentlichkeit …

»Oftmals wurden die unterwegs Verstorbenen in aller Öffentlichkeit an verkehrsreichen Bahnhöfen abgeladen. Die noch Lebenden flehten herzergreifend um nur einen Tropfen Wasser für ihre Kinder. Oder um etwas frische Luft in den mit 100 Menschen vollgestopften Waggons. Bei der Ankunft war alles organisiert und für ihren Empfang vorbereitet, *jeden Tag wurden mit den modernsten Mitteln der Technik Zehntausende vernichtet.*«

Danach betonte Minskoff das Wesentliche:

»Das Gericht des Dritten Reiches wandte Gesetze an, die das Begehen derartiger Verbrechen zuließen. Die Eisenbahnen des Reiches beförderten die Todestransporte. Die Presse hetzte die Massen zum Hass auf. Die Schwerindustrie produzierte Gas, andere stellten Öfen für die Menschenverbrennung her; dann wurden neue Medikamente am lebenden Menschen getestet. *Sie haben mit ihnen zusammengearbeitet.* Hand in Hand, Scharen von Ärzten und sogar Wissenschaftlern. Sie gewährleisteten auch die materielle, finanzielle Abwicklung des Unternehmens. Alles bereiteten sie präzise vor, jede Behörde, jede Dienststelle achtete darauf, dass alles in größter Ordnung vor sich ging.«

Organisierter Massenmord

»Wir stehen hier Fällen organisierten Massenmordes gegenüber, wie sie in der Geschichte bislang niemals verzeichnet wurden. All dies geschah gestützt auf die staatliche Maschinerie, am helllichten Tag vor den Augen der ganzen Welt, der gesamten entsetzten Menschheit. Dass diese unvergleichliche Menschenvernichtung geschehen konnte, lag nicht nur daran, dass dies von führenden Kreisen von oben angeordnet wurde, sondern auch daran, dass es unverzüglich ausgeführt wurde. Wir klagen die hier anwesenden Vertreter der IG Farben der Verbrechen gegen den Frieden und gegen die Menschlichkeit an. Sie haben Sprengstoffe hergestellt und Giftgase gehortet, für den Angriffskrieg, schon weit vor dessen Beginn, oder für die massenhafte Vernichtung von Menschen in geschlossenen Räumen (Gaskammern, -wagen und -waggons). Nicht weniger als Verbrechen gegen die Menschlichkeit gelten die Versuche mit den von ihnen hergestellten neuen Medikamenten. Diese bislang an Tieren durchgeführte ärztliche Henkersarbeit hatte zahllose schwere Krankheits- und Todesfälle zur Folge.

Ein Verbrechen gegen die Menschlichkeit ist es auch, dass sie ohne jede Gegenleistung von der Arbeitskraft der zur Sklavenarbeit gezwungenen Massen profitiert haben. Unmenschlicher Umgang mit den zum Dienst bei der IG Farben gezwungenen Häftlingen! Maximale Ausnutzung ihrer Kraft bei schwerer Arbeit bis zur Unmenschlichkeit.

Bei Speisen, die für die menschliche Ernährung überhaupt nicht geeignet sind. Auch die Kleidung der Häftlinge war ihrer Arbeit und der Witterung nicht angemessen. Für ihre ärztliche Behandlung standen nicht einmal die billigsten, einfachsten Medikamente zur Verfügung.«

Man wusste von allem!

Staatsanwalt Minskoff weist auf die Leiter der IG Farben auf der Anklagebank und fährt mit seiner Verlesung fort:

»Nach der Beendigung ihrer Arbeit lebten sie, den Launen der SS-Wärter ausgeliefert, das auf den Tod vorbereitende Leben in den KZs. Stundenlange Registrierungen und Appelle, stundenlange Märsche zur Arbeitsstelle und zurück ins Lager, ermüdende sportliche Tätigkeiten, die zur Disziplinierung angeordnet wurden. Körperliche Drohungen und sonstiger Sadismus machten ihr Leben so wertlos, dass sie nur noch einen Wunsch hatten: einen raschen, schmerzlosen Tod.

Világ, 27. April 1948, S. 4 – Folge 8

All dieses Schreckliche ist nur ein geringer Bruchteil der in Ausmaß und Unbarmherzigkeit nicht zu ermessenden Verbrechen, die im Dritten Reich und in den von ihm besetzten Gebieten verübt wurden, dennoch wird die Verantwortung der IG Farben streng beurteilt, weil das Unternehmen zur Ernährung, ärztlichen Versorgung und Bekleidung der in seinen Arbeitslagern beschäftigten Häftlinge verpflichtet war. Die Anklagepunkte, die ich aufgezählt habe, beweisen, dass die Herren von der IG Farben Hand in Hand mit der SS darauf aus waren, die Arbeitskraft der Häftlinge möglichst ökonomisch auszunutzen. Bei abnehmender Arbeitsfähigkeit haben sie die ›nutzlosen Esser‹ selektiert, und eine lange Reihe von Transporten zog von den Arbeitslagern in die Gaskammern.

40 Direktoren leiteten während des Krieges die Unternehmen der IG Farben in Deutschland.[58] Hunderte von hohen Amtspersonen, Direktoren, Ingenieuren und Technikern kamen und gingen zwischen den versklavten Arbeitern und organisierten die Arbeit. Ist es vorstellbar, dass sie keine Kenntnis von dem hatten, was in den Arbeitsstätten geschah?«

Generalstaatsanwalt Minskoff spricht mit erhobener Stimme:

»Ich stütze mich auf amtliche Urkunden, die unsere militärischen Ermittlergemeinschaften aufgefunden haben, ich klage die Führung der IG Farben an, von alledem gewusst, es zustimmend in Kauf genommen, ja sogar vorangetrieben zu haben.«

Offene und geheime Verordnungen

Unter sehr großem Interesse beginnt Generalstaatsanwalt Minskoff, eine ganze Legion von Verordnungen bekanntzugeben, die von der Führung des Dritten Reiches erlassen und vollstreckt wurden und die nun durch die militärischen Ermittler in seinen Besitz gelangt waren.[59]

1. Himmlers Verordnung von 1942: »Häftlinge sollen durch Arbeit vernichtet werden!«
2. US-699:[60] »Die Slawen sollen für uns arbeiten. Soweit wir sie nicht brauchen, mögen sie sterben. Impfzwang und deutsche Gesundheitsfürsorge sind daher überflüssig.«
3. Himmler: »Ob die anderen Völker in Wohlstand leben oder ob sie verrecken vor Hunger, das interessiert mich nur soweit, als wir sie als Sklaven für unsere Kultur brauchen, anders interessiert mich das nicht.«[61]
4. Sauckel, 20. April 1942, US-168.016 P.S.:[62] »Alle diese Menschen müssen so ernährt, untergebracht und behandelt werden, dass sie bei denkbar sparsamstem Einsatz die größtmöglichste Leistung hervorbringen.«
5. Dokument 4710: »Es ist für Deutschland die größtmögliche Menge an Lebensmitteln und Rohöl zu beschaffen, dies ist das wichtigste wirtschaftliche Ziel dieses Krieges.«
6. Dokument Nr. 2960, Hitler: »Das Gebiet, das heute direkt für uns arbeitet, umfasst mehr als 250 Millionen Menschen, das Gebiet, das in Europa indirekt für diesen Kampf arbeitet, umfasst schon jetzt über 350 Millionen. Soweit es sich nun um das deutsche Gebiet handelt, das Gebiet, das wir besetzt haben, das Gebiet, das wir jetzt in unsere Verwaltung genommen haben, so soll man nicht daran zweifeln, dass wir es fertigbringen, es in die Arbeit restlos einzuspannen.«
7. Dokument 1058-PS: »Wir sehen durchaus nicht die Verpflichtung ein, aus diesen Überschussgebieten das russische Volk mit zu ernähren. Wir wissen, dass das eine harte Notwendigkeit ist, die außerhalb jeden Gefühls steht.«[63]
8. 3012-PS, US-190: »Dabei wird es nicht immer ohne Zwangsmittel abgehen. Bei der Überholung von Dörfern bzw. der notwendig werdenden Niederbrennung eines Dorfes wird die gesamte

Bevölkerung dem Beauftragten zwangsweise zur Verfügung gestellt. Grundsätzlich werden keine Kinder mehr erschossen. Wenn wir also durch obige Anordnung unsere harten sicherheitspolizeilichen Maßnahmen vorübergehend einschränken, so geschieht dies nur aus folgendem Grund. Das Wichtigste ist die Arbeiterbeschaffung.«[64]

Minskoff hebt sein letztes Blatt hoch.

»Jetzt verlese ich Dokument US-170, S. 23. Himmler erklärt: ›Ob bei dem Bau eines Panzergrabens 10 000 russische Weiber an Entkräftung umfallen oder nicht, interessiert mich nur insoweit, als der Panzergraben für Deutschland fertig wird.‹«[65]

Anschließend lässt der Generalstaatsanwalt den Blick durch den Saal schweifen und beginnt nach einer kurzen Pause wieder zu sprechen:

»Ich will die Aufmerksamkeit der Herren Staatsanwälte nicht mit der Verlesung von Dokumenten in Anspruch nehmen!«

Hier sitzt ein Arzt …

Aller Augen sind auf ihn gerichtet. Auch ich schaue aufmerksam zu Generalstaatsanwalt Minskoff, der plötzlich die Hand hebt und auf mich zeigt:

»Hier auf dem Zeugenpodest sitzt ein Arzt! Er ist auf unseren Ruf aus Rumänien vor den Hohen Gerichtshof gekommen und wird hier ohne jeden Zwang eine von genauen Angaben unterstützte Aussage über eine derartige Vielzahl von begangenen Verbrechen, Unmenschlichkeiten und Gräueltaten abgeben, dass dies allein ausreicht, um die Schuld festzustellen bzw. die Angeklagten schuldig zu sprechen: der Verbrechen gegen den Frieden und die Menschlichkeit, die ich bezüglich des Materials dieses Verfahrens zu 16 Punkten gruppiert und Ihnen vorgetragen habe.

Ich weise die Herren Staatsanwälte darauf hin, dass die Zeugenaussage des hier als Zeuge erschienenen Arztes Dr. Miklós Nyiszli auch deshalb von Interesse ist, und dass ihr außerordentlicher Wert darin besteht, dass der Zeuge während seiner Gefangenschaft kürzere oder längere Zeit in fünf Konzentrationslagern[66] des Dritten Reiches gelebt hat. Acht Monate lang war er als Prosektor im Krematorium von Auschwitz tätig.[67] So kann er also einen genauen Bericht vom Leben im Konzentrationslager von Monowitz geben, aber zugleich legt er auch eine genaue Aussage über die Vernichtung der geschwächten Häftlinge in den Transporten ab, ein Verbrechen, dessen Augenzeuge er in mehreren Fällen war.«

Világ, 28. April 1948, S. 4 – Folge 9

Der Generalstaatsanwalt nahm von seinem Schreibtisch ein Exemplar meines Buches.

»Die Aussage dieses Arztes ist auch deshalb interessant, weil er über seine Erlebnisse 1946 ein Buch geschrieben und es herausgegeben hat. Wir haben ihn um ein Exemplar dieses Bandes gebeten.[68] Unsere Sachverständigen haben seine Angaben eingehend geprüft und sie mit den Urkunden und Zeugenaussagen verglichen, die uns in diesem bereits seit zwei Jahren laufenden Prozess zur Verfügung stehen.[69] Wir betrachten das Buch als dokumentarisches Material, weil der Verfasser in seiner Beschreibung viele bislang unbekannte Einzelheiten beleuchtet.«

Dann setzt sich Generalstaatsanwalt Minskoff.

Nun leuchtet die blaue Lampe vor Staatsanwalt von Halle auf. Er hat das Wort. Er hält meine von ihm beglaubigten Affidavits in der Hand und beginnt, das erste (meine persönlichen Daten und meine unter Eid abgegebene Aussage) zu verlesen.[70] Es enthält eine kurze Zusammenfassung meiner Studienzeit, meines ärztlichen Wirkens, meiner Deportation, meiner Gefangenschaft im KZ und im Krematorium bis zur Befreiung.

Nun leuchtet die blaue Lampe an meinem Tisch auf. Ich habe das Wort. Staatsanwalt von Halle setzt sich.

Viertes Kapitel
Im Reich des Todes

In meinem Kopfhörer sagt die Stimme von Generalstaatsanwalt Minskoff:

»Dr. Miklós Nyiszli! Sie sind aus Ihrer Heimat hierhergekommen, um vor dem Internationalen Militärgerichtshof ohne jeden Zwang eine Aussage abzugeben. Ich belehre Sie, dass die falsche Zeugenaussage eine Straftat ist. Sagen Sie also, was Sie über die Behandlung der KZ-Häftlinge in den Lagern der IG Farben wissen.«

Ich gestehe, in diesem Augenblick verspüre ich eine kleine Beklemmung. Jetzt soll ich sprechen, und die ganze Welt hört aufmerksam zu. Ich, der einfache Arzt, stehe mit meiner Aussage im Mittelpunkt dieses unfassbar komplizierten und wichtigen Weltprozesses.

Aber all das dauert nur eine Sekunde; ich sehe auf das Mikrofon vor mir und beginne ohne jedes Lampenfieber und ohne Beklemmung zu sprechen.[71]

»Meine Herren Staatsanwälte! Ich bitte um die Erlaubnis, meine Zeugenaussage in deutscher Sprache abzugeben, da ich diese Sprache fließend spreche.«

Sobald ich meine Bitte ausgesprochen habe, höre ich im Kopfhörer schon ihre englischsprachige Übersetzung, dann die Gewährung meiner Bitte. Ansager und Dolmetscher arbeiten hervorragend. Heute trage ich mündlich die Notiz vor, die als Dokument US AGO D.4325.32 firmiert.[72]

»Von den fünf Konzentrationslagern, deren Bewohner ich war, stand das Lager in Monowitz im Dienst der IG Farben. Es lag zwölf Kilometer von Auschwitz entfernt[73] und bestand aus Hunderten von riesigen Betongebäuden, die zum Zweck der Herstellung von synthetischem Benzin und Gummi auf einem riesigen Gelände errichtet worden waren, teils noch nur in den Fundamenten, teils halb fertig oder vollständig fertig und bereits im Betrieb befindlich.

Kein Schonungslager ...

Die flache, gelblehmige, kahle Gegend entspricht dem Zweck, denn in unmittelbarer Nähe erstrecken sich die schlesischen Kohlebergwerke. Synthetischer Gummi und synthetisches Benzin werden bekanntlich aus Kohle hergestellt. 40 000 Häftlinge waren hier auf dieser riesigen Baustelle beschäftigt.[74]

Aus ihrer Heimat verschleppte russische und polnische Männer und Frauen, ein Regiment englischer Flieger und ungefähr 20 000 Deportierte.[75] Christen und Juden gemischt. Franzosen, Deutsche, Niederländer, Griechen, Ungarn ebenfalls gemischt.

Die Werkanlage bzw. die gesamte Baustelle war mit Stacheldraht umzäunt. Mehrgeschossige Wachtürme in 30 bis 40 Metern Entfernung gaben ihr das Gepräge eines Konzentrationslagers.[76] In den Türmen wachten SS-Posten mit schweren Maschinenwaffen, auf dem Gelände waren bis an die Zähne bewaffnete Patrouillen unterwegs. Das Quartier der Häftlinge, das KZ, lag – je nachdem, wo die einzelnen Kommandos arbeiteten – in vier bis zwölf Kilometern Entfernung von den Arbeitsstätten. Die Häftlinge des Konzentrationslagers Monowitz waren in 200 Arbeitskommandos aufgeteilt, ein Teil der Häftlinge arbeitete auf der Baustelle, die anderen bei der Kohleverladung.

Ich kam als einer von 7000 nach Monowitz.[77] Nach unserer Ankunft stellten wir uns auf dem riesigen Sammelplatz des KZs auf. Nach dem Zählappell richtete der Kommandant des Lagers eine Rede an uns und teilte schon in den einleitenden Worten mit:

›Ich habe nicht die Absicht, Sie in dem eventuellen Irrglauben zu lassen, dass Monowitz ein Schonungslager sei. Monowitz ist ein Konzentrationslager, wo Sie mit all ihrer Kraft arbeiten müssen. Wenn nicht, werden Sie alle im Beton verrecken.‹

Dieses Wort benutzte er: ›verrecken‹.

Wie bei den ägyptischen Pyramiden …

Über unsere Lage und unser Schicksal als KZ-Häftlinge hatte ich mir auch bisher keine Illusionen gemacht. Wir hatten bereits gesehen, gehört, gespürt und erfahren, dass es nur eine Frage der Zeit war, dass wir alle vernichtet wurden. Aber diese Einleitung, diese ›Begrüßungsrede‹ machte mich dennoch nachdenklich. Besonders grübelte ich darüber, was unser Lagerkommandant mit dem Beton meinte.

Eine Woche verging. Ich arbeitete im Kommando 197 auf der Baustelle. Hunderte von Eisenbahnwaggons kamen hier an, mit Zement, Ziegeln, Stahlteilen beladen, und verließen die Baustelle leer, um den nächsten Platz zu machen.

Világ, 29. April 1948, S. 4 – Folge 10

Mir kamen die ägyptischen Pyramiden in den Sinn, bei ihrem Bau herrschte auch so ein Gewimmel und Gerenne. Egal, in welchem Kommando ein Häftling arbeitete: Wenn volle Waggons ankamen, war ihre Entladung die dringendste Aufgabe. Wir dachten, es müssten fast alle Waggons Deutschlands sein, die hier ankamen, mit allem Baumaterial, das es gab. Die Häftlinge mussten die Waggons entladen, und das ließ sich nur in einem unmenschlichen Arbeitstempo innerhalb kurzer Zeit erledigen. Im besseren Fall mussten Ziegel, Zement oder Stahlrohre neben den Waggons abgelegt werden. Mörderische Arbeit war es, wenn sie mit den Händen, auf dem Rücken oder den Schultern an einen weiter von den Waggons entfernten, oft in mehreren Hundert Metern Abstand liegenden Arbeitsplatz gebracht werden mussten. Und man muss wissen, dass die Arbeit im KZ im Laufschritt auszuführen war. Die IG Farben nutzte unsere Kraft in jeder Minute der Arbeitszeit aus.

Sechs übereinandergestapelte Ziegel in der Hand. Einen 50 Kilogramm schweren Zementsack auf den Schultern oder auf dem Rücken. Ein vier Meter langes Stahlrohr mit acht Zentimetern Durchmesser auf den Schultern zweier Männer oder einen Meter eines langen, dicken Kabels auf den Schultern: Es wog 100 Kilo. Ja, es hätte 100 Kilo gewogen, wenn die Häftlinge vor und hinter mir den auf sie entfallenden Teil gehalten hätten. Aber oftmals geschah es, dass meine Partner kleiner waren als ich oder die Last nicht tragen konnten. So lasteten drei Teile des Kabels auf meiner aufgescheuerten Schulter. Da half es auch nichts mehr, dass ich riskierte, erschlagen zu werden, und mir meine Mütze auf die brennende, verletzte Schulter legte, um den Druck des Stahlrohres zu verringern.

SS-Soldaten gingen zwischen uns umher und Ingenieure der IG Farben in Sportkleidung, bäuchige deutsche Vorarbeiter und die Kapos, deutsche Mithäftlinge, die ihnen für ein zusätzliches Stück Brot treu dienten.

Mit Beton übergossen ...

Viele ließ die anstrengende, hungrig verrichtete Arbeit ohnmächtig zusammenbrechen. Viele ereilte der Herztod und brachte ein schnelles, wohltätiges Ende aller Leiden.

Die letzte Ehre für die Toten bestand hier darin, dass sie einfach in die Gräben geworfen wurden, die man für die Kabel ausgehoben hatte. Man warf Erde über sie, dann wurde das Kabel verlegt und schließlich Beton darüber gegossen. Jetzt, nach acht Tagen, war mir klar, was der Beton in der Begrüßungsrede des Lagerkommandanten bedeutet hatte. Ich wusste auch, dass beinahe 100 000 Deportierte hier den Tod und das Grab gefunden haben, vom Anfang der Bauarbeiten 1942 bis heute.[78]

Es war ein kalter, regnerischer Vormittag. Unsere Vorarbeiter und Wächter hatten sich vor der bis auf die Knochen dringenden nassen Kälte und vor dem Regen in die gut geheizten Baracken zurückgezogen, die überall in der Nähe der Arbeitsplätze aufgestellt worden waren. Sicher verströmte der glühende Eisenofen eine wohltuende Wärme. Lampen leuchteten hell und verbreiteten freundliches Licht. Wir arbeiteten in der Nähe des Häuschens, ich sah durchs Fenster: Sie tranken heißen Tee und rauchten gemütlich ihre Zigaretten. Dabei unterhielten sie sich gut gelaunt, einige Fetzen von Lachen schlugen mir ans Ohr.

Wenn es regnete, verrichtete das Kommando 197 nicht seine übliche Arbeit. Wir trugen keinen Zement, um die Betonmischmaschinen zu füttern, denn der feine Zement wäre durchgeweicht und unbrauchbar geworden. Aber für Häftlinge gab es kein schlechtes Wetter! Im KZ durfte man nicht tatenlos herumsitzen, also transportierten wir Sand mit Förderwagen. Aus dem Papier weggeworfener Zementsäcke legten wir uns nach vorsichtigem Umsehen einzelne Stücke auf den Rücken unter unsere gestreifte Häftlingsjacke, um uns irgendwie vor dem strömenden Regen zu schützen. Schnell bewegte sich die breite Schaufel in unseren Händen. Rasch war der Transportwagen gefüllt. Wir beeilten uns damit, denn dann konnten wir uns am Ladeplatz ein bisschen ausruhen, bis auf dem einzigen Schienenpaar der ›Gegenzug‹ ankam.

Zu sechst hielten wir den schon gefüllten Förderwagen. Er war sehr schwer. Vorsichtig ließen wir ihn los, indem wir ihn eher zurückhielten als anschoben auf der hangabwärts führenden Bahn.

Eine Weile ging alles glatt. Plötzlich glitt dem Bremser das rundgedrückte Stück Holz aus der Hand. Der Förderwagen fuhr los, wie ein mit Sand gefüllter stählerner Förderwagen auf einem abwärts führenden Weg losfahren kann. Der Schreck war groß. Wäre das bemerkt worden, hätte es Ärger gegeben. Dies war ein als KZ eingerichtetes Arbeitslager der IG Farben ... Graben und Kabel und Beton ...

Wir sprangen zwischen die provisorisch verlegten Schienen und Schwellen, griffen nach dem wildgewordenen Förderwagen, zerrten an ihm und versuchten mit aller Kraft, ihn aufzuhalten. Doch unsere Anstrengung war nutzlos, bis unser Kamerad, dem das Bremsholz aus der Hand gerutscht war, aus Angst oder Ungeschicklichkeit unbedacht vor den immer schneller fahrenden Förderwagen sprang und versuchte, ihn mit den Armen festzuhalten.

Der verzweifelte Versuch gelang nicht. Es war eine Ungeschicklichkeit. Ein Fachmann hätte das niemals gemacht. Nur ein KZ-Häftling, der im bürgerlichen Leben Zahnarzt war. Nur ein KZ-Häftling konnte so unvorsichtig sein.

Der Förderwagen warf ihn um. Er stürzte zu Boden. Seine Beine brachen unter den Stahlrädern krachend in Stücke.

Der Wagen kippte um, und unser armer Kamerad lag im wohltuenden Zustand der Bewusstlosigkeit mit blutenden Beinen, eiskaltem Schweiß im unwahrscheinlich blassen Gesicht zwischen den Schienen.

Világ, 30. April 1948, S. 4 – Folge 11

Vorsichtig hoben wir ihn heraus und legten ihn auf den Sandhügel. Es regnete in Strömen. Erschrocken und ratlos standen wir um ihn herum. In einem KZ gibt es keine individuelle Initiative oder Handlung. Ohne Befehl darf die Arbeit nicht unterbrochen werden, noch weniger darf man sich vom Arbeitsplatz entfernen.

Dreckiger Häftling

Zwei regenglänzende Gummiumhänge tauchten bei uns auf. Sie erkundigten sich, warum wir aufgehört hätten zu arbeiten. Der eine war ein SS-Mann, der andere ein Vorarbeiter. Sie sahen den Mann auf dem Boden liegen.

›Weitermachen!‹, befahlen sie.

Mit dem Befehl zum Weitermachen nahmen sie ungewohnt umstandslos die beiden vollkommen zertrümmerten Unterschenkel eines Häftlings und den umgekippten Förderwagen zur Kenntnis. In ihren Tassen dampfte wahrscheinlich noch der heiße Tee, draußen strömte der Regen. Sie hatten es eilig, wieder zurück ins warme Häuschen zu kommen.

Der reglose Körper, das unwahrscheinlich blasse Gesicht und die blutigen Beine beschworen aus dem Nebel meiner Vergangenheit den Arzt herauf. An den Arbeitsstätten aller Kommandos wiesen große schwarze Schilder darauf hin, in welcher Richtung und wie weit entfernt vom Arbeitsort der nächste Hilfeplatz lag. Unzählige solcher Schilder gab es im Monowitzer Arbeitslager der IG Farben, wie es in den Sicherheitsbestimmungen der Bauregelungen vorgeschrieben war.

›Herr Vorarbeiter‹, rief ich dem sich entfernenden SS-Mann hinterher. ›Ich bitte um Erlaubnis, zur Erste-Hilfe-Stelle zu gehen, um Verbandsmaterial und eine Trage zu holen. Ich bin Arzt. Ich kann den Verletzten versorgen, bis er transportiert wird.‹

Der SS-Mann fuhr mich an:

›Du bist hier nur ein dreckiger, unverschämter KZ-Häftling, kein Arzt. Ein unverschämter Kerl, der nicht mal weiß, dass die Erste-Hilfe-Stellen und Luftschutzkeller hier nur Reichsdeutschen zur Verfügung stehen.‹

Dann begann er zu brüllen:

›Ihr sollt hier nicht eure Zeit verschwenden, sondern arbeiten, sonst … werdet ihr gleich etwas erleben!‹

Wir wussten schon, worauf er anspielte. Die 25 Stockschläge in Anwesenheit eines Arztes. Sie meinte er.

Für zu langsames Arbeiten, verbotenes Rauchen, aber auch für dieses Zementpapier, das wir uns auf den Rücken legten, konnten wir sie bekommen. Solche Strafen wurden nach dem Einmarsch auf dem Appellplatz verabfolgt.

Die Schläge teilte der offizielle Henker des KZs aus.[79] Bei der Bestrafung war ein SS-Arzt anwesend, der aber oft nur den eingetretenen Tod feststellte. Quetschungen beider Nieren und die Zertrümmerung der Lendenwirbel verursachten den Tod.

Tatsache ist auch, dass bei der Anzahl der Schläge der Abschnitt in den KZ-Vorschriften über die körperlichen Züchtigungen nicht eingehalten wurde, denn bis 40 konnte ich noch zählen, und die Anzahl der Schläge lag in keinem Fall darunter, wenn ich Augenzeuge dieser Ereignisse war.[80]

Wir stellten den umgekippten Förderwagen zurück auf die Schiene, nahmen die Schaufeln, und die Arbeit ging weiter. Es hatte nicht den Anschein, als ob es sechs Uhr war, sechs Uhr am Abend, uns schien es, als hätten wir ewig gearbeitet, als wir aufhören durften. Der von Schmerz und Blutverlust ohnmächtige Körper unseres Kameraden wurde auf eine Art Trage aus Brettern gelegt.

Unser Kommando schloss sich den anderen an und wir hielten auf unser Quartier im KZ zu.

Wenn der Abendappell zwei Stunden dauerte, war das für uns gar nicht mehr lange. Hier wurde die Nummer unseres verletzten Kameraden aufgeschrieben, und er kam endlich ins Krankenhaus, in den berüchtigten HKB, den Häftlingskrankenbau. Ich wusste schon im Voraus, dass man ihm dort mit hervorragender chirurgischer Technik beide Beine unter dem Knie amputieren würde. Dabei würde man ein paar neue Narkotika der IG Farben und andere Medikamente an ihm ausprobieren. Wenn seine Stümpfe *per primam*[81] geheilt wären, würde seine Krankenakte ins Archiv kommen und er selber auf den Transport ins Krematorium. Für die IG Farben war er, so amputiert, nichts als ein ›unnützer Esser‹, und solche Personen mussten im Dritten Reich sterben.

Das wäre es, was ich zur Umgangsweise der IG Farben mit den KZ-Häftlingen zu sagen hätte«, schließe ich.

Halluzination ...
Die Staatsanwälte unterhalten sich, sie beraten über irgendetwas. Generalstaatsanwalt Minskoff erhebt sich und gibt bekannt:

»Die Vormittagssitzung ist beendet. Am Nachmittag um 15.30 Uhr wird die Verhandlung fortgesetzt.«

Nach dem Mittagessen lese ich meine Aufzeichnungen für die Verhandlung am Nachmittag. Ich tue das nur, um mir die Reihenfolge der Geschehnisse in Erinnerung zu rufen, nicht, um die Ereignisse selbst wieder aufleben zu lassen. Auch aus der Entfernung von drei Jahren ist jedes Moment in mir lebendig.

In dem Raum, wo ich nur als ein Schatten meiner Vergangenheit lebe, steht die Masse der Ideenassoziationen stets bereit und sorgt dafür, dass eine überstandene Gräueltat oder ihre Akteure vor mir erscheinen.

Világ, 1. Mai 1948, S. 6 – Folge 12

Auch hier in Nürnberg geht es mir so. Sooft mir auf der Straße ein entlassener Soldat entgegenkommt, genügt ein Blick auf seine Mütze und die lange grüne Uniformjacke mit dem schwarzen Kragen, und schon steht mir der Oberschütze des Krematoriums in Auschwitz[82] vor Augen und die lange Reihe seiner Opfer.

Es ist eine psychologische Tatsache, dass man nur eingebildete, imaginierte, halluziniert empfundene Eindrücke niederkämpfen kann, wirklich durchlebte hingegen niemals. In mir leben die Vielzahl und Entsetzlichkeit der außerordentlichen Ereignisse in einem wirren Durcheinander von Zeit, Raum, Leben, Tod, Materie, Bewegung und schließlich Logik. Ich habe das Gefühl, mein ganzes »Ich« ist in einer großen Dissolution in Teile zerfallen; die wechselnden Empfindungen wie Hass, Trauer, Erniedrigung, Schmerz, Abfinden rufen in meiner Stimmung oft Kehrtwenden um 180 Grad hervor. Vielleicht resultiert daraus der jagende Wechsel von Ruhelosigkeit und regloser Starre, Gleichgültigkeit in meinem Zustand.

Aber ich bin zu weit von der realen, endlichen Linie der Erscheinungsformen meines »Ich« abgewichen und ins Unendliche abgeschweift, dabei würde ich mich, das ist mein Gefühl, dort verirren.

Ich eile zurück in den Justizpalast, um bei der pünktlich beginnenden Verhandlung zugegen zu sein.

Fünftes Kapitel
»Der Arzt und der Tod«

15 Uhr 30 Minuten. Im Verhandlungssaal ist jeder an seinem Platz. Auf dem Tisch von Generalstaatsanwalt Minskoff leuchtet das Lämpchen auf. Er erhebt sich und ergreift das Wort.

»Die Anhörung des Zeugen wird fortgesetzt. Dr. Miklós Nyiszli, ich fordere Sie auf, Ihre Aussage über die Straftaten in den Punkten 3, 4 und 5 der Anklage fortzusetzen.«

Jetzt bin ich an der Reihe.

»Meine Herren Staatsanwälte! Ich werde in der Reihenfolge der Anklagepunkte über meine Erfahrungen mit der Arbeit der Krankenbaubaracke, des HKB, im KZ der IG Farben in Monowitz berichten.«

(Dies ist die Urkunde Nr. U.S.AGO-D 4325.33.)[83]

»Durch die Arbeit wie von Galeerensklaven, durch Hunger, Kälte, stundenlang dauernde Zählappelle, lange Märsche und die ständig gestörte Nachtruhe brachen selbst die Häftlinge, die im besten körperlichen Zustand ins Lager gekommen waren, innerhalb von Wochen zusammen.

Nach den abendlichen Zählappellen stand eine große Menge vor dem Aufnahmebüro der Krankenbaracke an. Eine Gruppe von zerlumpten Menschen in gestreifter Kleidung.

Polen, Franzosen, Ungarn, Griechen, Tschechen. Halb Europa war hier vertreten.

Alle Gesichter, auf die mein Blick fiel, trugen die charakteristische Krankheit der KZs an sich, die *Sycosis parasitaria* mit ihren nässenden Flecken. Umgangssprachlich heißt sie Bartflechte.[84] Aber sie war hier nur eine Nebenkrankheit, die jeder ein paar Tage nach seiner Ankunft bekam. Nicht deswegen standen sie hier.

Bei der Arbeit erlittene Verletzungen, lauter schmutzige, offene Wunden, Quetschungen und Frostwunden, im Gesicht, an den Händen, an den Füßen, Durchfall, Ruhr, Bauchtyphus, Flecktyphus in allen Stadien warteten darauf, vorgestellt zu werden. Still und zusammengesunken saßen oder standen die Häftlinge vor dem Eingang, starrten stumpf und apathisch vor sich hin oder ins Unendliche. Als öffnete sich die Tür zum Reich der Toten, und es trennte sie nur noch ein Schritt von jenen. Mit einer Hand klammerten sie sich noch an einen Strohhalm.

Ärztliche Behandlung, ein paar Wochen Erholung hätten alles noch in Ordnung bringen können. Eine graue, verbrauchte, ausgelaugte

Menge stand hier. Ein eitriger, blutiger Haufen. Menschliche Körper und gelähmte Seelen in terminaler Form.

Mancher von ihnen dachte nach und glaubte, hier werde man ihm helfen, er hatte Vertrauen, aber andere glaubten nicht, hofften nicht und dachten auch nicht.

Die Behandlung

Endlich öffnete sich die Tür. Einzeln gingen sie oder schleppten sich zu den verschiedenen Stationen. Überall wurden die Untersuchungen von hervorragenden Häftlingsärzten vorgenommen, mit einer Hingabe, die von der Unterdrückung, aber auch von Wissensdurst gespeist war. Sie arbeiteten in einer ›großartigen‹ Ausbildungsstelle für Ärzte. Innerhalb der streng gezogenen Grenze der KZ-Vorschriften taten sie alles.

Fieberkranke wurden erst ab 39 Grad anerkannt. Erfrierungen ersten oder zweiten Grades, Gallenblasenentzündungen ohne Gelbsucht, eine oder mehrere Eiterbeulen, Karbunkel, durften nur eine ambulante Behandlung erhalten. Als große Sonderzuwendung galt es, zu einer zweitägigen Schonzeit ›verurteilt‹ zu werden. Dies bedeutete, dass man an diesen beiden Tagen nicht zur Arbeit hinausmarschierte, sondern die kurze Zeit, die einem für die Heilung zugestanden wurde, in der Baracke auf seinem Lager verbringen durfte. Vielen hätten zwei Tage Erholung gutgetan. Viele Krankheiten hätten sich gebessert, viele Schmerzen während einer Ruhepause von zwei Tagen nachgelassen. Aber nicht im KZ der IG in Monowitz.

Die erste Stunde meiner zweitägigen Schonzeit verbrachte ich in der Baracke Nr. 8 des KZs Monowitz.[85] Durch die langen Märsche und die schlechten Schuhe waren meine Füße wund gelaufen, die Wunden waren vereitert, deshalb standen mir zwei Tage ›Schonung‹ zu.

Es gab jedoch im KZ einen Dienst für Wartungs- und Instandhaltungsarbeit des Lagers. Dazu gehörte: das Wegräumen des Mülls, die Sauberhaltung der Wege, das Verteilen der Brotrationen in den einzelnen Baracken usw. Dieses Amt hieß Lageraufbau, Instandhaltungsamt.[86]

Die täglichen, vom Morgen bis zum Abend andauernden Arbeiten dieses Amtes ließ man von den Häftlingen erledigen, die eine ein- oder mehrtägige Schonzeit erhalten hatten.

Daraus ergab sich, dass ich in der ersten Stunde des ersten Tages meiner Schonzeit mit einigen Schicksalsgefährten mit ähnlicher Einteilung in einem Ton, der jeglichen Widerspruch ausschloss, zum Antreten vor unserer Baracke kommandiert wurde.

Schaufeln, Spaten, Rechen und Besen wurden an die Männer ausgegeben. Für mich blieb kein Werkzeug mehr übrig, ich kam an die Brottragekiste. Zusammen mit einem Mithäftling nahm ich die auch leer mindestens 50 Kilogramm schwere Kiste. Mein Gefährte war ein Gynäkologe um die 50. Er nahm die vorderen Haltegriffe der Kiste, ich die hinteren. In diesen zwei Tagen meiner Schonzeit sah ich Tragödie und Komödie so nah beieinander, meine eitrigen Füße in Verbindung mit der schweren Arbeit, dass ich bitter, aber laut auflachte. Mein Gefährte war der ›Vorgänger‹, ich konnte sein Gesicht nicht sehen, so wusste ich nicht, was er dachte. Ich hatte mich schon daran gewöhnt, dass manche Schicksalsgefährten viel nachdachten und andere wenig. Mir war bereits klar geworden, dass Hilfe im KZ nicht immer Hilfe bedeutet und auch die Schonzeit nicht immer Schonung. Wir trugen vom Morgen bis zum Abend Brot aus wie die Ackergäule.

Világ, 4. Mai 1948, S. 6 – Folge 13

Mein Gefährte ging wortlos zwischen den beiden vorderen Stangen der Brotkiste dahin. Ich wusste, dass er schon länger eine Herzinsuffizienz hatte, wir beeilten uns nicht. Im Tempo eines Begräbniszuges trugen wir die Kiste und legten viele Male den Weg vom Vorratsraum zu den Baracken und von den Baracken zum Vorratsraum zurück. Schon dämmerte es stark, und im sich niedersenkenden feuchten Nebel verschwammen die Umrisse der KZ-Baracken.

Plötzlich blieb die Kiste stehen. Mein Gefährte ließ die Stangen eher aus der Hand gleiten, als dass er sie absetzte. Im Halbdunkel konnte ich sein Gesicht nicht deutlich sehen, ich hörte nur seine heisere Stimme:

›Mir reicht das hier und alles!‹

›Mir auch‹, antwortete ich.

Ich glaube nicht, dass er meine Antwort gehört hat, denn plötzlich trat ein tiefes Röcheln aus seiner Lunge auf, und mit einer halben Drehung um sich selbst stürzte er zu Boden. Noch einige rasselnde, unverständliche Worte, ein Zucken, als wollte er mit der Hand an den Kopf greifen, und es war aus mit ihm. Zu Tode getriebene Droschkengäule krepieren so zwischen den Stangen ihrer Kutsche.

Eine alte Erinnerung

Da löste sich eine Szene aus dem Nebel meiner Vergangenheit, und mein ärztliches Sprechzimmer stand mir vor Augen.[87] In dem Raum hielt sich außer mir noch eine Person auf. Weiße Möbel, Glasscheiben, das Mikroskop, das Siemens-Röntgengerät, Spiraldrähte und Glaskolben. Auf dem weißen Gehäuse des Röntgengerätes sah ich deutlich die schwarzen Buchstaben der Siemensfabrik, die Buchstaben SS. Nun standen sie zusammen mit dem Totenkopf auf dem Kragen von Uniformen, und was alles erlebte ich in Verbindung mit diesen zwei Buchstaben!

Wir waren also zu zweit in meinem Sprechzimmer. Mein Gast war ein großer, gut gekleideter Herr mit glänzend gebürstetem Kopf. Die perfekte Verkörperung des deutschen Akademikers, wie er die Hacken zusammenschlug und sich vorstellte.

Wir reichten einander die Hand, ich bat ihn, Platz zu nehmen.

›Ich bin Abgesandter der Medikamentenabteilung der IG Farben‹, sagte er. ›Ich bin zu Ihnen gekommen, um mich nach Ihren Wünschen zu erkundigen. Wir haben Medikamente, die Ihnen vielleicht noch nicht in die Hände gekommen sind. Gern geben wir davon Probepackungen. Was für Erfahrungen haben Sie bisher in Verbindung mit unseren Medikamenten gemacht? Was haben Sie bei der Anwendung unserer neuen Präparate bemerkt? Gestatten Sie mir zu bemerken, dass mein Unternehmen diejenigen Herren Ärzte, die in Deutschland studiert haben, besonders registriert hat. Diese Herren Ärzte haben die meisten unserer Präparate bereits in ihren Studienjahren kennengelernt. Daher sind sie es, auf die wir im Ausland am meisten zählen ... Gestatten Sie mir, Ihnen ein Geschenk meines Unternehmens, diesen vornehmen Füllfederhalter, zu überreichen ... Zugleich nehme ich ein Exemplar Ihres Rezeptformulars mit ... von nun an wird unser Unternehmen Ihren Bedarf an Formularen aus unserer Hausdruckerei decken.‹

Was für eine feine Aufmerksamkeit! Die IG Farben schenkte mir einen Stift mit Goldfeder, ihre Hausdruckerei würde die Rezeptvordrucke für mich herstellen, damit ich meinen Patienten die Medikamente der IG Farben verschreibe.

So war es! Damals war ich noch Arzt, und auch mein Gefährte, der jetzt zusammengebrochen zwischen den Stangen der Brotkiste lag, war Arzt.

Jetzt war ich kein Arzt mehr, sondern nur ein ›unverschämter KZ-Häftling‹, der nicht einmal wusste, dass die Erste-Hilfe-Stelle und die

Luftschutzkeller im KZ von Monowitz nur Reichsdeutschen zur Verfügung standen.

Zwischen den vorderen Stangen der Brotkiste lag auch kein Arzt, dort lag ein Toter! Mit weit aufgerissenen Augen und verkrampftem Körper, auf die Seite gedreht lag er da; gelber, schleimiger Schaum floss ihm aus dem Mund. Er rann über sein Kinn und verschwand im Dickicht seines Zehntagebartes.

Aufgehört, Mensch zu sein ...

Niemand im KZ starb auf einmal. Auch er war so gestorben wie die meisten. Zuerst wurde seine Seele erstickt, dann blähten sich sein Magen und seine Därme auf, dann schrumpften sie vor Hunger zusammen. Seine Hände waren durch die Erfrierungen empfindungslos, seine Füße ebenfalls. Auch seine Lunge keuchte schon seit Langem, und durch die zunehmende Schwäche des Herzens war er wie ein verrückter Scherz der Vergänglichkeit: Gesicht und Füße begannen anzuschwellen, der Bauch wuchs, alles entsprechend den Symptomen der ›Wassersucht‹.[88]

Im Monowitzer Lager der IG Farben brachen 50-jährige Ärzte und Nichtärzte und Nicht-50-Jährige, sondern 18-Jährige, zwischen den Stangen der Brotkiste (oder schon beim ersten Zementsack) zusammen. Andere zerbrachen unter der Last von Kabeln oder Stahlrohren.

Es kam auch vor, dass jemand von einem winzigen Schmarotzer gestochen wurde, und nach zehn oder 14 Tagen verbrannte Fieber seinen Körper, in seinem Gesicht perlte der kalte Schweiß. An Hals und Brust erschienen Flecke. Er atmete nur noch stoßweise, sprach von Vater und Mutter oder rief seine Kinder beim Namen – dann wurde er still. Das Delirium ging vorüber, sein Hirn klärte sich, seine Augen bekamen Sinn. Prüfend sah er sich um. Nun erkannte er klar und entsetzt seine Umgebung. Er geriet in einen Zustand dumpfer Erschöpfung. Starrte an die Decke des Raumes. Das Haar klebte ihm verschwitzt an der Stirn und seine Augen waren blutunterlaufen.

Er hätte um einen Schluck Wasser gebeten, um seine vom Fieber rissigen Lippen zu befeuchten und seinen brennenden Durst zu stillen. Ein kalter Umschlag hätte die Schmerzen seines von Fieber und Delirium gepeinigten Hirns lindern können.

Aber hier gab es keine Hand, die sich ihm helfend entgegenstreckte! Die Unmenschlichkeit hat alle Dämme gebrochen, der Mensch hat aufgehört, Mensch zu sein. Hier war er nichts anderes als ›Brennmaterial‹ für die riesigen Öfen der Auschwitzer Krematorien.

Sechstes Kapitel
Der Tod: Am Fließband

Es war ein nebliger, grauer Septembernachmittag. Der Dunst des nahen Sumpfes und der Nebel verschmolzen und ließen sich auf dem flachen, kahlen Gebiet nieder, das sich geografisch in einem Knie des Flusses Weichsel im Raum Auschwitz erstreckte.

Eine Gegend ohne Bäume und Wald. Gelbe, lehmige Erdflecken und Sümpfe wechseln einander mit Flugsandhügeln in dieser Landschaft ab. Es ist ein Gelände, das man im dichten Nebel nicht bis zum Ende überschauen kann. Auch die Weichsel markierte nur als sich schlängelnde Linie die Grenze der Welt außerhalb der Drähte. Innerhalb der Drähte war Birkenau. Ein Wäldchen aus einigen Birken und in der Nähe ein im Nichts endendes, ohne jegliche Bahnanlagen[89] verlegtes Schienenpaar. So verlassen verriet es dem Betrachter gar nichts.

Wenn das Wäldchen es nicht verdeckt hätte und nicht ständig Nebel aufgestiegen wäre, hätte man noch etwas von Birkenau sehen können. So sah man nicht die vier nebeneinander aufgereihten mächtigen Gebäude und auch die sonderbar geformten Schornsteine waren nicht sichtbar.

Világ, 5. Mai 1948, S. 4 – Folge 14

Rauch ballte sich und verdeckte wie ein Schatten den Himmel über dem Wäldchen. Nur für Augenblicke blieb das so, denn plötzlich loderte eine Flamme hoch auf wie ein flammender Springbrunnen in der Dunkelheit. Auch eine zweite, dritte und vierte Feuerfackel schoss hoch.[90] Die vier Feuersäulen verschmolzen langsam, sie verschluckten den Rauch, verschluckten den Nebel und verschluckten das Stück Himmel über mir. Nur die ohne jede Bahnsignale verlegten Schienen der Rampe von Birkenau glänzten und zeichneten sich in dem aufblitzenden Licht noch deutlich ab. Dies war der Bereich der Krematorien, Nebel und Rauch schwebten, vom Feuer erleuchtet, in der Luft wie blutiger Schaum.

Seit vier Monaten befand ich mich schon dort, mit den Maßstäben des Kalenders gemessen.[91] Aber für mich hatte die Zeit schon lange kein Maß mehr. Ich lebte nicht ›in der Zeit‹, sondern ›im Raum‹. Auch für die Schrecken, deren Augenzeuge ich bisher geworden war, gab es kein Maß mehr. Die Feuer brannten hier schon sehr lange. Viel Wasser war die Weichsel hinuntergeflossen und viele Millionen Menschen waren hier aus dem Zug gestiegen.

Ich war der ›Arzt‹ der Auschwitzer Krematorien. Unter der Erde Gaskammern, im Erdgeschoss eine lange Reihe Verbrennungsöfen. Im Obergeschoss lag die Unterkunft des Sonderkommandos, dieses Kommando der lebenden Toten. In der Luft Rauch und Flammen. In diesen Flammen die aufsteigenden Seelen von Millionen.

In der Welt, deren Grenze die sich schlängelnde Linie der Weichsel kennzeichnete, war ich auch Arzt gewesen. Ich kannte keine Müdigkeit. Ich war glücklich, wenn eine Wunde glatt heilte. Wenn eine gelähmte Extremität sich am Körper ihres kranken Besitzers zu regen begann. Ich wartete angespannt, bis in das blasse Gesicht eines ohnmächtigen Patienten die Farbe des Lebens zurückkehrte und meine sensiblen Finger den Puls, der das Leben bedeutet, wieder fühlen konnten.

In meinem jetzigen Zustand waren alle Äußerungen meines vergangenen Ichs auf zwei Sinnesorgane reduziert. Nur meine Augen sahen scharf und mein Gehör funktionierte perfekt. Die Erschütterungen hatten alle Fähigkeiten aus mir vertrieben, die aus meinem seelischen Zentrum Liebe, Mitleid, Angst, Freude oder Kummer herauslösen konnten. Hier konnte man nur sehen und hören.

Ich sah die Gräueltaten, die unendlich auf dem Fließband dahinrasten. Ich hörte die nicht enden wollenden Todesschreie und das dumpfe Dröhnen aus der Tiefe der Gaskammern. Ich sah die Flammen und ich sah den Rauch am Himmel. Ich sah und hörte, aber ich dachte nicht, und ich hatte keine Wünsche.

Der Transport

(Dokument Nr. U.S. AGO D. 4325.34)[92]

Ein Zug aus schadhaften Waggons stand auf der Rampe. Gestalten in gestreifter Kleidung zogen wie die Schatten einer Reihe Gespenster mit langsamen Schritten auf die Tore der Krematorien zu. Eine Gruppe von Kranken. Sehr langsam kamen sie näher. Sie schleppten sich eher dahin, als zu gehen. Manche brachen selbst beim langsamen Gehen zusammen. Man half ihnen auf. Noch ein paar Schritte, wieder brachen sie zusammen. Das war kein menschlicher Zug mehr, sondern der Zug mustergültiger Skelette zu den Gräbern ohne Grab.

Der Zug bog durch das Tor ein. Auch bei ihnen waren Fünferreihen vorgeschrieben. Die Übergabe- und Übernahmedokumente wurden ausgetauscht. Beim Eintritt wurde der Transport gezählt.

Die Gesundheit dieser Menschen war in irgendeinem Arbeitslager zerstört worden. Dort in dem Arbeitslager war ihr Organismus zu Eiter,

Blut und wochenlangem Durchfall zerschmolzen. Dort in dem Arbeitslager hatte man ihnen das Etikett ›Nutzlose Esser‹ angeheftet.

Die Reihe blieb vor mir stehen. Ich hatte hier nichts zu suchen, aber niemand hinderte mich daran, zuzusehen. Vor denen, die innerhalb der Drähte waren, gab es kein Geheimnis.

Zerschlissene gestreifte Kleidung bedeckte ihre Körper. Ihre Füße waren nackt in den durchgelaufenen Schuhen. An ihrer Kleidung fehlten die Knöpfe, der Wind hätte sie fortgeweht, auch ihre zerfallenen Schuhe wären ihnen von den Füßen gefallen, hätten sie nicht Draht um Bauch und Schuhe gewickelt. Grellgelbe oder rote dünne Drähte hatten sie dazu verwendet. Solche benutzten die Elektriker im Lager der IG Farben in Monowitz. Von dort mussten sie sie sich besorgt haben, um Knöpfe und Schnürsenkel zu ersetzen. Schon das sagte mir, dass sie aus Monowitz kamen. Meine Vermutung wurde bestätigt durch die Eintagesbrotration, die jeder von ihnen in der Hand hielt.

Dreihundert Genickschüsse

Ein kurzer Befehl, und die Menge stellte sich in Reihen auf. Ein zweiter Befehl, und sie begannen sich auszuziehen. Auf den dritten Befehl legten sie ihre Kleider und Schuhe auf einen Haufen. Auf einen einzigen großen Haufen.

Nun war ein günstiger Augenblick, um mit ihnen zu sprechen. Ich fragte sie, woher sie kämen. Sie antworteten, sie hätten im Arbeitslager der IG Farben in Monowitz gearbeitet, bis sie krank geworden seien. Dort seien sie zum Glück ins ›Krankenhaus‹ gekommen und jetzt, nach drei Wochen, habe das Unternehmen sie ins ›Erholungslager‹ geschickt, damit sie sich kräftigten und wieder arbeitsfähig würden.

›Nicht wahr, das ist ein Bade- und Desinfektionsbetrieb?‹, fragten sie.

Világ, 6. Mai 1948, S. 4 – Folge 15

Ich antwortete nicht. Es hätte keinen Sinn gehabt, ihnen zu widersprechen.

Sie sollten noch in der wohltuenden Illusion von Bad und Desinfektion, vielleicht von Erholung leben. Nun war mir alles klar! Auch, dass dies die letzten Minuten ihres Lebens waren.

Ich wollte nicht Augenzeuge des Menschenschlachtens sein, wollte nicht die 300 Schüsse, das 300-mal Krachen hören und die folgenden Todesschreie.

Daher drehte ich mich auf dem Absatz herum und eilte ins ›stille‹ Gebäude des Krematoriums II. Hier war heute kein Betrieb.

Gas wurde in den Krematorien nur für Transporte über 500 Personen eingesetzt. Gruppen mit einer geringeren Personenzahl wurden in den Brennräumen des Krematoriums mit Genickschüssen hingerichtet.[93]

Meine Herren Staatsanwälte! Dies konnte ich aussagen als Augenzeuge des Schicksals der Kranken aus dem HKB des KZs Monowitz, die nicht innerhalb von drei Wochen gesund geworden waren. In der Zeit meiner Gefangenschaft im Krematorium war ich Zeuge von drei derartigen Fällen im Zusammenhang mit Häftlingen aus dem Arbeitslager der IG in Monowitz.«

Teuflisches Ziel

»Meine Herren Staatsanwälte! Bezüglich der Gruppe der Anklagepunkte 5, 6, 7 und 8 kann ich mitteilen: Die Häftlinge, die aus den Arbeitslagern der IG Farben in die Gaskammern geschickt wurden, wurden nicht speziell gekennzeichnet, sodass daraus ihr Dienst bei der IG feststellbar wurde oder dass sie aus dem Dienst für die IG in die Krematorien gekommen waren. Die zur Vernichtung verurteilten Transporte verließen das im Dienst der IG Farben stehende Konzentrationslager in jedem Fall mit vollkommen zerfetzter Kleidung und Schuhen.

(Dokument Nr. U.S.A.G.O.D. 4325-35)[94]

Wir im Krematorium wussten immer, woher die Transporte kamen. Außerdem bekam ich in meiner ärztlichen Eigenschaft als Prosektor oft den Befehl, Leichen aus dem KZ von Monowitz zu öffnen und ihre Todesursache genau festzustellen sowie die ausgewerteten Daten zu Protokoll zu nehmen. Woher sie kamen, konnte ich auch der Begleitdokumentation entnehmen. Mehrfach bekam ich den Befehl, Leichen zu sezieren, von denen feststellbar war, dass die armen Menschen im Arbeitslager der IG Farben während der Arbeit infolge eines Unfalls gestorben waren.

Dieses scheinbar gesetzliche Vorgehen und diese Gründlichkeit, die in einigen Fällen die Sorge um das Schicksal der Häftlinge zeigte, dienten einem teuflischen Ziel: Die IG Farben würde so im Fall, dass sie eventuell zur Rechenschaft gezogen würde, im Einverständnis mit der SS das schreckliche Schicksal von Zehntausenden spurlos verschwundenen (Gaskammer-)Häftlingen vertuschen können.

Leitende Persönlichkeiten der IG Farben kenne ich nicht dem Namen nach. Ins Stammlager von Auschwitz und in die Krematorien kamen oft Besucher, aber immer in SS-Uniform, so blieben sie uns unbekannt. Wenn Sie gestatten, werde ich einen Fall erzählen:

Der geheimnisvolle Oberingenieur

Die Öfen und sonstigen Anlagen der Auschwitzer Krematorien wurden in einem Fachbetrieb, bei der Münchner Firma Topf & Söhne,[95] hergestellt. Dieser Name stand an den Eisentüren der 60 Verbrennungsöfen in den Auschwitzer Krematorien, an den automatischen Ascheentnahmeanlagen sowie an den Verschlüssen der Luftkanäle.[96] Gut lesbar mit Eisenbuchstaben darauf geschweißt.

Einmal schickte diese Fabrik einen Fachmann in die Krematorien, er sollte die Geräte überprüfen.

Der Mann war um die 60 Jahre alt und trug die Uniform eines SS-Oberscharführers. Als in solchen Dingen bereits erfahrenem KZ-Häftling war mir sofort klar, dass dieser Mann noch nicht lange Uniform trug. Er bewegte sich unbehaglich und befremdlich darin. Sie saß ihm auch nicht richtig. Der schwere Revolver, der an seinem Gürtel hing, störte ihn, und er wusste nicht, wo er ihn hintun sollte. Sein Alter und sein ganzes Verhalten verrieten, dass die SS-Uniform ihm nur die Möglichkeit verschaffen sollte, sich auf dem Gelände des KZs frei zu bewegen und seine Identität zu verschleiern.

Ich unterhielt mich mehrere Male mit ihm. Meiner Meinung nach handelte es sich um den leitenden Ingenieur des Großunternehmens für Krematoriumseinrichtungen Topf & Söhne, München, verkleidet mit einer SS-Uniform.[97]

Daher ist es auch wahrscheinlich, dass Personen der IG im Stammlager und in den Krematorien waren und ihre Identität hinter einer SS-Uniform verbargen.«

Der Verhandlungsleiter sagt an, dass die Zeugenanhörung am folgenden Morgen um neun Uhr fortgesetzt wird.

Világ, 8. Mai 1948, S. 4 – Folge 16

Siebtes Kapitel
Die Zeugen der Verteidigung

Am nächsten Tag ...

Jeder nimmt seinen Platz im Verhandlungssaal ein. Die Namen der anwesenden Zeugen und Angeklagten werden verlesen.

Heute sind auch die Zeugen der Verteidigung anwesend. An dem Platz, der der Verteidigung vorbehalten ist, sitzen zwei gut gekleidete Herren. Einer von ihnen ist Dr. Wagner, der Abteilungsleiter der Mannheimer Filiale der IG. Der andere: Dr. Stössel, der Leiter der Berliner Beteiligungsgesellschaft der IG Farben.[98]

Minskoff: »Dr. Wagner!«

Dr. Wagner: »Hier!«

»Wohnort?«

»Ich wohne in Frankfurt.«

»Alter?«

»50.«

»Beruf?«

»Von 1937 bis zum Zusammenbruch war ich Direktor der sogenannten Abteilung GG Umleitungsstelle 9.«[99]

Es folgt ein dramatischer Dialog. Eine dramatische Verhandlung.

Minskoff: »Herr Dr. Wagner! GG bedeutet so viel wie Giftgas?«

Wagner: »Ja.«

Minskoff: »Und die Umleitungsstelle 9 war die Verbindungsstelle zwischen IG Farben und Wehrmacht bzw. RSHA, also Reichssicherheitshauptamt.«

Wagner: »Ja.«

Minskoff: »Über dieses Amt wissen wir, dass die SIPO, die Gestapo, die SS, der SD und die SA sowie die Abteilung IV in seinen Zuständigkeitsbereich gehört haben. Über Letztere wissen wir auch, dass sie für die Angelegenheiten der Konzentrationslager zuständig war. Wir wollen im Zuge der Untersuchung nicht auf alle Gasarten eingehen, die Gasarten verhandeln wir in einer ganz anderen Gruppe. Sagen Sie uns, was Sie über die in den Werken der IG Farben hergestellten Gasarten Zyklon A und Zyklon B wissen, die in ihrer Station 9 der Abteilung GG aller Wahrscheinlichkeit nach in großen Mengen durchgegangen (transitiert) sind. Waren diese beiden Gasarten wichtige Mittel in Ihrem Werk? Denn Sie konnten dafür nicht weniger als 14 ausländische Patente erwerben! Bei den Patenturkunden sind auch solche von Übersee dabei! Auch Japan ist dabei!«

Dr. Wagner: »Meine Herren Staatsanwälte! Ich selbst war, wie ich gesagt habe, Abteilungsleiter. Nur die Anforderungs- und Zuteilungsdokumente für die vielen Gasarten gingen durch mein Büro. Wie ich mich zurückerinnere, gehörten die Zyklon-Gase nicht in die Gruppe der Kampfgase, sondern in die der sogenannten medizinischen Gase.

Dies sind stark desinfizierende Mittel, ebenso wie Chlor. Über ihre chemische Zusammensetzung kann ich nicht berichten, denn sie waren sogenannte Geheimmittel, und auch in der Chemie-Abteilung kannten nur einige leitende Chemiker ihre Zusammensetzung.«

Minskoff: »Danke, Herr Doktor.«

Dr. Wagner nickt und setzt sich.

»Ich habe es nicht geglaubt …!«

Minskoff: »Bitte der nächste Zeuge der Verteidigung. Dr. Stössel!«

Stössel gibt seine persönlichen Daten an.

Minskoff: »Was können Sie uns über die Zyklon-Gasarten sagen?«

Dr. Stössel: »Herr Generalstaatsanwalt, meine Herren Staatsanwälte! Ich kannte die Zyklon-Gasarten. Meinem besten Wissen nach wurden sie sowohl von der Wehrmacht als auch vom Arbeitsdienst und den Organen des Gesundheitswesens in den besetzten Gebieten in großen Mengen zu Desinfektionszwecken bestellt.«

Minskoff: »Was wissen Sie über die Verwendung in den Konzentrationslagern?«

Dr. Stössel: »Dazu kann ich überhaupt nichts sagen, weil über das, was in den KZs geschah, keine Nachrichten nach außen drangen. Wenn auch einige nicht nachprüfbare Gerüchte aufkamen, so habe ich sie zum einen nicht geglaubt, zum anderen war es nicht ratsam, ihrer Glaubwürdigkeit nachzugehen. Ich gab mich damit zufrieden, so wie auch mein weiträumiges Umfeld sich damit zufriedengab, dass in den Konzentrationslagern politisch unzuverlässige Personen in Schutzhaft genommen wurden und arbeiten mussten.«

Minskoff: »Danke, Dr. Stössel, Sie können sich setzen.«

Der Zeuge setzt sich, und Generalstaatsanwalt Minskoff ruft mich auf:

»Dr. Miklós Nyiszli, was können Sie uns über die Zyklon-Gasarten sagen?«

Gastod in zwei bis fünf Minuten!

»Herr Staatsanwalt! Als Arzt kann ich über eine geheime Chemikalie wie die Zyklon-Arten keinen Bericht geben, der ihre genaue chemische Zusammensetzung enthält. Ich kann aber eine genaue Beschreibung von der Anwendung und Wirkung dieser Gasarten geben, als jemand, der in vielen Fällen Augenzeuge davon war.

Ich habe zwei Anwendungsweisen der Zyklon-Gasarten kennengelernt.

Ich war Zeuge, wie die emaillierten, grünen Blechdosen von etwa einem Liter Volumen im Desinfektionsraum des Lagerteils F von Birkenau geleert wurden.[100] Hier wurde der Inhalt der Dosen durch kaminartige Öffnungen in den luftdicht verschlossenen Desinfektionsraum des Krankenbau-Lagerteils auf die unten zusammengetragenen Kleider und Decken gestreut.

Világ, 9. Mai 1948, S. 6 – Folge 17

Nach einer Wartezeit von etwa zwei Stunden reinigten die elektrischen Lüfter den Raum vom Gas. Die Kleider wurden vom Personal der Kleiderkammer an die vor dem Raum nackt wartenden Häftlinge ausgeteilt. Ich hatte Gelegenheit, die Aufschriften der Dosen zu lesen. Der Text der Aufschriften lautete:

›Zyklon A. Vertilgungsmittel für Läuse und andere Ungeziefer. Vorsicht! Gift!‹[101]

Das habe ich im Krankenbau-Lagerteil F in Birkenau gesehen. Die andere Anwendungsweise zitiere ich mit Ihrer Erlaubnis wörtlich aus meinem Tagebuch über Auschwitz:

›Überall herrscht voller Betrieb. Die Rampe von Birkenau spült wie ein angeschwollener Fluss mit vier Armen in wahnsinnigem Tempo ihre in den Tod geschickten Opfer von sich herab. Schaudernd *betrachte ich überall diese Harmonie der Morde, die Ordnung, mit der sie durchgeführt werden. Als hätte man sich auf die Ewigkeit eingerichtet! Wem kann ich, wenn ich einmal freikomme, all das sagen? Wer würde mir glauben? Gesprochene oder geschriebene Worte können niemandem eine Vorstellung davon vermitteln, was hier geschieht …*

3000 Menschen sind in dem Raum. Männer, Frauen, Kinder gemischt. Ein lauter Befehl ist zu hören: SS und Sonderkommando verlassen den Raum! Die Betreffenden gehen hinaus und zählen einander. Die Türen schlagen zu, von außen wird das Licht gelöscht. In diesem Augenblick brummt ein Motor, ein Luxuswagen des Roten Kreuzes kommt heran. Ein SS-Offizier und ein SDG, ein Sanitätsdienstgefreiter, ein Unteroffizier, steigen aus. Der Unteroffizier hält vier grüne Blechbüchsen. Sie betreten den Rasen, aus dem im Abstand von 30 Metern niedrige Betonschächte ragen. Auf den ersten von ihnen gehen sie zu. Sie setzen Gasmasken auf und nehmen die ebenfalls aus Beton bestehende Abdeckplatte ab. Der Patentverschluss der ersten Büchse wird aufgeschlagen, ihr Inhalt, eine lilafarbene, körnige Substanz, wird in die Öffnung geschüttet. Diese Substanz ist Zyklon, die körnige Form von Chlor. Im Kontakt mit Luft setzt diese Substanz sofort ein Gas frei. Fünf Minuten warten die beiden Gashenker noch, um sich ihrer Sache sicher zu sein … 3000 Menschen haben sie getötet.

Die Leichen liegen nicht kreuz und quer in der Länge des Raumes, sie türmen sich stockwerkhoch zu einem Haufen.‹[102]

Dies habe ich in den Krematorien von Auschwitz gesehen, in unzähligen Fällen während meiner achtmonatigen Gefangenschaft.

Die Gasdosen waren dieselben, sowohl in der äußeren Form als auch in der Farbe, auch ihre Beschriftung war identisch. Nur ein einziger Buchstabe stimmte bei den beiden Arten von Gas nicht überein. Die in den Krematorien verwendeten Gasdosen waren nicht mit Zyklon A, sondern mit Zyklon B beschriftet. Seltener wurden auch Gasdosen ohne Beschriftung verwendet. Sie enthielten meiner Meinung nach Chlor.[103]

Wenn ich meine bescheidenen Kenntnisse der Chemie mit meiner Erfahrung als Prosektor und Gerichtsmediziner verbinde und mit den Symptomen, die sich bei Tausenden von Gastoten gezeigt haben, so ließ sich feststellen: Der Tod trat in bewusstlosem Zustand, abhängig vom Wetter (bei regnerischem, feuchtem Wetter ist die Luft sauerstoffhaltiger) innerhalb von zwei bis fünf Minuten durch Lähmung des Atemzentrums ein.

Die Art des Todes

Äußere Symptome:

Starkes Anschwellen des Kopfes (Ödem).

Lila-bläuliche Verfärbung des gesamten Körpers (Zyanose).

Blutung der Bindehaut des Auges (konjunktivale Blutung).

Ein wichtiges viertes Symptom von Blausäurevergiftungen: die Pupillenerweiterung (Mydriasis).

Meine Feststellung bezüglich der chemischen Zusammensetzung des als Zyklon B ausgewiesenen Gases: Zyklon B ist eine Mischung aus Acidum hydrocianatum, Chlor und aller Wahrscheinlichkeit nach Stickstoff in Form einer mir unbekannten chemischen Formel.[104] Ihr trockenes Trägermaterial ist Kalziumsilikat.[105] Auf dieses Material aufgebracht (suspendiert), lässt es sich in einer luftdicht verschlossenen Dose lange Zeit aufbewahren.

In dem Augenblick, in dem das Gift mit Luft in Berührung kommt – wahrscheinlich aus deren Sauerstoff absorbiert –, geht es von seinem festen Aggregatzustand in den gasförmigen über und verbreitet sich mit großer Geschwindigkeit im gesamten verfügbaren Raum (leichtes Gas), wobei die Trägersubstanz äußerlich unverändert zurückbleibt.

22 000 Menschen am Tag

Meine Herren Staatsanwälte! Ich hatte in unzähligen Fällen Gelegenheit, nach beendeter Vergasung solche Körnchen in der Hand zu halten und sie zu untersuchen.«

Világ, 11. Mai 1948, S. 4 – Folge 18

Generalstaatsanwalt Minskoff:

»Von wie vielen Fällen waren Sie Augenzeuge, Herr Doktor?«

»Ich war acht Monate lang Häftling in den Krematorien.[106] Wenn ich berücksichtige, dass täglich ungefähr 22 000 Menschen durch die Gaskammern gingen, und wenn ich weiterhin berücksichtige, dass in den Krematorien nicht jeden Tag Betrieb war (Reparaturen, Reinigung usw.), dann war ich alles in allem während der Zeit meiner Gefangenschaft Augenzeuge des Gastodes von zwei Millionen Menschen.«[107]

Bei diesem Satz geht ein Raunen durch den ganzen Saal. Viele hier verstehen Deutsch, aber das Raunen wiederholt sich in Begleitung einer starken Bewegung einige Sekunden später, als meine Aussage ins Englische übersetzt wird.

Ich sehe die Reporter sich aufgeregt Notizen machen.[108] Ich sehe, wie die Richter die Kopfhörer abnehmen und miteinander reden.

Nur die Angeklagten sitzen gleichmütig da, als interessierte sie das Ganze überhaupt nicht.

Dies waren meine Aussagen bezüglich der Punkte 9, 10, 11 und 12 der Anklage, aus ihnen wurde das Dokument U.S. AGO D. 4325.36.[109] Die blaue Lampe auf meinem Tisch erlischt, ich setze mich zurück auf meinen Platz.

Die Vernichtung von Kindern

Wieder erhebt sich Generalstaatsanwalt Minskoff, um zu sprechen.

»Hohes Gericht! Meine Herren Staatsanwälte! Ich habe etwas Wichtiges in Verbindung mit der Aussagen des Herrn Zeugen mitzuteilen. Die soeben abgegebene Aussage des Zeugen der Anklage Dr. Miklós Nyiszli stimmt sowohl bezüglich der technischen Durchführung der Vernichtungen als auch bezüglich der großen Anzahl der vernichteten Personen mit der Aussage überein, die Hauptsturmführer Höß vor uns abgegeben hat. Die diesbezüglichen Urkunden: Transkript S. 7821 und Transkript S. 7822 liegen hier als beglaubigte Affidavits vor mir.[110] SS-Hauptsturmführer Höß war vom 1. Mai 1940 bis zum 1. Dezember 1943 Kommandant des Konzentrationslagers Auschwitz.[111] Seiner Aussage nach wurden während dieser Zeit zwei Millionen fünfhunderttausend Menschen in den Gaskammern vernichtet, und eine halbe Million Menschen kam durch Folter, schwere Arbeit, Hunger oder Krankheit ums Leben.[112] Ich lese aus den beiden Dokumenten vor:

Transkript S. 7821

›*Zwei SS-Ärzte waren in Auschwitz tätig, um die einlaufenden Gefangenentransporte zu untersuchen. Die Gefangenen mussten bei einem der Ärzte vorbeigehen, der bei ihrem Vorbeimarsch durch Zeichen die Entscheidung fällte. Diejenigen, die zur Arbeit taugten, wurden ins Lager geschickt. Andere wurden sofort in die Vernichtungsanlagen geschickt. Kinder im zarten Alter wurden unterschiedslos vernichtet, da sie aufgrund ihrer Jugend unfähig waren zu arbeiten. Noch eine andere Verbesserung, die wir gegenüber Treblinka machten, war diejenige, dass in Treblinka die Opfer fast immer wussten, dass sie vernichtet werden sollten, während in Auschwitz wir uns darum bemühten, die Opfer zum Narren zu halten, indem sie glaubten, dass sie ein Entlausungsverfahren durchzumachen hätten. Natürlich erkannten sie auch häufig unsere wahren Absichten und wir hatten deswegen manchmal Aufruhr und Schwierigkeiten. Sehr häufig wollten Frauen ihre Kinder unter den Kleidern verbergen, aber, wenn wir sie fanden, wurden die Kinder natürlich zur Vernichtung hineingesandt.*‹

So lautete Höß' Aussage.

»Jetzt lese ich«, fuhr Generalstaatsanwalt Minskoff fort, »das Transkript S. 7822.

›*Es dauerte drei bis fünf Minuten,*[113] *je nach den klimatischen Verhältnissen, um die Menschen in der Todeskammer zu töten. Wir wussten, wann die Menschen tot waren, weil ihr Kreischen aufhörte. Wir warteten gewöhnlich eine halbe Stunde, bevor wir die Türen öffneten und die Leichen entfernten. Nachdem die Leichen fortgebracht waren, nahmen unsere Sonderkommandos die Ringe ab und zogen das Gold aus den Zähnen der Körper.*‹«

Unter allgemeiner Aufmerksamkeit spricht Generalstaatsanwalt Minskoff weiter vor dem Internationalen Gerichtshof.

»Hohes Gericht! Meine Herren Staatsanwälte! Wir hatten Gelegenheit, zwei übereinstimmende Aussagen zu hören. Die eine Aussage wurde von SS-Hauptsturmführer Höß, dem ehemals allmächtigen Kommandanten des Konzentrationslagers Auschwitz, vor diesem Gericht abgelegt,[114] bevor er an Polen ausgeliefert wurde. Dort wurde er bekanntlich zum Tode verurteilt. Am Ort seiner Verbrechen, auf dem Gebiet des Konzentrationslagers Auschwitz, wurde das Urteil im Februar 1947 an ihm vollstreckt.[115]

Die andere Aussage hat ein Arzt abgegeben, der acht Monate lang Häftling in den Krematorien war und aus der Hölle zurückgekommen ist, um über die dortigen Geschehnisse zu berichten und anhand seiner ärztlichen Arbeit Dinge und Umstände zu beleuchten, von denen wir bislang keine Kenntnis hatten.«

Im Saal herrscht absolute Stille, nur das Rauschen des Aufnahmegerätes ist zu hören. Die Staatsanwälte sitzen in düstere Gedanken versunken, die vier Reihen der Angeklagten in starrer Anspannung an ihrem Platz.[116]

Was kann hier, nach solchen Anklagepunkten, die Aufgabe der Verteidigung oder der Anklage sein?

Die Verhandlung wird um drei Uhr nachmittags fortgesetzt.

In der Nachmittagsverhandlung geht es um die Medikamente, die in den Werken der IG Farben hergestellt wurden, und um das Verbrechen von Versuchen an lebenden Menschen, die schmerzhaft waren, die Gesundheit dieser Personen zerstörten und in unzähligen Fällen zu ihrem Tode führten.

Diese unmenschlichen ärztlichen Versuche wurden von SS-Ärzten an wehrlosen, ihnen auf Gedeih und Verderb ausgelieferten gesunden oder kranken Häftlingen vorgenommen. An Männern, Frauen und Kindern gleichermaßen. Im Rahmen dieser Verhandlung beschäftigt man sich auch mit Versuchen mit Röntgenstrahlen.

Világ, 12. Mai 1948, S. 4 – Folge 19

Achtes Kapitel
Die Sterilisierung von 300 jungen Frauen

In der Verhandlung am heutigen Nachmittag sitzen außer den Leitern der Medikamentenabteilung der IG Farben[117] sechs SS-Ärzte[118] auf der Anklagebank. Die Chemiker der IG Farben kenne ich nicht, aber drei SS-Ärzte sind mir wohlbekannt.

Dr. Thilo,[119] Dr. Wolff[120] und Dr. Wirths[121] waren in der Zeit meiner Gefangenschaft hochrangige Ärzte im KZ Auschwitz.

Sie kamen oft in den Sektionsraum des Krematoriums zur gerichtsmedizinischen Klärung einzelner von ihnen »behandelter« oder »operierter« Krankheiten.

Der Hauptangeklagte dieser Verhandlung wäre Dr. Mengele, der »erste« Arzt des Konzentrationslagers Auschwitz, wenn er nicht Selbstmord begangen hätte.[122] Mit eigener Hand hat sich der größte Verbrecher seit dem Zusammenleben der Menschheit gerichtet.

Durch seinen Selbstmord entstand in der Arbeit des Nürnberger Gerichtshofes ein großer Ausfall, denn Dr. Mengele war der Vollstrecker Nr. 1 der gegen die Menschlichkeit geplanten und begangenen Verbrechen in der Geschichte des Dritten Reiches und der Konzentrationslager.

Hunderte von Henkern, Schergen und an seine Seite gezwungenen Ärzten waren in den ständig flammenden Krematorien und im pausenlos betriebenen Sektionsraum um ihn zugange, damit der Begriff der »höheren und niederrangigeren« Rasse aus ärztlichem Aspekt niedergelegte Tatsache werde und die eine über eine Welt herrsche und die andere restlos vernichtet werde – im blutigen Geist einer wahnsinnigen Idee.

Das Dritte Reich wurde hinweggefegt. Nun ist die Zeit gekommen, in der über die Schandtaten gerichtet wird. Aber der Blutrichter mit den brennenden Augen, der unmenschliche Mörder wartete das nicht ab. Auch mich wartete er nicht ab, dass ich ihm Aug in Auge gegenüberstehen und vor ihm die Vergangenheit heraufbeschwören kann, wie er an der Rampe von Birkenau mit seiner Hand im hirschledernen Handschuh nach rechts und nach links zeigte und mit unendlicher Geduld die Gruppen derer auswählte, die in den Tod gingen. Er wartete nicht ab, dass ich die Monate am kalten Marmortisch des Sektionsraumes und die Millionen in den Gaskammern umgekommener Unschuldiger vor ihm heraufbeschwöre. Das Schicksal hat mir dieses Treffen nicht zugestanden.

Generalstaatsanwalt Minskoff:

»Dr. Nyiszli, was wissen Sie über die unmenschlichen Versuche, die von SS-Ärzten durchgeführt wurden, mit Medikamenten und mit Röntgenstrahlen sowie auf dem Operationstisch und auf sonstige Weise?«

»Meine Herren Staatsanwälte! Bei solchen ärztlichen Versuchen war ich nicht anwesend, aber ihre Opfer haben mir an der letzten Station ihres Weges, in den Krematorien, wohin sie zur Vernichtung kamen, vor ihrem Tod in vielen Fällen ihre Geschichte erzählt. Oftmals haben wir an ihren Leichen genau abgelesen, welchen Vorgängen und Operationen sie zum Opfer gefallen waren.

(Dokument Nr. U.S.A.GO.D.4325.37)[123]

Dr. Thilo, der auf der Anklagebank sitzt, war der Stellvertreter Dr. Mengeles im Vernichtungslager von Auschwitz.[124] Manchmal war er an der Rampe tätig, aber seine Haupttätigkeit bestand in ›chirurgischer‹ Arbeit.

»Chirurgische« Tätigkeit

Dr. Thilo arbeitete in dem hervorragend ausgestatteten Operationsraum im Krankenbau-Lagerteil F, aber er operierte nicht ›zum Leben‹.[125] Unter strengster Berücksichtigung der Asepsis und Antisepsis[126] und unter Verwendung der bewährtesten Medikamente und Betäubungsmittel verrichtete er jenseits der alltäglichen Chirurgie künstlerische Arbeit, zusammen mit SS- und ihm zugeteilten Häftlingsärzten, die sämtlich hervorragende Fachmänner waren. Sie stellten Versuche mit Betäubungsmitteln und Medikamenten an, die ihnen von Chemieunternehmen zugeschickt wurden, und perfektionierten chirurgische Methoden oder führten neue, gefährliche Behandlungsweisen ein. Die Patienten kamen auch in vielen Fällen bis zu Tag 10 oder 12 einer Wundheilung *per primam*.[127] Die Fäden wurden entfernt, genaue Beschreibungen der Krankheit und der angewandten ärztlichen Eingriffe in Mappen verzeichnet. Hauptsturmführer Dr. Thilo klopfte dem *per primam* genesenen Patienten freundlich auf die Schulter. Der Ärmste fühlte sich nach der gut gelungenen Operation, der sorgfältigen Pflege und dem nicht weniger freundlichen Schulterklopfen wieder als Mensch. Er nahm die Brotration entgegen, die ihm nach den Regeln des KZs täglich zustand, und trat eine halbe Stunde später mit seiner SS-Begleitung durch eines der Krematoriumstore. Ein paar Minuten später lag er mit aufgerissenen Augen auf dem Betonfußboden des Verbrennungsraumes, im Kopf eine 6-mm-Bleikugel.

Dies war die ›chirurgische‹ Tätigkeit des Dr. Thilo in der Krankenbaubaracke im Lagerteil F von Birkenau. Ich war Augenzeuge mehrerer solcher Fälle.

Die Forschungsarbeit des Dr. Wolff

Der andere Arzt dort auf der Anklagebank, Obersturmführer Dr. Wolff, war Oberarzt für Innere Medizin im Konzentrationslager Birkenau.[128]

In diesem Lager gingen Tausende und Zehntausende an einer einzigen Krankheit zugrunde. Welche Krankheit das war? Durchfall!

Dr. Wolff versäumte selbst die elementarsten ärztlichen Eingriffe, um das Massensterben einzudämmen. Kochsalz hätte in das Essen der Häftlinge gehört. Schon diese eine Maßnahme hätte die Anzahl der Erkrankungen stark verringern können. Ein Liter fünfprozentiger Lösung konzentrierter Salzsäure hätte Lagerteile voll Durchfallkranker innerhalb von Tagen heilen können. Salzsäure stand in Deutschland während des gesamten Krieges unbegrenzt zur Verfügung. War die Salzsäure teuer? Nein! Je Liter insgesamt eine Reichsmark.

Világ, 13. Mai 1948, S. 4 – Folge 20

Dr. Wolff sorgte nicht dafür, dass dieses einfache Mittel beschafft wurde.

Oberarzt Dr. Wolff führte nach dem Vorbild des Dr. Thilo ›Forschungsarbeiten‹ durch. Mit der größten Sorgfalt, Aufmerksamkeit und Gewissenhaftigkeit untersuchte er den Ablauf der verschiedenen Arten des Durchfalls. Er studierte sie bis zum Eintritt des Todes, sogar darüber hinaus, denn er schickte die Leichen von 150 an Durchfall gestorbenen Häftlingen in den Sektionsraum von Krematorium I. Mich ließ er sie bearbeiten, zu Zwecken der anatomischen Auswertung. Wie viel Sorge wandte er für diese Arbeit auf! Wie viele Menschen gingen an dieser schrecklichen Krankheit zugrunde. Dr. Wolff versäumte es, Zehntausende von ihnen zu retten, dabei hätte er nur ein paar Anforderungsscheine für Salzsäure ausstellen müssen. Viel wichtiger als die Anforderungsscheine war ihm seine individuelle Forschungsarbeit, die Tausende von Menschen das Leben kostete.

Die Sterilisierung

Meine Herren Staatsanwälte! Hier sitzt der dritte SS-Arzt auf der Anklagebank! Es ist Dr. Wirths. Auch von seiner Tätigkeit kann ich berichten. Sein vollständiger Titel: ›SS Hauptsturmbannführer Dr. Wirths‹. Sein Tätigkeitsgebiet war die Versuchsbaracke Nr. 10.[129]

In ihr lag abgeteilt ein geräumiger, sauberer, luftiger Raum. Ein kurzer Blick klärte den Eintretenden nicht über die Bestimmung der im Raum vorhandenen Gegenstände auf.

Im Vordergrund stand ein Schreibtisch, davor ein bequemer Lehnstuhl. Eine Vielzahl von Stahlrohren, Spiraldrähten und Kabeln verlor sich im Halbdunkel des Raumes.

Der erschrockene Blick des Eintretenden suchte nicht die Gegenstände, sondern die Menschen. Die Bewohner des KZ, die sich außerhalb aller menschlichen Gesetze befanden, hatten eine feine Wahrnehmung. Sie waren sich sicher, dass ihr Leben in der Hand eines anderen lag. Sie entwickelten ein Gespür, mit dem sie vieles ahnten. Um dieses Gespür, diese Ahnung auszuschalten und ihr Vorhaben an Einzelpersonen wie an größeren Gruppen glatt und ohne jegliche Störung durchführen zu können, benutzten die Herren des KZs die teuflischste Methode der Irreführung.

Vor dem Raum wartete wortlos, zerlumpt und kahl geschoren eine Gruppe junger Frauen, bewacht von SS-Aufseherinnen. Das Haar der Frauen war kaum einen Zentimeter lang. Seit einem Monat wohnten sie im Konzentrationslager. Sie waren in einem erträglichen körperlichen Zustand, ihr Organismus hatte noch nicht übermäßig auf die eigenen ›Konditionsreserven‹ zurückgegriffen.

Sie betraten den Raum einzeln. Jede von ihnen blieb drei oder vier Minuten drinnen.

In dem Raum waren Ärzte in weißen Kitteln zugange. Einer von ihnen nahm die Eintretende am Arm. Leise und fein, wie man nur in der Welt außerhalb der Drähte mit ihr gesprochen hat, bat er sie:

›Nehmen Sie doch bitte auf dem Stuhl vor dem Schreibtisch Platz.‹

Ein ungewohnter Ton, eine sonderbare Höflichkeit. Eine verdächtige Höflichkeit!

Nach Auffassung der Anthropologen wurde der Mensch zum ›Menschen‹, aus entwicklungsgeschichtlicher Perspektive, als er das erste Feuer anzündete und anfing, aufrechte Haltung anzunehmen und auf zwei Beinen zu stehen. Als drittes würde ich dieser Feststellung noch hinzufügen, dass diese ›Loslösung‹ erfolgte, als der ›Mensch‹ sich zum ersten Mal auf eine Art Stuhl gesetzt hat. Diese Behauptung ist vielleicht etwas übertrieben, aber es steht außer Zweifel, dass das Sitzen auf einem Stuhl eine Stufe der menschlichen Entwicklung und der menschlichen Würde ist.

Die arme Gefangene begann sich als Mensch zu fühlen. Als ein Mensch, dem man nach all den Repressalien jetzt in diesem Raum – einen Stuhl anbietet.

Dies war jedoch nur die erste Überraschung. Die zweite Überraschung folgte sofort: Ein Arzt legte der noch angespannt und überrascht dasitzenden Gefangenen ein Formular vor.

Auf dem Vordruck waren persönliche Fragen zu lesen. Leere Spalten, die auf eine Antwort warteten. Eine mittel intelligente Person konnte sie in ungefähr drei Minuten ausfüllen. Es waren gewohnte Fragen zu beantworten.

Name, Lebensalter, Wohnanschrift, Nationalität usw., was üblicherweise auf solchen Fragebögen steht.

Schon beim Ausfüllen der ersten Spalte verschwand das ungewohnte Gefühl beim Sitzen auf dem Stuhl. Auch die feine Ahnung und das Gespür der KZ-Gefangenen beruhigte sich.

Sie witterte keine Gefahr. Sie füllte die leeren Spalten in dem Bewusstsein aus, dass sie nicht mehr unpersönlich sei. Kein solcher Häftling, wie sie es bisher empfunden hatte. Dass sie aus dem Sumpf des abgeschlossenen Lagers jetzt in eine menschlichere Lage gekommen sei.

Drei Minuten vergingen und die Gefangene verließ heiter den Raum.

Der Arzt nahm das ausgefüllte Personalblatt auf, knüllte es zusammen und warf es in den Papierkorb. Sofort legte er ein anderes auf den Tisch. Ein neues, unausgefülltes.

Inzwischen waren jedoch auch die anderen Ärzte nicht untätig geblieben.

Drei Minuten hatten sie gebraucht, um das Hochleistungsröntgengerät auf den Unterleib der auf dem Stuhl sitzenden, ruhig schreibenden Frau zu richten und mit den hochwirksamen, unsichtbaren Strahlen ihre von Leben überquellenden Eizellen abzutöten, in der Fachsprache: sie zu sterilisieren.[130]

Was hatten sie in den Frauen getötet! Alles! 300 junge Frauen wurden so in der Gruppe sterilisiert, um die heilende und sterilisierende Dosis der Röntgenstrahlen festzustellen.[131]

X-Strahlen

Dann waren da die 20 bis 23 Jahre alten, lebenskräftigen französischen jungen Männer.[132] Sie lagen isoliert in Baracke 12 des Lagers F, die unglücklichsten Opfer des Versuchslabors.

Es war die Gruppe der Kastrierten.

Világ, 14. Mai 1948, S. 4 – Folge 21

Von quälenden Schmerzen gepeinigt, lagen sie in ihren Boxen.

Sie schrien und weinten vor Schmerz, diese menschlichen ›Überreste‹, denn als Menschen waren sie nicht mehr zu bezeichnen. Sie waren unter Anwendung von Röntgenstrahlen sterilisiert worden. Nach einigen Tagen erschienen schreckliche Brandwunden an den bestrahlten Stellen. Sie vertieften sich zu wahren Kratern, dehnten sich auch in der Breite aus und trotzten jedem Medikament und Schmerzmittel.

Bei diesen Experimenten durften Häftlingsärzte nicht anwesend sein. Die SS-Ärzte führten das ›Verfahren‹ in einem separaten Raum durch. Die Opfer der Versuche kamen in die Baracken des Krankenlagers in den Krankenstand. (Es ist eine Tatsache, dass bis zur ersten Selektion auch die Häftlingsärzte Gelegenheit fanden, die Ursache der Schäden zu erkennen und die Häftlinge, an denen die Versuche vorgenommen wurden, gründlich zu befragen.)

Meine Herren Staatsanwälte! Dies kann ich über die Versuchsarbeiten der mir persönlich bekannten SS-Ärzte im Konzentrationslager Auschwitz an lebenden Menschen bezüglich der in Punkt 13 der Anklage enthaltenen Verbrechen sagen.«

Ein Eunuchen-Zeuge

Der Gerichtsmarschall führt einen 25–26 Jahre alten Mann aus dem Zeugenzimmer in den Verhandlungssaal.[133]

Er bleibt mit ihm in der Mitte des Raumes stehen, damit die Staatsanwälte, ärztlichen Sachverständigen und Rechtsanwälte der Verteidigung ihn gut sehen können.

Die Staatsanwälte stellen ihm verschiedene Fragen, worauf der Mann mit verzerrter, femininer Stimme sagt:

»Ich bin der Einzige aus der Gruppe der Kastrierten in Baracke 12, der der Selektion glücklich ›entgangen‹ ist.«

Er erzählt, dass es ihm durch Zufall gelungen sei, heim nach Frankreich zu gelangen, und dass er jetzt gekommen sei, um mit seiner eigenen Person die Durchführung der unmenschlichen Kastrierungsversuche und die in ihrer Folge eintretenden Veränderungen zu beweisen.[134]

Alle anwesenden Fotoreporter richten die Linsen auf den armen Zeugen, der einen »eunuchoiden« Typ aufweist, aber er bittet darum, auf das Fotografieren zu verzichten. Er schämt sich ...

Neuntes Kapitel
Konditor und Massenmörder

In der heutigen Verhandlung muss ich die Fragen von Punkt 14 der Anklage beantworten.

Generalstaatsanwalt Minskoff stellt folgende Fragen:

»Dr. Nyiszli! Welche Beobachtungen haben Sie als Arzt über die psychische Einstellung der Nazimörder gemacht?«

Die Lampe leuchtet auf und ich antworte:

»Meine Herren Staatsanwälte! Bezüglich dieser Frage nenne ich einige Beobachtungen aus der Zeit meiner Gefangenschaft im Krematorium des KZs.

Es besuchten oft Angehörige des SS-Personals das Arztzimmer.

Bei einer Gelegenheit hatte ich einen langen Gedankenaustausch mit Oberscharführer Mußfeldt, dem Kommandanten des Krematoriumspersonals.

Wir unterhielten uns lange.

Es war schon nach Mitternacht und alle Themen waren erschöpft. Schließlich musste unvermeidlich auch die menschenvernichtende Arbeit der Krematorien zur Sprache kommen.

Der SS-Unteroffizier war zu Zeiten vor der ›Bewegung‹ in einer rheinländischen Großstadt – Konditormeister gewesen.[135]

In einem geeigneten Augenblick während unseres Gesprächs fragte ich:

›Sagen Sie, Herr Oberscharführer, wenn wir schon bei den Toten und beim Krematorium sind ... Wir beide wissen ja, was hier vor sich geht ...‹

Stille im Zimmer. Mußfeldt regte sich nicht. Mutig sprach ich weiter.

›Was ist Ihre Einstellung zur Massenvernichtung von Menschen, dazu, sich sogar eigenhändig zu beteiligen? Was gibt Ihnen das Recht, so viele Menschen umzubringen?‹

Mußfeldt zuckte mit den Schultern und antwortete lange nicht. Dann nahm er einen tiefen Zug aus seiner Zigarette und sagte:

›Na ja ... ich antworte Ihnen! Das Recht dazu gibt uns der Führer. Und das Töten von Polen und Juden ist ja kein Mord im nationalsozialistischen Sinne. Es ist die heilige Feme!‹

Über die Feme muss man wissen, dass sie im Mittelalter eine Art Menschenvernichtung in Form eines sanktionierten Volksgerichts war.

Das war seine Antwort. Ich wunderte mich nicht. Er war bei der SS. Von den SS-Männern wusste ich, dass sich eine ganze Kette ihrer Untaten aus den Grundprinzipien ergab, auf denen sie die SS aufgebaut hatten.

Aber jetzt ging ich in meinen Gedanken weiter und sah den Konditor mit den feinen Händen und der weißen Mütze vor mir, wie er vor dem Backbrett steht. Vor ihm liegt ein weißer Mehlhaufen. Er stellt vielerlei Torten her, mit unterschiedlichen Glasuren. Auf den Torten ein künstlerisches Arrangement von grünen Blättern und Blüten aus Zucker. Das ist die Konditorkunst. Wie kann man nur Süßigkeitenkünstler, Konditor sein – und Mörder? Massenmörder! Hätte ich es nicht mit eigenen Augen gesehen, würde ich nicht glauben, dass er Tausende, Zehntausende über den Haufen geschossen hat.

Danach aß und trank er mit gutem Appetit und legte sich zu ruhigem Schlaf nieder.

Die Geschichte der Weihnachtskarten

Dann war da Oberscharführer Seitz.[136] Ein paar Tage vor Weihnachten wandte er sich mit einer besonderen Bitte an mich:

Világ, 15. Mai 1948, S. 4 – Folge 22

›Bitte seien Sie so nett, mit Tusche, in gotischen Buchstaben, schöne weihnachtliche Botschaften auf diese Postkarten zu schreiben ...‹

Er legte einige Postkarten vor mich hin, die der Maler D. Olère mit einigen verfügbaren Farben auf weiße Kartonblätter improvisiert hatte.

Auf der einen Karte war ein Tannenzweig, auf dem zwei weiße, sich küssende Tauben saßen.

Angesichts der Tatsache, dass D. Olère damals schon lange keine Bilder vom Ufer der Seine gemalt und die herbstliche Stimmung des Bois de Boulogne mit seinen fallenden Blättern auf die Leinwand gebracht hatte, sondern bereits seit drei Jahren KZ-Häftling war, waren die Bilder ganz gut gelungen.[137]

D. Olère, Heizer am Verbrennungsofen 15 im Krematorium I, schaufelte in der Tag- oder Nachtschicht Koks unter die Leichen von Tausenden seiner Mitmenschen.[138] Oberscharführer Seitz war zugegeben kein strenger Kritiker. Im Gegenteil! Er freute sich über den Zufall, der ihm diesen Maler in den Weg geführt hatte.

Der Ofen 15 war der letzte in der Reihe der im Verbrennungsraum schwarz aufgereihten Öfen.[139] Dort am Ende des großen Raumes schaufelte D. Olère den Koks. Der Ober (so wurde Oberscharführer Seitz kurz genannt) kontrollierte die Arbeit der Heizer.

Die Arbeit ging schleppend voran. Es wurde langsam Abend, die Zeit des Tagesdienstes war bald abgelaufen.

Um diese Zeit waren die Häftlinge, die vom frühen Morgen an ›im Tempo‹ und in schrecklicher Hitze arbeiteten, schon erschöpft.

So ging es auch D. Olère, denn der Ober fragte ihn gereizt:

›Was bist du denn im Zivilleben, dass du die Schaufel so ungeschickt handhabst?‹

Es war eine breite Koksschaufel mit kurzem Stiel. Der Ober dachte vielleicht, dass diese bis zum Gürtel nackte Gestalt, die vor Schweiß und Ruß glänzte, zu Hause in Frankreich – denn dass er von dort kam, zeigte ja das F auf der rechten Hosenseite – ebenfalls ›Krematoriumsheizer‹ war. Nur dass er eben seine Lehrjahre unter der Hand eines schwachen Fachmannes zugebracht habe.

Wie bei jemandem, dem sowieso nicht mehr zu helfen ist, wartete der Ober nicht auf die Antwort und wollte sich schon mit einer verächtlichen Handbewegung abwenden und den Häftling stehen lassen.

Seine Verachtung galt nicht nur D. Olère, sondern ganz Frankreich und der unentwickelten Heiztechnik in den ›dortigen Krematorien‹.

Der arme D. Olère raffte irgendwie all seinen Mut oder all seine Bitterkeit zusammen und stammelte dem Ober kaum hörbar zu:

›Bitte ... zu Hause ... hatte ich niemals so eine sonderbare Schaufel in den Händen ... Und zwölf Stunden lang quält einen die Hitze auch sehr ... und ich war Landschaftsmaler in Paris.‹[140]

Das sagte D. Olère, aber er hatte auch sogleich Sorge, dass er vielleicht zu viel gesagt haben könnte. An einem solchen Ort ist es niemals gut, wenn von einem bekannt ist, dass man Landschaftsmaler ist.

Aber dieses eine Mal war es gut.

Schon im Gehen drangen dem Ober die Worte an die Ohren.

Oberscharführer Seitz wandte sich plötzlich zurück und sagte in vollkommen verändertem Tonfall, beinahe vorwurfsvoll:

›Sie Schmuckstück, sie unmöglicher Parteigenosse! Warum haben Sie mir nicht früher gesagt, dass Sie ein Kunstmaler aus Paris sind!‹

D. Olère hörte auf zu schaufeln und antwortete:

›Bisher hat mich niemand danach gefragt.‹

›Von jetzt an werden Sie malen! Ich habe Arbeit genug für Sie. Und wenn Sie damit fertig sind, gibt es hier genug anzumalen. Die roten Ziegelwände der Öfen müssen einmal überstrichen werden.[141] Sie sind schon ganz schwarz vom Ruß. Jederzeit kann eine Kontrolle kommen! Das kann nicht so bleiben! Nach dem Appell melden Sie sich bei mir!‹

So begann D. Olère Arbeit als Maler, und das war die Geschichte der Weihnachtskarten. Die Karten wurden fertig, zwei weiße, sich küssende Tauben auf einem grünen Tannenzweig. Im Bogen über den Tannenzweig schrieb ich in schönen gotischen Buchstaben einen Gruß. Ich hatte nie zuvor Gedichte geschrieben, und das Krematorium war kein Ort, in dem man in lyrische Stimmung kommen konnte, aber es war ein Befehl! Der Oberscharführer war ein hoher Herr in den Krematorien. Ein paar Minuten lang knabberte ich am Stift, dann war mein dichterisches Werk geschaffen.

›*Wünscht jedem das Allerbeste und sendet frohe Weihnachtsgrüße, SS Oberscharführer Erich Seitz.*‹[142]

Diese beiden Geschichten decken eine große kriminalpsychologische Tiefe auf und beleuchten restlos eine Struktur, in der Sentimentalität, Unbarmherzigkeit und Ruchlosigkeit gut nebeneinander Platz hatten. Eine andere Beobachtung für die Kriminalpsychologie: Das Zusammentreffen von Minderwertigkeitsgefühl und Bösartigkeit bzw. Hang zu kriminellem Verhalten.

Zehntes Kapitel
Musik im Totenlager

Meine Herren Staatsanwälte! Kriminalpsychologische Formen konnte ich nicht nur in der Atmosphäre der Krematorien bei einzelnen SS-Männern, sondern auch bei größeren Gruppen beobachten. So hatte beispielsweise die gesamte Führung des KZs Auschwitz eine solche Einstellung.

Der Lagerteil in Birkenau, das berüchtigte ›Männerlager‹, bestand aus 32 Baracken. 32 000 Häftlinge wurden zwischen den 6000 Volt Strom führenden Drähten festgehalten.[143] Die Häftlinge des Lagers waren in 40 ›Kommandos‹ eingeteilt. Das SK (Strafkommando) und das ZK (Zerlegekommando) waren die beiden personenstärksten Gruppen.[144]

Világ, 16. Mai 1948, S. 6 – Folge 23

Ins Strafkommando kamen alle, die irgendeine Regelwidrigkeit begangen, z. B. gegen die KZ-Ordnung verstoßen hatten. Die Männer des SK verbrachten die Nächte in geschlossenen Baracken. Tagsüber verrichteten sie unter Bewachung von SS-Wächtern und abgerichteten Schäferhunden die schwersten Arbeiten. Als Verpflegung erhielten sie die Hälfte der offiziellen Tagesration im KZ. Ihr Vorarbeiter war ein Häftling mit grünem Winkel, üblicherweise ein Deutscher, aus der KZ-Häftlingselite, der Gruppe der BV (Berufsverbrecher).

Aus der Unverhältnismäßigkeit von schwerer Arbeit und Verpflegung ergab sich, dass ihr Leben nicht länger als fünf oder sechs Wochen dauerte. Wer es länger aushielt, der wurde zu Tode gehetzt oder erschlagen. Es war ein gewohnter Anblick, wie das einziehende Kommando bei der Heimkehr von der täglichen Arbeit in Schubkarren seine Toten mitbrachte.

Die Toten mussten so mitgebracht werden, weil die rückkehrenden Kommandos am Lagereingang, vor der Wachstube, schon vom Lagerkommandanten mit dem Generalstab erwartet wurden. Die Kopfzahl musste beim Aus- und Einmarschieren übereinstimmen. Es war egal, ob lebendig oder nicht, aber alle mussten da sein.

Die Kommandos schritten in straffer Haltung am Lagerkommandanten vorbei, und der vorn marschierende ›Kapo‹ sagte die Kopfzahl an. Zum Beispiel:

›Kommando Nr. 15, 2000 Schutzhäftlinge, davon 30 Tote, Kopfzahl stimmt!‹

So zogen 32 000 ausgemergelte Häftlinge durchs Lagertor – und ihre Toten. Über dem Tor stand der Schriftzug:

»Arbeit macht frei!«

Innen am Tor stand unmittelbar neben der Wachstube ein in Fantasieuniformen gekleidetes Blasorchester mit 60 Mitgliedern, das aus Häftlingen zusammengesetzt war.[145] Das Orchester spielte schmetternde Märsche, während die Kommandos einzogen. Stundenlang ging das so. Als was soll ich das bezeichnen? Als Zusammenstellung von Wahnsinn und Scherz oder von Komödie und Tragödie? Ich weiß es selbst nicht.

Aber von diesen Strukturen gab es auch noch eine erweiterte Version.

Schon eine Woche vor Weihnachten stand ein mächtiger Tannenbaum am Eingang von Lagerteil D unmittelbar gegenüber dem Platz des Orchesters. Auf der anderen Straßenseite hatte man ihn aufgestellt. Mit elektrischen Leuchten, bunten Bändern und silbernem ›Engelshaar‹ geschmückt. Es war ein wunderschön verziertes Symbol für das nahende Fest der Liebe. Die Häftlinge zogen morgens zur Arbeit aus und abends wieder ins Lager und erinnerten sich an ihr verlassenes Heim und ihre fortgerissenen Familien. Ihr Herz zog sich zusammen. Mit warmem Blick strich ihr Auge über den Weihnachtsbaum, wenn sie im Marschtakt an ihm vorüberzogen.

Weihnachts»geschenk«

Vor Weihnachten erweiterte sich das Geflecht von Wahnsinn und Scherz, von Komödie und Tragödie noch.

Es war sechs Uhr am Abend. Die müden Kommandos warfen vor dem Tor ihre letzte Kraft in die Füße, damit ihre Schritte fest waren, wenn sie an der Lagerleitung vorbeimarschierten.

Das 60-köpfige Orchester spielte, die Häftlinge nahmen eine straffe Haltung an und marschierten mit strammen Schritten durch das Tor. Ihre Augen richteten sich schon auf den Weihnachtsbaum. Dieser stand auch an seinem Platz, aber daneben war noch etwas, das ihre Augen auf sich zog.

Neben dem geschmückten, erleuchteten Baum standen vier Stühle in einer Reihe. Auf den Stühlen saßen Häftlinge in gestreifter Kleidung mit sonderbarer Körperhaltung. Um den Hals hatten sie Tafeln:

›So geht es dem, der zu fliehen versucht!‹[146]

Das stand auf den Tafeln.

Vier mit Kugeln hingerichtete Häftlinge.

Zu Weihnachten gibt es einen ›Gabentisch‹ neben dem Weihnachtsbaum, ein Tisch mit liebevollen Geschenken.

1944 gab es zum Fest der Liebe auch im Konzentrationslager Auschwitz einen Weihnachtsbaum, aber anstelle des Gabentisches saßen unter ihm vier Tote als Memento.

Eine Gruppe politisch Selbstbewusster

Das andere Kommando, das Zerlegekommando, beschäftigte sich damit, die aus allen besetzten Gebieten sowie aus ganz Deutschland hierher transportierten Flugzeugwracks zu demontieren. An ihrem sechs Kilometer von Birkenau gelegenen Arbeitsplatz verluden diese Häftlinge die noch verwertbaren Teile in Waggons, damit diese zur Wiederverwendung in die Flugzeugfabriken kämen.[147]

Diese Arbeit fand auf einem riesigen Gelände statt. Oftmals geschah es, dass aus den Wracks nicht nur verwertbare Teile, sondern auch Gegenstände zum Vorschein kamen, die sich im kargen Leben der Häftlinge verwenden ließen. Im Tank fast jedes Flugzeugwracks war noch etwas Benzin. Dafür bekam man von den Häftlingen in der Küche, die Feuerzeuge besaßen, Lebensmittel. Aber in den Pilotentaschen gab es auch Zwieback und manchmal Zigaretten. Sogar warme Handschuhe fanden sich an.

Világ, 19. Mai 1948, S. 4 – Folge 24

Wie es kam, dass die Häftlinge auf diese Funde stießen? Die Erklärung liegt darin, dass in den letzten Monaten des Krieges in so großer Zahl abgeschossene oder notgelandete Flugzeuge ›eintrafen‹, dass sie in größter Eile weggeräumt und ins Lager transportiert wurden. So untersuchte man die Wracks auch nur oberflächlich, bevor man sie auf den Weg schickte.

Heute ist allgemein bekannt, dass die politischen Häftlinge des KZs mit ihrem Verhalten die These bestätigten: Wer im freien Leben Prinzipien hatte, der hatte sie auch im Vernichtungslager! Anhand dessen, was bisher berichtet wurde, haben wir ein klares Bild vor Augen. Wir wissen, wie ›Leben und Tod‹ im Vernichtungslager waren. Wir wissen, wie zerstört der ›Mensch‹ war, wie sehr er sein Menschsein abgelegt hatte, und dass er nichts anderes tat, als in dumpfer Lethargie den Tod zu erwarten.

Es gab jedoch eine kleine entschlossene Gruppe, die organisiert kämpfte und selbst dort noch ein Beispiel gab. Ihr glänzendes Zeugnis muss ich hier ablegen. Einige derart politisch geschulte, selbstbewusste Männer des Zerlegekommandos sammelten nicht Lebensmittel oder warme Kleidungsstücke aus den Wracks, die auch für sie lebenswichtig gewesen wären, ebenso wie für die anderen, sondern Bauteile für ein Radio.[148]

Wenn man bedenkt, dass ein Radioempfänger aus mehreren Tausend kleineren und größeren Teilen besteht, und auch, welch strenge Durchsuchungen beim Einzug der Kommandos vor dem Lagertor stattfanden, wenn man weiter weiß, auf welche Geringfügigkeiten im KZ der Tod stand, dann kann man sich einen Begriff davon machen, was diese Männer auf sich nahmen! Welches Risiko diese schwer geschundenen, ausgehungerten, aber nicht seelisch ausgepressten, sondern selbstbewussten Vorkämpfer auf sich nahmen, die in den Lumpen ihrer Kleidung oder im Mund untereinander verteilt die Teile für einen Radiosender und -empfänger mit großer Reichweite ins Lager schmuggelten!

Nach dem abendlichen Einzug legten sie sich im Lager nicht zum Schlafen auf ihre erbärmlichen Bettstellen nieder, sondern bauten beim Licht einer kleinen Kerze mit selbst gebautem Werkzeug das Gerät zusammen. Sie suchten Kontakt mit dem befreundeten Ausland und fanden ihn auch.

Ich musste die Geschichte im Zusammenhang mit dem Zerlegekommando erwähnen, denn das Handeln dieser Männer bleibt ein strahlendes Beispiel für mutiges Auftreten in einem Kampf, in dem die vom Fortschrittsgeist der Menschheit durchdrungene Menge für eine glücklichere Zukunft kämpft.

Das war das Zerlegekommando. Es bestand aus 4000 Häftlingen.[149] Viele von ihnen sind am Leben geblieben. Sie können die Glaubwürdigkeit des hier Gesagten bestätigen.«

Elftes Kapitel
Ohne Angeklagte

Am heutigen Verhandlungstag sind keine Angeklagten anwesend.

Ich muss eine Aussage unter Eid abgeben.

Auf die Fragen von Punkt 15 und 16 des Anklagematerials über das Benehmen, das Verhalten der Nazimörder beim Begehen der Morde muss ich schriftlich antworten.

Bevor ich meine derartigen Beobachtungen zu den Offizieren, Ärzten, Unteroffizieren und Soldaten zusammenfasse, zähle ich einige Momente auf, deren Zeuge ich im Zusammenhang mit Einzel- oder Massenmorden geworden bin.

»1. Ein SS-Hauptmann bringt mit seinem Sanitätsunteroffizier mit dem Rot-Kreuz-Luxusauto Gasdosen zu den Krematorien. Beim Vorgang der Vergasung kontrolliert er die Leerung der Dosen bei den Schächten, die zum Einstreuen des Granulats dienen. 3000 zur Vernichtung verurteilte Opfer erwarten in den Gaskammern ihren Tod. Der SS-Hauptmann wird aus irgendeinem Grund in der Ruhe der Betrachtung gestört und fährt den ›Sanitäts‹-Unteroffizier ungeduldig an:
›Gib schon schneller das Fressen den Juden!‹

2. SS-Major Dr. Klein[150] bringt am Neujahrstag 1945 mit dem Häftlingstransporter des KZs 200 christliche Häftlinge ins Krematorium IV. Er verlässt den Wagen als Erster und sagt zu dem herbeieilenden Oberscharführer, dem Oberschützen vom Dienst:
›Ich bringe Ihnen Neujahrsarbeit!‹

3. Wenn Dr. Mengele in den Baracken des KZs eine schwangere Frau entdeckte, versicherte er ihr in ruhigstem Ton, er werde dafür sorgen, dass sie eine zusätzliche Nahrungsration bekommt. Zuerst müsse sie aber zu einer ärztlichen Untersuchung, um abklären zu lassen, wie weit ihr Zustand fortgeschritten sei. Dann schickte er

sie geradewegs in eines der Krematorien, wo sie sofort erschossen wurde.

4. Wenn ihm bei der Sektion an der Rampe Alte und Kranke begegneten, die sich schwerfällig vorwärts schleppten, zeigte er zuvorkommend und ermutigend auf das große Rot-Kreuz-Auto in der Nähe:
›Sie müssen nicht zu Fuß gehen ... Hier steht das Auto, steigen Sie auf. Sicher sind Sie erschöpft.‹
Von dem Auto wissen wir aber schon, dass es zwei Minuten später auf dem Hof des Krematoriums hielt. Es kam früher an als der Transport.

Világ, 20. Mai 1948, S. 4 – Folge 25

Zusammenfassend kann ich sagen: Ich habe festgestellt, dass die SS-Nazimörder Verkörperungen der deutschen Organisation, des militärischen Drills, der Subordination und des Untertanengeistes waren. In ihrem wirren Übermenschentum verachteten sie die zur Ausrottung verurteilten Personen und ›niederen Rassen‹ und kritisierten ihre barbarischen Führer nicht. Im Gegenteil, sie erfüllten blind und gläubig ihre Gebote und wurden zu gnadenlosen, niederträchtigen Henkern und Schergen. Ärzte, Offiziere, Unteroffiziere und Soldaten gleichermaßen.«

Exemplare meiner von Staatsanwalt von Halle gegengezeichneten Aussage werden den Staatsanwälten übergeben, vor der Hauptverhandlung über ihre Verbrechen erhalten sie gemäß den gesetzlichen Vorschriften auch die Angeklagten, vier Wochen vor Beginn der Hauptverhandlung.[151]

»Sworn to and signed before me this 8th day of October 1947 as known by the person making the above affidavit. *Benvenuto von Halle. U.C.Civilian Agv D.43.2532*«.[152]

Diese Nummer hat die Akte erhalten.

Zwölftes Kapitel
Welchem Ziel diente der Tod von Millionen?

Dies waren die Arbeitsstätten der KZs, war das wahre Gesicht der Krematorien und Krankenbauten im nationalsozialistischen Deutschland. Die Geschehnisse warten auf eine Erklärung. Erklären müssen sie diejenigen, die sie unmittelbar oder mittelbar begangen oder zu ihnen beigetragen haben.

Es ist Angelegenheit der Verteidigung, eine Erklärung zu geben.

Aber was kann die Verteidigung hier sagen?

Welchen Zielen diente der Tod von Millionen, dienten die vielen Leichen? Sollten sie dem »stolzen Gebäude« des Dritten Reiches das feste Fundament bieten? Diese irrsinnige Vernichtung, die bewusst, mit klarem Kopf geplant und durchgeführt wurde, ohne die geringsten Anforderungen der Menschlichkeit zu berücksichtigen?

Dieses Gebäude stand auf Unmengen von Leichen. Was waren seine Säulen? Das RSHA, das Reichssicherheitshauptamt, der SD, der Sicherheitsdienst, die SS, die Schutzstaffel, die SIPO, die Sicherheitspolizei, und die Gestapo, die Geheime Staatspolizei. Wie viele Abkürzungen, wie viel Sicherheit. Vor wem und was hatten sie Angst? Vor allem und überall. Sie haben jeden niedergewalzt, der ihnen im Weg stand, und sie wollten eine Welt, in der der Wille, die Interessen und die Selbstständigkeit der Völker nichts gelten.

Jetzt, hier in dieser Verhandlung, wenn ihre Verbrechen und Straftaten aufgedeckt werden, wiederholt sich ärgerlich ein feiges, zitterndes Stammeln: »Ich habe es auf Befehl getan« oder »Ich habe es nicht getan, ich erinnere mich nicht«.

Ziel des Dritten Reiches war die »Endlösung«, die restlose Ausrottung der großen, innerhalb der Grenzen des deutschen Lebensraums lebenden Völker. Mit den Verbrechen in Polen, auf sowjetischem Gebiet, in Ungarn und in der Tschechoslowakei begann die Umsetzung dieses Plans.

Aber es möge das Dokument 2915.PS US 306 Himmler sprechen, das dem Nürnberger Gerichtshof vorliegt:[153]

»Unsere Aufgabe ist es, den Osten nicht im alten Sinne zu germanisieren, das heißt, den dort wohnenden Menschen deutsche Sprache und deutsche Gesetze beizubringen, sondern dafür zu sorgen, dass im Osten nur Menschen wirklich deutschen, germanischen Blutes wohnen.«

Deutlicher konnte das Dritte Reich seine wahren Absichten nicht ausdrücken. Die IG Farben hat Tausende und Zehntausende von Zyklon-Dosen geliefert. Das Gas strömte in Majdanek, Treblinka und am größten Verbrauchsort, in Auschwitz.[154]

Hier sitzen die Abteilungsleiter und Direktoren auf der Anklagebank. Hier sitzen die Zeugen der Verteidigung und gestehen nichts von dem, was schon alle wissen.

»Gruppe der medizinischen Gase«, sagen sie. »Zu Desinfektionszwecken hergestellt.« Das war eine gründliche Desinfektion! Ein Drittel des polnischen Volkes, Hunderttausende Russen und Tschechen und sechs Millionen Juden wurden vernichtet.[155]

Da sind die Medikamente der IG Farben. Chloroform-Injektionen werden in der Praxis nicht verwendet! Die IG Farben stellte sie zu Hunderttausenden als Mittel zur Verteilung des »Gnadentodes« her. In den Zuständigkeitsbereich von Innenminister Frick[156] gehörten die Kliniken, Sanatorien, Krankenhäuser und Psychiatrien, in denen Deutsche oder Fremde umgebracht wurden. Wer eine psychische oder andere unheilbare Krankheit hatte oder bei der Arbeit invalide geworden war, kam durch die in gesetzliche Formen gefasste Verabreichung des Gnadentodes um.

Und da ist das Injektionsnarkosemittel Evipan. Wie viele unglückliche Häftlinge starben nach seiner Anwendung am plötzlichen Herztod, weil man die Grade seiner Überdosierung feststellen wollte?

Die IG bat um Versuche mit diesen Mitteln, die SS übernahm die Ausführung.

Man muss wissen, dass die ärztlichen Institutionen des KZs von ihrer Regierung materielle Unterstützung zu Forschungszwecken erhielten. Die Arbeit der Ärzte wurde unterstützt, weil ihnen reichhaltiges Menschenmaterial ohne jegliche Verantwortung zur Verfügung stand.

Viele Fragen musste ich vor dem Nationalen Gerichtshof in Nürnberg[157] beantworten. Meine Antworten sind voller Finsternis, einer Finsternis, in die nicht einmal winzigste Lichtpunkte hineinleuchten. Ich konnte nicht anders handeln! Ich musste meine Erlebnisse so erzählen, dass ich der Wahrheit und Aufklärung diene! Die Schuld des nationalsozialistischen Deutschlands ist unermesslich schwer! Was kann der Nürnberger Gerichtshof hier ermessen? Alle Opfer nahmen im Augenblick ihres Todes verständnislos zur Kenntnis, dass »Menschen« ihnen dieses Schicksal zugedacht hatten. In unserem fortgeschrittenen Jahrhundert, im Zeitraum zwischen 1944 und 1945 …

Világ, 21. Mai 1948, S. 4 – Folge 26

Zusammenfassung

Die Daten, die beim Prozess in Nürnberg ans Licht kamen, beleuchten scharf und objektiv alle Gräueltaten der nationalsozialistischen Schreckensherrschaft und geben ein wahres Bild von den begangenen, gnadenlos organisierten Massenmorden.

Unwillkürlich stellt sich die Frage, was es möglich gemacht hat, dass die Weimarer Republik stürzte, die Nazi-Clique die Macht übernahm, und womit sich dieser moralische Verfall, dieser Niedergang, diese barbarische Entartung erklären, wenn auch keinesfalls begründen lässt, die das Volk, das große Genies (Beethoven, Goethe usw.) hervorgebracht hatte, derartig verkommen ließ, dass es mit seinen Taten die uralte deutsche Kultur und Zivilisation verhöhnte. Wie konnte die germanische Kultur über die unritterliche Kriegsführung zu den ukrainischen Totenfeldern[158] und Todesfabriken führen?

Die Umstände, die den Nazismus, also den Hitlerismus an die Macht kommen und sich festigen ließen, sind hinreichend bekannt. Adolf Hitler, Europas verstocktester, größter Kurpfuscher, wurde auf einen Sockel gehoben. Aus ärztlicher Perspektive definiert der Begriff Kurpfuscher die Persönlichkeit des Führers am besten. Der große Kurpfuscher, der suggestive Kraft besaß, gewisse degenerative Stigmata ahnen ließ, der planvoll, berechnend handelnde Mann, die enttarnte Bestie, der gerade nur soweit »Mensch« war, dass er handelte und dachte, aber dabei Sklave niederer Affekte blieb. Er führte ein hemmungsloses Gefühlsleben, und alle seine Taten waren von der Bestialität charakterisiert, die aus seinen niederen Affekten aufbrach. Vor der Öffentlichkeit legte er eine Verkleidung an, die der öffentlichen Meinung entsprach, er schauspielerte und posierte, ob er sein eingebildetes Selbst, den ersehnten Führer der Massen oder den selbstlosen nationalen Helden spielen musste. Er war nicht wahnsinnig, nicht geistesgestört, er war auch keiner von den Geisteskranken, die in eine geschlossene Einrichtung gehören. Er war nicht einmal einfach ein Volksverführer, sondern ein bösartiger, durchtriebener Scharlatan, den seine Wunderversprechen in den Augen derer, die ein Wunder erwarteten, so groß werden ließ.

Vielleicht war genau dies das wahre Geheimnis von Hitlers Erfolg, Macht und Beliebtheit: dass er, wie jeder Kurpfuscher, Wunder versprach. Vor allem am Anfang löste er die Wunderversprechen auch ein. Erinnern wir uns nur an den naiven, aber fanatischen Glauben, der allen fantastischen Aussagen des Führers blind vertraute und es möglich machte, dass die schon geschlagenen faschistischen Truppen bis zum Letzten kämpfen und darauf warten, dass die neue »Wunderwaffe«[159] zum Einsatz kommt.

Die Beseitigung

Aus dem Verhandlungsmaterial der Strafprozesse gegen die Kriegsverbrecher konnte ich eindeutig ableiten, dass die Massenvernichtung nicht ein Werk der Vergeltung oder Rache war und auch nicht die Schreckenstat verantwortungsloser Geisteskranker gewesen sein kann oder nur die Ausschreitung einer Masse, die unter der von Kultur und Zivilisation, also von der Erziehung, verursachten Disziplinhemmung freigekommen war. Es handelte sich um ein zielbewusstes, planmäßiges Manöver zur Ausrottung von Menschen im Interesse der deutschen Rasse.

Dies beweisen Art und Qualität der Durchführung. Das Ziel bestand nicht darin, sich an den zur Ausrottung verurteilten Massen zu rächen, die Menschen mit peinvollen, ausgewählten Todesarten hinzurichten, man wünschte die Massen möglichst zweckmäßig zu beseitigen. Bei Hinrichtungen zur Strafe oder zur Vergeltung ist vielleicht nicht einmal die Hinrichtung selbst das Schreckliche, sondern die psychische Tortur vor der Hinrichtung und das sichere Bewusstsein, in den Tod zu gehen. Sich die Art der Hinrichtung vorstellen zu müssen, ist das Schreckliche. Gerade die strafende Schattierung fehlte bei den meisten Menschenvernichtungen in den Todeslagern, denn die Opfer wussten gar nicht, warum und wohin sie marschierten. Man schickte sie ins Bad. Mit Seife und Handtüchern gingen sie unter die Wasserstrahler, die das Todesgas verströmten.[160] Die Massenhinrichtung ging mechanisch und geläufig vor sich: mit Gas, mit Genickschüssen, rücksichtsvoll, oft rücksichtslos, wie es die Situation erforderte, wie die Schergen es gewohnt waren. All dies wurde gleichmütig durchgeführt. Höchstens das Gesicht des einen oder anderen Sadisten verriet eine gewisse herbe Befriedigung.

In den Todesfabriken tobten nicht die Leidenschaften der Rache und Vergeltung, sondern es wurden die Befehle der Anführer des Systems befolgt. Wenn hemmungslose, ein sinnliches Leben lebende, rächende, aufbrausende Menschen Vergeltung üben, trägt dies immer das Ziel und das Mittel der Unbarmherzigkeit, der Folter und der Verursachung von Schmerzen an sich. Die Mentalität der Racheakte von Personen, die von einer Hemmung befreit sind, bestätigen auch viele Beispiele aus der ärztlichen Praxis.

Die Ermordung der Juden

Für das Problem der Ausrottung des Judentums gibt es eine einfache Erklärung. Die Juden sind der ewige Sündenbock: Um ihnen die Fehler und Schuld zu übertragen, waren nur einige demagogische Reden nötig. Die aufgepeitschten Affekte richteten sich gegen die Juden, und die falsche Rassentheorie sorgte für den Anschein der Notwendigkeit ihrer Ausrottung. Die internationale Diaspora der Juden[161] machte sie noch geeigneter dafür, sie als den wahren Feind darzustellen und als den Freund derjenigen, die mit Deutschland im Kampf standen, und sie dem eingeflüsterten Todesurteil der künstlich aufgehetzten Volksstimmung auszuliefern. Die deutsche Organisiertheit, die militaristische Subordination und der preußische Drill erledigten den Rest.

Zweifellos stand das Judentum den weitreichenden Plänen des erlöserischen Scharlatans im Wege, denn es suchte, wenn auch nicht unmittelbar, so doch mittelbar, Beziehungen zu den demokratischen Nationen.[162] Und weil es in den von den Deutschen besetzten Gebieten keine Beschützer hatte, stand es schutzlos von den Rasenden umzingelt und musste auf den Richtplätzen der »Rassenbiologen« und ihrer falschen Theorien Blut und Leben opfern.

In meinem Buch über die Todesfabriken von Auschwitz habe ich mich mehrere Male an die nationalsozialistische Mentalität erinnert, die sich von den höchstrangigen Kommandanten bis zu den Schergen mit den niedrigsten Rangabzeichen in jedem zeigte.

Világ, 22. Mai 1948, S. 4 – Folge 27

Wenn es auch unter ihnen hier und da jemanden gab, in dem angesichts des einen oder anderen erschütternderen Falles der Mensch die Stimme erhob, die unterdrückten, zum Verstummen gebrachten Gefühle aufblitzten: Wenn es um die Tat, um ein menschlicheres Handeln ging, lastete die Bürde des Befehls auf ihm. Sofort »kam er zu Verstand« und befolgte noch gnadenloser, noch unerbittlicher den Befehl, den Geist des Befehls, die unerbittliche Ausrottung von Menschen.

Aber der Umstand, dass die verstorbenen oder lebenden Einwohner der Todeslager für verschiedene wissenschaftliche Versuche benutzt wurden, zeigt uns die Anführer und die angeblichen »Wissenschaftler« in noch finstererem Licht. Wenn auch diese Versuche (!) einen gewissen wissenschaftlichen Anschein hatten, kann ich aus Erfahrung sagen, dass sie nichts anderes als ein Bluff waren, Taschenspielertricks als wissenschaftliche Bestätigung für den wirren Irrglauben der deutschen Rassenbiologen und Rassenveredler. Manche von ihnen handelten aus Überzeugung, andere zur Befriedigung ihrer persönlichen Ambitionen.

Was aber die einseitig angeeignete und erklärte Theorie des Übermenschen angeht, so waren die Hitleristen nicht einmal darin konsequent. Auch ihr eigenes Volk maßen sie mit mehrerlei Maß. Auf die höchste Stufe erhoben sie das preußische Herrenvolk, darunter reihten sie die Bayern und Sachsen ein. Die Österreicher bezeichneten sie als die niederste Ordnung.

Die anderen, die nicht zur deutschen Rasse gehörten, zählten überhaupt nicht. Wer im deutschen Lebensraum und im Bereich der geglaubten deutschen Interessen lebte, den verurteilten sie von vorneherein zum Tode. Mit der Vollstreckung der Todesurteile begannen sie an den Juden. An den in ihr Land verschleppten Fremden und den Kriegsgefangenen setzten sie sie fort. Sie töteten und mordeten mit der gewohnten deutschen Präzision. In gründlich, planmäßig, vorbildlich eingerichteten, zeitgemäßen Richtstätten, mechanisch und systematisch, am Fließband.

Es gibt keine Strafe, die die vielen Millionen Gespenster zur Ruhe bringen und die Unmenschlichkeit der Schuldigen würdig vergelten kann. Für jede ihrer Taten sind sie verantwortlich.

Nachwort

Das Material, das ich der Anklage zur Verfügung gestellt habe, ist nur ein Erlebnisbruchstück. Einzelne aufblitzende Details aus der unendlichen Reihe von Verbrechen und Untaten.

Der Prozess ist seit zwei Jahren im Gange.[163] Viele Verbrecher wurden verurteilt, aber es wurden auch Personen freigesprochen, die das System des Dritten Reiches wirtschaftlich, finanziell und politisch auf oberster Ebene gesteuert, die unermesslich schwere Verbrechen geplant und in Gang gesetzt haben.

Es gibt einen anderen internationalen Gerichtshof. Die Millionen Arbeiter der Völker, deren Herzen rein sind. Ihr Verstand dürstet nach Wahrheit. Sie kämpfen kompromisslos darum, dass die Erde für niemanden mehr »das Jammertal des Daseins im schopenhauerschen Sinn« ist.[164] Dieser Gerichtshof wird die Verbrecher verurteilen. Kein Argument, kein Kriegsgerät wird sein Urteil abändern können.

Es ist eine große Genugtuung und Beruhigung für mich, dass ich mit meinen schrecklichen Erlebnissen heute nicht mehr allein vor der ganzen Welt, vor der entsetzten Menschheit stehe.

Nachdem ich mein Auschwitz-Tagebuch geschrieben hatte, erhielt ich Nachricht, dass fünf meiner Gefährten glücklich am Leben geblieben waren, mit denen ich in der Zeit meiner Gefangenschaft im Krematorium von deren Beginn bis zur Befreiung zusammen oder in engem Kontakt war:

— Dr. Josef Körner, Nizza, Frankreich, Krematorium I, Sektionsraum.
— Prof. Dr. Robert Levy, Straßburg, Frankreich, Lager F, Baracke 12.
— Prof. Dr. A. Epstein, Prag, Baracke 10.
— Dr. Josef Bendel, Paris, Krematorium I, Kommandoarzt.
— Daniel Bennahmias,[165] Athen, Rue Sokrates 48, Krematorium I, Heizer.

Von diesen Kameraden sind drei bereits vor dem Nürnberger Gerichtshof erschienen und haben über das Geschehene ausgesagt.[166] Die beiden anderen werden nach mir über ihre Erfahrung in der Umgebung von Dr. Mengele und über die Arbeit der Krematorien und Häftlingskrankenbauten berichten.[167]

(ENDE)

Die Hölle von Auschwitz

Stellungnahme von Miklós Nyiszlis in der Budapester Zeitung *Világ* vom 10.4.1947, Seite 4

»Doktor Nyiszli und sein Tagebuch«

Schließlich, bevor diese Artikelreihe endet,[1] sei mir gestattet, auch selbst auf den Angriff von Boris Palotai[2] zu reagieren.

Es ist keine einfache Sache, auf eine Anklage, eine Verdächtigung, eine Verurteilung zu antworten, besonders wenn sie von jemandem ausgeht, die in dieser Sache eine wirkliche Laiin ist und das Leben in den Todeslagern traurigen Angedenkens nicht kennengelernt hat. Nun greift sie aus dem erst teilweise erschienenen Tagebuch Halbsätze heraus und stellt meine Person damit in eine einseitige, schiefe Beleuchtung. Als wäre all mein Tun darauf gerichtet gewesen, mich selbst vor dem Verderben zu retten, und als wollte ich mir dadurch, dass ich meine Erlebnisse an die Öffentlichkeit bringe, materielle Vorteile zu verschaffen.

Es sind zu Hunderten Bücher, Flugschriften und tränenreiche Erinnerungen mit dem Namen des Städtchens erschienen, den das Buch der Geschichte nunmehr blutiger bewahrt hat als alle anderen Schauplätze von Verbrechen zusammengenommen, die seine Seiten enthalten. In Auschwitz, der Hölle aller Höllen, sind mehrere Millionen Menschen, Männer, Frauen und Kinder umgekommen. In dieser gigantischen Todesfabrik der Geschichte, die alle apokalyptischen Fantasien in den Hintergrund drängt, war Dr. Mengele der satanische Fabrikdirektor. Hunderte von Henkern, Schergen und Knechten und die an ihre Seite gezwungenen Ärzte waren hastig in den ständig brennenden Krematorien und den Sektionsräumen zugange. Ich fühle mich nicht schuldig, weil ich unsicher und zögerlich war, als ich Pathologe wurde, und weil ich ein solches, noch unsichereres Schicksal gewählt habe, von dem ich nicht vorher wissen konnte, wohin es führte und was es für

mich bereithielt. Ich fühle mich auch dafür nicht schuldig, dass ich es, nachdem ich mich nach Hause geschleppt hatte und sich die Erschütterung über die Erinnerung des Erlebten in mir gelegt hatte, gewagt habe, mein Tagebuch zu schreiben und meine sachlichen, ehrlichen Dokumente über die bislang unbekannten Geheimnisse der Auschwitzer Todesfabrik der Öffentlichkeit vorzustellen. Ich bin nicht auf der Jagd nach Sensationen und noch weniger nach materiellen Vorteilen. Aber ich konnte mein Tagebuch nicht im Schreibtisch liegen lassen. Jawohl, man muss es lesen, man muss mit ihm zittern. Alle, die meine Schicksalsgefährten waren, verstehen mich. Meine Person wird gerade von denen angegriffen, die von Auschwitz nur gehört haben, und auch das erst nach der Befreiung. Personen, die hier zu Hause auf das Ende der Schrecken gewartet haben, in guten Budapester Kellerverstecken[3] oder als »Pseudo-Pfeilkreuzler«,[4] mit falschen Ausweisen, zwar zitternd, aber weit weg von jedem Mengele, sodass sie nicht einmal Gelegenheit haben konnten, zum Tode verurteilte stille Teilhaber der »Firma Doktor Mengele« zu sein.
Dr. Miklós Nyiszli

Zum Abschluss antworte ich auf den Artikel von Szilárd Darvas.[5]

Herr Szilárd Darvas hat mein Tagebuch unter das Seziermesser genommen. Herr Darvas hat das Leben im Todeslager zum Glück nicht durchgestanden, und als echter Laie in dieser Angelegenheit stellt er meine Person und mein Tagebuch in ein derart einseitiges Licht, als hätte ich nur meine bescheidene Person vor dem Verderben retten wollen. Bevor ich auf seine Anklage antworte, frage ich Herrn Szilárd Darvas, was die Erklärung dafür ist, dass er in der *Szabadság* von 27. Oktober 1946 unter dem Titel »Der lebend den Gaskammern von Auschwitz entkam« mit schönen und lobenden Zeilen meines Buches gedachte und das Interesse der Leser wecken wollte, indem er ein interessantes Detail daraus mitteilte? Und jetzt! Dürfte ich darauf eine ehrliche Antwort erwarten?

Nachdem ich dieses größte Hindernis des Befremdens aus dem Weg geräumt habe, antworte ich auf seine Vorwürfe.

»Die Arier sind zum Militärdienst gegangen, die Juden in den Arbeitsdienst, oder, wenn es der Deutsche so wollte, der derart das Schicksal für uns bedeutete, nach Auschwitz.«

Es gibt heute niemanden mehr in Europa, der nicht weiß, dass es nicht nur auf deutschen Wunsch, sondern auch infolge der maximalen

Bereitschaft zu unserer Auslieferung[6] zur Deportation der ungarischen Juden kommen konnte.

»Es gab Personen, die die Schrecken überlebt haben, viel mehr waren es, die zugrunde gegangen sind, und es gab auch welche, die als Assistenten des Dr. Mengele dieser Hölle mit heiler Haut entkamen.«

Es ist überflüssig, wenn ich gegenüber Herrn Szilárd Darvas die Tatsache erwähne, dass keinerlei Vernichtung und Verbrechen vollkommen ist. So bin ich, ebenso wie einige meiner Gefährten, den periodischen Liquidierungen des Sonderkommandos mit heiler Haut entkommen. Dr. Mengele war vom Berliner Rassenforschungsinstitut an seinen Posten gestellt worden, Dr. Mengele schätzte die Fähigkeiten der ihm unterstellten Forschungsärzte aus seiner Perspektive zweifellos, und so blieben die Unersetzbaren am Leben. Dies erklärt sich aus den Umständen und der nationalsozialistischen Mentalität. Da mag es manchen schmerzen, dass unser zufälliges Schicksal uns am Leben gelassen hat!

»Jeder schlägt sich auf seine eigene Weise an die Brust und versucht Abbitte zu leisten, wenn auch nicht für seine Schuld, so doch für seine Unterlassungen.«

Herr Redakteur! Sie waren, wie ich in Ihrem Artikel lese, Unteroffizier unter Horthy,[7] und das ist eine Schande. Schämen Sie sich nicht, wenn Sie sagen können, dass Sie in Ihrer Eigenschaft als Unteroffizier zu Galeerensklavenarbeit gezwungenen, dem Tod durch Erfrieren ausgelieferten, vor Hunger wahnsinnig gewordenen, tobenden Arbeitsdienstlern geholfen haben, wenn auch nur zweien von ihnen.

Ich prahle nicht in Fortsetzungen damit, wie Sie schreiben, dass ich Dr. Mengeles Sektionsarzt war, aber ich schäme mich auch nicht dafür, denn für diesen Posten war ein ganzer Mann nötig. Die auf breiten Grundlagen durchgeführte Seuchenstoppungsaktion[8] von Dr. Mengele habe ich – »dieser Dr. Nyiszli, um den es hier geht«, wie Sie schreiben – sabotiert und damit mehreren Tausend Frauen, die für den Gastod bestimmt waren, das Leben gerettet. Hätten Sie Dr. Mengele gekannt, so wüssten Sie, dass seine Irreführung nur mit präzisem ärztlichem Wissen und mit Kaltblütigkeit geschehen konnte und ich dabei mein Leben riskiert habe.

Es gibt viele, die ihr Überleben der Tatsache zu verdanken haben, dass ich sie vor der Liquidierung des C-Lagers zusammen mit meiner Familie aus Auschwitz fortgeschickt habe. Auch das war mit etwas Lebensgefahr verbunden.

»Dieser Nyiszli, der spaltenlang die ausgeschlagenen Zähne, rauchenden Krematorien und Leichen mit Genickschuss sortiert, hat allein schon mit Rücksicht auf den schon erwähnten Lebensinstinkt alles getan, um die Zufriedenheit der Deutschen zu erlangen. Jetzt sitzt er glücklich im Sattel und erntet die Lorbeeren; wahrscheinlich ist er der einzige Jude, der aus Mengele einen Nutzen gezogen hat.«

Herr Redakteur! Nur so: »Dieser Nyiszli«, das ist wahrhaftig ein Korporalston! Würde es Sie vielleicht sehr große Anstrengung kosten, mich mit Doktor anzusprechen? In der Kommunistischen Partei, deren Mitglied ich bin, werde ich beispielsweise Genosse Doktor genannt, und das ist so in Ordnung.

Es ist wahr, dass ich alles getan habe, um die Zufriedenheit meiner »Arbeitgeber« zu erreichen! Das war kein Strebertum, sondern aufbrechender Überlebensinstinkt, der niemandem geschadet hat. Ich war kein greinender, hysterischer Hanswurst, der, wenn sich seine Nutzlosigkeit herausgestellt hätte, als Geheimnisträger innerhalb einer Stunde auf Befehl von Dr. Mengele von Oberscharführer Mußfeldt die Kugel in den Rücken bekommen hätte.[9] Zahlreiche meiner Vorgänger haben ihr Leben im Dienst von Dr. Mengele so beendet. Darüber habe ich genügend geschrieben! Deshalb könnten auch Sie wissen, was das geschlossene Sonderkommando war. Wie dort Leben und Tod aussahen. Ich sehe, das Schicksal hat es Ihnen erspart, Dr. Mengele, diesen meinen Sklavenhalter, der so leise gewütet hat wie noch niemand sonst auf der Welt, von Nahem kennenzulernen.

Was den finanziellen Nutzen angeht, den ich aus der Veröffentlichung meines Tagebuches »Ich war der Obduktionsarzt von Dr. Mengele im Krematorium von Auschwitz« ziehen werde, so sollten Sie ihn mir nicht neiden. Das Geld, das ich in 20 Jahren angestrengter Tätigkeit als Arzt gespart hatte, und meine Kleider wurden mir von den Gendarmen genommen.[10] 24 Stunden nach meiner Deportation ließ der Herr Amtsarzt des ungarischen königlichen Burgkomitats[11] meine Arztpraxis aufbrechen und raubte sie aus. Und meine Wohnung plünderte der Pöbel bis auf den letzten Lichtschalter und jede Rolloschnur.

Wochenlang lag ich krank in meiner geplünderten Wohnung, den Kopf auf einer zusammengelegten Uniformjacke, die ich von den Amerikanern bekommen hatte, und zitterte vor Kälte im Halbdunkel meines Zimmers oder strich durch die bekannten Straßen, wie ein Schatten meiner selbst und meiner Vergangenheit, ohne Ruhe zu finden.

Wenn ich mein Tagebuch aufgeschrieben und ohne Erregung zu Papier gebracht habe, so habe ich dies nicht um finanzieller Vorteile willen, sondern aus Pflichtgefühl getan. Sollte ich dank der Zuvorkommenheit meines Verlages etwas finanzielle Vorteile aus der Veröffentlichung haben, so werde ich sie für die Ausstattung meiner ausgeraubten Praxis aufwenden, um der Heilung meiner Mitmenschen zu dienen in der Hoffnung auf vollständiges Vergessen und eine schönere Zukunft.[12]
Dr. med. et chirurg. Miklós Nyiszli

Anhang

Der Lebensweg des Dr. Miklós Nyiszli

von Dr. med. habil. Friedrich Herber
(bearbeitet und mit Anmerkungen versehen von Andreas Kilian)

Geboren am 17. Juni 1901 in Szilágy-Somlyó (Schomlenmarkt), einer kleinen Stadt im damals zur österreichisch-ungarischen Donaumonarchie gehörenden Komitat Szilágy, verbrachte der Sohn des Herrenschneiders Jozsef Nyiszli, der den Namen Miklós erhalten hatte, die ersten Lebensjahre im Elternhaus. Im Heimatort, der heute Simleu Silvaniei heißt, besuchte er vier Jahre die Volksschule und anschließend acht Jahre das humanistische Römisch-katholisch Bischöfliche Obergymnasium, das er im Herbst 1920 mit dem Abitur abschloss.

Inzwischen war das österreichisch-ungarische Kaiserreich durch die Ereignisse des Ersten Weltkrieges zerfallen: Rumänien, am 27. August 1916 aufseiten der Entente in den Krieg eingetreten, war bei dem Versuch, mit einer Armee von 400 000 Soldaten das fast ungeschützte Gebiet von Siebenbürgen zu erobern, von den Mittelmächten geschlagen worden. Schließlich bestätigte man im Frieden von Trianon im Jahr 1920 doch noch die Vereinigung der großen Gebiete Transsilvaniens, wozu auch Siebenbürgen gehörte, mit Rumänien.

In der etwa 70 Kilometer von seinem Geburtsort entfernten Stadt Kolozsvár (Klausenburg), die seit etwa fünf Jahrzehnten auch eine Universität besaß und heute Cluj-Napoca heißt, begann Miklós Nyiszli im Sommersemester 1921 mit dem Studium der Medizin.

Nach zwei Semestern ging der junge Mann, dem es im Vielvölkergemisch Siebenbürgens leichtgefallen sein dürfte, neben seiner ungarischen Muttersprache zugleich auch die deutsche und die rumänische Sprache zu erlernen, nach Kiel, um sein Studium in Deutschland fortzusetzen. Finanzielle Schwierigkeiten zwangen ihn nach drei Semestern in den folgenden Jahren zu einer Unterbrechung.[1]

An der damaligen Schlesischen Friedrich-Wilhelms-Universität in Breslau konnte er nach der am 6. Mai 1927 erfolgten Immatrikulation ab Sommersemester 1927 sein Studium fortsetzen, bestand wenig später die ärztlichen Vorprüfungen – das Physikum – und beendete Mitte April 1930 erfolgreich seine Staatsexamensprüfungen im Fach Humanmedizin. Im gleichen Jahre, am 29. Mai 1930, erwarb Miklós Nyiszli mit einer neunseitigen Inauguraldissertation über die »Selbstmordarten auf Grund des Sektionsmaterials des Breslauer Gerichtsärztlichen Instituts« die Doktorwürde in der Medizin mit dem Prädikat »cum laude«.[2]

Das Gerichtsmedizinische Institut der Breslauer Universität wurde damals von Prof. Dr. Karl Reuter (1875–1956) geleitet. Sehr wertvolle Anregungen für die wissenschaftliche Auswertung von insgesamt 39 Selbstmordfällen aus den Jahren 1927 bis 1930 und vor allem für die praktische gerichtsärztliche Tätigkeit erhielt Nyiszli aber auch von dem ebenfalls in Breslau tätigen Gerichtsmediziner Prof. Dr. Georg Strassmann (1890–1972), einem Sohn des berühmten Ordinarius für gerichtliche Medizin an der Berliner Universität, Fritz Strassmann (1858–1940).

Nach Erhalt des Abgangszeugnisses, das am 27. September 1930 von der Universität Breslau ausgefertigt wurde, verließ Miklós Nyiszli Deutschland, um in seiner Heimatregion als Arzt zu arbeiten. Verschiedene Prüfungen, die für die Zulassung als Allgemeinmediziner in Rumänien noch notwendig waren, absolvierte er in den folgenden Monaten in Iasi und Bukarest.

Ende 1930, nach Jahren intensiven Studiums und erheblicher wirtschaftlicher Schwierigkeiten, war es schließlich so weit: In der nahe der ungarischen Grenze gelegenen Stadt Oradea (Nagyvárad bzw. Großwardein) ließ sich Nyiszli mit seiner kleinen Familie als Allgemeinmediziner nieder. 1927 hatte er seine Frau Margarete, geb. Klein, geheiratet, und 1929 war Töchterchen Zsuzsana geboren worden.

Rumänien beherbergte in den 1930er-Jahren die drittgrößte jüdische Bevölkerung Europas; eine Volkszählung hatte 1930 756 930 Juden ergeben. Ihre Emanzipation war allerdings im Vergleich zu anderen Staaten Europas besonders spät erfolgt. Erst nach dem Ersten Weltkrieg hatten die meisten von ihnen aufgrund eines zwischen Rumänien und den Alliierten geschlossenen Minoritätenvertrags die rumänische Staatsbürgerschaft erwerben können. Der Widerstand gegen diesen Vertrag war in Rumänien offenbar beträchtlich: Die pro-nazistische und antijüdische Eiserne Garde bedrohte die Sicherheit vieler rumänischer Juden, besonders auch dann, wenn diese zudem noch ungarischer Nationalität waren. Als dann in Rumänien im Dezember 1937 ein profaschistisches Regime unter Ministerpräsident Octavian Goga an die Macht gelangte, verloren etwa 120 000 Juden ihre rumänische Staatsbürgerschaft.

Schon im Juli 1937 war Nyiszli mit seiner Familie in das in der nordrumänischen Region Maramures gelegene Städtchen Viseu de Sus (Felsöviso) übergesiedelt. Auch hier betrieb er eine allgemeinärztliche Praxis.[3]

Doch die Sicherheit einer kleinstädtischen Arztpraxis hielt nur wenige Jahre. Der Zweite Weltkrieg hatte begonnen und auch der ohnehin mit Unsicherheiten und nationalistischem Zwist belastete Balkan blieb nicht ausgespart von dieser durch Nazideutschland ausgelösten Katastrophe. Bei einer Reise in die USA im Dezember 1939 trug sich Nyiszli mit Überlegungen, seine Familie nachzuholen und in Amerika ansässig zu werden, kehrte jedoch im Februar 1940 in seine Heimat zurück.

Am 30. September 1940 »einigten« sich das profaschistische Rumänien und das nicht weniger profaschistische Ungarn unter deutsch-italienischer Leitung im Rahmen eines als »Wiener Schiedsspruch« in die Geschichte eingegangenen Vertrags darauf, dass Rumänien Nordtranssilvanien bzw. Nordost-Siebenbürgen an Ungarn abzutreten habe.

Auch Viseu de Sus lag in dieser Region. Der ungarische Jude vormals rumänischer Staatsbürgerschaft Miklós Nyiszli lebte nun in einer neuen, 43 492 Quadratkilometer großen ungarischen Provinz, in der 1,34 Millionen Ungarn, 1,06 Millionen Rumänen, 47 000 Deutsche und, nach einer Volkszählung aus dem Jahre 1941, auch 151 125 Personen jüdischen Glaubens ansässig waren.

Die ungarische Politik gegenüber den jüdischen Mitbürgern hatte mehrere Etappen durchlaufen, bevor im Jahr 1941 – vielleicht als Ergebnis einer »Kraftprobe« zwischen pro-nazistischen Elementen und der katholischen Kirche, in der die Kirche unterlag – eine »Judendefinition« im ungarischen Parlament verabschiedet wurde, die deutsche Vorbilddefinitionen noch deutlich übertraf.

Repressive Maßnahmen gegen »die Juden« stießen jedoch rasch auf Grenzen: In Ungarn befand sich diese Bevölkerungsgruppe in außerordentlich wichtigen Positionen, sie bildete in hohem Maße das Rückgrat aller freiberuflichen und kommerziellen Aktivitäten: Mehr als die Hälfte aller niedergelassenen Ärzte, nahezu die Hälfte aller Rechtsanwälte, mehr als ein Drittel aller Gewerbetreibenden und fast ein Drittel aller Journalisten waren Juden. Selbst der Diktator Horthy war der Ansicht, dass, falls man die Juden in ein, zwei Jahren durch »unfähige Prahler« ersetzen würde, das Land Bankrott ginge.

Einem verzweigten System von Repressionen verschiedenster Art, von Verpflichtungen zu Zwangsarbeiten, von Enteignungen und Umsiedlungen waren die ungarischen Juden ausgesetzt. 1941 wurde Nyiszli im Gefolge dieser Maßnahmen vom Horthy-Regime zunächst nach Gyula bei Békéscsaba umgesiedelt, wo er als Gebietsarzt zu arbeiten begann.[4] In der gleichen Funktion setzte man ihn nach einer erneuten Umsiedlung in dem kleinen nordtranssilvanischen Städtchen Săpânța (Szaplonca) bei Sighetu Marmatiei (Máramarossziget) ein.

Die nach deutscher Ansicht halbherzigen Repressionsmaßnahmen gegenüber den in Ungarn lebenden Juden führten schließlich zu massiven Eingriffen des nazistischen Gewaltapparates in die ohnehin sehr begrenzte Autonomie Ungarns: Am 22. März 1944 übernahm eine neue ungarische Regierung die Amtsgeschäfte, deren Mitglieder von der deutschen Gesandtschaft unter dem neuernannten Leiter und »ehrenamtlichen« SS-Standartenführer Dr. Edmund Veesemayer offenbar wohlausgewählt worden waren. Schon drei Tage zuvor war ein Heer von deutschen Polizeifunktionären, Vertretern des Auswärtigen Amtes, der SS und des Sicherheitsdienstes, des Heeres und der Luftwaffe sowie der Privatindustrie nach Ungarn gekommen, um über unzählige Dienststellen in Budapest und in der Provinz die Regentschaft zu übernehmen. Diesem »Sondereinsatzkommando Ungarn«, das im Konzentrationslager Mauthausen zusammengestellt worden war, gehörte auch Adolf Eichmann an.

Wenige Wochen später begannen die Deportationen ungarischer Juden in das Auschwitzer Vernichtungslager. Die Deportationen aus dem mit 12 849 Juden überfüllten Getto Máramarossziget und der Umgebung setzten am 16. Mai 1944 ein.[5] Die lokalen Ärzte wurden vorläufig vom Transport ausgenommen und in das 3317 Menschen zählende benachbarte Getto Aknaszlatina in der Karpaten-Ukraine überstellt. Von dort aus wurde Nyiszli mit seiner Familie am 23. Mai 1944 in einem »Sonderzug« nach Auschwitz gebracht. Der Transport traf am 27. Mai 1944 auf der Selektionsrampe ein, die Familie wurde getrennt.

2000 Männer aus verschiedenen Transporten wurden zur »Vernichtung durch Arbeit« ausgesondert und bis zu zwei Tage später mit den Häftlingsnummern A-7741 bis A-9740 gekennzeichnet. Auch

Nyiszli war unter ihnen, er erhielt die Nummer A-8450. Zusammen mit einigen Hundert anderen männlichen Häftlingen wurde er einen Tag nach seiner Ankunft in das Lager Auschwitz III in Monowitz verlegt. Hier, zunächst beim Bau der Buna-Werke des IG-Farben-Konzerns eingesetzt, lernte er die mörderischen Lebens- und Arbeitsbedingungen der Konzentrationslagerhäftlinge kennen.

Gegen Ende Juni 1944 – das entsprechende Schriftstück trägt das Datum des 27. Juni – erfolgte die Verlegung des Häftlings A-8450 und zweier anderer Ärzte nach dem Lager Auschwitz-Birkenau und die Unterbringung im Block 12 des Häftlingskrankenbaulagers B II f. Der Auftrag zu dieser Verlegung soll vom Lagerarzt des KL Auschwitz III, SS-Hauptsturmführer Dr. Horst Paul Sylvester Fischer, erteilt worden sein.

Wahrscheinlich Ende Juli erfolgte seine Versetzung ins Krematorium I. Dort musste Nyiszli seine Fertigkeiten in der Sektionstechnik und seine Kenntnisse in der pathologischen Anatomie und gerichtlichen Medizin dem Lagerarzt Dr. Josef Mengele und anderen ranghohen SS-Leuten unter Beweis stellen.

Die Lebensbedingungen im Sonderkommando der Krematorien sowie im Sektionskommando waren zwar für die dortigen Häftlinge wesentlich günstiger als für die anderen Häftlinge, doch es bestand nahezu keine Aussicht zu überleben. Als unmittelbare Zeugen der Massenvernichtungen sollten die Sonderkommando-Häftlinge am Ende selbst vernichtet werden. Vier Liquidierungsaktionen im Sonderkommando reduzierten im Jahr 1944 den Häftlingsbestand erheblich.

Nach allem, was aus dem vorliegenden Erlebnisbericht zu entnehmen ist, hat Nyiszli besonders im Auftrag von Mengele in der Zeit seines Aufenthaltes in Auschwitz einige Hundert Sektionen und die erforderlichen Zusatzuntersuchungen durchgeführt. Dass darunter auch die Durchführung von gerichtlichen Sektionen im Auftrag des Militärgerichtes Gleiwitz fiel, ist zweifellos ein juristischer Anachronismus, der einerseits den bereits desolaten Zustand der gerichtsmedizinischen Arbeit in jener Region, andererseits aber auch etwas über die hohe fachliche Qualifikation des Häftlingsarztes Dr. Nyiszli aussagt.

Offenbar gelang es Nyiszli, bei Mengele fachliche Anerkennung und ein gewisses Vertrauen zu gewinnen, sodass es ihm sogar möglich wurde, seine Frau und seine Tochter im Lagerabschnitt B II c aufzusuchen sowie schließlich auch der letzten Vernichtungsaktion im Sonderkommando zu entgehen. Außer den beiden ärztlichen Kollegen Nyiszlis und dem Sektionsgehilfen lebten noch 100 Häftlinge des letzten Sonderkommandos, von denen 30 Mann in Krematorium IV eingesetzt und dort auch untergebracht wurden.

Ende November 1944 erfolgte eine Verlagerung des Sektionsraumes in das Krematorium IV: Der Abbruch des Krematoriums I begann, das Ende von Auschwitz nahte.

Aufgrund des raschen Vordringens der sowjetischen Front leitete die SS-Lagerbehörde Mitte Januar 1945 die Evakuierung und Liquidierung des gesamten Konzentrationslagers Auschwitz ein. Nach fünftägigem Fußmarsch, einem eintägigen Wartehalt und eintägigem Bahntransport traf Nyiszli mit einigen Tausend seiner Leidensgefährten am 25. Januar im KL Mauthausen ein, wurde am 29. Januar nach dem Lager in Melk verlegt und gelangte schließlich am 20. April in das KL Ebensee in Oberösterreich, das am 6. Mai 1945 von amerikanischen Truppen befreit wurde.

Bei seiner Heimkehr nach Nagyvarad/Oradea war diese Stadt nunmehr wieder rumänisch, nachdem bereits im Oktober 1944 Nordsiebenbürgen von rumänischen Truppen besetzt und gemäß dem sowjetisch-rumänischen Waffenstillstandsabkommen vom 12. September 1944 der Wiener Schiedsspruch in Bezug auf Siebenbürgen für nichtig erklärt worden war.

Zweifel über das Schicksal von Frau und Tochter plagten den Heimgekehrten monatelang, bis schließlich Margareta und Zsuzsana im Oktober 1945 aus dem Lager Bergen-Belsen, in das sie von Auschwitz aus verschleppt worden waren, eintrafen.

Obwohl durch die allgemeinen Bedingungen des Lageraufenthaltes in Auschwitz, besonders aber durch die extreme seelische Belastung infolge der absolut außergewöhnlichen Obduktionstätigkeit für den Verbrecher Mengele psychisch und organisch stark beeinträchtigt, begann Nyiszli in den folgenden Monaten wieder mit der ärztlichen Tätigkeit, wobei ihm klar war: Nie wieder würde er einen menschlichen Leichnam zergliedern können.

Entsprechend dem Befehl Nr. 10 des Alliierten Kontrollrates vom 20. Dezember 1945 über die Bestrafung von Kriegsverbrechen, Verbrechen gegen den Frieden und gegen die Menschlichkeit wurden in den ersten Nachkriegsjahren in den einzelnen Besatzungszonen besondere Militärgerichtshöfe tätig. In der amerikanischen Besatzungszone fanden von Ende 1946 bis 1949 zwölf »Nachfolgeprozesse« statt, welche auf den Rechtsgrundlagen des Prozesses gegen die Hauptkriegsverbrecher vor dem Internationalen Militärgerichtshof in Nürnberg

(20.11.1945–1.10.1946) basierten. Bekanntgeworden sind diese Prozesse unter »Fall«-Nummern mit einer jeweiligen Kurzbezeichnung, z. B. Fall 1 (»Ärzteprozess«), Fall 3 (»Juristenprozess«) und Fall 12 (Prozess gegen das Oberkommando der Wehrmacht). Der Prozess-Fall Nr. 6 wurde gegen die Leitung des IG-Farben-Konzerns geführt. Er begann am 14. August 1947 und dauerte bis zum 30. Juli 1948. Im Laufe der 152 Verhandlungstage wurden 189 Zeugen gehört. Etwa 16 000 Seiten, darunter 6000 Dokumente und 2800 schriftliche Aussagen umfasst das Protokoll. Gegenstand der Verhandlungen waren die Aufklärung der Beteiligung des IG-Farben-Konzerns an Kriegsverbrechen, Verbrechen gegen den Frieden und gegen die Menschlichkeit sowie die Verurteilung und Bestrafung der dafür verantwortlichen Mitglieder der Konzernleitung. Während des Prozessverlaufs wurde nachgewiesen, dass die IG Farben großen Profit aus der Sklavenarbeit in den Konzentrationslagern gezogen, das Massenmorden begünstigt und auch von den pseudomedizinischen Experimenten an Konzentrationslager-Häftlingen profitiert hatte.

Im Sommer 1947 meldete sich auch Miklós Nyiszli bei den Nürnberger Prozessbehörden und erbot sich, als Zeuge vor Gericht aufzutreten. Auf die daraufhin erfolgte Ladung reiste er Ende September 1947 nach Nürnberg und gab seine Kenntnisse über die Selektion von Kranken, über die Anwendung von Giftgas bei der Massentötung von Menschen in Auschwitz und über die Zwangsarbeit auf dem Baugelände der IG Farben in einer eidesstattlichen Erklärung zu Protokoll.

Bereits kurz nach Kriegsende hat Nyiszli seinen Erlebnisbericht über Auschwitz vorgelegt. Unter dem Titel »Ich war Dr. Mengeles Pathologe im Auschwitzer Krematorium« erschienen seine Überlebendenmemoiren 1946 in Rumänien und 1947 in Ungarn. Die Leidensgeschichte dieses jüdischen Menschen, der im wahrsten Sinne des Wortes als »Arzt im Jenseits der Menschlichkeit« und vorrangig im Interesse der wissenschaftlichen Ambitionen des Verbrechers Josef Mengele (der einstmals auch das Fach »Human-Medizin« studiert hatte) tätig werden musste, wurde seither in viele Weltsprachen übersetzt. Bis Anfang der 1990er-Jahre wurden Nyiszlis Erinnerungen nur auszugsweise und in sehr geringem Umfang in deutscher Sprache veröffentlicht, u. a. 1959 von Robert Merle (»Aufstand des Sonderkommandos der Krematorien«, Widerstandskämpfer, H. 1, Jg. 7), 1961 in der Zeitschrift *Quick* (Nr. 3–11/1961, »Auschwitz. Das Tagebuch eines Lagerarztes«), 1962 von Hans G. Adler, Hermann Langbein, Ella Lingens-

Reiner (»Auschwitz. Zeugnisse und Berichte«, Frankfurt am Main) und Gerhard Schoenberner (»Wir haben es gesehen. Augenzeugenberichte über Terror und Judenverfolgung im Dritten Reich«, Hamburg), 1982 von Vladimir Pozner (»Abstieg in die Hölle«, Berlin-Ost) sowie 1985 von Inge Deutschkron (»... denn ihrer war die Hölle. Kinder in Gettos und Lagern«, Köln). Seit 1992 liegt der gesamte Erinnerungsbericht auch in deutscher Sprache vor.[6]

Die letzten Lebensjahre Nyiszlis waren von Krankheiten überschattet; er verstarb am 5. Mai 1956 an einem Herzinfarkt. Tochter Zsuzsana, die sich erfolgreich um die Herausgabe des Buches im Ausland bemüht hatte, erlag am 8. Januar 1983 einem Krebsleiden, Ehefrau Margareta wurde 84 Jahre alt und starb am 5. September 1985. Enkelin Monica hat mich dabei unterstützt, dass man auch in Deutschland Miklós Nyiszlis Bericht lesen kann.[7] Herausgeber und Verlag danken ihr sehr dafür.

Personalia ausgewählter ehemaliger Häftlinge

von Andreas Kilian

Bendel, Charles Sigismund (Paul Siegmund): geb. 14.9.1914 in Piatra Neamț (Rumänien), Dr. med.; wanderte 1930 nach Frankreich aus, studierte in Paris Medizin und praktizierte als Arzt. Verhaftung im November 1943 und Internierung im Durchgangslager Drancy bei Paris. Ankunft im KL Auschwitz am 10.12.1943, Häftlingsnummer 167460; Überstellung nach Monowitz und Einsatz im dortigen HKB. Überstellung vom HKB Monowitz am 31.12.1943 zum HKB Auschwitz, Block 28, und von dort Ende Februar 1944 nach Birkenau. Seit dem 27.2.1944 für drei Monate Arzt im »Zigeunerlager« Birkenau (B II e); seit 1.6.1944 Ambulanzdienst für das Sonderkommando in einer isolierten Krankenstation im »Krankenbaulager« (HKB-Lager Birkenau, B II f). Die königlich rumänische Gesandtschaft in Berlin wandte sich am 30.6.1944 an das Auswärtige Amt und bat um Entlassung Bendels sowie um Ausreisegenehmigung nach Rumänien. Das RSHA antwortete am 21.7.1944: »Der Jude Bendel wurde s. Zt. in Auswirkung der Vereinbarungen nach Abschluss der sogenannten Heimschaffungsaktion nach dem Osten zum Arbeitseinsatz vermittelt. Seiner Rückkehr nach Rumänien kann aus sicherheitspolizeilichen Gründen nicht zugestimmt werden.« (1.2.2.1/11294400, Schriftverkehr des deutschen Auswärtigen Amtes wegen der Inhaftierung von ausländischen Staatsangehörigen, ITS Digital Archive, Bad Arolsen) Mitte August 1944 könnte Bendel möglicherweise ein- oder mehrmals zur Notfallbehandlung von Sonderkommando-Häftlingen in Krematorium IV eingesetzt worden sein. Nach dem Aufstand am 7.10.1944 behandelte er im HKB-Lager verwundete Sonderkommando-Häftlinge, u. a. den angeschossenen Stubendienst Abraham Dragon (1919–2007, Häftl.-Nr. 80360). Obwohl Bendel formal kein Angehöriger des Sonderkommandos war, befürchtete er, nach dem

Aufstand als »Mitwisser« selbst liquidiert zu werden und vergiftete sich gemeinsam mit dem belgischen Arzt Dr. Mordechai Glujberzon (1909–1944, Häftl.-Nr. 151590) mit einer Überdosis Veronal. Der Nachweis erfolgte durch Urinuntersuchung vom 9.10.1944 im Hygiene-Institut Auschwitz. Nach seiner Genesung wurde Bendel weiter im HKB-Lager Birkenau eingesetzt, am 18.1.1945 nach Mauthausen und von dort am 29.1.1945 nach Ebensee überstellt, wo er am 6.5.1945 befreit wurde. Bendel legte direkt nach der Befreiung seine erste schriftliche Erklärung in englischer Sprache ab. Ein fünfseitiger Bericht wurde in französischer Sprache 1946 in dem Sammelband »Témoignages sur Auschwitz« publiziert. Rückkehr nach Paris und Tätigkeit als Arzt in Thionville; Zeuge für den britischen Militärgerichtshof im ersten Bergen-Belsen-Prozess am 1.10.1945 in Lüneburg, für das britische Militärgericht gegen den Zyklon-B-Lieferanten Bruno Tesch (»Testa-Prozess«) am 2.3.1946 in Hamburg sowie im sechsten Nürnberger Nachfolgeprozess (»I.G.-Farben-Prozess«) für den US-amerikanischen Militärgerichtshof am 18.3.1948, wo er ins Kreuzverhör genommen wurde. Danach schwieg Bendel über Auschwitz. Kontaktversuche Herman Langbeins in den Jahren 1959 bis 1967, mit der Absicht ihn zu einer Zeugenaussage zu bewegen oder zum Sonderkommando befragen zu können, lehnte er ab. Nach einer letzten allgemeinen Zeugenaussage im Prozess gegen das rechtsextreme französische Wochenmagazin *Rivarol* im Jahr 1965 verschlechterte sich Bendels Gesundheitszustand zusehends. Er verstarb am 28.7.1970 in Thionville, Frankreich.

Görög, Dénes: geb. 29.1.1901 in Budapest, Dr. med; Honorarprofessor; studierte in den Jahren 1918 bis1923 Medizin in Budapest, Berlin, Göttingen und Pécs und sprach fließend Deutsch. Im Herbst 1919 konvertierte er zum römisch-katholischen Glauben und nach Absolvierung von Praktika in verschiedenen Krankenhäusern in Budapest, Pécsvárad und Pécs wurde ihm am 25.2.1925 der Doktortitel verliehen. Am 25.6.1924 wurde er zum Mitglied der Königlichen Medizinischen Gesellschaft in Budapest gewählt. Görög war seit 1925 Gerichtsmediziner am Institut für Pathologie in Pécs und seit 1929 Leiter der Prosektur und des Zentrallabors sowie Chefarzt der Gerichtsmedizin am öffentlichen Krankenhaus in Szombathely und ordentlich berufener gerichtsmedizinischer Sachverständiger. Sein Mentor Professor Béla Entz (1877–1959) verhalf ihm zu Weiterbildungen an renommierten Instituten, u. a. 1926 vier Monate lang bei dem berühmten Hämatopathologen und Lehrbuchverfasser

Carl Sternberg (1872–1935) in Wien. 1934 habilitierte Görög als erster privater Universitätsdozent an der Medizinischen Fakultät der Universität Pécs und war bis zu seinem Tod der einzige Privatdozent in Szombathely. Neben seiner sechsjährigen Tätigkeit als Lehrbeauftragter an der Abteilung für Rechtsmedizin und Pathologie der Universität Pécs veröffentlichte er als angesehener Autor und »königlicher Gerichtsarzt« zahlreiche Artikel in ungarischen und deutschen medizinischen Fachzeitschriften. Seine Tätigkeit als Pathologe durfte er neben einem 1942 zugewiesenen Zwangsarbeitsdienst im Krankenhaus in Köszeg bis zum 17.5.1944 fortführen, dann wurde er am 20.5.1944 mit seiner Familie in das lokale Getto gesperrt. Görög wurde mit seiner Frau Klára, der 13-jährigen Tochter Klárika Matild, Schwiegermutter und Schwägerin Magda Szemző am 4.7.1944 aus dem Transitlager in Szombathely, das sich auf dem Gelände der stillgelegten Mayerschen Maschinenfabrik befand, nach Auschwitz deportiert. Sein damals zehnjähriger Sohn Sándor überlebte die Verfolgung im Versteck eines katholischen Klosters in Köszeg. Während seine Familienangehörigen außer der Schwägerin nach der Selektion am 7.7.1944 ermordet worden waren, wurde Görög im Birkenauer »Durchgangslager« B II e (zur Hälfte sog. Zigeunerlager) in Block 7 inhaftiert. Als dort am 25.7.1944 beim Morgenappell Pathologen gesucht wurden, meldete er sich und wurde nachmittags in das Männerlager B II d verlegt, wo er am selben Tag seine Häftlingsnummer A-17677 erhielt und auf den linken Unterarm tätowiert bekam. Von dort aus wurde er vermutlich noch am selben Tag in den Sektionsraum von Krematorium I überstellt, um seine Fähigkeiten unter Beweis zu stellen. Fraglich ist, ob Görög eine bedeutendere Stellung von Mengele erhalten hatte, als von Nyiszli dargestellt wird. Das einzige erhaltene Sektionsprotokoll wurde jedenfalls von Görög unterzeichnet. Durch die Verschlechterung seiner Demenz musste er von Nyiszli vor der SS geschützt werden, womit ihn dieser über mehrere Monate hinweg rettete und ihm einen großen Dienst erwiesen und seine Menschlichkeit bewiesen hat. Nach der Evakuierung aus Auschwitz wurde der inzwischen schwer kranke Görög in Mauthausen von Nyiszli getrennt. Am 29.1.1945 erreichte er das Nebenlager Ebensee, nur fünf Tage später verstarb er im dortigen Häftlingskrankenbau in Anwesenheit des Zeugen Dr. Gyula Török am 3.2.1945 und wurde im benachbarten Lager-Krematorium eingeäschert. Görögs Sohn Sándor wurde nicht wie von seinem Vater gewünscht von Nyiszli gesucht oder aufgenommen, er wurde erst 1948 von seiner Tante, die Auschwitz überlebt hatte, aus dem Kloster abgeholt und von ihr großgezogen. Er wurde ein renommierter Chemiker und Pharmakologe und ist ordentliches Mitglied der Ungarischen Akademie der Wissenschaften. Im Jahr 2011 veröffentlichte er seine Erinnerungen und setzte darin seinen ermordeten Familienangehörigen ein würdiges Denkmal. Seinen Recherchen ist es zu verdanken, dass das Schicksal seines Vaters aufgeklärt werden konnte und die fachliche Bedeutung des Pathologen Görög in Erinnerung gerufen wurde. Sandor Görög schreibt in seinem Buch, dass es für Nyiszli von seinem Wohnort Oradea aus, der wieder zu Rumänien gehörte, und wegen seiner Konflikte mit lokalen Behörden und der jüdischen Gemeinde sehr schwierig gewesen wäre, ihn zu kontaktieren und er ihn daher nicht verurteilen würde. Stattdessen kontaktierte 1948 Gyula Török aus Celldömölk Sándors Tante und bot seine Unterstützung an, da der besorgte Vater in seinen letzten Atemzügen noch von seinem kleinen Sohn gesprochen hatte.

Körner, Charles (Jecheskiel, »Josef«): geb. 6.12.1911 in Rohozna bei Sadhora (Nord-Bukowina); Dr. med.; wanderte 1929 nach Frankreich aus, wo er in Straßburg Medizin studierte und als Arzt praktizierte, zuletzt im Sanatorium »La Maison Blanche« in Vence bei Nizza. Dort wurde er am 5.12.1943 von der Gestapo verschleppt und am 7.12. im Durchgangslager Drancy bei Paris interniert. Ankunft im KL Auschwitz am 20.12., Häftlingsnummer 169840; Überstellung nach Monowitz; gemeinsam mit Dr. Bendel aus dem HKB Monowitz am 31.12.1943 auf Anordnung des SS-Standortarztes als Arzt in das Stammlager Auschwitz verlegt. Körner wurde erneut nach Monowitz überstellt, dort vom 4. bis 8.6.1944 im HKB als Patient behandelt und schließlich am 27.6.1944 zusammen mit Nyiszli nach Birkenau in den HKB Birkenau in B II f verlegt. Wahrscheinlich Ende Juli 1944 erfolgte die gemeinsame Überstellung mit Nyiszli in das »Sektionskommando Krematorium I«. Am 18.1.1945 Evakuierungsmarsch zusammen mit Görög und Nyiszli; vom 25. bis 29.1.1945 Quarantäne in Mauthausen, anschließende Verlegung in das Nebenlager Ebensee (»Solway«/»K«), wo er am 6.5.1945 befreit wurde. Am 24.5.1945 Rückkehr nach Südfrankreich und Einbürgerung am 3.5.1947. Seit 1946 praktizierte Körner im Privatsanatorium »Château de Cauneille« sowie von Mitte der 1950er-Jahre bis 1960 im senegalesischen Diourbel und Sédhiou in Französisch-Westafrika (AOF) als Amtsarzt. Körner verstarb im südfranzösischen Toulon am 30.3.1991, ohne vor Gericht oder in schriftlichen Zeugnissen über seine Zwangsarbeit im Krematorium berichtet zu haben.

Personalia ausgewählter ehemaliger SS-Angehöriger

von Andreas Kilian

Mengele, Josef: geb. 16.3.1911 in Günzburg; Dr. med.; studierte Anthropologie und Medizin in Bonn, Wien und München, wo er 1936 sein ärztliches Staatsexamen ablegte; promovierte 1935 mit einer Arbeit über »Rassenmorphologische Untersuchungen des vorderen Unterkieferabschnittes bei vier rassischen Gruppen« am Anthropologischen Institut der philosophischen Fakultät der Universität München und 1938 mit der Arbeit »Sippenuntersuchungen bei Lippen-Kiefer-Gaumenspalte« am Frankfurter Universitätsinstitut für Erbbiologie und Rassenhygiene. Nach einem Praktikum an der Kinderklinik der Universität Leipzig arbeitete er in Frankfurt am Main unter dem Institutsleiter Otmar Freiherr von Verschuer von 1937 bis 1940, bis er zum truppenärztlichen Dienst der Wehrmacht eingezogen wurde; seit 1940 in der Sanitätsinspektion der Waffen-SS eingegliedert. Mit Beginn des Russlandfeldzugs im Juni 1941 an die Ostfront abkommandiert, wo er mit Unterbrechungen als Truppenarzt in der Waffen-SS-Division »Wiking« eingesetzt war und nach mehreren Verwundungen im Rang eines SS-Hauptsturmführers vermutlich auf eigenen Wunsch vom SS-Führungshauptamt zum KL Auschwitz abgeordnet wurde. Am 30.5.1943 trat er seinen Dienst als leitender Lagerarzt im »Zigeunerlager« (B II e) an, nachdem sein Vorgänger SS-Hauptsturmführer Benno Adolph (1912–1967) Ende April 1943 nach kaum zwei Monaten Dienst längerfristig krankheitsbedingt ausfiel. Dort richtete er eine Versuchsbaracke ein und rekrutierte ein erstes Expertenteam aus Häftlingsärzten, die ihm bei seinen Forschungsvorhaben assistierten: der Zwillingsforschung, der Erforschung von Wachstumsanomalien und Körpermissbildungen, Iris-Heterochromie und der Erforschung von Noma (Wasserkrebs) sowie bei der Blutprobensammlung zur Erforschung der Vererbung »spezifischer Eiweißkörper«. Im August 1944 wurde er zum 1. Lagerarzt in Birkenau ernannt und verlegte sein Versuchslabor in das »Häftlingskrankenbaulager« (B II f). Parallel dazu stellte er das »Sektionskommando Krematorium I« auf. Etwa seit September 1944 war er zudem als Nachfolger von SS-Untersturmführer Dr. Hans Wilhelm König (1912–1991) Lagerarzt des Birkenauer Frauenlagers. Nach der Versetzung von SS-Obersturmführer Thilo in das KL Groß-Rosen wurde Mengele im November 1944 leitender Lagerarzt im Bauabschnitt B II f sowie im Dezember 1944 bis zur Evakuierung am 17.1.1945 Truppenarzt im SS-Truppenlazarett Birkenau. Die Verbindungen Mengeles mit dem Kaiser-Wilhelm-Institut für Anthropologie, menschliche Erblehre und Eugenik während seines Einsatzes im KL Auschwitz sind nur ansatzweise erforscht, strittig ist unter anderem, ob Auschwitz als »Außenstelle« des Instituts betrachtet werden kann. Nach Kriegsende wurde Mengele im Juni 1945 von der US-Armee unter falschem Namen gefangen genommen, in den Gefangenenlagern Schauenstein und Helmbrecht interniert und nach zwei Monaten aus der Haft entlassen. Danach lebte er unter falscher Identität in verschiedenen Verstecken. Seit Mai 1945 stand Mengele auf verschiedenen Kriegsverbrecherlisten, wurde jedoch bereits 1946 für tot gehalten, nachdem er erst als vermisst gemeldet worden war, im Frühjahr Gerüchte über seinen Suizid verbreitet wurden und im Oktober sogar der Hauptankläger vor dem amerikanischen Militärgerichtshof in Nürnberg dieser Annahme folgte. 1949 flüchtete Mengele über die sogenannte Rattenlinie nach Italien und reiste mithilfe falscher Papiere des Internationalen Roten Kreuzes mit dem Dampfer »SS North King« nach Argentinien. Erst zehn Jahre später wurde ein deutscher Haftbefehl gegen Mengele ausgestellt, wonach er nach Paraguay floh. Nach der Entführung Adolf Eichmanns im Mai 1960 floh er nach Brasilien. 1964 wurde ihm der Titel Dr. med. vom hessischen Landesgericht aberkannt. Am 7.2.1979 erlitt Josef Mengele beim Baden in Bertioga (Brasilien) einen Schlaganfall und ertrank. Als seine Grabstätte in Embu bei Sao Paolo gefunden wurde und seine Überreste am 6.6.1985 von einem internationalen Expertenteam exhumiert werden konnten, wurde die Fahndung nach Mengele offiziell beendet, obwohl israelische Stellen die Untersuchungsergebnisse anzweifelten. Eine DNA-Analyse unter Mithilfe von Mengeles Sohn Rolf, der seine Blutprobe zur Verfügung stellte, erbrachte im April 1992 den Nachweis, dass Mengele 1979 verstorben war.

Moll, Otto: geb. 4.3.1915 in Hohen Schönberg, von Beruf Gärtner; seit Mai 1941 im KL Auschwitz, anfangs als Kommandoführer der Lagergärtnerei und seit Frühjahr 1942 als Blockführer der Strafkompanie; im Sommer bis September 1942 Kommandoführer bei den Massengräbern bei Bunker 2, anschließend im Rang eines SS-Hauptscharführers wahrscheinlich als Stellvertreter von SS-Untersturmführer Franz Hößler bei den offenen Verbrennungsstellen bei Bunker 1 und 2 eingesetzt; vom 9.12.1942 bis zur Inbetriebnahme der ersten drei Krematorien in Birkenau bis etwa April 1943 Kommandoführer der neuen Sonderkommandos. Am 30.4.1943 wurde Moll dafür vom »Führer« mit dem Kriegsverdienstkreuz I. Klasse mit Schwertern ausgezeichnet. Bis September 1943 wurde er dann als Rapportführer und 1. Arbeitsdienstführer im Birkenauer Männerlager eingesetzt. Von September 1943 bis März 1944 Lagerführer des Auschwitzer Nebenlagers Fürstengrube, von März bis Mai 1944 Lagerführer des neuen Auschwitzer Nebenlagers Gleiwitz I. Danach erst wieder von Mai bis Mitte September 1944 beim Sonderkommando als Leiter aller Krematorien und Bunker V, aller offenen Verbrennungsgruben sowie der Aschebeseitigung; am 23.9.1944 an der Ermordung von 200 Sonderkommando-Häftlingen im Effektenlager des Stammlagers beteiligt. Moll war Urheber des Liquidierungsplanes für das KL Auschwitz durch Bombardierung (»Plan Moll«). Nach Abbruch der Vernichtungsaktion der Juden aus Ungarn und Łodz seit September 1944 erneut Lagerführer in Gleiwitz I, leitete Moll im Januar 1945 die Evakuierung der Häftlinge aus den Gleiwitzer Nebenlagern. Zuletzt im KL Dachau eingesetzt; Anfang Mai 1945 verhaftet, vom amerikanischen Militärgerichtshof im Dachau-Hauptprozess am 13.12.1945 zum Tode verurteilt; Hinrichtung durch den Strang am 28.5.1946 in Landsberg.

Mußfeldt, Erich: geb. 18.2.1913 südwestlich von Frankfurt (Oder) in Neubrück an der Spree, von Beruf Bäcker; seit Mitte August 1940 in Auschwitz und bis November 1941 als Wachposten und Blockführer tätig; seit Juni 1942 im KL Lublin-Majdanek als Leiter des ersten Krematoriums und seit September 1943 als Leiter des neuen Krematoriums eingesetzt. Zudem war er für die Liquidierung des Majdaneker Krematoriums-Kommandos am 21.9.1943 verantwortlich. Im Februar 1943 machte er einen Dienstbesuch im KL Auschwitz, um sich in der dort praktizierten Leichenverbrennung in Gruben unterweisen zu lassen. Diese Technik wendete er schließlich an, um die Leichen von 10 000 Erschießungsopfern am Rande des Lagergeländes und im nahegelegenen Krepiecki-Wald zu beseitigen. Mit den Ergebnissen unzufrieden, konstruierte er zur effektiveren Verbrennung schließlich ein eigenes Scheiterhaufenmodell mit alten Lkw-Fahrgestellen. Diese Methode setzte er am 5.11.1943 erneut bei der Einäscherung von 18 000 Erschießungsopfern der sogenannten Aktion Erntefest ein. Mitte April 1944 wurde Mußfeldt im Rang eines SS-Oberscharführers im Zuge der Evakuierung des KL Lublin-Majdanek mit seinem aus 19 sowjetischen Kriegsgefangenen und einem reichsdeutschen Kapo bestehenden Krematoriums-Kommando nach Auschwitz überstellt, wo er für zwei Wochen für alle Krematorien in Birkenau verantwortlich war; nach der Rückkehr Molls Kommandoführer der Krematorien II und III von Mai bis Mitte August 1944, anschließend offenbar bis März 1945 im Fronteinsatz; nach Verwundung ins KL Flossenbürg versetzt; Verhaftung am 3.5.1945 und Verurteilung vom amerikanischen Militärgerichtshof im Flossenbürg-Hauptprozess am 22.1.1947 zu lebenslanger Haft; am 30.5.1947 Auslieferung an Polen und im Krakauer Auschwitz-Prozess am 22.12.1947 zum Tode verurteilt; Mußfeldt machte umfangreiche Aussagen im Zeitraum von Juli bis September 1947, in denen er die Massenvernichtung und Leichenbeseitigung detailliert schilderte; Hinrichtung durch den Strang am 24.1.1948 in Krakau.

Seitz, Robert: geb. 14.1.1911 in Liedolsheim (Dettenheim), von Beruf Landwirt; seit November 1941 in Lublin-Majdanek Stellvertreter Mußfeldts; im Rang eines SS-Unterscharführers Mitte April 1944 nach Auschwitz überstellt und in Birkenau zweiter Kommandoführer bei den Krematorien II und III; Mitte Januar 1945 ins KL Mauthausen überstellt; im Ermittlungsverfahren der Düsseldorfer Staatsanwaltschaft wurde Seitz im Dezember 1961 und im März 1965 vernommen und berichtete ausführlich über seine Tätigkeit in Majdanek; am 11.7.1975 im dritten Majdanek-Prozess in Düsseldorf angeklagt, jedoch noch vor Verfahrensbeginn für verhandlungsunfähig erklärt. Seitz starb am 17.9.1977 in Karlsruhe und wurde für seine Verbrechen nie belangt.

Steinberg, Karl Fritz (Friedrich): geb. 22.10.1897 in Atzendorf, von Beruf Maurer; soll vor 1933 Verkehrspolizist gewesen sein; seit 1941 in Auschwitz, zeitweise Kommandoführer der Strafkompanie; war im Rang eines SS-Unterscharführers Kommandoführer bei den Krematorien II und III bis Mai 1944, im Mai zeitweise zweiter Kommandoführer bei Bunker V, danach nur noch in Krematorium III; im Januar 1945 nach

Ebensee überstellt; nach seiner Verhaftung vier Jahre Internierungshaft in einem sowjetischen NKWD-Speziallager, am 15.2.1950 Überstellung in die DDR-Haftanstalt Waldheim, am 9.5.1950 vom Landgericht Chemnitz (»Waldheimer Prozesse«) zum Tode verurteilt; Hinrichtung am 4.11.1950 in Waldheim durch die Giftspritze. Im Gerichtsurteil wurde die Unglaubwürdigkeit und Uneinsichtigkeit Steinbergs hervorgehoben. Seine Tätigkeit in den Vernichtungsanlagen Auschwitz-Birkenaus war dem Gericht überhaupt nicht bekannt.

Auswahlbibliografie

Adler, Hans G./Hermann Langbein/Ella Lingens-Reiner (Hrsg.): Auschwitz. Zeugnisse und Berichte, Hamburg 2014.

Association Terroirs (Hrsg.): Les Vexler – Une famille juive déchirée par la guerre, Paris 2012.

Bartosik, Igor: Zeugen aus dem Abgrund der Hölle. Das Sonderkommando im KL Auschwitz, Oświęcim 2022.

Beischl, Konrad: Dr. med. Eduard Wirths und seine Tätigkeit als SS-Standortarzt im KL Auschwitz, Würzburg 2005.

Bendel, Paul: Les crematoires. »Le Sonderkommando«. Temoignages sur Auschwitz, Ed. de l'Amicale des Deportes d'Auschwitz, Paris 1946.

Braham, Randolph L.: The Politics of Genocide. The Holocaust in Hungary, third revised and enlarged edition, New York 2016.

Bruttmann, Tal/Stefan Hördler/Christoph Kreutzmüller: Die fotografische Inszenierung des Verbrechens. Ein Album aus Auschwitz, Darmstadt 2019.

Chare, Nicholas/Dominic Williams: The Auschwitz Sonderkommando. Testimonies, Histories, Representations, Houndmills u.a.2018.

Cohen, Leon: From Greece to Birkenau – The Crematoria Workers Uprising, Tel Aviv 1996.

Cywinski, Piotr (Hrsg.): Auschwitz Bauleitung. Designing a Death Camp, Oświęcim 2023.

Czech, Danuta: Die Rolle des Häftlingskrankenbaulagers im KL Auschwitz II, in: Hefte von Auschwitz 15 (1975), S. 5–112.

Czech, Danuta: Kalendarium der Ereignisse im Konzentrationslager Auschwitz-Birkenau 1939–1945, Reinbek bei Hamburg 1989.

Die Verfolgung und Ermordung der europäischen Juden durch das nationalsozialistische Deutschland 1933–1945. Bd. 16: Das KZ Auschwitz 1942–1945 und die Zeit der Todesmärsche 1944/1945. Bearb. Andrea Rudorff, Berlin/Boston 2018.

Dlugoborski, Waclaw/Franciszek Piper (Hrsg.): Auschwitz 1940–1945. Studien zur Geschichte des Konzentrations- und Vernichtungslagers Auschwitz, 5 Bde., Oświeçim 1999.

Freund, Florian: Arbeitslager Zement. Das Konzentrationslager Ebensee und die Raketenrüstung, Wien 1989.

Friedler, Eric/Barbara Siebert/Andreas Kilian: Zeugen aus der Todeszone. Das jüdische Sonderkommando in Auschwitz, 3. Aufl., München 2008.

Fromer, Rebecca Camhi: The Holocaust Odyssey of Daniel Bennahmias. Sonderkommando, Tuscaloosa/London 1993.

Görög, Sandor: Repkényszaggatás. Önéletrajz, családtörténet, korrajz a 20. Századból, Budapest 2011.

Gradowski, Salmen: Die Zertrennung – Aufzeichnungen eines Mitglieds des Sonderkommandos. Hrsg. von Aurélia Kalisky unter Mitarbeit von Andreas Kilian, Berlin 2019.

Greif, Gideon: Wir weinten tränenlos. Augenzeugenberichte der jüdischen »Sonderkommandos« in Auschwitz, Frankfurt am Main 1999.

Hager-Halivni, Tzipora: The Birkenau Revolt: Poles Prevent a Timely Insurrection, in: Jewish Social Studies, Vol. 41, No. 2 (Spring 1979), S. 123–154.

Hamburger Institut für Sozialforschung (Hrsg.): Die Auschwitz-Hefte. Texte der polnischen Zeitschrift »Przeglad Lekarski« über historische, psychische und medizinische Aspekte des Lebens und Sterbens in Auschwitz, 2 Bde., Weinheim/Basel 1987.

Herber, Friedrich: Gerichtsmedizin: Belege und Gedanken zur Entwicklung eines medizinischen Sonderfaches in der Zeit des Faschismus, in: Achim Thom/Genadij Ivanovič Caregorodcev: Medizin unterm Hakenkreuz, Berlin 1989, S. 337–359.

Herber, Friedrich: Gerichtsmedizin unterm Hakenkreuz, Leipzig 2002.

Höß, Rudolf: Kommandant in Auschwitz. Autobiographische Aufzeichnungen des Rudolf Höß. Eingeleitet und kommentiert von M. Broszat. 21. Aufl., München 2008.

Kilian, Andreas: »... so dass mein Gewissen rein ist und ich am Vorabend meines Todes stolz darauf sein kann.« »Handlungsräume« im Sonderkommando Auschwitz, in: Ralph Gabriel/Elissa Mailänder-Kosslov/ Monika Neuhofer/Else Rieger (Hrsg.): Lagersystem und Repräsentation. Interdisziplinäre Studien zur Geschichte der Konzentrationslager, Studien zum Nationalsozialismus, Bd. 10, Tübingen 2004 , S. 119-139.

Kilian, Andreas: Farewell Letter from the Crematorium – On the Authorship of the First Recorded ›Sonderkommando-Manuscript‹ and the Discovery of the Original Letter, in: Nicholas Chare/Dominic Williams (Hrsg.): Testimonies of Resistance: Representations of the Auschwitz-Birkenau Sonderkommando. New York/Oxford 2019, S. 91–101.

Kilian, Andreas: À propos de la recherche négligée des manuscrits cachés »venant de l'enfer«, in: mémoires en jeu, No. 12/Hiver 2020, S. 27–29.

Kisantal, Tamás: »Nyiszlíngtől« az »atomfasizmusig«. Nyiszli Miklós memoárjának olvasatai, in: Jelenkor, 59. Jg., Nr. 12 (2016), S. 1280–1289.

Klee, Ernst: Auschwitz, die NS-Medizin und ihre Opfer, Frankfurt am Main 2001.

Klee, Ernst: Auschwitz. Täter, Gehilfen, Opfer und was aus ihnen wurde, Frankfurt am Main 2013.

Kranz, Tomasz: Die Vernichtung der Juden im Konzentrationslager Majdanek, Lublin 2007.

Kraus, Ota/Erich Kulka: Die Todesfabrik, Berlin 1991.

Kubica, Helena: Dr. Mengele und seine Verbrechen im KL Auschwitz-Birkenau, in: Hefte von Auschwitz 20 (1997), S. 369–455.

Langbein, Hermann: Die Stärkeren. Ein Bericht aus Auschwitz und anderen Konzentrationslagern, Wien 2008.

Langbein, Hermann: Menschen in Auschwitz, Wien/München 1995.

Lettich, André: Trente-quatre mois dans les camps de concentration, Paris 1946.

Levi, Primo: Die Untergegangenen und die Geretteten, München 2015.

Lévy, Robert: Auschwitz II (Birkenau), in: De l'Université aux Camps de Concentration. Témoignages Strasbourgeois, 4e edition, Strasbourg 1996, S. 457–466.

Lifton, Robert Jay: Ärzte im Dritten Reich, Stuttgart 1988.

Lővy, Dániel: A Soá nagyváradi emlékírói, in: Várad, Nr. 8 (2010), S. 75–86.

Malkin, Lawrence: Hitlers Geldfälscher. Wie die Nazis planten, das internationale Währungssystem auszuhebeln, Bergisch Gladbach 2006.

Mark, Esther: Four documents from the Birkenau Camp – in a Nightmare of Murder, in: Gal-Ed On the History and Culture of Polish Jewry Nr. 1 (1973), Tel Aviv 1973, S. 308–335.

Marsálek, Hans: Die Geschichte des Konzentrationslagers Mauthausen. Dokumentation, 4. Aufl., Wien 2006.

Marwell, David G.: Mengele. Biographie eines Massenmörders, Darmstadt 2021.

Massin, Benoit: Mengele, die Zwillingsforschung und die »Auschwitz-Dahlem-Connection«, in: Carola Sachse (Hrsg.): Die Verbindung nach Auschwitz. Biowissenschaften und Menschenversuche an Kaiser-Wilhelm-Instituten, Göttingen 2003.

Ministerium für Auswärtige Angelegenheiten der UdSSR (Hrsg.): Die Sowjetunion auf internationalen Konferenzen während des Großen Vaterländischen Krieges 1941 bis 1945, Bd. 1: Die Moskauer Konferenz 1943. Dokumentensammlung, Moskau/Berlin 1988.

Mitscherlich, Alexander/Fred Mielke (Hrsg.): Medizin ohne Menschlichkeit. Dokumente des Nürnberger Ärzteprozesses, Frankfurt am Main 1989.

Mueller, Bertold/Kurt Walcher: Gerichtliche und soziale Medizin, München/Berlin 1944.

Müller, Filip: Sonderbehandlung. Meine Jahre in den Krematorien und Gaskammern von Auschwitz, mit einem Nachwort und Anhang versehen von Andreas Kilian, Darmstadt 2022.

Musiał, Bogdan: Mengeles Koffer. Eine Spurensuche, Hamburg 2019.

Nadjary, Marcel: Sonderkommando. Birkenau 1944 – Thessalonique 1947. Resurgence, Paris 2023.

Nauta, Bart: In het Centrum van de Vernietiging. Een kleine geschiedenis van de Nederlanders in het Joodse Sonderkommando en de SS-Totenkopfverbände bij de gaskamers van Auschwitz-Birkenau, unveröff. Bachelorarbeit Geschichte, Universität Amsterdam 2015.

Nawka, Hrjehor: Der Lebensweg des Gerichtsmediziners Dr. Miklós Nyiszli und die historische Bedeutung seines Erlebnisberichtes »Ich war Arzt in Auschwitz«, Karl-Marx-Universität Leipzig, Diplomarbeit im Fachbereich Medizin, Leipzig 1988.

Nyiszli, Nicolaus: Selbstmordarten auf Grund des Sektionsmaterials des Breslauer Gerichtsärztlichen Instituts, Inauguraldissertation, Medizinische Fakultät an der Universität Breslau 1930.

Nyiszli, Miklós: Dr. Mengele boncoloorvosa voltam az Auschwitz-i krematoriumban, Oradea/Nagyvárad 1946.

Nyiszli, Miklós: Dr. Mengele boncoloorvosa voltam az Auschwitz-i krematoriumban, Debrecen 1947.

Nyiszli, Miklós: S.S. Obersturmfuhrer Docteur Mengele. Journal d'un médecin déporté au crématorium d'Auschwitz, in: Les Temps Modernes, No. 65 (Mars 1951), S. 1654–1673, No. 66 (Avril 1951), S. 1855–1886.

Nyiszli, Miklós: Auschwitz. A doctor's eyewitness account, New York 1960.

Nyiszli, Miklós: Medecin a Auschwitz. Souvenirs d'un medecin deporte, Paris 1961.

Nyiszli, Miklós: Orvos voltam Auschwitzban, Bukarest 1964 (3. Aufl., 1968).

Nyiszli, Miklós: Am fost medic la Auschwitz, Bucuresti 1965.

Nyiszli, Miklós: Auschwitz. A Doctor's Eyewitness Account, London 2012.

Overy, Richard: Verhöre. Die NS-Elite in den Händen der Alliierten 1945, Berlin 2005.

Polian, Pavel: Briefe aus der Hölle. Die Aufzeichnungen des jüdischen Sonderkommandos Auschwitz. Aus dem Russischen von Roman Richter, bearbeitet von Andreas Kilian, Darmstadt 2019.

Pressac, Jean-Claude: Auschwitz: Technique and operation of the Gas Chambers, New York 1989.

Pressac, Jean-Claude: Die Krematorien von Auschwitz. Die Technik des Massenmordes, München/Zürich 1995.

Schmuhl, Hans-Walter: Grenzüberschreitungen. Das Kaiser-Wilhelm-Institut für Anthropologie, menschliche Erblehre und Eugenik 1927 bis 1945, Göttingen 2005.

Schoenberner, Gerhard: Wir haben es gesehen. Augenzeugenberichte über Terror und Judenverfolgung im Dritten Reich, Hamburg 1962.

Schüle, Annegret: Industrie und Holocaust. Topf & Söhne – Die Ofenbauer von Auschwitz, Göttingen 2010.

Schüle, Annegret (Hrsg.): Die H. Kori GmbH. Eine Berliner Ofenbaufirma und der nationalsozialistische Massenmord, Leipzig 2022.

Sedel, Fred: Habiter les ténèbres, Paris 1990.

Setkiewicz, Piotr: The histories of Auschwitz IG Farben Werk Camps 1941–1945, Oświęcim 2008.

Sieradzka, Agnieszka (Hrsg.): David Olère. The One Who Survived Crematorium III, Oświęcim 2018.

Strassmann, W. Paul: Die Strassmanns: Schicksale einer deutsch-jüdischen Familie über zwei Jahrhunderte, Frankfurt am Main 2006.

Szücs, Ladislaus: Zählappell. Als Arzt im Konzentrationslager, Frankfurt am Main 2018.

Trials of War Criminals Before the Nuernberg Military Tribunals Under Control Council Law No. 10, Bd. VIII: The I.G. Farben Case, Washington D. C. 1952.

Trnka, Vera/Heinrich Stephan Nolte: In den Grauzonen der Geschichte. Der Prager Kinderarzt Berthold Epstein (1890–1962), Berlin/Leipzig 2022.

Turda, Marius: The ambiguous victim: Miklós Nyiszli's narrative of medical experimentation in Auschwitz-Birkenau, in: Historein, 14/1 (2014), S. 43–58.

U.S. Department of Justice, Office of Special Investigations, Criminal Division (OSI)/Neal M. Sher/ Eli M. Rosenbaum (Hrsg.): In the matter of Josef Mengele: a report to the Attorney General of the United States, Washington D.C. 1992.

Van Pelt, Robert Jan: The case for Auschwitz. Evidence from the Irving Trial, Bloomington/Indianapolis 2002.

Venezia, Shlomo: Meine Arbeit im Sonderkommando Auschwitz. Das erste umfassende Zeugnis eines Überlebenden, München 2008.

Vexler, Yancou: J'étais médecin des Tsiganes à Auschwitz, in: Le Monde Gitan, Nr. 27 (1973), S. 1–10

Völklein, Ulrich: Josef Mengele. Der Arzt von Auschwitz, Göttingen 1999.

Wagner, Bernd C.: IG Auschwitz. Zwangsarbeit und Vernichtung von Häftlingen des Lagers Monowitz 1941–1945, München 2000.

Internet-Archive und -Informationsportale

Archivportal der Arolsen Archives – beschränkte Suche nach Namen von Opfern der NS-Verfolgung (viele der in den Arolsen Archives vorhandene Dokumente sind noch nicht im Online-Archiv zugänglich): https://collections.arolsen-archives.org/de/search.

Archivportal des Hessischen Landesarchivs/Hessisches Hauptstaatsarchiv Wiesbaden – die Verfahrensakte zum 1. Frankfurter Auschwitz-Prozess (456 Bände komplett digitalisiert und im Archivinformationssystem Arcinsys einsehbar): https://landesarchiv.hessen.de/mow/kapitel/chapter-6_de.

Internetportal der Unabhängigen Arbeitsstelle zur Erforschung der Geschichte der jüdischen Sonderkommandos im KL Auschwitz-Birkenau mit Hintergrundinformationen und Beiträgen zum Thema Sonderkommando: https://sonderkommando-studien.de/.

Internetportal des Fritz Bauer Instituts an der Goethe-Universität Frankfurt am Main, in Zusammenarbeit mit dem Hessischen Hauptstaatsarchiv Wiesbaden und der Stiftung Deutsches Rundfunkarchiv (DRA) – Tonbandmitschnitte und Transkriptionen des Auschwitz-Prozesses (1963–1965), HHStAW Abt. 461 – Staatsanwaltschaft beim LG Frankfurt am Main: https://www.auschwitz-prozess.de/.

Internetportal des Online-Archivs der Dr. Rath Health Foundation zum Nürnberger Kriegsverbrecher-Tribunal gegen die IG Farben – abrufbar sind Scans der gesamten Gerichtsakten: The National Archives and Records Administration (NARA), Carl Krauch et al. (Case VI), Aug. 14, 1947–July 30, 1948, Microfilm Publication M892 (I.G. Farben Case-Industrialist), 113 rolls: http://www.profit-over-life.org/international/deutsch/guide/index_892.html.

Internetportal des Ungarischen Wohlfahrts-Komitee für die Betreuung deportierter Juden (DEGOB) in Budapest – abrufbar sind die Lebensgeschichten von etwa 5000 ungarischen Holocaust-Überlebenden aus den Jahren 1945/46 in ungarischer und englischer Sprache: http://degob.org/.

Zeitungsarchiv von Arcanum Digitheca – die ständig wachsende Datenbank umfasst wissenschaftliche und Fachzeitschriften, Wochen- und Tageszeitungen, Enzyklopädien und thematische Büchersammlungen: https://adt.arcanum.com/en/.

Anmerkungen

Vorbemerkungen

1 Arbeitsgruppen im Sonderkommando mussten beim Entladen und Entkleiden der Opfer unterstützen, Gehunfähige in die Gaskammer tragen, die Gaskammer räumen, die Leichen und die Habe der Ermordeten nach Wertsachen durchsuchen, die Hinterlassenschaft der Mordopfer zur Abholung vorbereiten, nicht Verwertbares wie Ausweise und Fotos verbrennen, den Toten Goldzähne ausbrechen, den ermordeten Frauen langes Haar abschneiden und reinigen, Erschießungsopfer festhalten, Krematoriumsöfen anheizen und Scheiterhaufen-Konstruktionen aufbauen, alle Leichen verbrennen und die Verbrennungsöfen und -gruben instand halten, die Tatorte reinigen, nach der Einäscherung verbliebene Knochenreste pulverisieren und die Menschenasche entsorgen. Vgl. Eric Friedler/ Barbara Siebert/Andreas Kilian: Zeugen aus der Todeszone. Das jüdische Sonderkommando in Auschwitz, 3. Aufl., München 2008.

2 Aus dem letzten im Dezember 1942 aufgestellten Sonderkommando überlebten etwa 80 Männer (darunter wurde ein Drittel erst zwischen April und September 1944 eingewiesen) sowie aus den ersten Sonderkommandos, die von Mai bis Spätsommer 1942 im Einsatz waren, etwa 30 Männer, die früher entkamen.

3 Nyiszlis Vorgesetzter Dr. Josef Mengele (1911–1979) war der Abteilung V »Standortarzt« zugehörig. Die Krematoriumsleiter und -wachen waren der Abteilung II »Politische Abteilung« (Lagergestapo), Referat Standesamt und Krematoriumsverwaltung, zugeteilt. Das Gebäude »Krematorium« war wiederum der Abteilung III »Schutzhaftlagerführung« unterstellt und hatte einen eigenen Telefonanschluss (nur Krematorium I), der über die Vermittlungsstelle »Birkenau I« erreichbar war. In der einleitenden »Erklärung« seines Buchs schreibt Nyiszli, er wäre »als Arzt beim Auschwitzer Krematorium angestellt« gewesen, in Kapitel XX bezeichnet er Mengele als seinen »Arbeitgeber« und distanziert sich mit seiner Behauptung einer »Anstellung« und gehobenen Tätigkeit deutlich vom Sonderkommando. An zahlreichen Stellen im Buch bewahrt Nyiszli eine kritische und distanzierte Haltung zum Sonderkommando.

4 Der ehemalige Lagerkommandant und Standortälteste des KL Auschwitz, SS-Obersturmbannführer Rudolf Höß (1901–1947) gab dazu in einem Verhör zu Protokoll: »Ich erhielt diesen Befehl von Eichmann, und er befahl insbesondere, die Arbeitskommandos für die Öfen alle drei Monate zu erschießen, doch diese Befehle habe ich nicht befolgt, weil ich sie nicht für richtig gehalten habe.« (Richard Overy: Verhöre. Die NS-Elite in den Händen der Alliierten 1945, Berlin 2005, S. 402) Tatsächlich wurden Liquidierungen im Sonderkommando als Strafmaßnahmen und bei abnehmendem Arbeitskräftebedarf (reduzierte Vernichtungstransporte) durchgeführt, überwiegend unter der Belegschaft der Krematorien III–IV. Die letzte Liquidierung aus den Reihen des Sonderkommandos betraf fünf nichtjüdische Funktionshäftlinge, die am 5.1.1945 in den Zellenbau des KL Mauthausen überstellt wurden und im benachbarten unterirdischen Ofenraum mit dem Häftling Stanislaw Slezak (1920–1945), der bei Röntgen-Experimenten assistieren musste, am 3.4.1945 erschossen wurden. Das Sektionskommando wurde nicht mitüberstellt, weil es bis Mitte Januar 1945 für Obduktionen bereitstehen musste und sich während der chaotischen Lagerevakuierung mit dem restlichen Sonderkommando unter die anderen Häftlinge mischen konnte. Der Lagerkommandant von Mauthausen, SS-Standartenführer Franz Ziereis (1905–1945), gab kurz vor seinem Tod zu Protokoll, dass er von seinem Vorgesetzten SS-Gruppenführer Richard Glücks (1889–1945) den Befehl bekommen habe, diese Häftlinge im (Krematorium des) Nebenlager Gusen erschießen zu lassen.

5 Diese Angaben waren wiederholt wenig zuverlässig, abhängig davon, ob es sich bei seinen Quellen um tatsächliche Augenzeugen oder um Informationsmittler handelte. Des Weiteren müssen sprachliche Barrieren in der Kommunikation berücksichtigt werden, die ursächlich für missverstandene Schilderungen verantwortlich gewesen sein dürften. Nyiszlis Kontaktpersonen waren Funktionäre oder privilegierte Häftlinge im Sonderkommando, die weder Ungarisch oder Rumänisch und zum Teil nur gebrochen Deutsch sprechen konnten, sehr wahrscheinlich überhaupt nicht an Einsatzstellen wie dem Vergasungsbunker V gearbeitet hatten und ihr Wissen teils nur vom Hörensagen weitergaben. Offenbar übernahm Nyiszli die Angaben ungeprüft. Durch die mehrfache Weitergabe entfernten sich die Informationen mit hoher Wahrscheinlichkeit von den ursprünglich vermutlich zutreffenden Beobachtungen.

6 Die frühesten Aussagen stammten im Jahr 1945 von Szlomo Dragon (Häftl.-Nr. 80359, 1922–2001), Henryk Tauber (Häftl.-Nr. 90124, 1917–2000, alias Henry Fuchs), Henryk Mandelbaum (Häftl.-Nr. 181970, 1922–2008), Stanislaw Jankowski (Häftl.-Nr. 27675, 1911–1987, alias Alter Fajnzylberg), Jehoshua Rosenblum (Häftl.-Nr. 174466, 1923–1998) und Aaron Pilo (Häftl.-Nr. 113204, 1912–?) sowie 1946 von Elimelech (Michal Milton) Buki (Häftl.-Nr. 80312, 1909–1991), Lemke Pliszko (Häftl.-Nr. 88674, 1918–2007) und 1947 von Avraham-Berl (Dov) Sokol (Häftl.-Nr. 88966, 1905–1980), Filip Müller (Häftl.-Nr. 29236, 1922–2013) und Arnost Rosin (Häftl.-Nr. 29858, 1913–2000). Ein Teil dieser Aussagen wurde seit 1993 veröffentlicht, die meisten jedoch bis dato nicht. Für einige weitere frühe Aussagen konnten die behauptete Tätigkeit der Zeugen im Sonderkommando nicht bestätigt werden.

7 Fajnzylbergs aus dem Polnischen übersetzte vier Notizhefte sind seit 2014 zur Veröffentlichung vorangekündigt (Les cahiers d'Alter Fajnzylberg: ce que j'ai vu à Auschwitz, Edition Rosiers, Paris), aber noch nicht erschienen. Nadjarys 58-seitigen Erinnerungen wurden erstmals vollständig 1991 in griechischer Sprache herausgegeben: χρονικό 1941–1945 [Chronik 1941–1945], Stiftung Ets Achat, Thessaloniki. Der 1942 ins Sonderkommando eingewiesene Maurice Lellouche (Häftl.-Nr. 38715, 1911–1992) verfasste seine unveröffentlichten Memoiren auf Französisch Anfang der 1950er-Jahre in fünf Notizbüchern mit Spiralbindung. Das erste Spiralbuch behandelt die Shoah und Auschwitz auf 40 handgeschriebenen Seiten. Ein weiterer Zeuge, der ehemalige Vorarbeiter im Sonderkommando Elimelech Buki, begann 1945 seine Memoiren auf Jiddisch festzuhalten, beendete sein Vorhaben jedoch bereits nach wenigen Seiten mit dem Satz: »Solange ich lebe, besitzt niemand das Recht, dieses ohne mein Wissen zu benützen.« 1972 gab Buki in einem Brief an, wieder an seinen Memoiren zu arbeiten. In seinem Nachlass wurde jedoch kein Manuskript gefunden.

8 Aus diesem Wunsch heraus entstand 1948 die falsche Behauptung, Nyiszlis Buch wäre als Beweismittel im Nürnberger Prozess aufgenommen worden.

9 Dies waren: Lejb Langfus (1910–1944), Salmen Gradowski (1910–1944), Salmen Lewenthal (1918–1944), Marcel Nadjary (Häftl.-Nr. 182669, 1917–1971) sowie Herman Strasfogel (Häftl.-Nr. 106171, 1895–1944). Des Weiteren sollen der litauische Jude Kaganowicz, der griechische Jude Jaacov Gabai (Häftl.-Nr. 182569, 1912–1993) sowie zwei polnische Juden aus Paris, Jossel Dorembus-Warszawski (1906–1944) und Leon Guz (–1944), geheime Aufzeichnungen verfasst haben, die jedoch nie gefunden wurden.

10 Un témoignage bien émouvant, in: Après Auschwitz, Bulletin Périodique de l'Amicale des anciens deportés d'Auschwitz, 19 (janvier–février 1948), S. 2 (Brief Herman Strasfogels). Die Veröffentlichung hatte den Zweck, Frau und Kind des Verfassers ausfindig zu machen, an die der Brief adressiert war. Vgl. Andreas Kilian: Farewell Letter from the Crematorium – On the Authorship of the First Recorded »Sonderkommando-Manuscript« and the Discovery of the Original Letter, in: Nicholas Chare/Dominic Williams (Hrsg.): Testimonies of Resistance: Representations of the Auschwitz-Birkenau Sonderkommando, New York/

Oxford 2019, S. 91–101; W otchłani zbrodni (Kronika oświęcimska nieznanego autora), in: Biuletyn Żydowskiego Instytutu Historycznego 9–10 (1954). S. 303–309 sowie auf Jiddisch unter dem Titel »In Groyel fun retsikhe«, in: Bleter far Geschichte, Bd. VII, Nr. 5 (1954), S 100–107. Die Identifizierung von Lejb Langfus als Verfasser der zweiten Schrift wurde 1972 von Mordechai Ciechanower (Häftl.-Nr. 81434, geb. 1924) vorgenommen und 1973 von Ester Edwarda Mark (1908–1991) publiziert in: Four documents from the Birkenau Camp – in a Nightmare of Murder, in: Gal-Ed On the History and Culture of Polish Jewry, Nr. 1 (1973), Tel Aviv 1973, S. 308–335.

11 Von 1930 bis 1937 lebten sie unter einer anderen Adresse in bester Lage im Stadtzentrum am Piața Unirii in der Strada Teleky 6 (heute Strada Primăriei). Nyiszlis Ehefrau und Tochter gaben in einem Fragebogen des Internationalen Suchdienstes in Arolsen als letzte Adresse vor der Gettoisierung am 7.5.1944 die Straße Rimanóczy Kálmán 6 an.

12 Da es keine Transportmöglichkeiten von Deutschland nach Rumänien gab, dauerte die Rückkehr von Nyiszlis Frau und Tochter nach ihrer Unterbringung im jüdischen Lager für sogenannte Displaced Persons in Bergen-Belsen bis Oktober 1945.

13 Obwohl Nyiszli durch seine Frei- und Handlungsräume, mit seiner offiziellen Schreiberlaubnis (und dem Besitz von Schreibutensilien und einer Schreibmaschine) sowie seinem Zugang zu anderen Lagerabschnitten weitaus bessere Möglichkeiten als die meisten Sonderkommando-Häftlinge hatte, gab Nyiszli keine Informationen über das Geschehen in der Mordfabrik über Kassiber oder versteckte Notizbücher weiter. Da er eine Uhr tragen durfte, hätte er den Massenmord detailliert protokollieren können. Die Schwierigkeit Nyiszlis, nachträglich Ereignisse zu datieren und zu rekonstruieren, könnte daran gelegen haben, dass er in Auschwitz noch nicht die Absicht gehabt hatte, darüber zu berichten, und auch kein historisches Interesse daran zeigte. Unter den Chronisten im Sonderkommando hatte nur Salmen Gradowski als Kommandoschreiber von der SS genehmigten Zugang zu Schreibutensilien.

14 Ladislaus Szücs: Zählappell. Als Arzt im Konzentrationslager, Frankfurt am Main 2018, S. 159.

15 Z. B. in seiner Stellungnahme in der Budapester Zeitung *Világ* vom 10.4.1947, S. 4.

16 Die Namen nennt er in seinem Bericht aus Nürnberg in der Tageszeitung *Világ*, 22.5.1948, S. 4.

17 In der in Rumänien (Oradea) publizierten Erstausgabe wird neben Nyiszli nur der Urheber des Buchcovers, der Künstler György Ruzicskay (1896–1993), erwähnt. Die Urheberrechte am Text lagen 1946 exklusiv bei Nyiszli. Bei der zweiten in Ungarn (Debrecen) veröffentlichten Edition 1947 lagen die Urheberrechte bei der Redaktion der Zeitung *Vílág*, die den Text zuvor als Fortsetzungsserie in jeder Folge mit dem unübersehbaren Hinweis »copyright by Világ« publiziert hatte. Laut Impressum war der Világ-Chefredakteur Dr. Géza Supka (1883–1956) für die Publikation verantwortlich, »verantwortlicher Leiter« war der Journalist und Schriftsteller István Mátyás. Hinweise auf eine literarische Bearbeitung fehlen in beiden Ausgaben. In rumänischer Übersetzung erschien das Buch erst 1965.

18 Hillel Kohn: Nyiszli Miklós tanúságtételéről, in: Korunk, Nr. 10 (1964), S. 1453.

19 Die Familie Sonnenfeld war eine der ältesten und einflussreichsten jüdischen Familien in Oradea. Die Druckerei wurde von Simon Sonnenfeld (1829–1876) im Jahr 1856 gegründet und in den folgenden Jahrzehnten von Familienangehörigen weiter ausgebaut. Der 1912 erbaute Sonnenfeld-Palast, dem die Druckerei im Hinterhof angeschlossen war, ist bis heute eine architektonische Sehenswürdigkeit in Oradea. Die Familie Sonnenfeld leitete verschiedene Firmen, darunter die 1938 gegründete Firma Grafica – Institut de Arte Grafice, die fast alle Zeitungen Oradeas in ungarischer und rumänischer Sprache druckte. Die antijüdische Gesetzgebung zerstörte das Familienunternehmen, das 1946 unter dem Namen Tipografia Grafica wiederaufgebaut und 1947 von den Inhabern Sonnenfeld und Friedländer geführt wurde. In den bibliografischen Angaben der dritten ungarischen Edition, die 1964 in Bukarest herausgegeben wurde, findet sich zur Edition von 1946 der Hinweis »Veröffentlichung durch den Autor«, da die Druckerei Grafica nicht als Verlag in Erscheinung trat, aber beides war. Vgl. den Artikel »Gespräch mit Dr. Mengeles erstem Assistenten«, in: Demokrátia, 3.11.1946, S. 7.

20 Die Druckerei befand sich in der Strada Moscovei 8. Nyiszli wohnte mit seiner Familie an der Straßengabelung zu dieser Straße in der Strada Ady Endre 44 in einer Zweizimmerwohnung (ohne eigene Toilette, ohne Bad und Küche), wo seine Witwe und Tochter mit deren Mann und Tochter noch bis 1968 lebten. Gusztáv Sonnenfeld (1890–1947) starb ein Jahr nach der Herausgabe von Nyiszlis Buch am 29.10.1947 an Lungenentzündung, sein Bruder Andor Sonnenfeld (1892–1947) beging fünf Wochen später Suizid. Ob die Gebrüder Sonnenfeld Nyiszlis Bericht literarisch bearbeitet hatten, ist unbekannt. Der literarische Schreibstil und dramaturgische Aufbau sowie die Verwendung dramaturgischer Mittel in Nyiszlis Erstlingswerk zeugen von schriftstellerischer Erfahrung. Der Übersetzer der englischen Fassung, Richard Seaver, interpretiert in seinem Vorwort die »manchmal übertriebene, impressionistische Schilderung seiner Erfahrungen« hingegen als Zeichen der Unerfahrenheit. Vgl. Miklós Nyiszli: Auschwitz. A doctor's eyewitness account, New York 1960, S. 4.

21 Die Familie Sonnenfeld wurde am 3.6.1944 aus dem Getto Oradea nach Auschwitz deportiert. Gusztáv, Andor und sein Sohn Abraham Sonnenfeld überlebten, weil sie sich als Drucker meldeten und als Facharbeiter in das KL Sachsenhausen überstellt wurden, wo sie in der weltweit größten Geldfälschungsaktion des Reichssicherheitshauptamts (RSHA) namens »Aktion Bernhard« als »Geheimnisträger« eingesetzt wurden. Von Sachsenhausen wurden sie nach Mauthausen überstellt und von dort in das KL Ebensee, wo sie möglicherweise nach der Befreiung während der Heimreise Nyiszli kennengelernt haben. In einer publizierten Liste der Fälscher von »Operation Bernhard« sind die drei Mitglieder der Familie Sonnenfeld als »Lithografen« verzeichnet. Nur Abraham (1926–2012), der 1948 nach Palästina ausgewanderte Sohn von Andor, berichtete Jahrzehnte später über das Schicksal seiner Familie und in Zeitungsinterviews über seinen Auftrag in Sachsenhausen. Vgl. Thorsten Schmitz: Das richtige Leben des Fälschers, in: Süddeutsche Zeitung, 2.3.2008, S. 3; Lawrence Malkin: Hitlers Geldfälscher. Wie die Nazis planten, das internationale Währungssystem auszuhebeln, Bergisch Gladbach 2006. Der Druck der zweiten Világ-Edition wurde 1947 von der Stadt Debrecen und der Buchdruckerei des Reformierten Kirchenkreises Tiszántúl ermöglicht.

22 Dies beruht auf der Tatsache, dass in der Buchproduktion bis zum letzten Moment verschiedene Akteure Änderungen am Text vornehmen können, vor allem Setzer, die dafür inhaltlich über keinerlei Kompetenzen verfügen. Dadurch kann sich nach mehreren Änderungsvorgängen das druckfertige Produkt vom Manuskript unterscheiden. Da im Buchsatz seinerzeit für jede Seite eine eigene Druckplatte hergestellt werden musste, ist davon auszugehen, dass Nyiszli nicht jedes Wort seines Manuskripts mit den Probeabzügen (Bürstenabzügen) von den Druckplatten abgeglichen hatte. Laut eines Artikels in *Demokrátia* vom 3.11.1946 hätte er im Caféhaus Japport in Oradea Bürstenabzüge seines Buchs korrigiert. Nyiszli schrieb seiner Enkelin zufolge sein Manuskript auf einer deutschen Schreibmaschine und musste die Unterschiede vom deutschen zum ungarischen Alphabet handschriftlich nachtragen. Zu Nyiszlis Lebzeiten wurden in der zweiten Ausgabe seines Buchs kaum Änderungen vorgenommen: Nicht konsequent wurden Schreibfehler korrigiert (meist Groß- und Kleinschreibung und z. B. »sarlach« statt

»Scharlach«), Zahlen ausgeschrieben, aber auf Seite 38 offenbar aus Versehen eine komplette Zeile und auf Seite 116 ein halber Satz vergessen. Da sich das Originalmanuskript nicht in Nyiszlis Nachlass befand, ist ein Vergleich der Erstausgabe mit dem Original unmöglich.

23 Mithilfe von auszugsweisen Vorabveröffentlichungen wurde auch bei der Suche nach ausländischen Verlagen vorgegangen: Zuerst wurden sie 1951 in französischer Übersetzung in der Literaturzeitschrift *Les Temps Modernes* veröffentlicht, anschließend in polnischer Übersetzung des französischen Texts 1952 in der politischen Zeitschrift *Za Wolność i Lud* der Kriegsveteranenvereinigung »Verband der Kämpfer für Freiheit und Demokratie« und in englischer Übersetzung des französischen Texts 1953 in der Literaturzeitschrift *Merlin*. Zu Nyiszlis Lebzeiten erschienen diese Übersetzungen in Buchform nicht mehr, sondern erst nach der Festnahme des ehemaligen SS-Obersturmbannführers und Leiter des »Judenreferats« im Reichssicherheitshauptamt, Adolf Eichmann (1906–1962), im Mai 1960 in den USA, 1961 in Frankreich, 1962 in England sowie 1966 in Polen (erneut in *Za Wolność i Lud* vorabgedruckt). Durch das Interesse der Presse an Auschwitz im Zusammenhang mit Eichmann und Mengele konnte Nyiszlis Buch auch in weiteren Ländern als Übersetzung verbreitet werden: in Italien 1962 (aus dem Französischen) und in Rumänien 1964 (aus dem Ungarischen). In den 1970er-Jahren wurde nur eine Übersetzung in Brasilien publiziert (1975), alle weiteren erst nach Mengeles Tod 1979 in Brasilien. Alle Editionen erschienen bis 1985 unter dem Copyright von Nyiszlis Witwe »© 1960 by N. Margareta Nyiszli«. In dem US-Männermagazin *True* (September 1960) unter dem Titel »My Ordeal in Eichmann's Horror Prison« und in der in Novi Sad herausgegebenen Zeitung *Magyar Szó*, der ungarischsprachigen Tageszeitung in Serbien, im März und April 1961 wurde Nyiszlis Buch vor Beginn des Eichmann-Prozesses in Jerusalem (11.4.–15.12.1961) ebenfalls auszugsweise publiziert.

24 Die Zeitung warb am 16.2.1947 auf der Titelseite mit der Schlagzeile »DAS TAGEBUCH DES AUTOPSIEARZTES VON MENGELE BEGINNT HEUTE«.

25 Seit Mitte Mai 1947 wurde das Buch mit auffälligen Anzeigen in der Világ beworben: »Das Tagebuch des Arztes Dr. Miklós Nyiszli erscheint Ende Mai in Buchform.« Am 30.5.1947 wurde die Neuerscheinung in *Világ* im Artikel »Erinnern oder Vergessen: Ich war Mengeles Sezierarzt – in Buchform« unter anderem mit folgenden Worten angepriesen: »Niemals zuvor wurde so sachlich von den Schrecken erzählt wie in dieser Schrift, die mehr ist als ein medizinisches Tagebuch, mehr als ein Gruselstück, sie ist Geschichte selbst. (...) Das Buch von Dr. Nyiszli ist die ewig ›brennende Lampe des Weltgewissens‹. Es muss bis in alle Ewigkeit leuchten, um die Herzen derer zu erleuchten, die der Dunkelheit gedient haben.« Am 1.6.1947 lautete die Werbeanzeige: »Veröffentlicht! Veröffentlicht! Veröffentlicht! Das schockierende Zeugnis eines Augenzeugen: (...) Das Tagebuch von Dr. Miklós Nyiszli – In Buchform veröffentlicht – Erhältlich an allen Zeitungskiosken – Am Tag des Buches an allen Bücherständen erhältlich!«

26 Géza Supka: Kényes kérdés [Heikle Fragen], in: Világ, 16.2.1947, Titelseite.

27 P. B. (Boris Palotai): Mengele boncolóorvasa voltam, in: Népszava, 4.1.1947, S. 4.

28 Nyiszli war nicht religiös und hatte eine distanzierte Haltung zum Judentum. Die orthodoxe jüdische Gemeinde Oradeas distanziert sich bis heute von Nyiszli. In der Neologen Sion Synagoge befindet sich erst seit wenigen Jahren eine Gedenktafel für ihn. Die hebräische Inschrift seines Grabsteins auf dem jüdischen Neologen Friedhof nennt Nyiszlis berühmte Vorfahren: »Meister Rabbi Jeremia, der Sohn des angesehenen Rabbi Josef«.

29 Demokrátia, 3.11.1946, S. 7.

30 Ebd. Es gibt keine Belege für eine wissenschaftliche Tätigkeit Nyiszlis nach seinem Studium. Die konkreten Angaben über seine »wissenschaftliche« Tätigkeit als »Dr. Mengeles Assistent« beruhen allein auf seiner Selbstdarstellung.

31 Palotai: Mengele boncolóorvasa voltam, 4.1.1947 sowie dies.: Mengele társai, Népszava, 8.3.1947, S. 4. Vidkun Quisling (1887–1945) war Verteidigungsminister und Führer der von ihm gegründeten faschistischen Partei Norwegens. Von 1942 bis 1945 war er Ministerpräsident einer Marionettenregierung im vom Dritten Reich besetzten Norwegen. Am 24.10.1945 wurde er wegen Hochverrats hingerichtet. Der Medizinhistoriker Marius Turda weist zu Recht darauf hin, »dass Nyiszli in den zu seinen Lebzeiten veröffentlichten Texten immer den Namen Mengele im Titel beinhaltete«. (Marius Turda: The ambiguous victim: Miklós Nyiszli's narrative of medical experimentation in Auschwitz-Birkenau, in: Historein, 14/1 [2014], S. 43–58.) Auch die polnische Edition von 1966, die kroatische von 1981, die hebräische und italienische von 1985, die US-amerikanische von 1986 sowie die rumänische Edition von 1998 übernahmen den Namen Mengeles in den Buchtitel. Unter den seit 2000 erschienenen Editionen findet sich der Name Mengeles wieder häufiger im Titel. Zur Verkaufssteigerung der US-Ausgabe wurden 1960 und 1961 sogar das Foto und der Name Adolf Eichmanns auf das Buchcover gesetzt. Bis 2023 wurde Nyiszlis Buch in 23 Sprachen veröffentlicht.

32 In Nyiszlis Heimat Rumänien hielten sich die Tribunale in Grenzen. In Ungarn wurden hingegen »Überprüfungsausschüsse« eingerichtet. Bis zum 1.3.1948 wurden fast 40 000 Strafverfahren eingeleitet, in denen es zu 16 273 Verurteilungen kam. Über die Situation in Ungarn vgl. Randolph L. Braham: The Politics of Genocide. The Holocaust in Hungary, third revised and enlarged edition, New York 2016, Vol. 2, S. 1540f.

33 Dániel Lővy: A Soá nagyváradi emlékírói, in: Várad. Nr. 8 (2010), S 80; Tamás Kisantal: »Nyiszlíngtől« az »atomfasizmusig«. Nyiszli Miklós memoárjának olvasatai, in: Jelenkor, 59. Jg., Nr. 12 (2016), S. 1280–1289.

34 Einige Autoren übernahmen in den letzten Jahren die auf antisemitischen Vorurteilen basierenden Vorwürfe der »Profitgier«, »Profilierungssucht« und »Vermarktung des Leids« in ihren Artikeln.

35 Aus politischen Gründen durfte Nyiszli seit 1949 nicht mehr als niedergelassener Arzt praktizieren, sondern musste bis zu seinem Lebensende als Betriebsarzt in der staatlichen Schuhfabrik arbeiten. Zweimal wöchentlich musste er zudem seit 1951 als Vertretungsarzt im städtischen Krankenhaus arbeiten und zusätzlich in der ersten Krankenpflegeschule Oradeas, der »Sanitätsschule Dr. Karoly Mozes«, unterrichten. Er widmete sich wieder ganz seiner ärztlichen Tätigkeit und schrieb nie wieder über Auschwitz.

36 Beide starben fünf Monate vor dem ungarischen Volksaufstand im Mai 1956, Nyiszli am 5. und Supka am 25. Mai. Supka stand seit 1950 als »Vertreter der angelsächsischen Interessen in Ungarn« und als »Verbindungsmann imperialistischer Kräfte« unter enger Beobachtung des ungarischen Geheimdienstes, der ihn als Gefahr einschätzte. Nyiszlis Beobachtung durch den rumänischen Geheimdienst begann ebenfalls 1950. Er verstarb in seiner Wohnung an einem Herzinfarkt und wurde auf dem neologen jüdischen Friedhof, der 1881 für die Anhänger des Reformjudentums errichtet worden war, beigesetzt. Spekulationen darüber, dass die persönlichen Angriffe gegen Nyiszli maßgeblich für seinen frühen Tod verantwortlich gewesen sein sollen, können durch die Tatsache relativiert werden, dass der herzkranke Nyiszli seiner Enkelin zufolge ein sehr starker Zigarrenraucher war und die Lagerhaft ihn gesundheitlich geschädigt hatte. Auf Nyiszlis Grabstein steht auf Ungarisch: »Hier ruht Dr. Nyiszli Miklós – Arzt – 1901–1956 – sein von der Deportation gezeichneter Körper«.

37 Miklós Nyiszli: Am fost medic la Auschwitz, Bukarest 1965, S. 14 (in rumänischer Sprache).

38 Miklós Nyiszli: Orvos voltam Auschwitzban, Bukarest 1964, S. 14 (in ungarischer Sprache).

39 Hierbei muss berücksichtigt werden, dass die Rechteinhaberinnen an Nyiszlis Werk, solange sie in der Volksrepublik Rumänien lebten, nicht dazu befugt waren, private Lizenzverträge mit ausländischen Verlagen abzuschließen. Lizenzverträge mussten zentral mit dem Verband der rumänischen Schriftsteller in Bukarest geschlossen werden, der rechtlich dem Staat unterstellt war und vom Staat finanziert wurde sowie rumänische Autoren und deren Erben vertrat. Der im Juni 1969 gegründete Literaturfonds des Verbands fungierte als finanzielle Einrichtung für die Verwaltung der Urheberrechte und die finanzielle Unterstützung der Schriftsteller, der Auslandszahlungen auf sein Konto bei der Rumänischen Außenhandelsbank überweisen ließ.

40 Kohn: Nyiszli Miklós tanúságtételéről, S. 1453. Kohn bezieht sich auf die auszugsweise Veröffentlichung unter dem Titel »S.S. Obersturmfuhrer Docteur Mengele. Journal d'un médecin déporté au crématorium d'Auschwitz«, in: Les Temps Modernes, No. 65 (Mars 1951), S. 1654–1673, No. 66 (Avril 1951), S. 1855–1886.

41 Ota Kraus/Erich Schön: Tovarna na smrt. Dokument o Osvetimi, Prag 1946. Die erste Übersetzung erschien 1957 auf Deutsch, die zweite 1959 auf Rumänisch unter dem Titel »Fabrica mortii. O marturie des pre Auschwitz«.

42 Zur zweiten Gruppe gehörten die publizierten Berichte von André Lettich: Trente-quatre mois dans les camps de concentration, Paris 1946 sowie Paul Bendel: Les crématoires – »Le Sonderkommando«, in: Témoignages sur Auschwitz, Paris 1946, S. 159–164. Die weniger zuverlässigen Berichte über das Sonderkommando aus der ersten Gruppe stammten vom Hörensagen von fünf Ärzten und Ärztinnen und einer Arzthelferin, die nur aus zweiter Hand berichten konnten: Die aus Cluj stammende Auschwitz-Überlebende Olga Lengyel (Häftl.-Nr. A-25403, 1908–2001) publizierte 1946 ihre aus dem Ungarischen übersetzten Erinnerungen in Paris unter dem Titel »Mémoirs de l'au-dela« (Erinnerungen aus dem Jenseits). Lengyel war im Krankenbau des Lagers B II c und später B II f als Arzthelferin beschäftigt und hatte Kontakt zum Sonderkommandoarzt Jacques Pach, der in Bukarest geboren wurde und sie über das Sonderkommando informierte. Der in Lwów geborene Arzt Dr. Alfred Sedel (1909–1991) studierte mit seinem Kommilitonen Pach in Paris. Er traf seinen Freund 1944 im Lager B II f wieder, schrieb seine Erinnerungen an Pach und das Sonderkommando jedoch erst Mitte der 1950er-Jahre nieder. Veröffentlicht wurde sein Buch »Habiter les ténèbres« (In der Finsternis leben) in Genf und Paris 1963. Die 1946 und 1947 vollendeten Erinnerungen der beiden ehemaligen Häftlingsärztinnen Dr. Lucie Adelsberger (Häftl.-Nr. 45171, 1895–1971) und Ella Lingens (Häftl.-Nr. 36088, 1908–2002) beinhalten Gerüchte über das Sonderkommando. Lingens' Buch wurde 1948 in London mit dem Titel »Prisoners of Fear« (Gefangene der Angst) und Adelsbergers Buch erst 1956 in Berlin unter dem Titel »Auschwitz – ein Tatsachenbericht« herausgegeben. Dr. Eddy de Winds (Häftl.-Nr. 150822, 1916–1987) Bericht »Ich blieb in Auschwitz« wurde kurz nach der Befreiung in Auschwitz geschrieben, 1946 in den Niederlanden publiziert und enthält die Wiedergabe eines Gesprächs mit dem angeblichen griechischen Überlebenden des Sonderkommandos, Isaac Kabeli. Die Angaben Kabelis gegenüber de Wind, der Häftlingsarzt im Stammlager gewesen war, scheinen jedoch nur auf Hörensagen zu beruhen und von dessen Landsleuten aus dem Sonderkommando zu stammen. Dr. Albert Menasche (Häftl.-Nr. 124454, 1898–1991) war in Saloniki Arzt und Klinikleiter. In Birkenau überlebte er im Männerorchester und veröffentlichte 1947 in New York sein Buch »Birkenau (Auschwitz II)«, worin er über den Aufstand des Sonderkommandos berichtete. Erwähnt werden sollte auch die überzogene Darstellung des Sonderkommandos von Tadeusz Borowski (Häftl.-Nr. 119198, 1922–1951), der zeitweise als Pfleger im Lager B II f eingesetzt war, in dessen Erzählung »U nas w Auschwitzu« (Bei uns in Auschwitz). Sie wurde 1946 auf Polnisch veröffentlicht. Wie Borowski reicherte der ehemalige Leiter des

Birkenauer Männerorchesters, Simon Laks (Häftl.-Nr. 49543, 1901–1983), seine Erinnerungen mit Anekdoten über das Sonderkommando an. Sein Buch »Musiques d'un autre monde« (Musik aus einer anderen Welt) erschien 1948 in Paris. Weitere frühe Veröffentlichungen erwähnen das Sonderkommando, häufig im Zusammenhang mit dessen Aufstand, nur am Rande. Alle frühen Berichte haben vereinzelt Unstimmigkeiten und nicht den Tatsachen entsprechende Darstellungen gemeinsam. Dies ist nach dem damaligen lückenhaften Wissensstand und den sehr eingeschränkten Einblicken Außenstehender nachvollziehbar und letztlich irrelevant, weil sie nicht als historische Forschungsarbeiten oder eidesstattliche Erklärungen verfasst worden waren.

43 Um die Beweiskraft des Berichts zu stützen, entschied sich Nyiszlis Witwe, ein einzigartiges Dokument in die französische und italienische Edition (1961 und 1962) aufnehmen zu lassen: Vor der Demontage von Krematorium I entwendete der Pathologe aus dem Ofenraum die Betriebsvorschrift des Dreimuffelofens der Firma Topf & Söhne und trug sie zusammengefaltet als Beweisstück bis zu seiner Heimkehr bei sich. Wegen der regen Auslandskorrespondenz von Nyiszli und seiner Ehefrau beschlagnahmte der rumänische Geheimdienst 1950 alle fremdsprachigen Schriftstücke. Da Nyiszli nach seiner Ankunft in Oradea ein Foto von der Topf-Betriebsvorschrift gemacht hatte, konnte seine Witwe einen Abzug an den Übersetzer Tibère Kremer senden, der das Dokument für die französische Ausgabe übersetzte und das Foto als einzige Abbildung im Buch abdrucken ließ. Das Originaldokument befindet sich in der Akte Nyiszli im Archiv der Rumänischen Geheimpolizei in Bukarest (CNSAS), I 329849. Es ist weltweit das einzige erhaltene Exemplar.

44 Insbesondere in Primo Levis letztem Buch »Die Untergegangenen und die Geretteten« (ital. Originalausgabe »I sommersi e i salvati«, 1986) und dem Spielfilm »Die Grauzone« (USA 2001).

45 Dr. Herber legte mehrere gerichtsmedizinische Veröffentlichungen vor, unter anderem: Gerichtsmedizin unterm Hakenkreuz, Berlin 2006.

46 Der Enkelin zufolge sei die Auswahl nur sehr klein gewesen, da sie Angst vor dem rumänischen Geheimdienst gehabt habe. Alle Informationen wurden per Briefpost übermittelt. Die Auslandskorrespondenz wurde vom Geheimdienst überwacht.

47 Während Nawkas Forschungsaufenthalt im Archiv des Museums Auschwitz wurde 1985 die Verlegungsmeldung Nyiszlis von Monowitz nach Birkenau gefunden (siehe Abbildung, S. 147). Der damalige Direktor des Staatlichen Museums Auschwitz, Kazimierz Smolen, fragte erst im Juli 1986 beim Internationalen Suchdienst in Arolsen an, ob das Arolsen-Archiv über Dokumente zu Nyiszli verfüge. Die polnische Edition von Nyiszlis Buch erschien als vierte Übersetzung des Originals bereits 1966 in Warschau, jedoch ohne Dokumentenanhang. Die zweite polnische Edition erschien im Privatverlag des Historikers Franciszek Piper (Frap-Books) im Jahr 2000 mit Abbildungen aus dem Archiv des Staatlichen Museums Auschwitz.

48 Hrjehor Nawka: Der Lebensweg des Gerichtsmediziners Dr. Miklós Nyiszli und die historische Bedeutung seines Erlebnisberichtes »Ich war Arzt in Auschwitz«, Karl-Marx-Universität Leipzig, Diplomarbeit im Fachbereich Medizin, Leipzig 1988, S. 1f.

49 Hillel Kohns 1964 publizierte Behauptung, dass westdeutsche Verlage Anfang der 1960er-Jahre mit der Witwe des Autors verhandelt hätten, könnte zutreffen. Die Namen der Verlage sind nicht bekannt. Vgl. Kohn: Nyiszli Miklós tanúságtételéről, S. 1453. Ein 1986 mit dem westdeutschen Bund-Verlag abgeschlossener Vertrag wurde nicht erfüllt.

50 Besonders hervorgehoben werden müssen in chronologischer Reihenfolge: Rebecca Camhi Fromer: The Holocaust Odyssey of Daniel Bennahmias, Sonderkommando, Tuscaloosa/London 1993; Jan Poludniak: Zonder. Rozmowa z czlonkiem Sonderkomando Henrykiem

Mandelbaumem, Katowice/Sosnowiec 1994; Gideon Greif: Wir weinten tränenlos. Augenzeugenberichte der jüdischen »Sonderkommandos« in Auschwitz, Köln/Weimar/Wien 1995; Leon Cohen: From Greece to Birkenau – The Crematoria Workers Uprising, Tel Aviv 1996; Shlomo Venezia: Sonderkommando. Dans l'enfer des chambres à gaz, Paris 2007.

51 Nyiszli wird sich darüber bewusst gewesen sein, dass die Veränderung der Chronologie der Ereignisse aus dramaturgischen Gründen und die literarische Bearbeitung der historischen Fakten in seinem Bericht einer historischen Prüfung nicht standhalten würden. Vgl. die Manuskripte Gradowskis und Lewenthals in: Pavel Polian: Briefe aus der Hölle. Die Aufzeichnungen des jüdischen Sonderkommandos Auschwitz. Aus dem Russischen von Roman Richter, bearbeitet von Andreas Kilian, Darmstadt 2019, S. 227, 503, 505f. sowie in Salmen Gradowski: Die Zertrennung – Aufzeichnungen eines Mitglieds des Sonderkommandos, hrsg. von Aurélia Kalisky unter Mitarbeit von Andreas Kilian, Berlin 2019.

52 Vgl. Vorwort von József Méliusz in: Miklós Nyiszli: Orvas voltam Auschwitzban, Bukarest 1964, S. 14. Die Kapitel I–XXV, XXVII–XXXVI sowie XXXVIII–XL, insgesamt 90 % von Nyiszlis Buch, wurden aus der kurz zuvor erschienenen französischen Edition ins Deutsche übersetzt und bereits vom 15.1. bis 12.3.1961 ohne Kenntnis oder Zustimmung der Urheberrechtsinhaber und mit hinzugedichteten Ergänzungen, zensierten Stellen sowie Änderungen von Zahlenangaben unter dem Titel »Auschwitz. Das Tagebuch eines Lagerarztes« in der Zeitschrift *Quick* (Jg. 14, Nr. 3–11) publiziert. Die Fortsetzungsserie erschien vor Beginn des Eichmann-Prozesses und wurde mit folgenden Worten eingeleitet: »Nun, da diese Prozesse vor der Tür stehen, fühlt *Quick* die Pflicht, der deutschen Öffentlichkeit Kenntnis von einem Dokument zu geben, das in der Geschichte der Menschheit einmalig ist.« 1962 wurde das gekürzte Kapitel VII unter dem Titel »Die Todesfabrik« aus dem Französischen neu übersetzt in der von Gerhard Schoenberner herausgegebenen Sammlung »Wir haben es gesehen. Augenzeugenberichte über Terror und Judenverfolgung im Dritten Reich« auf Deutsch erstmals in Buchform und ebenfalls ohne Genehmigung veröffentlicht (Rütten & Loening Verlag, S. 248–252). Eine Lizenzausgabe dieser Publikation erschien im Bertelsmann Lesering im 3. Quartal 1964. Parallel wurden im September 1962 die gekürzten Kapitel VII und XX in der deutschen *Quick*-Übersetzung unter dem Titel »Sonderkommando« in dem von Hans G. Adler, Hermann Langbein und Ella Lingens-Reiner herausgegebenen Werk »Auschwitz. Zeugnisse und Berichte« publiziert (S. 84–93). In beiden Fällen verfälschte die Übersetzung das ungarische Original. Die Namen der Übersetzer wurden nicht genannt, im letzten Fall wird noch nicht einmal angegeben, aus welcher Sprache die Kapitel übersetzt wurden (aus dem Französischen). Einer Anwaltskorrespondenz aus dem Jahre 1963 ist zu entnehmen, dass ein Übersetzer namens Goldstein kurz vor dessen Tod ohne Zustimmung des Urhebers und gegen den Willen der Witwe Nyiszlis fast das gesamte Werk in deutscher Sprache 1961 und 1962 verbreitet und davon finanziell profitiert hatte. Nyiszlis Witwe sah dadurch die Chancen, einen deutschen Verlag zu finden, erschwert und dem Nachlass ihres Mannes Schaden zugefügt. Tatsächlich veröffentlichte nach der unautorisierten *Quick*-Veröffentlichung 31 Jahre lang kein deutscher Verlag Nyiszlis Bericht als Buch.

53 Kurze Auszüge daraus wurden erstmals 1964 in der ungarischen und 1965 in der rumänischen Edition von Nyiszlis Buch veröffentlicht.

54 Nyiszlis Bericht aus dem Jahre 1946 besteht aus 40 Kapiteln sowie einem Vor- und Nachwort. Der Aufbau des Berichts aus dem Jahre 1948 legt die Vermutung nahe, dass er ebenfalls als Buch publiziert werden sollte.

55 Kisantal: Nyiszlíngtől, S. 1280–1289.

Teil 1

Erklärung

1 So im Original; Nyiszli verwendet in seinem Buch mehrfach die Abkürzung KZ für Konzentrationslager. Die offizielle Abkürzung in der Verwaltungssprache des Dritten Reichs und im allgemeinen Sprachgebrauch lautete KL. Umgangssprachlich war auch die Verwendung der Abkürzung KZ üblich, weshalb diese in der Überlebendenliteratur häufig zu finden ist.

2 Gemeint sind die Verbrennungsgruben, in denen Leichen wie auf Scheiterhaufen mit Brennholz aufgeschichtet wurden.

3 Der Name des Instituts steht im Original auf Deutsch. Im ungarischen Original enthaltene deutsche Wörter sind im Übersetzungstext kursiv gesetzt. Gemeint ist das »Kaiser-Wilhelm-Institut für Anthropologie, menschliche Erblehre und Eugenik« in Berlin-Dahlem. Die Tatsache, dass einer der infrage kommenden Adressaten seit 1943 auch Direktor des Instituts für Rassenbiologie an der Berliner Universität war, könnte dem Wissenschaftshistoriker Benoit Massin zufolge Nyiszlis Adressangabe erklären. Vgl. Benoit Massin: Mengele, die Zwillingsforschung und die »Auschwitz-Dahlem-Connection«, in: Carola Sachse (Hrsg.): Die Verbindung nach Auschwitz. Biowissenschaften und Menschenversuche an Kaiser-Wilhelm-Instituten, Göttingen 2003, S. 241.

4 Der letzte Satz wurde in der deutschen Erstausgabe nur zum Teil übersetzt.

5 So im Original: Nyiszli gibt zuerst den rumänischen, dann den ungarischen Namen der Grenzstadt an.

6 Zwischen Nyiszlis Erklärung und dem ersten Kapitel steht seit 1960 in der englischen Edition die Widmung »An meine Frau und meine Tochter – zurückgekehrt aus dem Lager der Toten« sowie seit 1961 in der französischen Edition »An meine Frau und meine Tochter«. Tatsächlich hat Nyiszli die vollständige Widmung der Enkeltochter zufolge nur in ein Exemplar handschriftlich geschrieben, nämlich in die Erstausgabe, die er 1946 seiner Frau und Tochter persönlich überreicht hatte. Nyiszlis Witwe ließ die Widmung 1960 in das Buch einfügen. Da dies nicht zu Nyiszlis Lebzeiten verfügt wurde, verzichten wir auf eine Übernahme.

»Ich war der Obduktionsarzt von Dr. Mengele ...«

1 Bezeichnung für das seit dem 26.10.1939 von der nationalsozialistischen Besatzung verwaltete Territorium in Polen, das vom Deutschen Reich nicht annektiert worden war und zunächst aus den Distrikten Krakau, Lublin, Radom und Warschau bestand. Nach dem deutschen Angriff auf die Sowjetunion wurde es am 1.8.1941 um den Distrikt Galizien erweitert.

2 Anfang 1944 lebten in Ungarn etwa 762 000 Juden. Als jedoch am 19.3.1944 sowjetische Truppen nach Rumänien vorstießen und die deutsche Südostfront zusammenzubrechen drohte, besetzte die Wehrmacht aus militärischen Gründen Ungarn. Noch am selben Tage erschien in Budapest ein SS-Sonderkommando unter Leitung von SS-Obersturmbannführer Adolf Eichmann (1906–1962), um die Deportation der ungarischen Juden vorzubereiten. Auf deutschen Druck wurde eine neue Regierung eingesetzt, während deutsche Dienststellen, koordiniert durch den neu ernannten Gesandten I. Klasse und Reichsbevollmächtigten in Ungarn, SS-Brigadeführer Edmund Veesenmayer (1904–1977), die eigentliche Macht im Lande übernahmen. Bis Anfang Juni 1944 wurden bereits über 400 000 Juden in 215 Gettos und Durchgangslagern (mit Ausnahme von Budapest) gesammelt. Nachdem schon am 2.5.1944 zwei Transporte mit 3800 Menschen in Auschwitz eingetroffen waren, erreichten am 16.5.1944 die ersten Massendeportationstransporte der »Sonderaktion Ungarn-Programm« mit jeweils mehr als 3000 Menschen das Vernichtungslager. Daraufhin mussten im

KL Auschwitz-Birkenau der Lagerbauabschnitte B II c und der noch nicht fertiggestellte Abschnitt B III als »Depotlager« eröffnet werden. Als Aufnahmelager fungierte zudem die vom Lagereingang B II e aus gesehen linke Lagerseite. Vom 14.5. bis zum 9.7.1944 wurden 437 402 Juden in 147 Transporten deportiert, schätzungsweise 96 % der Menschen erreichten bis zum 11.7.1944 Auschwitz. Danach kamen nur noch vereinzelt bis Oktober 1944 Deportationszüge aus Ungarn in Auschwitz an. Im Hauptdeportationszeitraum trafen täglich zwischen 10 000 bis 16 000 Menschen mit drei bis fünf Zügen in Auschwitz ein, schätzungsweise 315 000 Menschen wurden direkt nach ihrer Ankunft in den Gaskammern ermordet, weitere Tausende nach den darauffolgenden Wochen unmenschlicher Haftbedingungen und nach Selektionen im Lager. Nur etwa 20 000 Deportierte kehrten nach dem Krieg zurück.

3 »Krakau« im Original in deutscher Schreibweise; der Deportationszug, in dem sich Nyiszli mit seiner Familie befand, passierte die Städte Tarnów und Kraków, nicht jedoch den weit entfernten Bahnhof von Lublin. Im Lubliner Vorort Majdan Tatarski befand sich das Konzentrations- und Vernichtungslager Lublin-Majdanek. Wahrscheinlich verwechselte Nyiszli den auf der Strecke nach den Stationen Košice (ungar. Kassa) und Presov, zwischen Presov und Muszyna liegenden Bahnhof der slowakischen Gemeinde Lubotin mit der polnischen Stadt Lublin. An der Grenzstation Kassa wurde das ungarische Wachpersonal des Zugs durch SS-Angehörige ersetzt.

4 Beschrieben wird das Stationsschild des Bahnhofs der Stadt Auschwitz (Oświęcim). Mit der Eröffnung der Bahnstreckenabschnitte Trzebinia–Oświęcim und Dzieditz–Oświęcim der »Kaiserlich-Königlich Ausschließlich Privilegierte Kaiser-Ferdinands-Nordbahn« am 1.3.1856 wurde auch die Bahnstation in Oświęcim in Betrieb genommen und an das Hauptbahnnetz Wien Nordbahnhof–Krakau angeschlossen. Die erwähnte Frakturschrift war seit dem »Schrifterlass« vom 3.1.1941 verboten, das Bahnhofsschild war deshalb nicht in »gotischer Schrift«, sondern in der einheitlichen Antiquaschrift zu sehen. Endstation der Deportationszüge war bis zum 16.5.1944 ein Reichsbahnnebengleis des Güterbahnhofs Auschwitz, »Gleis für Sondertransporte, Gleis 21 West« (»Ladestraße« oder »Rampe«) genannt. Danach trafen sie auf den beiden Abstellgleisen 21 und 22 eines »Privatanschlussgleises« innerhalb des Lagers in Auschwitz-Birkenau ein (verlegte »Rampe«).

5 Der Transport, in dem sich Nyiszli und seine Familie befanden, fuhr am 23.5.1944 vom Getto Aknaszlatina ab und traf am 27.5.1944 in Auschwitz-Birkenau ein. Von Birkenau wurde Nyiszli am folgenden Tag in das Stammlager Auschwitz überstellt, wo er seine Häftlingsnummer A-8450 am 29.5. erhielt. Zwei Tage später wurde er in das Nebenlager Monowitz überstellt.

6 Die Wachtürme der »kleinen Postenkette« lagen zwischen 80 und 150 m voneinander entfernt.

7 Gemeint ist die feldgraue Uniform der Waffen-SS mit ihrem hohen Grünanteil (»grüngrau«).

8 Gemeint ist das Lager Birkenau, das seit dem 15.10.1941 als »Kriegsgefangenenlager der Waffen-SS, Auschwitz O/S.« (Oberschlesien) auf dem Gebiet des Dorfes Birkenau südlich des Bahnhofs Auschwitz errichtet wurde und ursprünglich für 50 000, Anfang 1942 bereits für 150 000 sowjetische Kriegsgefangene vorgesehen war. Birkenau wurde anfangs als Nebenlager des Stammlagers Auschwitz geführt. Ende Januar 1942 wurde beschlossen, dass an Stelle der Kriegsgefangenen eine große Anzahl an Juden in Auschwitz und Birkenau aufgenommen werden sollte. Die ersten Häftlinge wurden am 13.3.1942 vom Stammlager Auschwitz nach Birkenau überstellt, die ersten Transporte mit deportierten Juden wurden anfänglich jedoch noch im Stammlager aufgenommen. Gemäß Standortbefehl Nr. 53/43 des KL Auschwitz vom 22.11.1943 wurde das Nebenlager zum eigenständigen Hauptlager »Konzentrationslager

Auschwitz II – Birkenau« umstrukturiert. Die offizielle Anschrift im Postverkehr für Häftlinge lautete: »Arbeitslager Birkenau bei Neuberun O/S.« (Neuberun und Birkenau werden durch die Weichsel getrennt).

9 Dr. Josef Mengele (1911–1979) trug als SS-Hauptsturmführer jedoch silberfarbene Schulterstücke mit jeweils zwei Bronzesternen.

10 Mengele war zurzeit von Nyiszlis Ankunft »leitender SS-Lagerarzt« im sogenannten Zigeunerlager in B II e in Birkenau.

11 Als dienstlicher Vorgesetzter aller im KL Auschwitz eingesetzten SS-Ärzte teilte der Standortarzt SS-Hauptsturmführer Dr. Eduard Wirths (1909–1945) im Jahr 1944 in einem wöchentlichen Dienstplan alle verfügbaren Ärzte für Selektion im Rahmen des »Rampendienstes« ein.

12 Ein Transport bestand aus durchschnittlich 40 bis 50 Güterwaggons mit 3000 bis 3500 Menschen. Mit Nyiszlis Transport sind 3317 Menschen in Auschwitz eingetroffen. Ein Waggon war mit durchschnittlich 70 bis 80 Personen belegt. Die Ankömmlinge wurden durchschnittlich zu 75 % ermordet. Die zur Arbeit Selektierten wurden nur zum Teil direkt nach ihrer Ankunft registriert, viele blieben als sogenannte Depot-Häftlinge vor ihrer Verlegung in andere Lager unregistriert oder mit ihrer Häftlingsnummer untätowiert (wie Nyiszlis Ehefrau und Tochter), zum Teil wurden sie erst nach einigen Wochen mit einer Häftlingsnummer gekennzeichnet, wenn sie für den Arbeitseinsatz in Auschwitz vorgesehen waren.

13 Für meterhohen Flamme aus dem Schornstein gibt es unterschiedliche Ursachen. Die Höhe der Flammensäule kann insbesondere bei meterbreiten Schornsteinen mit sehr großen Mündungen enorm sein.

14 Nyiszli arbeitete und studierte mit langer Unterbrechung von 1922 bis Sommer 1930 in Deutschland. Im Archiv der Christian-Albrechts-Universität Kiel des Landesarchivs Schleswig-Holstein ist ein Verzeichnis erhalten geblieben, das Nyiszli als Zahler von Immatrikulationsgebühren für das Sommersemesters 1922 (18.4.–15.8.1922) nennt. Weitere Dokumente sind aufgrund erheblicher Kriegsschäden in den Registraturen der Universität nicht mehr vorhanden. Das Exmatrikulationsdatum Nyiszlis ist daher unbekannt. Im Kieler Stadtarchiv sind keine Meldeunterlagen zu Nyiszli auffindbar. Im Interview mit der Zeitung *Demokrátia* vom 3.11.1946 sagte Nyiszli, er hätte sein Studium in Frankreich und Deutschland absolviert. Im an seine Dissertation angehängten Lebenslauf gibt Nyiszli an, er habe zunächst zwei Semester in Cluj, dann drei Semester in Kiel studiert (Sommersemester 1922 bis einschließlich Sommersemester 1923) und habe »vom Jahre 1925 bis 1927« »der schlechten wirtschaftlichen Lage wegen« sein Studium nicht fortgesetzt. Seinen Studienabbruch an der Pariser Sorbonne erwähnt er darin nicht. Nach seiner arrangierten Hochzeit in Șimleu Silvaniei setzte er im Sommersemester 1927 sein Studium in Breslau fort, das den Angaben seiner Enkeltochter zufolge von seiner Ehefrau finanziert wurde. Es ist nicht bekannt, welcher Tätigkeit Nyiszli zwischen September 1923 und Mai 1927 nachgegangen ist und wo er sich aufgehalten hat. Vermutlich hielt er sich in seiner Geburtsstadt oder in Chust auf, der Geburtsstadt seiner Frau, in der auch seine Tochter 1929 geboren wurde und die seinerzeit in der Tschechoslowakei lag. Seine Studienzeit in Deutschland belief sich auf nur viereinhalb Jahre.

15 Den ersten Entwurf einer technischen Einäscherungsanlage veröffentlichte 1856 ein Dresdner Professor namens Richter. Erste praktische Versuche erfolgten Anfang der 1870er-Jahre in Padua und Mailand. 1874 wurde die Regenerativofenkonstruktion des Ingenieurs Friedrich Siemens erstmals an Leichen erprobt. Zwei Jahre später nahm das erste europäische Krematorium in Mailand mithilfe von Leuchtgas (Polli-Verfahren) den Betrieb auf. In Gotha wurde 1878 das erste Krematorium

Deutschlands nach dem siemensschen Heißluftofen-Prinzip eröffnet. Bis 1930 verdoppelten sich die Krematoriumszahlen im Reichsgebiet schließlich alle zehn Jahre (23 Anlagen im Jahr 1910, 53 Krematorien 1920, 102 im Jahr 1930), doch erst am 15.5.1934 wurde das deutsche Feuerbestattungsgesetz erlassen. Mit Beginn des Zweiten Weltkriegs waren 131 Krematorien auf deutschem Reichsgebiet in Betrieb. Die Einäscherungsquote der Verstorbenen lag 1939 bei 10 % (2021: 77 %). In Schlesien wurden sechs Krematorien errichtet: das erste 1915 in Hirschberg, jeweils zwei weitere 1924 in Guben und Grünberg sowie 1926 in Liegnitz und Breslau. Das modernste Krematorium wurde vor Kriegsausbruch 1938 in Gleiwitz errichtet. Im europäischen Vergleich führte Deutschland 1933 mit 110 Krematoriumsanlagen (2021: 159) vor Italien mit 40 (2021: 87), England mit 24 (2021: 315), Schweden mit 9 (2021: 58) und Österreich mit fünf Krematorien (2021: 18). Bis zur Inbetriebnahme des ersten Krematoriums im Stammlager des KL Auschwitz am 15.8.1940 wurden die Lagertoten im 45 km entfernten Krematorium von Gleiwitz verbrannt. In Auschwitz wurde nach Buchenwald (April 1940), Sachsenhausen (April 1940), Mauthausen (Mai 1940), Flossenbürg (Mai 1940) und Dachau (Juli 1940) das sechste Krematorium in Betrieb genommen, das in einem Konzentrationslager errichtet wurde.

16 Gemeint sind die sich gegenüberliegenden Birkenauer Krematorien I und II sowie eines der beiden »Waldkrematorien«, Krematorium IV. Das gegenüberliegende Krematorium III war spätestens seit Mitte Mai 1943 nicht mehr in Betrieb und wurde seit Ende Mai 1944 als Unterkunft des bei Krematorium IV und Ausweich-Bunker V eingesetzten Sonderkommandos sowie als Materiallager genutzt. Nachdem der Betrieb des alten Krematoriums im Stammlager Auschwitz am 19.7.1943 eingestellt worden war, änderte die Zentralbauleitung des Lagers noch im Herbst 1943 die alte Nummerierung der Krematorien (I–V) in eine neue auf Birkenau beschränkte Zählung (Krematorien I–IV). Die Nummer V erhielt die in einem weißen Bauernhaus bereits in der zweiten Julihälfte 1942 eingebaute und »Bunker« genannte provisorische Vernichtungsanlage, die zuvor »Bunker 2« genannt worden war. Nyiszli verwendet in seinen Berichten, ebenso wie ehemalige Sonderkommando-Häftlinge und SS-Angehörige in ihren frühen Aufzeichnungen und Aussagen, diese authentische Zählweise. Die Inbetriebnahmen der Krematorien fanden in folgender Reihenfolge statt: 13.3.1943 (I; offizielle Übergabe jedoch erst am 31.3.), 22.3.1943 (III), 4.4.1943 (IV), 24.6.1943 (II).

17 Akrolein (chemisch: Propenal, Allylaldehyd) ist ein ungesättigter Aldehyd, der leicht polymerisiert und dessen Dampf stechend riecht und zu Tränen reizt. Akrolein entsteht z. B. beim Überhitzen und Verbrennen von Fetten.

18 Von Mai bis Juli 1944 folgten die Selektionen auf der Rampe folgendem Ablauf: Selektiert wurde in der Mitte der Rampe. Links und rechts davon mussten jeweils zwei Gruppen, getrennt nach Männern und Frauen mit Kindern, gebildet werden, zwei Menschenschlangen mit Blick nach Westen und zwei mit Blick nach Osten. Zuerst wurde eine Frauengruppe selektiert, dann die gegenüberstehende. Je nachdem, in welche Richtung die Gruppe stand, bedeutete der Weg nach links oder rechts den Gang in die Gaskammer oder zur Häftlingsaufnahme. Nach den Frauen wurden die beiden sich gegenüberstehenden Reihen aus Männern nacheinander selektiert. In Richtung Gleisende mussten sowohl die für Krematorium I und II als auch die für Bunker V bestimmten Menschen gehen. Den Bauabschnitt II durchquerten die Menschen, die sowohl zum Krematorium IV als auch zur »Entlausung« in die »Zentralsauna« gehen mussten.

19 Laut Liste »aus der Deportation zurückgekehrter Juden aus Transylvanien«, S. 282, Reg.Nr. 16760–16762 (Dr. Nyiszli Miklós, Miklósné und Zsuzsa), wurde Nyiszli aus Şimleu Silvaniei, seine Ehefrau und Tochter aus Oradea (Nagyvárad) deportiert (3.1.1.3/78808665, ITS Digital Archive, Bad Arolsen). Die Angabe Oradea bestätigen beide in ihren Fragebögen

(T/D-217891 IH und T/D-217892 IH) beim Internationalen Suchdienst in Arolsen als Ort der Verhaftung vor der Deportation nach Auschwitz (Korrespondenzakte, 6.3.3.2/89432815, ITS Digital Archive, Bad Arolsen). Der Enkeltochter zufolge sei die Familie gemeinsam von Aknaszlatina nach Auschwitz deportiert worden.

20 Die gehunfähigen Ankömmlinge wurden mit Lkw der Fahrbereitschaft zu den Krematorien oder zu Bunker V gefahren. Der Rot-Kreuz-Wagen wurde als Sanitätskraftwagen (Sanka) bezeichnet und führte das Vergasungspersonal (Sanitätsdienstgrade als »Desinfektoren« und Arzt) sowie die für die Mordaktion verwendeten Zyklon-B-Büchsen mit sich. Zudem enthielt er einen Sauerstoffapparat, Gasmasken und Medikamente gegen mögliche Vergiftungen der SS-Angehörigen. Der Rot-Kreuz-Wagen sollte auf die Menschen beruhigend wirken und sie täuschen. Erst nach Abschluss der Selektion fuhr der Sanka mit dem Vergasungspersonal und dem Selektionsarzt zum Krematorium, wo Letzterer den Tod der Opfer offiziell feststellen musste und den Befehl zur Räumung der Gaskammern gab. Insgesamt waren fünf Sanka, differenziert als »Sanka Häftlinge« und »Sanka Truppe«, im Einsatz. Die meisten waren Sanka der Marke Phänomen Granit 25 H (Wehrmachts-Aufbau) und ein Phänomen Granit 25 (ziviler schwarzer Kastenwagen).

21 Laut Nyiszlis Aussage vom 28.7.1945 und Erklärung vom 8.10.1947 fand das Ereignis im Lager Monowitz statt, wahrscheinlich mit Lagerarzt Dr. Fischer. Die dazwischen entstandene veränderte Darstellung in seinem Buch lässt die Schlussfolgerung zu, dass durch den Verlag aus dramaturgischen Gründen Änderungen vorgenommen wurden. In der vierten ungarischsprachigen Edition wird im Nachwort als Erklärung angegeben, dass Nyiszlis Witwe zufolge nicht auf Monowitz eingegangen wurde, »um die Einheit des Werks zu bewahren und um das Hauptanliegen des Buchs, die Verewigung des im Auschwitzer Todeslager Geschehenen, nicht zu zerstören«. (Miklós Nyiszli: Orvos voltam Auschwitzban, Bukarest 1968, S. 164) Eine Auswahl als Pathologe durch Mengele an der Selektionsrampe wurde auch im Fall von Nyiszlis Kollegen Dr. Görög behauptet (DEGOB-Protokoll Nr. 308 der Aussage des Medizinstudenten S. M. vom 4.7.1945). Tatsächlich wurde auch Görög erst mehrere Wochen nach seiner Ankunft innerhalb des Lagers als Obduzent ausgewählt, da auf der Selektionsrampe grundsätzlich keine Anwerbungen von Fachkräften vorgenommen wurden. Fachkräfte wurden nach der Selektion in den einzelnen Lagerbereichen akquiriert. In den Erinnerungen von Überlebenden wurden spätere berufsspezifische Selektionen häufig mit der Rampenselektion in Verbindung gebracht.

22 Nyiszlis eidesstattlicher Erklärung vom 8.10.1947 zufolge sei er mit einem anderen Häftling als Arzt ins Krankenbaulager B II f überstellt worden. Erst dort sei er von Mengele dem neu gegründeten Sektionskommando im Krematorium zugewiesen worden. Seiner Aussage vom 29.7.1945 zufolge sei er mit seinem Kollegen erst nach der Überstellung ins Krematorium I von Mengele für eine Eignung als Sektionsarzt geprüft worden.

23 Das sogenannte Aufräumungs- und Entladekommando Rampe setzte sich aus 40 bis70 Häftlingen zusammen. Bei großen Transporten wurde es auf 200 Häftlinge erhöht. Das Arbeitskommando hatte die Aufgabe, die zurückgelassene Habe der Ankömmlinge zur Sortierung in das Effektenlager zu verbringen und die Ausladerampe für die Aufnahme des nächsten Transports zu säubern.

24 In der im Standortbefehl Nr. 56/43 vom 22.12.1943 aufgelisteten Pkw-Verteilung ist für die Abteilung SS-Standortarzt kein Opel zugeteilt. Für wichtige Dienstfahrten wurde dem leitenden Lagerarzt eigens ein Fahrer abgestellt. Zu »Sonderaktionen« wurde der Lagerarzt jedoch mit dem Sanka mitgenommen.

25 Nyiszli überspringt hier die Chronologie der Ereignisse: Einen Tag nach seiner Ankunft in Auschwitz wurde Nyiszli in das etwa 9000 Häftlinge zählende KL Monowitz überstellt. Nach einer zweitägigen Quarantäne wurde er dort nach eigenen Angaben etwa zwölf Tage lang in dem »Betonkommando Nr. 197« zur Zwangsarbeit herangezogen und schließlich am 27.6.1944 als Arzt in das Krankenbaulager B II f nach Auschwitz-Birkenau überstellt. Vgl. S. 176–177 und S. 204–213.

26 Gemeint ist die Schreibstube in »Block 1« des Häftlingskrankenbaulagers. In Block 1 war auch das Büro des Lagerarztes untergebracht.

27 Im ungarischen Original wurde der Familienname von Dr. Zenkteller fälschlicherweise »Senkteller« geschrieben. Der Fehler wurde in der deutschen Übersetzung korrigiert. Roman Zenkteller (1889–1974, Häftl.-Nr. 20497) war ehemaliger Militärarzt, seit dem 5.9.1941 Häftling in Auschwitz und bis Ende Juli 1943 zuerst als Pfleger, Häftlingsarzt und schließlich Leitender Häftlingsarzt im Ambulatorium des Birkenauer Männerlagers B I b, danach bis März 1944 in den Lagerbauabschnitten B II d (neues Männerlager) und B II a (Quarantänelager). Von März bis November 1944 war er Lagerältester des Krankenbaulagers B II f und kontrollierte die Arbeit aller Häftlingsärzte in den Birkenauer Männerlagern, zudem entschied er über die Aufnahme von Häftlingen im Krankenbau. Am 7.12.1944 wurde er nach Verschwörungsvorwürfen von der Lagergestapo verhört, seines Postens enthoben und in das KL Buchenwald überstellt. 1948 wurde er in Polen angeklagt, jedoch wenig später freigesprochen. 1950 praktizierte Zenkteller wieder in einem kleinen Ort in der Woiwodschaft Großpolen.

28 Die im ungarischen Original verwendete Bezeichnung »Krankenbaulager F« ist nicht gebräuchlich, wird im Text aber einheitlich beibehalten. Gemeint ist das Krankenbaulager bzw. der Häftlingskrankenbau (HKB) »B II f« (Bauabschnitt II f). Bei dem Krankenbaulager B II f handelte es sich um ein am 23.7.1943 eingerichtetes und aus 15 Holzbaracken, darunter einer Wasch- und Latrinenbaracke, bestehendes Krankenlager für Männer, in dem etwa 1700 bis 2300 Kranke untergebracht waren und 160 bis 200 Häftlinge beschäftigt wurden. Im Laufe des Jahres 1943 wurden drei weitere Baracken errichtet. Der Belegungshöchststand wurde im Dezember 1943 mit etwa 2700 Häftlingen erreicht. Das Lager B II f galt als »Vorhof« oder »Warteraum des Krematoriums«, in dem Kranke und Sterbende bis zum Zeitpunkt ihrer Ermordung deponiert wurden.

29 Die Häftlingserstaufnahme Nyiszlis fand im Stammlager Auschwitz statt. Bei der Überstellung musste der Häftling im ersten Lager als Abgang erfasst und im folgenden Lager im Zugangsbuch der politischen Abteilung neu registriert werden.

30 Vom Lagerende aus gezählt. Gemeint ist Block 16, in dem sich Duschen, Waschbecken und Latrinen befanden.

31 Bis zum 4.7.1942 wurden alle Häftlinge, die man ins Lager brachte, ohne eine vorherige Selektion registriert. Als jedoch seit dem 26.3.1942 Massentransporte mit Juden aus vielen Ländern in Auschwitz eintrafen, begann die SS im Juli mit der planmäßigen Auswahl unter den Häftlingen. Dabei wurden nur die nach Ansicht der SS noch zur Arbeit tauglichen Gefangenen registriert und nummeriert. Ihre Häftlingsnummer mussten sie auf der linken Seite ihrer Jacke und auf dem rechten Hosenbein aufnähen, um sofort identifizierbar zu sein. Oberhalb der Häftlingsnummern wurden verschiedenfarbige Dreiecke aufgenäht, die Auskunft über den Grund der Inhaftierung gaben. Zwischen Winter 1940 und Frühjahr 1943 wurden mit Ausnahme der meisten Juden alle Häftlinge auch erkennungsdienstlich fotografiert. 38 916 Häftlingsfotos blieben erhalten. Die Tätowierung der Häftlingsnummern erfolgte im Herbst 1941 bei sowjetischen Kriegsgefangenen jeweils auf der rechten Brustseite. Dieses Verfahren wurde bei männlichen Juden und nichtjüdischen Häftlingen mit geringer Lebenserwartung bis Ende April 1942 fortgesetzt. Einzelne jüdische Häftlinge wurden sogar am Hals tätowiert. Alle anderen Häftlinge, mit Ausnahme jener Deutschen, die nicht jüdischer Abstammung waren, erhielten die Nummer seit 1943 auf den linken Unterarm eingestochen, anfangs

Frauen, ab dem Frühjahr auch Männer, darunter auch alle, die zuvor auf der Brust tätowiert worden waren. Um die Juden besonders kenntlich zu machen, wurde ihrer Häftlingsnummer noch ein Dreieck bzw. ab Mai 1944 der Buchstabe »A« oder ab Ende Juli 1944 »B« hinzugefügt. Bei den »Zigeunern« erfolgte eine zusätzliche Kennzeichnung durch den Buchstaben »Z«. Im KL Auschwitz-Birkenau wurden zwölf Nummernserien vergeben. Insgesamt erhielten im KL Auschwitz mindestens 403 304 Gefangene eine Häftlingsnummer. Menschen, die nach ihrer Ankunft im Lager sofort in die Gaskammern getrieben und getötet wurden, blieben ohne Registratur, ihre Personaldokumente wurden in einem der Müllverbrennungsöfen in den Krematorien I und II oder Müllgruben bei Krematorium IV und Bunker V verbrannt.

32 Nyiszli verteidigte seine Dissertation am 29.5.1930 »summa cum laude« und schloss sein Medizinstudium an der Hohen Medizinischen Fakultät der Schlesischen Friedrich-Wilhelms-Universität zu Breslau am 10.6.1930 ab. Am Jahrestag der Verteidigung seiner Dissertatio, dem 29.5.1944, wurde seine Häftlingsnummer A-8450 ausgegeben.

33 Der erwähnte Block 12 war, wie die meisten anderen Holzbaracken des Lagers, eine 40,7 m lange und 9,5 m breite Pferdestallbaracke, in die zwischen 400 und 800 Menschen eingepfercht werden konnten. Block 12 war ein Selektionsblock für als unheilbar krank angesehene jüdische Häftlinge, die unter dem durch Eiweiß-Mangelernährung hervorgerufenen und häufig tödlichen »Hungerdurchfall« litten, und verfügte über einen Anbau, in dem die Leichenhalle untergebracht war.

34 Der Blockälteste war in der Häftlingshierarchie des Konzentrationslagers der mächtigste Gefangene in der Häftlingsunterkunft und auf der Ebene eines Arbeitskommandos vergleichbar mit einem Oberkapo. Ihm unterstanden die Stubendienste, Blockschreiber und Blockwachen. Der Blockälteste von Block 12 war seit dem 12.7.1944 der 1915 geborene tschechische Jude Frantisek Presser (Häftl.-Nr. 170678), der am 20.12.1943 aus Theresienstadt in Auschwitz eingetroffen war.

35 Die ersten 30 reichsdeutschen Häftlinge des KL Auschwitz wurden am 20.5.1940 aus dem KL Sachsenhausen eingewiesen. Offenbar verwechselt Nyiszli den Blockältesten von Block 12 mit einem anderen Funktionshäftling. Im Juli 1944 waren in B II f nur die vier reichsdeutschen Blockältesten Isenmann (Häftl.-Nr. 112114; Blöcke 2–5), Oehrle (Häftl.-Nr. 181731; Block 9), Denstädt (Häftl.-Nr. 60349; Block 16) und Leichsenring (Häftl.-Nr. 152254; Block 15) eingesetzt. Nyiszlis Beschreibung könnte auf den 1897 geborenen Otto Leichsenring zutreffen, der nach längerer Haftstrafe am 3.11.1938 von Duisburg ins KL Buchenwald und von dort aus am 24.9.1943 ins KL Auschwitz eingeliefert wurde.

36 Die verschiedenen Häftlingskategorien wurden durch farbige Stoffdreiecke, die auf die Häftlingskleidung genäht wurden, gekennzeichnet; es trugen: politische Häftlinge rot, Bibelforscher lila, »Asoziale« schwarz, Homosexuelle rosa, Kriminelle grün, Ausweisungshäftlinge (Emigranten, Staatenlose) blau. Buchstaben innerhalb des Winkels kennzeichneten die Nationalität. Die Häftlingsnummer wurde auf einen Stoffstreifen gedruckt und unter dem Winkel platziert, im April 1942 übergangsweise auch auf den Winkel gedruckt. Ab Mai 1942 wurden Winkel und Häftlingsnummer nebeneinander auf einen Stoffstreifen gedruckt. Die Kennzeichnung der jüdischen Häftlinge erfolgte bis Mitte 1944 in der Weise, dass der gelbe Winkel als Untergrund diente und ein andersfarbiger Winkel so daraufgesetzt wurde, dass beide Winkel zusammen die Form des Davidsternes bildeten. Ab Mitte 1944 wurde über den mit der Spitze nach unten weisenden farbigen Winkel ein gelber Balken gesetzt.

37 Gemeint sind die Stubendienste, die für die Ordnung im Block verantwortlich waren.

38 Im Jahr 1944 waren die »kriminellen« Blockältesten in der Minderheit. Unter den etwa 105 000 Auschwitzer

Häftlingen befanden sich im Sommer 1944 etwa 400 sogenannte Berufsverbrecher. Die Funktion des Blockältesten wurde meist von den »politischen« nichtjüdischen Häftlingen aus Deutschland, Österreich oder Polen ausgeübt. Anfang 1944 waren etwa die Hälfte der Blockältesten und ein Drittel der Blockschreiber im Birkenauer Männerlager Juden. Im April 1944 wurde die Mehrheit nach der geglückten Flucht der beiden jüdischen Blockschreiber Alfred Wetzler (Häftl.-Nr. 29162) und Rudolf Vrba (Häftl.-Nr. 44070) ihrer Posten enthoben.

39 Nach der Ankunft im Lager mussten sich männliche Häftlinge von Ende August 1943 bis zum 1.11.1944 in die Blocks des im Bauabschnitt B II a eingerichteten sogenannten Quarantänelagers begeben (zuvor in Blocks des Lagerabschnitts B II e, seit August 1944 wieder in B II e und in B II d). Die Belegung der 16 Holzbaracken lag bei bis zu 6000 Menschen. Die Quarantäneblöcke und das Krankenrevier für Frauen befanden sich in B I a, seit April 1944 zum Teil auch in B II a. Im Sommer 1944 befanden sich durchschnittlich zwischen 1000 und 6000 Häftlinge in Zugangsquarantäne. Während der Zeit der Quarantäne mussten die Häftlinge Marschlieder lernen und hatten zu üben, wie man sich bei den Wachmannschaften meldete. Zudem wurden sie von der SS bei schikanösen »Sportübungen« geschunden und geprügelt. Nach Ablauf der Quarantänezeit erfolgte die Verlegung in andere Lagerteile zum Einsatz in den verschiedenen Arbeitskommandos. Zur Zeit von Nyiszlis Ankunft war die Aufnahmekapazität von B II a nicht mehr ausreichend, weshalb eingerichtete Durchgangslager auch eine Quarantänefunktion hatten.

40 Das »Arztzimmer« befand sich in Block 1 und war der Dienstraum des SS-Lagerarztes. In Block 12 hatten der Blockälteste und der Blockschreiber jeweils ein separates Zimmer mit eigenem Bett. Die Häftlingsärzte im Block schliefen getrennt von den Kranken auf Etagenbetten.

41 Gemeint ist Prof. Dr. Max Grossmann (1893–1947; Häftl.-Nr. A-5419), international bekannter Facharzt für Innere Medizin und Kardiologie in Zagreb, der Häftlingsarzt in Block 6 war. Grossmann studierte Medizin in Wien und kehrte nach dem Ersten Weltkrieg in seine kroatische Heimat zurück, wo er seit 1920 an der Klinik für Innere Medizin in Zagreb tätig war. Von 1930 bis 1941 war er erster Direktor des Merkur-Sanatoriums in Zagreb und Autor zahlreicher Fachartikel. Dr. med. Robert Levy (1894–?; Häftl.-Nr. 145920) war von 1924 bis 1939 Chirurg an der Medizinischen Fakultät der Universität Strasbourg. Am 2.9.1943 aus Drancy nach Auschwitz deportiert, wurde er bereits am 5.10.1943 als chirurgischer Assistentsarzt im Operationsblock des Birkenauer Krankenbaulagers eingesetzt. Einen Monat später wurde er zum leitenden Chirurgen ernannt und praktizierte auch als Häftlingsarzt.

42 Rosskastanien- und Sägemehl sowie Gips dienten zum Strecken des Brots und machten es schwer verdaulich. Die ersten beiden Transporte aus Frankreich und Griechenland erreichten das KL Auschwitz am 30.3.1942 und am 20.3.1943.

43 Ein Foto vom gemauerten Barackenanbau ist im Fototeil des Anhangs abgebildet. Der von der Baracke räumlich getrennte Anbau verfügte über drei Fenster und eine Eingangstür von außen.

44 Vor Nyiszlis Tätigkeitsbeginn als Obduzent nahm vermutlich ab Herbst 1943 der seit dem 3.6.1943 im »Zigeunerlager« B II e als Arzt eingesetzte und zuvor aus Frankreich deportierte rumänische Jude Iancu (Yancou) Vexler (1907–1990, Häftl.-Nr. 74154) am Lagerende in einem Holzschuppen neben der an B II f angrenzenden Baracke 32 Leichenöffnungen vor. Vexler wurde zuvor von April bis Juni 1943 im Stammlager Auschwitz in Block 20 als Pfleger von Typhuskranken und als Leichenträger zum Krematorium eingesetzt. Sein Erinnerungsbericht von 1946 erschien in mehreren Folgen 1973 im Bulletin *Le Monde Gitan*. Im ersten Teil, »J'étais médecin des Tsiganes à Auschwitz«, Nr. 27 (1973), S. 1–10, schreibt er, dass er nur einige an Noma verstorbene Kinder auf Anordnung

Mengeles obduziert habe, der sehr an den Sektionsprotokollen interessiert gewesen sei. Im Jahr 1942 wurden einzelne Obduktionen im Stammlager Auschwitz von verschiedenen Ärzten durchgeführt, im Sommer 1943 im Hygiene-Institut. Einen permanenten Pathologen gab es vor August 1944 in Auschwitz jedoch nicht. Am 29.6.1944 wurde aus dem Krankenbau von B II e der Kopf eines zwölfjährigen Kindes an das Hygiene-Institut verschickt. Die Sendung wurde von Mengele unterzeichnet. Da Nyiszli zu diesem Zeitpunkt im Krankenbau von B II f tätig gewesen war, scheinen Sektionen offenbar weiterhin in B II e bis kurz vor der Liquidierung des »Zigeunerlagers« am 2.8.1944 von Vexler im Auftrag Mengeles durchgeführt worden zu sein. Der Sektionsraum bei Block 12 in B II f wurde nur von Nyiszli beschrieben. Seiner Aussage vom 29.7.1945 und eidesstattlichen Erklärung vom 8.10.1947 zufolge begann er seine Tätigkeit als Obduzent in Birkenau erst im Sektionsraum in Krematorium I, der den provisorischen Sektionsraum im »Zigeunerlager« ablöste.

45 Es ist nicht bekannt, auf welche seiner Tätigkeitsorte und Arbeitszeiträume Nyiszli an dieser Stelle anspielt. In vielen Konzentrationslagern – etwa in Buchenwald und Sachsenhausen – bestanden gut eingerichtete Sektionsräume, in denen zumindest in den Anfangsjahren ziviltätige Ärzte Obduktionen mit unterschiedlicher Fragestellung durchführten. Im Vernichtungslager und KL Auschwitz-Birkenau hatte die Sektionstätigkeit offenbar seuchenprophylaktische Ziele und sollte den »wissenschaftlichen« Ambitionen von verbrecherischen Ärzten wie Mengele dienlich sein.

46 So im Original.

47 Mit Ausnahme einer Anzahl »reinrassiger« Zigeuner, so verfügte der »Reichsführer SS«, Heinrich Himmler, am 16.12.1942, waren alle auf dem Gebiet des Dritten Reiches und in den besetzten Gebieten wohnenden Sinti und Roma zu verhaften und in ein Konzentrationslager einzuweisen. Nachdem der Befehl am 29.1.1943 vom Reichssicherheitshauptamt an alle Dienststellen der Kriminalpolizei weitergeleitet worden war, traf der erste »Zigeunertransport« am 26.2.1943 im KL Auschwitz-Birkenau ein. Im Abschnitt B II e des Lagers Birkenau wurde das sogenannte Zigeunerlager als Familienlager eingerichtet, das eine Höchstbelegung von 13 000 Menschen hatte. Insgesamt sollen 22 667 Sinti und Roma in Auschwitz inhaftiert gewesen sein. Männer, Frauen und Kinder, bei denen zum Zeitpunkt der Lageraufnahme Typhusverdacht bestand, am 23.3.1943 bei 1700 sowie am 25.5.1943 bei 1035 Menschen, wurden kurz nach ihrer Ankunft vergast. Sinti und Roma lebten dort unter miserablen Bedingungen, was zum epidemischen Auftreten von Infektionskrankheiten führte, besonders die Kindersterblichkeit war außerordentlich hoch. Seit Juni 1944 wurde der Lagerabschnitt B II e zur Hälfte als Durchgangs- und Depotlager für aus Ungarn deportierte Juden genutzt. Die »Liquidierung« des »Zigeunerlagers« fand in der Nacht vom 2. auf den 3.8.1944 statt, nachdem ein erster Versuch am 16.5.1944 gescheitert war. Neueren Forschungsergebnissen zufolge wurden in dieser Nacht etwa 4300 Sinti und Roma ermordet.

48 Ende Juni 1944 befanden sich schätzungsweise 6400 Sinti und Roma im »Zigeunerlager«.

49 Gemeint sind die »Blockwachen«, die am Eingang der Häftlingsblocks dafür sorgen mussten, dass während der Nachtruhe oder »Blocksperre« keine Häftlinge die Baracken verließen, sowie die »Lagerschutzkapos« oder »Lagerschutzmänner«, die innerhalb des Lagers polizeiliche Aufgaben hatten. Nyiszli meint den linken Teil des »Zigeunerlagers«, in dem jüdische Häftlinge untergebracht wurden. Nur in Einzelfällen wurden Männer aus dem »Zigeunerlager« als Funktionshäftlinge in anderen Lagerteilen eingesetzt.

50 Prof. Dr. Berthold Epstein (1890–1962; Häftl.-Nr. 79104) studierte in Prag und Wien Medizin. Von 1920 bis 1939 in der II. Kinderklinik der Deutschen Medizinischen Fakultät in Prag tätig, auch als Professor für Kinderheilkunde und von 1937 bis zu seiner Entlassung 1939

Leiter dieser Klinik. 1937 Gründungsmitglied der Deutschen Pädiatrischen Gesellschaft in der Tschechoslowakei. Nach seinem erfolglosen Versuch, im April 1939 nach England auszuwandern, gelang ihm im Oktober die Ausreise nach Norwegen. Nach der deutschen Besetzung Norwegens wurde er einige Zeit später von der norwegischen Staatspolizei verhaftet, inhaftiert und nach Auschwitz deportiert, wo er am 1.12.1942 eintraf. Zuerst im Häftlingskrankenbau des Stammlagers, seit dem 17.12.1942 in Monowitz als Pfleger und schließlich als Häftlingsarzt tätig. Von Mengele am 20.8.1943 im Krankenbau des »Zigeunerlagers« angefordert, wurde er dort zum Leiter des Forschungslabors und der Häftlingsärzte ernannt. Im November 1944 wurde er in das Krankenbaulager B II f überstellt und übernahm dort im Dezember die Funktion des Lagerältesten.

51 Epstein war seit seiner Einweisung in das Konzentrationslager Berg vor der norwegischen Stadt Tønsberg bei Oslo am 27.10.1942 KZ-Häftling.

52 Die sogenannte Versuchsbaracke war der Krankenbau in Block 22 des »Zigeunerlagers«. Bendel wurde im Juni 1944 als Ambulanzarzt des Sonderkommandos in B II f eingesetzt. Der Assistent und schließlich Vertreter von Epstein war der tschechische Jude und Dermatologe Dr. Rudolf Vitek alias Weisskopf (1895–?, Häftl.-Nr 71261), der im Juni 1943 aus dem Stammlager Auschwitz nach B II e überstellt worden war. Mengele trat seinen Dienst in Auschwitz am 30.5.1943 an. Wenige Tage später stellte er sich im »Zigeunerlager« ein Team aus Häftlingsärzten- und pflegern für seine Zwecke zusammen. Im August 1943 richtete er dort seine Noma-Forschungsabteilung ein.

53 Bei den »kanadischen Fünflingen« handelte es sich um die im Jahr 1934 in Callendar in Ontario (Kanada) geborenen eineiigen weiblichen Dionne-Fünflinge. Die Mädchen konnten am Leben erhalten werden und wuchsen normal heran. Die Erforschung der Ursachen von Mehrlingsschwangerschaften durch NS-Mediziner hatte das Fernziel, z. B. durch eine hohe Rate von Zwillingsgeburten möglichst viele »rassereine« Germanen hervorzubringen.

54 Wachstumsstörungen im Sinne von Kleinwüchsigkeit oder gar Zwergwuchs haben viele Ursachen. Auch hier verfolgten die NS-Mediziner bei ihren »Forschungen« die Absicht, den von der nazistischen Ideologie verherrlichten, möglichst großen – und natürlich blonden – Deutschen eines Tages gesteuert reproduzieren zu können.

55 *Nome* (gr.) bedeutet so viel wie »Umsichgreifen von Feuer« (oder von Geschwüren): Diese schwerste Form einer geschwürigen, mit Gewebezerfall einhergehenden Entzündung beginnt am Mundwinkel mit blassbläulicher Verfärbung und Verhärtung. Die Stelle wird bald schwärzlich, es bilden sich Blasen und schwarzbraune Schorfe. Durch weitere Ausbreitung können in wenigen Tagen Lippen, Kinn, Augenlider, Ohrmuscheln, ja eine ganze Gesichtshälfte vollkommen zerstört werden. Die heute äußerst seltene Erkrankung führt in der Regel rasch zum Tode und ist vor allem bei schlecht ernährten, durch Infekte (z. B. geschwürige Zahnfleischentzündungen) schwer vorgeschädigten Kindern im Alter zwischen drei und acht Jahren anzutreffen. Auszehrende Allgemeinerkrankungen und ungünstige Ernährungsbedingungen begünstigen das Entstehen eines Wangenbrandes; Zeiträume mit hohen Erkrankungsziffern waren z. B. die Jahre 1914 bis 1918 und 1945 bis 1947. Eine wirksame Therapie, vor allem mit Penicillin und anderen Antibiotika, ist heute möglich. Ein direkter Zusammenhang mit einer syphilitischen Erkrankung ist nicht nachweisbar.

56 Der seit Juli 1943 im Hygiene-Institut eingesetzte André Lettich (1908–1985, Häftl.-Nr. 51224) hatte die Aufgabe, abgetrennte Köpfe von Zwillingskindern und von Erwachsenen auf Noma zu untersuchen. Diese seien ihm von Mengele mehrmals persönlich gebracht worden und hätten nach Phenol gerochen. Vgl. Ernst Klee: Auschwitz. Täter, Gehilfen, Opfer und was aus ihnen wurde, Frankfurt am Main 2013, S. 275.

57 Mit »tschechischem Lagerteil« ist das Familienlager der Theresienstädter Juden gemeint. Separate polnische Lagerteile gab es in Auschwitz nicht. Der Anteil der Juden lag im Lagerkomplex Auschwitz am 21.8.1944 bei insgesamt 75 %. 15 % der Häftlinge waren nichtjüdische Polen und zwei Prozent nichtjüdische Deutsche.

58 Gemeint ist Anne Marie »Dina« Gottliebova (1923–2009, Häftl.-Nr. 61016), die Malerei und Bildhauerei in Brünn und an der Akademie der Schönen Künste in Prag studiert hatte, am 21.1.1942 in Theresienstadt inhaftiert wurde und am 8.9.1943 im KL Auschwitz eintraf. Im Theresienstädter Familienlager war sie Schützling des Lagerältesten Willy Brachmann (1903–1982).

59 Mengele wurde am 1.8.1944 zum 1. Lagerarzt des KL Auschwitz-Birkenau befördert.

60 Gemeint ist der Blockführer der SS.

61 Im ungarischen Original steht die Übersetzung von Breslau (»Boroszló«), während der Ortsname am Ende der Kapitel II und XXXIV auf Deutsch genannt wird. Prof. Dr. Georg Strassmann (1890–1972) war der Sohn des Pioniers forensischer Medizin und Berliner Ordinarius für Gerichtliche Medizin, Fritz Strassmann (1858–1940), ab 1925 in Breslau tätig und habilitierte sich an der dortigen Universität im Fach Gerichtliche Medizin. Mit Beginn des Wintersemesters 1935 wurde Georg Strassmann in Realisierung der antijüdischen Bestimmungen des sogenannten Reichsbürgergesetzes aus seinen Ämtern gedrängt und emigrierte 1938 in die USA. Sein Bruder wurde 1944 in Auschwitz ermordet. Strassmann war zudem »1. Berichterstatter« von Nyiszlis Inauguraldissertation mit dem Titel »Selbstmordarten auf Grund des Sektionsmaterials des Breslauer Gerichtsärztlichen Instituts von Juni 1927–Mai 1930«. Zweiter Berichterstatter war der Leiter des Gerichtsmedizinischen Instituts der Breslauer Universität, Prof. Dr. Karl Reuter (1875–1956).

62 Anatomie, Pathologie und Gerichtsmedizin sind morphologische, d. h. sich mit Form und Struktur des menschlichen Körpers und seiner Organe beschäftigende Disziplinen der Medizin. Die Beschreibung des wahrgenommenen Normalzustandes ist Aufgabe der Anatomie. Die pathologische Anatomie (Pathologie) beschreibt krankhafte Veränderungen des menschlichen Körpers und deutet sie, d. h. formuliert sie in einer pathologisch-anatomischen Diagnose. Die gerichtliche Medizin beschäftigt sich vorrangig mit dem Körper des Menschen von außen zugefügten Schädigungen, d. h. mit dem nichtnatürlichen (gewaltsamen) Tod. Eine besonders sorgfältige und ganz spezifische Protokollierung der wahrgenommenen Befunde ist zur Klärung der Frage, ob etwa ein Unfall, ein Suizid oder die Einwirkung fremder Hand vorliegt, unbedingt nötig.

63 Ausgehend von Nyiszlis Verlegungsmeldung von Monowitz nach B II f am 27.6.1944 scheint er seiner Darstellung zufolge nur einige Tage lang bis Anfang Juli in B II f eingesetzt worden zu sein. Aufgrund zahlreicher Zeitsprünge und unzutreffender Datierungen in Nyiszlis Bericht sowie dem wahrscheinlichen Verlegungsdatum seiner Kollegen ist eine spätere zeitgleiche Überstellung in das Sektionskommando Krematorium I Ende Juli 1944 anzunehmen.

64 Gemeint ist der Fußballplatz, der sich am Ende des Lagerabschnitts B II f befand.

65 Der Fußballplatz wurde bereits vor Fertigstellung des Krankenbaulagers von Sinti und Roma und Juden aus dem benachbarten »Zigeunerlager« sowie polnischen Nichtjuden aus dem Stammlager Auschwitz bespielt. Danach spielte auch zeitweise eine Mannschaft aus Pflegern gegen eine Mannschaft aus Köchen oder nur Funktionshäftlinge untereinander.

66 Im Original steht irrtümlich »Krematorium I«, gemeint ist Krematorium II. Ein breiter Entwässerungsgraben trennt die beiden Lagerbereiche ebenfalls.

67 Das Sonderkommando in den Krematorien des KL Auschwitz-Birkenau bestand zu 98 % aus jüdischen Häftlingen der Transporte des Reichssicherheitshauptamtes. Diese Häftlinge wurden meist kurz nach ihrer Einlieferung ins Lager oder nach Ablauf der Quarantänefrist zur Arbeit im Sonderkommando ausgesondert, waren infolgedessen über die Art ihrer bevorstehenden Arbeiten vollkommen im Unklaren. In den Arbeitseinsatzlisten wurden die Häftlinge im Jahr 1944 als »Heizer Krematorium« bezeichnet, differenziert nach Arbeitskommandos der Tag- und Nachtschicht sowie nach der Nummer des zugewiesenen Krematoriums.

In den letzten Monaten des Bestehens des Lagers benutzte die Lagerbehörde die Häftlinge des Sonderkommandos zum Verwischen der Spuren der Massentötungen, also beim Abriss der Krematorien und zum Zuschütten und Säubern der Asche- und Verbrennungsgruben. Mit dem Abbruch von Krematorium III wurde am 14.10.1944 begonnen, mit dem der Krematorien I und II am 25.11. bzw. 1.12.1944. Das Erdgeschoss sowie die Decken der Gaskammern der Krematorien I und II wurden am 20.1.1945 gesprengt. Die Verbrennungsgruben hinter Krematorium IV wurden am 30.8.1944 zugeschüttet, die restlichen Aschendepots bereits eine Woche zuvor geleert. Die Verbrennungsgruben von Bunker V wurden Ende September 1944 beseitigt, der Bunker selbst zwischen Anfang bis Mitte Dezember 1944 abgerissen. Zuletzt wurde das Krematorium IV am 25.1.1945 zerstört.

68 Wegen der Art der auszuführenden Arbeiten war das Sonderkommando streng isoliert. Trotz aller Abschirmungsmaßnahmen ist eine Reihe Informationen über die Arbeit im Krematorium anderen Häftlingen auf konspirativen Wegen bekannt geworden. Im Sonderkommando gab es zahlreiche Fluchtversuche zum Teil mehrerer Häftlinge, die von der SS vereitelt werden konnten und drakonische Strafmaßnahmen nach sich zogen. Andere geplante und misslungene Fluchtversuche blieben von der SS unentdeckt. Im Rahmen von Strafmaßnahmen der SS, dem Rückgang von Vernichtungstransporten und einer schrittweisen Verkleinerung des Arbeitskommandos seit Ende September 1944 wurde das Sonderkommando in den 33 Monaten seiner Existenz am 9.12.1942 ein einziges Mal vollständig und am 24.2., 23.9., 7.10. und 26.11.1944 viermal teilweise liquidiert. Hierbei wurden, abgesehen von der letzten Liquidierungsaktion, jeweils die letzten Zugänge ermordet. Fachkräfte, wie z. B. Kapos und die Heizer der Krematoriumsöfen, ließ die SS in den meisten Fällen vorläufig am Leben.

Zudem wurden 1943 wöchentlich durchschnittlich bis zu zehn kranke Häftlinge aus der Krankenstube des Sonderkommandos von der SS abgeholt und ermordet. Von Mai 1942 bis Juli 1943 war die Sterblichkeit im Sonderkommando aufgrund der schweren Arbeits- und Lebensbedingungen verhältnismäßig hoch. Seit der Inbetriebnahme der Birkenauer Krematorien und mit Beginn der »Ungarn-Aktion« im Mai 1944 verbesserten sich die Lebensbedingungen entscheidend. Das Sonderkommando wurde am 12.5.1944 von 208 Häftlingen auf 308 Häftlinge sowie zwischen dem 17.5. und 25.7.1944 auf 873 Mann verstärkt.

69 Die höchste Belegungsstärke des KL Auschwitz wurde vermutlich im August 1944 erreicht. Am 21.8.1944 waren etwa 135 168 männliche und weibliche Häftlinge interniert, die wie folgt aufgeteilt waren: Lager Auschwitz I 15 971 Häftlinge, Lager Auschwitz II (Birkenau) 19 424 männliche sowie 38 944 weibliche Häftlinge, Durchgangslager Auschwitz II etwa 30 000 nichtregistrierte ungarische Juden, Lager Auschwitz III (Monowitz und Nebenlager) 30 539 Häftlinge.

70 Torwache war ein Häftling des Sonderkommandos. SS-Posten waren nicht vor dem Eingangstor, sondern auf dem Krematoriumsgelände eingesetzt.

71 Der Hof der Krematorien I und II wurde nach einem Befehl des Lagerkommandanten SS-Obersturmbannführer Rudolf Höß vom 21.10.1943 erst im Frühjahr 1944 bepflanzt. In der zweiten Maihälfte 1944 wurden zudem mobile Bretterzäune bei Krematorium I aufgestellt, der Stacheldraht wurde erst am 26.6.1944 unter Strom gesetzt.

72 Das Lagermobiliar wurde in den lagereigenen Werkstätten hergestellt. Die beschriebene Unterkunft des Sektionskommandos war 17 qm groß und hatte genügend Platz für vier Einzelbetten, Spinde und einen Tisch.

73 Dazwischen lag noch die Verbrennungshalle mit ihren Dreimuffelöfen.

74 Gemeint ist ein Koch aus den Reihen des Sonderkommandos, der die SS-Besatzung im Krematorium inoffiziell verköstigte. In den Krematorien I, II und IV gab es jeweils einen Koch für die SS. Die Lebensmittel stammten vom Schwarzmarkt sowie aus dem Reiseproviant der Ermordeten.

75 Gemeint ist die zurückgelassene Kleidung der Opfer aus dem Auskleideraum des Krematoriums.

76 In einem Interview in der Zeitung *Demokrátia* vom 3.11.1946 mit Ádám L. István, S. 7, gab Nyiszli an, er wäre jeden Tag von einem Barbier aus dem Sonderkommando rasiert worden. Zudem habe er über elegante Anzüge, ein »privates Zimmer«, einen Gehilfen und großzügige Verpflegung und reichlich Zigaretten verfügt.

77 Zum Zeitpunkt, als Nyiszli in das Sektionskommando eingewiesen wurde, befanden sich 874 Häftlinge im Sonderkommando, die von zwölf SS-Posten der Tag- und Nachtschicht beaufsichtigt wurden. Zudem wurden insgesamt vier bis sechs Krematoriumsleiter sowie zwei Leiter der provisorischen Vergasungsanlage eingesetzt. Die Nennung von 120 SS-Angehörigen, die sich bereits in der Originalausgabe findet, ist vermutlich auf einen editorischen Eingriff zurückzuführen, der Nyiszli in der Mitte von Kapitel XX, mit seiner den Tatsachen entsprechenden Angabe, dass drei SS-Posten und ein Krematoriumsleiter in seinem Krematorium eingesetzt wurden, widerspricht. Den unwissenden Bearbeitern erschien Nyiszlis authentische Zahlenangabe von nur zwölf SS-Angehörigen viel zu niedrig.

78 Ohne Passierschein oder ohne SS-Begleitposten war das Verlassen des eingezäunten Geländes von Krematorium I oder der Zugang zu einem anderen Krematoriumsgelände für Nyiszli nicht möglich.

79 Nach der Überstellung des Sonderkommandos von den Häftlingsunterkünften in B II d zu den Krematorien wurde Anfang Juni 1944 eine isolierte Krankenstation im Krankenbaulager B II f eingerichtet. Leiter der Station war der Pariser Arzt Dr. Jacques Pach (1908–1944, Häftl.-Nr. 51674), der als Nachfolger von André Lettich bereits seit März 1943 Arzt des Sonderkommandos war und in diesem Zeitraum die Krankenabteilungen in Block 2 von B I b und Block 13 von B II d geführt hatte. Sein Assistent war ebenfalls seit Juni 1944 der französische Arzt Dr. Siegmund Bendel (1914–1970, Häftl.-Nr. 167460), der angeblich Mitte August auch auf dem Gelände von Krematorium IV Sonderkommando-Häftlinge ambulant behandelt haben soll. Wahrscheinlich seit August 1944 betreute Nyiszli die Sonderkommando-Häftlinge nur vertretungsweise medizinisch, wenn in Krematorium I und II Notfälle vorkamen. Im Gegensatz zu den anderen beiden Häftlingsärzten war seine inoffizielle Nebenbeschäftigung die von ihm selbst beschriebene Behandlung der Sonderkommando-SS. Die gleichzeitige Versorgung eines Häftlingskommandos durch zwei bis drei Ärzte bedeutete in Auschwitz ein großes Privileg. SS-Oberscharführer Erich Mußfeldt (1913–1948) war von Mai bis Mitte August 1944 Leiter der Krematorien I und II. Sein Dienstsitz befand sich in Krematorium I, das mit einem Telefon, Funk- und Radiogerät ausgerüstet war.

80 Nyiszli hatte insgesamt sieben Geschwister, von denen sein Bruder Gérard in Paris als Schneider gearbeitet hatte und in der Resistance überlebte. Nach dem Krieg arbeitete er als Pelzhändler und starb 1988. Die restlichen Geschwister lebten mit den Eltern in seiner Geburtsstadt Szilágysomlyó. Im Mai 1944 wurden aus der Stadt und der Umgebung etwa 8000 Juden auf dem Gelände einer Ziegelei im benachbarten Dorf Cehei in ein primitives Getto (Zeltlager) gepfercht. Drei Deportationszüge aus Szilágysomlyó erreichten Auschwitz-Birkenau am 2., 5. und 7.6.1944. Nyiszlis Schwester Ágnes überlebte als Einzige und lebte nach dem Krieg in Italien. Nyiszlis Ehefrau hatte laut Enkelin neun Geschwister, von denen zwei nach Belgien verheiratet wurden und 1938 in das britische Mandatsgebiet Palästina ausgewandert waren.

81 Unter einem »Kapo« (vom italienischen »capo« oder vom französischen »caporal« = Haupt, Vorstand; anderen Interpretationen zufolge die Abkürzung für »Kameradschaftspolizei«) war ein Häftling zu verstehen, der den Befehl über ein Arbeitskommando hatte und dem SS-Kommandoführer verantwortlich war. In großen Arbeitskommandos wurde die Arbeit an Unterkapos und Vorarbeiter delegiert, zudem wurde an der Spitze ein Oberkapo eingesetzt, den Nyiszli als »Hauptkapo« bezeichnet. Oberkapo im Sonderkommando war vom 15.5. bis 7.10.1944 der reichsdeutsche Häftling Karl Töpfer (1912–1944, Häftl.-Nr. 183526). Nyiszli schreibt irrtümlich wörtlich »der Hauptkapo und zwei Kommandoführer«. Da ausschließlich SS-Angehörige Kommandoführer sein konnten, meinte er offenbar zwei Kapos oder Vorarbeiter.

82 Die Dreietagenbetten mit einer Etagenfläche von 80 x 200 cm waren schmaler als die Standardetagenbetten in den Birkenauer Häftlingsblöcken, sodass ein Häftling auf einem Strohsack allein schlafen konnte.

83 Mit »Hauptkapo« ist der reichsdeutsche »Berufsverbrecher« und Autodieb Karl Töpfer gemeint, der am 15.4.1944 aus dem Krematorium aus Majdanek überstellt worden war und erst einen Monat später zum Oberkapo ernannt wurde. Leiter der Goldschmelzerei war vermutlich der slowakische Jude Max Schwarz (1895–?). Der Genuss von Alkohol und die Teilnahme an einem wie von Nyiszli beschriebenen Gelage blieb lediglich den prominenten Häftlingsfunktionären im Sonderkommando vorbehalten.

84 Von den zwischen Mai 1942 bis Januar 1945 insgesamt bis zu 2300 zur Zwangsarbeit herangezogenen Sonderkommando-Häftlingen waren bis auf 19 sowjetische Kriegsgefangene, sechs Polen und zwei reichsdeutsche Gefangene alle Juden. Die Männer waren unterschiedlicher Herkunft und Nationalität. Die zwischen 16 und 54 Jahre alten Männer stammten aus 19 Nationen und verständigten sich untereinander in elf verschiedenen Sprachen.

85 Einige Hundert Häftlinge wurden von Mitte Mai 1942 bis August 1943 zum Bau der vier Birkenauer Krematorien zur Zwangsarbeit herangezogen. Etwa 1,1 Millionen Juden wurden zwischen Mai 1942 und November 1944 nach Auschwitz-Birkenau deportiert.

86 Nyiszli ist der einzige Überlebende, der von zwölf Sonderkommandos berichtet. Seine Zählweise kann von keiner weiteren Quelle, die nicht auf ihn selbst zurückführt, untermauert werden. Das erste Sonderkommando, das bei den beiden provisorischen Vergasungsbunkern eingesetzt wurde, existierte vom 4.5. bis zum 9.12.1942. Parallel dazu wurde dem Krematoriumskommando im Stammlager Auschwitz Anfang Juni 1942 ein jüdisches Häftlingskommando angegliedert. Das zweite Sonderkommando bestand vom 9.12.1942 bis zum 18.1.1945.

87 Gemeint ist die Vorbereitung auf den nahenden Tod mit Gebeten, dem Sündenbekenntniss und der Vorstellung, mit möglichst vielen guten Taten die »Pforten der Gerechtigkeit« öffnen zu helfen. Dem jüdischen Glauben zufolge befreit das Sündenbekenntnis Widduj zum letzten Mal die Seele.

88 Als Verbrennungsöfen bezeichnet Nyiszli die Ofenmuffeln der zehn Dreimuffelöfen der Erfurter Firma J. A. Topf & Söhne in den Krematorien I und II sowie der zwei Achtmuffelöfen in den Krematorien III und IV. Die beiden Verbrennungsräume in den Krematorien I und II waren jeweils 30 m lang und 11,24 m breit.

89 Im 392 qm großen Auskleideraum (Fläche ohne Verbindungskorridor) konnten sich zeitgleich schätzungsweise

500 Menschen aufhalten. Da der Durchlauf der Menschen fließend war, dauerte der Entkleidungsprozess von etwa 2500 Menschen, die in die Gaskammern von Krematorium I passten, schätzungsweise zwischen 60 und 90 Minuten.

90 Nyiszlis Formulierung »jüdische Resignation« wurde von der Auschwitz-Überlebenden Hager-Halivni (1929–2008) als »freudscher Versprecher« bezeichnet, als sprachliche Fehlleistung, bei der seine eigentliche Einstellung zutage treten und seine distanzierte Haltung deutlich würde. Vgl. Tzipora Hager-Halivni: The Birkenau Revolt: Poles Prevent a Timely Insurrection, in: Jewish Social Studies, Vol. 41, No. 2 (Spring 1979), S. 152.

91 Die beiden Räume waren unterschiedlich groß.

92 In der Mitte der Gaskammer befanden sich im Abstand von 3,30 m sieben Betonpfeiler, die die Betondecke stützten. Die »viereckigen Stahlblechrohre« standen in der Gaskammer von Krematorium I abwechselnd links und rechts direkt neben Pfeiler 1, 3, 5 und 7 mit 6,90 m Abstand zueinander. In der Gaskammer von Krematorium II standen sie etwas weiter von den Pfeilern entfernt.

93 Die Abkürzung steht für Sanitätsdienstgrad und diente als Bezeichnung für SS-Angehörige, die in der Abteilung SS-Standortarzt als gering qualifizierte Krankenpfleger tätig waren.

94 Bei Zyklon B handelt es sich um hochprozentige Blausäure, die an eine Kieselgur-Gips-Mischung gebunden und somit als streufähiges Granulat handhabbar ist. Ursprünglich als Schädlingsbekämpfungsmittel entwickelt und mit Augenreizstoffen zur Warnung versetzt, wurden hochgiftige Blausäurepräparate unter der Bezeichnung Zyklon B von den Nazis zur Massenvernichtung von Menschen eingesetzt. Die Firma Degesch (Deutsche Gesellschaft für Schädlingsbekämpfung mbH) in Frankfurt am Main lieferte im Jahr 1942 7479 kg und im Jahr 1943 12 175 kg des Präparates in das KL Auschwitz. Nach Angaben des Auschwitzkommandanten Höß wurden für die Tötung von etwa 1500 Menschen fünf bis sieben Kilogramm Zyklon B gebraucht. Diese Berechnung entsprach den Empfehlungen der Degesch zur Blausäurekonzentration. In der Praxis wurden mit vier Büchsen zu 1500 g Zyklon B bis zu 2500 Menschen gleichzeitig ermordet. Blausäure, d. h. Cyanwasserstoffsäure (Formel: HCN), ist in Reinsubstanz eine farblose Flüssigkeit, deren Dämpfe in Verdünnung nach bitteren Mandeln riechen. Dieser »Warngeruch« kann jedoch von etwa 5 bis 20 % der Menschen nicht wahrgenommen werden, da es bei ihnen schon in schwächster Konzentration zur Lähmung der Geruchsnerven kommt. Blausäure ist eines der stärksten und am schnellsten wirkenden Gifte: Schon 60 mg können einen Menschen töten. Sie wirkt sowohl über die Atemwege als auch über den Magen-Darm-Trakt oder die Haut. Blausäure lähmt innerhalb von Sekunden die Zellatmung, indem sie das sogenannte gelbe Atmungsferment hemmt. Dieses Ferment vermittelt die Abgabe des an den roten Blutfarbstoff (Hämoglobin) gebundenen Sauerstoffs an die Zellen. Bei geringen Dosen gehen dem Tod durch Atemlähmung heftige Erregungszustände, Schwindel, Angstgefühl und Krämpfe voraus. Diejenigen Opfer, die in den Gaskammern von den Einwurfschächten des Zyklon B entfernt standen, dürften diese Qualen also recht bewusst durchlebt haben.

95 Der Desinfektionsraum befand sich in der sogenannten Zentralsauna im am 7.12.1943 eröffneten Lagerabschnitt B II g, der auch Effektenlager II genannt wurde. In 17 Magazin- und Sortierbaracken (ohne die Baracken der »Effektenkammer«) arbeiteten dort im Sommer 1944 durchschnittlich 500 männliche und 1000 weibliche Häftlinge, an Tagen mit den meisten Transportankünften sogar bis zu 2000 Häftlinge insgesamt.

96 Jeweils ein elektrischer Lastenaufzug mit einer Plattformgrundfläche von 2,7 qm befand sich im Vorraum der Gaskammern von Krematorium I und II. In Krematorium I wurde bis Ende Januar 1943 ein gebrauchter Plateauaufzug mit einer Tragfähigkeit von 750 kg provisorisch eingebaut, in Krematorium II Anfang Juni 1943 ein neuer Lastenaufzug mit einer Tragfähigkeit von 1500 kg. Vermutlich bis September 1943 wurden beide Aufzüge durch leistungsstärkere Modelle ausgetauscht. Trotzdem wurden Sonderkommando-Zeugenberichten zufolge mit einem Aufzug im Sommer 1944 durchschnittlich nur acht Leichen (zwischen sechs und zehn Leichen) befördert.

97 Offenbar ein auf einer falschen Schlussfolgerung basierender editorischer Fehler und ein Nachweis für die inhaltliche Bearbeitung von Nyiszlis Erinnerungsbericht. Nyiszli nennt in seiner Aussage vom 29.7.1945 nur einen Aufzug. Die Anzahl »vier« entstand vermutlich durch die Ähnlichkeit der ungarischen Worte »négy« (vier) und »nagy« (groß) und ihrer Fehlinterpretation des auf einer deutschen Schreibmaschine ohne diakritische Zeichen getippten Texts. Der Bearbeiter ging offenbar davon aus, dass jedes der vier Krematorien über einen Aufzug verfügte. Nyiszli, der selbst im ebenerdigen Krematorium IV beschäftigt war, hätte dieser Irrtum nicht unterlaufen können. Er meinte ursprünglich einen besonders großen Aufzug, was durch seine Angabe der Leichenkapazität bekräftigt wird. Die Tragfähigkeit bemisst er für jede beförderte Person (Leiche) mit 75 kg, was auch gegenwärtig Standard ist. In der falschen Plausibilisierung wurde schließlich an zwei weiteren Stellen im Buch (s. auch Anfang von Kap. XX) die Bezeichnung »Aufzug« irrtümlich zu »Aufzügen« korrigiert.

98 Insbesondere den durch Gas getöteten Frauen wurden nach der Bergung aus den Gaskammern von Angehörigen des Sonderkommandos die Haare abgeschnitten. Nach dem Trocknen auf den Dachböden der Krematorien wurde das Haar in Säcke verpackt und an Fabriken im Inneren des Reichs verschickt. Die Fabriken zahlten 0,50 RM für ein Kilogramm Menschenhaare. Aus den Haaren wurden Filz und Matratzenfüllungen hergestellt, sie fanden auch zur Fertigung von Füßlingen und beim Bau von Torpedos Verwendung. Nach der Befreiung von Auschwitz fand man auf dem Gelände des Lagers 7000 kg in Säcke verpacktes Haar; offenbar war der Versand der Säcke nicht mehr zustande gekommen.

99 Der einzige bekannte Überlebende des Zahnzieh-Kommandos ist der griechische Jude Leon Cohen (1910–1989, Häftl.-Nr. 182492). Seine zwischen Mitte der 1970er- bis Anfang der 1980er-Jahre verfassten Erinnerungen wurden erstmals auszugsweise 1986 veröffentlicht und erschienen im Juli 2023 erstmals vollständig auf Hebräisch. Je Krematorium waren zwischen zwei bis fünf »Dentisten« beschäftigt.

100 Gemäß einem Befehl des »Reichsführer SS« Himmler waren bei allen Opfern nach dem Vergasen die Goldzähne zu entfernen. Diese Arbeit hatten Angehörige des Sonderkommandos zu verrichten, meist unmittelbar vor dem Verbrennen der Leichen. Anfangs schmolzen Zahnärzte der SS in der Zahnstation des Stammlagers die Goldzähne zu 500-g-Barren oder 140-g-Scheiben um. Nach Inbetriebnahme des Krematoriums II wurde im Sommer 1943 eine besondere Goldschmelzerei im Erdgeschoss des Krematoriums eingerichtet. Hier hatten zwei jüdische Zahntechniker, die von der Zahnstation ins Sonderkommando überstellt worden waren – der Slowake Frantisek Feldmann (1910–1944, Häftl.-Nr. 36661) und der aus Paris deportierte Paul (Pinchas) Kac (1907–1944, Häftl.-Nr. 42173) – diese Arbeit durchzuführen. Sie gehörten zu den 20 »Zahnärzten«, die auf Weisung des Arbeitsdienstführers SS-Rottenführer Erich Ernst Grauel (1919–1945) im Februar 1943 in das Sonderkommando überstellt worden waren. Als Schatzmeister fungierte der slowakische Jude Max Schwarz (1895–?), der bereits seit Mai 1942 in den Auschwitzer Krematorien beschäftigt war. Die ausgebrochenen Goldzähne wurden, teilweise mit noch anhaftenden Kieferknochenteilen, in Holzkisten angeliefert. Nach Behandlung in einem Salzsäurebad wurde das Metall mithilfe einer Lötlampe geschmolzen und in Formen gegossen. Monatlich fielen bis Mai 1944 mitunter 10–20 kg Gold an; die Barren wurden im Abstand von etwa 14 Tagen in Ambulanzwagen abgeholt, nach Auschwitz gebracht und später der Reichsbank zur Verfügung gestellt. Im Mai 1944 sollen Informationen der Lagerwiderstandsbewegung zufolge 40 kg Gold und Platin angefallen sein, was als zu niedrige Schätzung anzusehen ist.

101 Zum Einschieben der Leichen wurden je Krematorium zwei mobile, vom ersten Oberkapo August Brück (1897–1943, Häftl.-Nr. 106293) entwickelte Metalltragen verwendet, die mit zwei Griffen auf eine Aufnahmevorrichtung mit zwei Laufrollen aufgesetzt wurden. Die Tragefläche wurde mit Seifenlauge beschüttet, damit die Haut der in die Ofenkammern geschobenen Leichen nicht daran kleben blieb und die Körper durch Anheben der Trage schneller in die Kammer rutschten. Zusätzlich wurden die Leichen zuvor mit einem Wasserstrahl abgespritzt. Die Ofentüren mussten manuell geöffnet werden. Je Krematorium arbeiteten sechs bis zwölf Heizer.

102 Die Krematorien I und II hatten jeweils 15 Ofenmuffeln, die Krematorien III und IV hatten nur jeweils acht Muffeln. Die theoretische Einäscherungskapazität der vier Birkenauer Krematorien lag nach einer Schätzung des Oberingenieurs Kurt Prüfer vom 8.9.1942 bei 2400 Leichen in 24 Stunden. Kurz nach Inbetriebnahme aller Birkenauer Krematorien berechnete der Lagerbauleiter in Auschwitz-Birkenau, SS-Untersturmführer Josef Janisch, in einer Meldung an das SS-Wirtschafts- und Verwaltungshauptamt (WVHA) vom 28.6.1943 eine tägliche Verbrennungskapazität von 4416 Leichen. In der Praxis konnten die Kremierungen auf dem Höhepunkt der Massenvernichtung jedoch ein Jahr später noch einmal verdoppelt werden: Augenzeugenberichten zufolge wurden in den Öfen der drei betriebsfähigen Birkenauer Krematorien täglich zwischen 7000 und 8000 Leichen eingeäschert. Da die Öfen in Krematorium III seit Ende Mai 1943 wegen technischer Mängel nicht mehr in Betrieb waren und die höchste Verbrennungsleistung in den bei Krematorium IV und Bunker V gelegenen Verbrennungsgruben erzielt wurde, lag die maximale Einäscherungskapazität der Auschwitzer Einäscherungsstätten abhängig von der Anzahl der genutzten Verbrennungsgruben im Sommer 1944 bei etwa 15 000 Körpern. Die durchschnittliche Einäscherungskapazität in Auschwitz-Birkenau lag im Sommer 1944 täglich bei etwa 11 000 bis 12 000 Leichen, was der Gesamtzahl der Kremierungen in Russland im Jahr 1938 entsprach. In modernen Krematorien dauert eine Einäscherung heutzutage 60 bis 90 Minuten. Im Zweischichtbetrieb können in Krematorien mit zwei Öfen bis zu 30 Kremierungen am Tag durchgeführt werden, durchschnittlich werden täglich sechs Feuerbestattungen je Ofen kalkuliert. Statistisch gesehen werden in Deutschlands 160 Krematorien 2000 Leichen täglich eingeäschert. In Europas größtem Krematorium in Dachsenhausen (Rheinland-Pfalz) werden mit acht Einäscherungsanlagen 35 000 bis 40 000 Kremierungen jährlich durchgeführt, die höchste Einäscherungsanzahl lag während der Covid-19-Pandemie im Januar 2021 bei 160 Feuerbestattungen täglich. Im Vergleich dazu hatte das 2013 geschlossene Krematorium in Frankfurt am Main mit vier Einäscherungsanlagen nur eine Kapazität von maximal 8000 Kremierungen im Jahr. Das Land mit der höchsten Steigerungsrate an Feuerbestattungen, Südkorea, zählt bei 62 Krematorien 700 Einäscherungen am Tag, während der Covid-19-Pandemie im März 2022 sogar 1400 täglich. Das weltweit größte Krematorium in Shanghai (»Yishan Funeral Parlor«) äscherte während der Pandemie in 24 Öfen täglich 400 Leichen ein, davor wurden jährlich 50 000 Kremierungen durchgeführt. Das zweitgrößte Krematorium Byeokje in Goyang (»Seoul Municipal Funeral Home«) verfügt über 23 Öfen mit einer Kapazität von durchschnittlich 90, während der Pandemie sogar 130 Einäscherungen am Tag. Das drittgrößte Krematorium in Singapur (»Mandai Crematorium and Columbarium«) verfügt seit 2019 über 18 Öfen und eine Kapazität von 250 Einäscherungen am Tag.

103 Drei- bis fünfköpfige Häftlings-Arbeitsgruppen begleiteten den Aschetransport zur Weichsel, die an der Nordseite des Lagers Birkenau in östlicher Strömungsrichtung vorbeifließt. Die Asche-Entladestelle an der Weichsel befand sich dort hinter dem Hochwasserdamm, der gleichzeitig Zufahrtsweg war, in Höhe der Ortschaft Chropan (Babice). In seiner Aussage vom 28.7.1945 gab Nyiszli an, dass der Aschetransport zweimal wöchentlich stattfand. Die aus den Öfen geholten Knochenreste waren zum Teil noch nicht vollständig verbrannt und mussten nachträglich zerkleinert und durch feinmaschige Siebe, die 150 x 150 cm groß waren, gestreut werden. Nach der Verbrennung hinterlässt ein erwachsener Mann etwa 3,5 bis 4 kg, eine erwachsene Frau etwa 2,5 bis 3 kg Asche. Bis 1944 wurde die Asche zum Teil in Gruben auf dem Krematoriumsgelände deponiert, aber auch als Rohstoff für Düngemittel verkauft. Auf die Bitte von Angehörigen nichtjüdischer Häftlinge hin wurden auch gefüllte Urnen kostenpflichtig verschickt. Die Füllung setzte sich jedoch aus der Asche unbekannter Opfer zusammen.

104 Die Gründung eines Häftlingskommandos »Sektionsraum Krematorium I« dürfte erst nach dem Ende der »Ungarn-Aktion« erfolgt sein. Die Befreiung des Vernichtungslagers Lublin-Majdanek am 24.7.1944 und der Kriegsverlauf an der Ostfront machten eine Beschleunigung von Mengeles Forschungen notwendig. Sporadische Obduktionen in provisorischen Sektionsräumen konnten die Zielvorgaben nicht erfüllen, weshalb Mengele Ende Juli 1944 gezielt ein Expertenteam suchte, das dazu in der Lage war, unter den besten Bedingungen eine möglichst hohe Anzahl von Obduktionen durchzuführen. Aus Geheimhaltungsgründen der Massenvergasungen und -einäscherungen durfte der Sektionsraum in Krematorium I bis Ende Juli 1944 nicht genutzt werden. Um seine Interessen durchsetzen zu können, muss Mengele einflussreiche Fürsprecher an seiner Seite gehabt haben. Der ehemalige Leiter von Krematorium I, SS-Oberscharführer Erich Mußfeldt, der am 15.4.1944 mit seinem Krematoriumskommando aus Majdanek vor der Sowjetarmee evakuiert worden war, benannte Mengeles Unterstützer in seiner Vernehmung vom 19.8.1947: »Die SS-Ärzte Mengele und Brand, die für das Rasse- und Siedlungsamt Forschungen durchführten, hatten ihren Arbeitsraum im ersten Krematorium im Parterre, das auf dem Plan als Labor bezeichnet ist.« (Hessisches Hauptstaatsarchiv Wiesbaden, Abt. 461, 37976/44, S. 7). Mußfeldt wusste offenbar nicht, dass es sich bei »Brand« weder um einen Mediziner, noch um einen Angehörigen der Auschwitzer SS-Besatzung handelte. Der SS-Standartenführer Rudolf Hermann Brandt (1909–1948) war persönlicher Referent Heinrich Himmlers, Jurist, Mitglied der »Forschungsgemeinschaft Deutsches Ahnenerbe« der SS und maßgeblich an der Koordination und Organisation von Menschenversuchen in den KL beteiligt. Er war nicht nur »Schreibtischtäter«, sondern bei Bedarf in Einzelfällen auch vor Ort. Er setzte persönlich das durch, was zuvor nicht genehmigt worden war: die Inbetriebnahme des am 31.3.1943 von der Zentralbauleitung übergebenen »Sezierraums« (der auf der Bauzeichnung vom 19.12.1942 noch aus einem großen Raum bestand und nach dem 5.1.1943 in zwei Räume geteilt wurde: Sezierraum und »Laboratorium«). Zur Arbeitsbeschleunigung und Optimierung der Ergebnisse konnten Mengeles »Forschungsobjekte« nun im Vorraum des Sektionsraums getötet werden und nach der Obduktion im danebengelegenen Verbrennungsraum sofort eingeäschert werden. Dieser effiziente Ablauf verhinderte, dass neben den Geheimnisträgern weitere Häftlinge Zeugen der Verbrechen wurden.

105 Die Baracke für männliche Zwillinge und Kleinwüchsige befand sich in Block 15 des B II f und fasste Zeugenaussagen zufolge etwa 200 Häftlinge. Das Versuchslabor in B II e wurde im August 1944 zu Block 15 verlegt, offenbar beschreibt Nyiszli die Praxis im Juli 1944. Die SS-Arbeitseinsatzlisten belegen, dass von Ende Juli bis Mitte August 1944 49 Zwillinge und 59 andere Häftlinge zu Versuchszwecken im Lagerabschnitt B II f untergebracht waren. Am 16.8.1944 erhöhte sich die Anzahl der anderen Versuchspersonen auf 82 Häftlinge, die Zahl der Zwillinge veränderte sich nicht.

106 So im Original. Gemeint war Bauabschnitt B II.

107 Im Original auf Deutsch; gemeint ist ein verbrecherischer Arzt.

108 Nyiszli bezieht sich auf seinen kurzen Aufenthalt in New York. In der englischen Erstausgabe schreibt der Übersetzer Tibere Kremer in einer Fußnote auf Seite 61: »Dr. Nyiszli kam im Sommer 1939 in die Vereinigten Staaten und blieb bis Februar 1940 als Mitglied der rumänischen Delegation bei der Weltausstellung. Er hatte die Absicht, seine Familie nach Amerika zu holen und sich dort niederzulassen. Doch während seines Aufenthalts brach der Krieg aus und er kehrte zu seiner Familie zurück. Nach seiner Rückkehr war es für ihn unmöglich, das Land wieder zu verlassen.« Nyiszli reiste tatsächlich erst drei Monate nach Kriegsbeginn ab. Der Passagier 3. Klasse »Nicolae Nyiszli« kam mit dem Dampfer »Nea Hellas« nach zwei Wochen Fahrt nachweislich erst am 18.12.1939 in New York an. Der historische Luxusdampfer »T.S.S. Nea Hellas« hatte die Strecke Piräus–New York mit seiner Jungfernfahrt erst ein halbes Jahr zuvor am 19.5.1939 eröffnet und sollte Tausenden Griechen einen Weg zum amerikanischen Traum ermöglichen. Eine Teilnahme an der Weltausstellung lässt sich nicht bestätigen, vielmehr suchte Nyiszli eine Arbeitsstelle, was wahrscheinlich während seines vierwöchigen Aufenthalts scheiterte. Für diese Reise ließ sich Nyiszli eigens einen neuen rumänischen Reisepass ausstellen, das Passfoto zeigt Nyiszli, seine Ehefrau und Tochter. Im Interview mit der Zeitung *Demokrátia* vom 3.11.1946 gab Nyiszli an, er wäre auf Einladung der Amerikaner in die Vereinigten Staaten gereist, wo er zum Chefarzt des »EX RAY HOSPITAL« in New York (wahrscheinlich ist das »Ray Center« in der Amsterdam Ave. 96 gemeint) ernannt worden wäre. Laut Artikel sei er für seine Familie jedoch in seine Heimat zurückgekehrt. Nyiszlis Cousin Michael Reich, der im Sommer 1939 nach New York ausgewandert sein soll, habe der Enkelin Nyiszlis zufolge eine Übersiedlung vorbereitet, die jedoch am Widerstand von Nyiszlis Ehefrau gescheitert sei.

109 Das Kaiser-Wilhelm-Institut (KWI) für Anthropologie, menschliche Erblehre und Eugenik in Berlin-Dahlem wurde 1927 gegründet und sollte nach den Worten seines ersten Direktors, Prof. Dr. Eugen Fischer (1874–1967), ein »rein theoretisches Institut zur Erforschung des Menschen« sein, »das alle Probleme, die sich in dem bisher problematischen Begriff Rassenkunde zusammenfassen lassen, im allgemeinen Sinne zu erforschen haben wird, natürlich auf rein wissenschaftlicher Grundlage und frei von andersartigen Gedankengängen«. Bis 1935 bestanden drei Abteilungen: für (Rassen-)Anthropologie, für menschliche Erblehre und für Eugenik, später kamen weitere Abteilungen (z. B. für Tuberkulose-Erbforschung, für Rassenkunde, für experimentelle Erbpathologie) hinzu. Das KWI geriet rasch unter nationalsozialistischen Einfluss und lieferte seinerseits wissenschaftliche »Belege« für die nazistischen Theoriebildungen um Begriffe wie »Volk«, »Blut« und »Rasse«.

In den 1930er-Jahren nahm auch die »Zwillingsforschung« am KWI mit breiter Unterstützung des Staates einen bedeutenden Aufschwung: Das sogenannte Zwillingsarchiv umfasste bei Kriegsende Unterlagen von 3000 Personen, etwa die gleiche Anzahl von – fast vollzählig umgebrachten – Zwillingen wurde von Mengele in Auschwitz registriert. Bei einem Schüler Fischers, Otmar Freiherr von Verschuer (1896–1969), der 1935 in Frankfurt am Main das Universitätsinstitut für Erbbiologie und Rassenhygiene organisierte, hatte Josef Mengele 1938 promoviert.

110 Chloroform wurde seit Mitte des 19. Jahrhunderts als eines der ersten in der modernen Chirurgie und Anästhesie eingesetzten Narkosemittel verwendet. Wegen seiner toxischen Wirkung wurde es Anfang des 20. Jahrhunderts jedoch nur noch selten als Betäubungsmittel eingesetzt.

111 Die Ermordung von Häftlingen durch Injektionen in die Herzkammer wurde bereits in den Häftlingskrankenbau-Blöcken 28, 21 und 20 des Stammlagers Auschwitz praktiziert. Anfangs wurde mit Benzin, dem Kurznarkose- und Schlafmittel Evipan und dem Desinfektionsmittel Wasserstoffhyperoxyd experimentiert, im September 1941 führte SS-Lagerarzt Dr. Entress die Phenol-Injektion ein. Eine Dosis von 10 bis 15 ml Phenollösung (Karbolsäure) führte in etwa 15 Sekunden zum Herzstillstand durch Blutgerinnung. Mit dieser Methode wurden bis Ende 1943 schätzungsweise 20 000 bis 30 000 Menschen ermordet.

112 Asservieren bedeutet so viel wie aufheben, zurückbehalten, verwahren. Bei einer vom Gerichtsmediziner oder Pathologen durchgeführten Obduktion ist es z. B. üblich, kleine Teile innerer Organe für eine nachfolgende feingewebliche Untersuchung zu asservieren, zuweilen auch für Lehr- und Demonstrationszwecke wichtiger Organ- oder Knochenveränderungen u. Ä. Asservate sind auch amtlich aufbewahrte Sachen, z. B. bei Gericht verwahrte Beweisgegenstände.

113 Die nach dem Pariser Gynäkologen Paul Dubois (1795–1871) benannten Hohlräume mit eingeschmolzenem Gewebe haben unterschiedliche Ursachen. Sie wurden früher (so auch von Nyiszli) ausschließlich als Symptom einer angeborenen Syphilis gewertet, sind jedoch nicht spezifisch für diese Erkrankung.

114 Die Sterbeeinträge wurden willkürlich aus einem Verzeichnis mit 44 Todesursachen ausgewählt und von insgesamt 28 verschiedenen SS-Ärzten unterzeichnet. Zudem finden sich in den erhalten gebliebenen Sterbebüchern von Auschwitz acht weitere Todesursachen. Die häufigsten waren: akuter Magendarmkatarrh, Lungenentzündung, plötzlicher Herztod sowie Herz- und Kreislaufschwäche. Die tatsächliche Todesursache war also ohne jede Bedeutung, wichtig war allerdings, dass Hinweise auf einen eventuellen nicht natürlichen Tod, z. B. durch Misshandlungsfolgen, Erschießen oder Erschlagen, aus derartigen »Dokumenten« nicht zu entnehmen waren.

115 Gemeint ist der Lagerbauabschnitt B II c, der im Juni 1944 im Zuge der Massendeportation von Juden aus Ungarn als sogenanntes Depot- und Durchgangslager für Jüdinnen eingerichtet wurde, die als Zwangsarbeiterinnen in andere Lager überstellt werden sollten. Ota Kraus (1909–2001, Häftl.-Nr. 73046) und Erich Kulka (1911–1995, Häftl.-Nr. 73043) zufolge seien im Juli und August 1944 etwa 26 000 Frauen in B II c untergebracht gewesen. Vgl. Ota Kraus/Erich Kulka: Die Todesfabrik, Berlin 1991, S. 259, 262.

116 An dieser Stelle verwendet Nyiszli die Abkürzung »S.K.« zum einzigen Mal für »Sonderkommando« in seinem Buch. Die Abkürzung »S.K.« wurde im KL Auschwitz jedoch nicht für das Sonderkommando, sondern für die Häftlingsstrafkompanie verwendet und ist im Steinboden der Häftlingsunterkunft der Strafkompanie (Block 1, B I b) verewigt worden. Der editorische Fehler der ersten deutschen Edition, die Abkürzung »SK« häufiger zu verwenden, wurde in der Sonderkommando-Forschung zur gängigen Praxis, nachdem Nicholas Chare und Dominic Williams in ihren zahlreichen Büchern zum Thema die Abkürzung zum Standard erhoben hatten. Ihr Argument, damit nur Nyiszlis Verwendung zu folgen, muss insofern als leicht widerlegbare Schutzbehauptung betrachtet werden: In der ungarischen Erstausgabe werden »Sonderkommando«, »Sondereinheit« und »Sonderer« (im Sinne von »Sonder-Leute«) insgesamt 136-mal genannt. In der englischen Übersetzung wird »SK« auch nur einmal genannt, die Kurzform »Sonder« 10-mal, »Sonderkommando« hingegen 126-mal. Vgl. Chare Nicholas/Williams Dominic: The Auschwitz Sonderkommando. Testimonies, Histories, Representations, Houndmills u.a. 2018, S. 19f.

117 Nach der zwölfstündigen Arbeitsschicht konnte ein Sonderkommando-Häftling seit Mitte 1944 die freie Zeit in der Häftlingsunterkunft oder auf dem Krematoriumshof verbringen. Die Mehrheit der Häftlinge war durch die schwere körperliche Arbeit völlig erschöpft und suchte Schlaf. Andere Häftlinge versuchten sich von dem Grauen abzulenken, spielten Karten, sangen, beteten, lasen Bücher und spielten zeitweise auch Fußball auf dem Hof. Die zwei- bis vierköpfige SS-Mannschaft spielte nicht mit Häftlingen Fußball.

118 Das erste Sonderkommando wurde Anfang Mai 1942 gegründet. Turnusgemäße Liquidierungen fanden im Sonderkommando nicht statt.

119 Auf diese Weise wurde kein einziges Sonderkommando in Auschwitz-Birkenau liquidiert.

120 Die einzige Ausnahme, bei der Sonderkommando-Häftlinge viele ihrer ermordeten Kameraden verbrennen mussten, waren die Opfer des Sonderkommando-Aufstands.

121 Während des Aufstands hatten sich die Sonderkommando-Häftlinge Dr. Zoltan Peter (1894–1944), ehemaliger Chefarzt der Dermatologie im Krankenhaus von Mukatschewo, sowie Dr. Leo Havas (1895–1944), ehemaliger Allgemeinarzt in Mukatschewo, vergiftet. Auch der belgische Arzt Dr. Mordechai Glujberzon (1909-1944, Häftl.Nr. 151590) und Dr. Bendel unternahmen einen Suizidversuch. Bendel konnte gerettet werden, Havas verstarb an einer Giftspritze, Glujberzon an Tabletten, Peter verstarb infolge seines Suizids durch Tabletten drei Tage später. Es ist nicht auszuschließen, dass insbesondere im spät von der SS gestürmten Krematorium I weitere Häftlinge ihrem Leben selbst ein Ende setzten.

122 Der Zeuge Dr. Bendel gab in einem Hamburger Kriegsverbrecherprozess am 2.3.1946 zu Protokoll, dass seit Inbetriebnahme der Krematorien insgesamt 17 t, d. h. umgerechnet 850 kg monatlich, gewonnen wurden, was zweifelhaft ist. Der ehemalige Häftlingsschreiber des SS-Standortarztes Dr. Wirths, Hermann Langbein, gab in seinem 1949 veröffentlichten Bericht »Die Stärkeren« zuverlässig an, im März 1943 seien 18,483 kg Gold angefallen, im März 1944 hingegen nur 3 kg, da kaum Transporte eingetroffen seien. Vgl. Hermann Langbein: Die Stärkeren. Ein Bericht aus Auschwitz und anderen Konzentrationslagern, Wien 2008, S. 135, 216. Eine reine Goldfüllung für einen Backenzahn wiegt zwischen 1,5 bis 3,5 g, eine ganze Goldkrone zwischen 3,5 und 8 g sowie eine dreigliedrige Goldbrücke zwischen 18 und 24 g. Die Verwendung von Zahnfüllungen und -ersatz aus Gold war im Mitteleuropa der 1930er-Jahre weit verbreitet. Nyiszlis Schätzung übertrifft sogar Bendels Angabe und ist als zu hoch anzusehen.

123 Im Jahr 1942 gab es in Birkenau weder Krematorien noch eine Goldgießerei.

124 Wie die an »Sonderaktionen« beteiligten SS-Angehörigen erhielt auch die Krematoriums-SS Sonderzuteilungen in Form von Marken, die sie in der SS-Kantine gegen Schnaps, Zigaretten, Wurst und Brot einlösen konnten. Darüber hinaus ließ sich die Krematoriums-SS von Häftlingen bestechen. Vgl. Andreas Kilian: »... so dass mein Gewissen rein ist und ich am Vorabend meines Todes stolz darauf sein kann.« »Handlungsräume« im Sonderkommando Auschwitz, in: Ralph Gabriel/Elissa Mailänder-Kosslov/Monika Neuhofer/Else Rieger (Hrsg.): Lagersystem und Repräsentation. Interdisziplinäre Studien zur Geschichte der Konzentrationslager, Studien zum Nationalsozialismus, Bd. 10, Tübingen 2004, S. 134f.

125 In den Krematorien wurde die Habe der Opfer nur bis zum Abtransport in das Effektenlager für einige Stunden aufbewahrt. Im Krematorium befand sich lediglich ein Kokslager. Koks wurde als Brennstoff zur Anfeuerung und Beheizung der Einäscherungsöfen verwendet.

126 Im Sommer 1944 setzte sich das Sonderkommando aus schätzungsweise 480 ungarischen und rumänischen, 200 polnischen und litauischen, 150 griechischen und italienischen Juden sowie aus acht französischen Juden, zehn Juden anderer Nationalität und 25 nichtjüdischen Häftlingen zusammen. Die Mehrheit der ungarischen Juden im Sonderkommando wurde in den SS-Arbeitseinsatzlisten als »Heizer Krematorium III und IV« geführt und bei dem

Vergasungsbunker V und den Verbrennungsgruben hinter Krematorium IV eingesetzt.

127 Gemeint ist das meistverkaufte illustrierte enzyklopädische Wörterbuch in Frankreich, das seit 1905 im Pariser Verlag Éditions Larousse herausgegeben wird (Sprach- und Eigennamen-Wörterbuch).

128 Im Rumänien der frühen 1940er-Jahre gab es – oftmals mitbedingt durch den Druck des »Verbündeten« Nazideutschland – eine große Anzahl antijüdischer Aktionen, die teilweise völlig unkoordiniert und von Provinz zu Provinz sehr unterschiedlich verliefen. Ein Verbot der Behandlung christlicher bzw. »arischer« Patienten durch jüdische Ärzte dürfte entsprechende deutsche Vorlagen (z. B. 4. Verordnung zum Reichsbürgergesetz vom 25.7.1938) zum Vorbild gehabt haben.

129 In einem zeitgenössischen gerichtsmedizinischen Lehrbuch wird über die eigentlich vorgeschriebenen Modalitäten Folgendes formuliert: »Die gerichtliche Leichenöffnung wird von zwei Ärzten durchgeführt (während der Kriegszeit kann auf die Zuziehung des zweiten Arztes verzichtet werden, wenn die Hinzuziehung infolge Ärzteknappheit Schwierigkeiten macht). Einer von ihnen muss der zuständige Gerichtsarzt sein, d. i. der mit der Wahrnehmung der gerichtsärztlichen Geschäfte beauftragte Arzt des Gesundheitsamtes, in den kleineren Gesundheitsämtern meist der Amtsarzt selbst. Er ist für die Innehaltung der Sektionsvorschriften und für das Protokoll verantwortlich. Ist ein Beschuldigter vorhanden, so veranlasst der Richter manchmal, dass er vorgeführt wird, um die Identität der Leiche zu bestätigen ... Über die Durchführung der gerichtlichen Leichenöffnungen haben die Innenministerien der Länder bis ins Einzelne gehende Vorschriften erlassen ... Die sachgemäße Durchführung einer gerichtlichen Leichenöffnung erfordert kriminalistische Erfahrungen und dauernde Übung; namentlich bei der Auswahl des zweiten Arztes muss auf diese Erfordernisse besondere Rücksicht genommen werden.« (Bertold Mueller/Kurt Walcher: Gerichtliche und soziale Medizin, München/Berlin 1944, S. 116f.). Es ist davon auszugehen, dass Nyiszlis Kollege Dr. Görög als weitaus erfahrenerer und renommierter Gerichtsmediziner wenigstens hinzugezogen wurde.

130 Nach der Reaktivierung von Bunker V und der Errichtung vier neuer Verbrennungsgruben im Mai 1944 lag die Mordstätte unmittelbar hinter der Großen Postenkette, 300 m westlich von Krematorium IV. Die Wachtürme der großen Postenkette lagen in der Regel zwischen 70 und 140 m voneinander entfernt.

131 Gemeint ist entweder die nächstgelegene Blockführerstube an der Rampe vor dem Lagerabschnitt B I oder vor dem Männerlager in B II d.

132 Beschrieben wird ein Weg bei Krematorium IV, der nicht vorhanden war. Wäre die Ringstraße bei Krematorium IV benutzt worden, hätte Nyiszli das Effektenlager »Kanada« und das Gelände der Kläranlage durchqueren müssen, bevor er auf den Zugangsweg zu Bunker V gestoßen wäre.

133 Das Gelände lag außerhalb der Lagerstacheldrahtumzäunung und war vollständig nur um die Verbrennungsgruben (Hinterhof), aber nur teilweise von den Auskleidebaracken zu den Gaskammern (Vorderhof) durch Reisigzäune abgegrenzt. Tore gab es nur zum Hinterhof. Die Lage am Rand eines Birkenwaldabschnitts machte weitere Absperrmaßnahmen überflüssig. Vgl. Lageplan S. 164–165.

134 Da Krematorium III seit Ende Mai 1944 als Häftlingsunterkunft und nicht mehr als Vergasungsstätte diente, wurde die jeweils 109 Häftlinge zählende Tag- und Nachtschicht mit ihren zwei bis drei SS-Wachposten bei Vergasungsbunker V zur Arbeit eingesetzt.

135 Auschwitz und Birkenau wurden nach der deutschen Besetzung vom Großdeutschen Reich annektiert und lagen 35 km von der Grenze zum »Generalgouvernement« entfernt. Das aus mehr als 500 Gebäuden bestehende Dorf

Birkenau wurde Anfang April 1941 ausgesiedelt und bis auf sechs Gebäude abgerissen. Die westlichsten Gebäude, zwei alte polnische Bauernhäuser, wurden im April und Juli 1942 zu provisorischen Vergasungsstätten umgebaut.

136 Vor dem Krieg wurde das Steingebäude von bis zu sechs Personen bewohnt: die Vorderseite von der Familie Rydzon, die Rückseite von der Familie Wichaj. Beide Haushälften hatten jeweils zwei Außentüren, jede eine Eingangstür zu drei Räumen sowie eine Tür zur jeweiligen Hausscheune, die sich im letzten Raum auf der Ostseite befand und ein steileres Satteldach aus Stroh hatte als das restliche Gebäude. Hinter dem Haus lagen ein Karpfenteich und eine Außenscheune für zwei Kühe, auf der Westseite Bienenhäuser. Vgl. APMA-B, Erinnerungen, V-776, Video-Interview von Franciszek Piper mit Kunegunda Rydzon vom 5.10.1995.

137 Das ehemalige aus acht Räumen bestehende Bauernhaus wurde zu einem Vergasungsbunker mit vier Gaskammern umgebaut. Spätestens 1944 wurde die Zwischenwand zur kleinsten Gaskammer entfernt und die Anlage auf drei Gaskammern reduziert. Die von Nyiszli bezeichneten »Fensterläden« waren die Klappen der Einfüllluken für das Gas Zyklon B. Als Auskleideräume und vorübergehende Aufbewahrungsorte der Habe fungierten seit Juni 1944 zwei Pferdestallbaracken, die 50 bis 80 m von den Gaskammern entfernt lagen. Nach der Vergasung wurden die Opfer auf der Rückseite des weißen Bauernhauses aus den Gaskammern gezerrt und in vier Verbrennungsgruben eingeäschert, wovon zwei Gruben für die Nachverbrennung von Leichenresten und als Ausweichgruben vorgesehen waren. Da im Mai 1944 noch keine Auskleidebaracken bereitgestellt waren, mussten sich die Menschen auf dem Hof vor dem Bauernhaus entkleiden. Nyiszli beschreibt die Anlage offenbar nur vom Hörensagen. Tatsächlich wurden Menschen hinter Bunker V nur dann erschossen, wenn die Gaskammern bereits voll waren, wenn sie in den Augen der SS Unruhe stifteten oder sich widersetzten. Reguläre Erschießungen fanden hingegen bei kleineren Menschengruppen in dafür vorgesehenen Räumen in den Krematorien I, II und IV statt.

138 Die Angabe im Originaltext von »etwa fünftausend Seelen« ist nicht haltbar. Bunker V konnte höchstens 1250 Personen aufnehmen, bei größeren Menschenmengen wurde der Rest in einer der Auskleidebaracken eingesperrt und musste warten, bis die Gaskammern von den Leichen geräumt waren. Im Sommer 1944 wurden durchschnittlich bis zu 2500 Opfer am Tag in Bunker V vergast.

139 Auf dem Weg von der Gaskammer zu den Verbrennungsgruben befanden sich nur drei freistehende Bäume neben dem Bauernhaus.

140 Drei Gruben waren etwa 20 m lang, 5 m breit und 2,5 m tief, eine Grube hatte eine Länge von etwa 25 m. Der Abstand zwischen der ersten und zweiten Grube lag bei etwa 5 m, zwischen der ersten und letzten Grube bei etwa 45 m. Siehe Schemaplan S. 167.

141 Kommandoführer des bei Bunker V und der Einäscherung eingesetzten Sonderkommandos waren SS-Unterscharführer Josef Eckhardt (1918–1991) sowie SS-Unterscharführer Ewald Kelm (1913–1989). SS-Hauptscharführer Otto Moll (1915–1946) war Oberbefehlshaber aller Vernichtungsanlagen von Mai bis zur Beseitigung der Verbrennungsgruben im September 1944.

142 Augenzeugenberichten zufolge geschah dies äußerst selten.

143 Die Exzesstaten von Moll können durch zahlreiche Zeugenaussagen bestätigt werden. Der ungarische Jude Dov Paisikovic (1924–1978, Häftl.-Nr. A-3076), einziger bekannter Überlebender des Sonderkommandos aus den Ungarn-Transporten, wurde selbst von Moll in den rechten Oberschenkel geschossen. Unter den wenigen Sonderkommando-Überlebenden, die Schussverletzungen hatten, befand sich kein einziger bekannter Fall, dem der Arm oder die Hand durchschossen worden wäre.

144 In den beiden Haupteinäscherungsgruben bei Bunker V konnten zusammen mindestens 2500 Leichen am Tag verbrannt werden, also die Anzahl der Opfer von zwei Vergasungsaktionen. Die Krematorien I und II hatten andere Einäscherungskapazitäten (jeweils mindestens 2160 Leichen in fünf Dreimuffelöfen täglich) als Krematorium IV (mindestens 1150 Leichen im Achtmuffelofen täglich).

145 Das sogenannte Theresienstädter Familienlager in Bauabschnitt B II b wurde am 8.9.1943 eröffnet und anfangs mit 5007 Juden belegt. Insgesamt 17 517 Menschen wurden in diesen Lagerabschnitt eingewiesen. Die Liquidierung des Familienlagers erfolgte in zwei Aktionen in der Nacht vom 8. auf den 9.3.1944 und in zwei Nächten vom 10./11. und 12./13.7.1944.

146 Die Vernichtungsquote der einzelnen Transporte war seit dem 4.7.1942 abhängig von der altersmäßigen Zusammensetzung der Deportierten und von dem vom SS-Wirtschafts- und Verwaltungshauptamt vorgegebenen Arbeitskräftebedarf. Nach Herkunftsländern differenziert, lag die durchschnittliche Vernichtungsquote der Transporte an der Selektionsrampe schätzungsweise bei Deportierten aus Frankreich bei 67 %, aus Holland und Belgien bei 70 %, aus Griechenland und der Slowakei bei 80 %, aus Ungarn bei 75 % sowie aus Polen und Jugoslawien bei 80 bis 90 %.

147 Gemeint ist das Männerlager im Bauabschnitt B II d.

148 Entgegen Nyiszlis Schlussfolgerung war die Liquidierung des Theresienstädter Familienlagers bereits seit dessen Einrichtung nach sechs Monaten geplant. Das Bestehen des Familienlagers hatte die Funktion, Angehörige im Getto Theresienstadt mittels Briefaktionen über die bevorstehende Ermordung zu täuschen und auch das Internationalen Komitee vom Roten Kreuz in die Irre zu führen.

149 Diese Behauptung kann durch andere Quellen nicht gestützt werden.

150 Gemeint ist die sogenannte Lagersperre.

151 Den detaillierten Ablauf der ersten Liquidierung im Familienlager in der Nacht vom 8. zum 9.3.1944 beschrieb der Chronist im Sonderkommando, Salmen Gradowski (1910–1944) in seinen geheimen Aufzeichnungen, die 1945 aufgefunden und an Maurycy Bodner (1909–1989), den Vorsitzenden des Jüdischen Komitees von Oświęcim verkauft sowie gemeinsam mit Chaim Wolnerman (1912–1977) transkribiert wurden. Vgl. Gradowski, Die Zertrennung, S. 179f. Die zweite von Nyiszli beschriebene Liquidierungsaktion fand nicht an einem Tag, sondern an unterschiedlichen Tagen und in mehreren Etappen statt: die Verlegung der Arbeitsfähigen im Rahmen von vier Selektionen sowie die Ermordung der Verbliebenen in zwei Gruppen. Krematorium III stand für die Mordaktion nicht zur Verfügung, da es bereits 1943 außer Betrieb genommen wurde. Vermutlich war Nyiszli zum Zeitpunkt des Ereignisses noch nicht im Krematorium beschäftigt.

152 Anfang Juli 1944 wurden von vermutlich 11 000 Häftlingen des Lagerabschnitts B II b etwa 3800 junge arbeitsfähige Männer und Frauen in andere Konzentrationslager überstellt sowie ausgewählte Häftlinge in andere Lagerteile verlegt. Die verbliebenen 7000 Häftlinge wurden in den Nächten zwischen dem 10. und 11. sowie 11. und 12.7.1944 vergast. Anschließend wurden hauptsächlich polnische Häftlingsfrauen aus Warschau in B II b inhaftiert.

153 Dr. med. Ota (Otto) Heller (1895–1945; Häftl.-Nr. 146703) praktizierte als Arzt in Prag und erreichte das KL Auschwitz am 8.9.1943 aus dem Getto Theresienstadt. Als leitendem Häftlingsarzt des Häftlingskrankenbaus im Bauabschnitt B II e unterstanden ihm die Blöcke 30 (Kinder- und Infektionsabteilung) und 32 (Fachabteilungen und Ambulanz). Im Juli 1944 wurde er in Block 5 (Abteilung für innere Krankheiten) des Häftlingskrankenbaulagers B II f versetzt.

154 Heller verstarb vier Wochen nach seiner Ankunft im KL Buchenwald am 25.2.1945 an der Ruhr.

155 Im Juni 1944 befanden sich etwa 20 000 Frauen in B II c. Am 22.8.1944 gab die Lagerwiderstandsbewegung in einem Kassiber die Zahl von »zurzeit 30 000 ungarischen Juden« als »Durchgangs-Häftlinge« (Männer und Frauen in verschiedenen Lagerabschnitten) an. Die Anzahl der am 2.10.1944 im Durchgangslager B III (»Mexiko«) registrierten Jüdinnen, die vier Tage später nach B II c überstellt wurden, belief sich auf 17 202 Frauen.

156 Gemeint ist Lager B II f.

157 Unter einer unspezifischen Entzündung versteht man eine Krankheit, die nicht durch einen ganz bestimmten Erreger, d. h. ein bestimmtes Bakterium (z. B. für eine Tuberkulose oder eine Typhuserkrankung typisch), verursacht wurde. Nicht selten sind Befunde, die durch solche unspezifischen Erreger etwa an der Lunge oder im Darm verursacht werden, bei einer Sektion zunächst schwer von ähnlichen Befunden, die durch »spezifische« Erreger zustande kamen, abzugrenzen. Dann müssen z. B. bakteriologische oder histologische (feingewebliche) Zusatzuntersuchungen erfolgen. Dass in der vorliegenden Schilderung der in der pathologischen Anatomie versierte Obduzent Nyiszli offenbar von vornherein »durchsah«, also eine Typhuserkrankung diagnostizierte, diese jedoch gegenüber Mengele verneinte, ist – in Abwägung der Folgen einer solchen Diagnose für viele Menschen – unter den Extrembedingungen eines Konzentrationslagers zweifellos eine auch vom ärztlichen Standpunkt aus vertretbare bewusste »Fehldiagnose« im Interesse des Überlebens von Häftlingen.

158 Gemeint ist Mengeles Dienstzimmer, das er Anfang August 1944 nach B II f verlegte.

159 An den Toren der Krematorien I und II stand jeweils ein Häftling, die je Schicht eingeteilten zwei bis drei SS-Posten bewegten sich auf dem Gelände oder saßen in der Wachstube neben der Ofenhalle. Torwache bei Krematorium II war der Landwirt Icig (Isaak) Paisikovic (1897–1945), der einen Monat vor der Befreiung im KL Ebensee verstarb.

160 Nyiszli könnte zu diesem Zeitpunkt höchstens seit zwei Monaten im Krematorium gearbeitet haben, wahrscheinlicher ist ein Monat. Zu Beginn war er einen Monat lang in Monowitz inhaftiert und dort zur Zwangsarbeit herangezogen worden.

161 Bis zu seiner Abkommandierung in das KL Groß-Rosen am 9.11.1944 war Dr. med. Heinz Thilo (1911–1945) SS-Obersturmführer. Seit dem 27.7.1942 wurde er im KL Auschwitz als SS-Truppenarzt und seit dem 9.10.1942 als SS-Lagerarzt in den Bauabschnitten B II a, B II e und B II f eingesetzt.

162 Unter den 8502 namentlich bekannten Angehörigen der SS-Besatzung im KL Auschwitz trugen acht Personen den Namen »Wolff« und 23 den Namen »Wolf«. Unter ihnen befand sich weder ein Arzt noch ein SS-Angehöriger, der im Jahr 1944 die Rangbezeichnung »SS-Obersturmführer« getragen hätte, tatsächlich führten bis auf drei Ausnahmen alle niedrige Mannschaftsränge. Vermutlich liegt eine Namensverwechslung zwischen SS-Obersturmführer Wolf-Dietrich Wolff (1913–?), dem Geschäftsstellenleiter der SS-Organisation »Das Ahnenerbe«, der kein Arzt war und einem in Auschwitz tätigen SS-Lagerarzt vor. Wolff, gegen den ein Verfahren vor dem Landgericht Frankfurt am Main wegen Beihilfe zum Mord am 6.4.1971 aus Verjährung eingestellt worden war, wurde vorgeworfen, u. a. als »Schreibtischtäter« an der Überstellung von mindestens 86 Auschwitz-Häftlingen am 30.7.1943 in das KL Natzweiler-Struthof beteiligt gewesen zu sein, die dort zum Zweck des Aufbaus einer Schädel- oder Skelettsammlung vergast wurden.

163 Die Behauptung, dass Dr. Wolff den Obuzenten Nyiszli angefordert habe, lässt die Schlussfolgerung zu, dass es sich bei Dr. Wolff um keinen geringeren als den SS-Standortarzt Dr. Wirths gehandelt hat. Wirths war an zahlreichen pharmakologischen Experimenten direkt beteiligt und führte unter anderem medizinische Versuche auf dem Gebiet der Sterilisation und der Früherkennung des Gebärmutterhalskrebses selbst durch. In seiner Funktion hatte er Kenntnis von allen medizinischen Aktivitäten am Standort KL Auschwitz. In seiner Rechtfertigungsschrift vom 20.7.1945 schrieb er: »Dann aber mussten viele Tausende von Menschen sterben. Ich fand einen Weg, zunächst einmal Einfluss auf dieses Geschehen zu gewinnen, indem ich den dringenden Bedarf an Sanitätspersonal zusammenstellte. So konnten zunächst alle ankommenden jüdischen Ärzte und das Sanitätspersonal vor der Tötung bewahrt werden.« (Bericht Wirths in: Konrad Beischl: Dr. med. Eduard Wirths und seine Tätigkeit als SS-Standortarzt im KL Auschwitz, Würzburg 2005, S. 243).

164 Bekannt ist, dass Lagerarzt SS-Obersturmführer Dr. Hellmuth Vetter (1910–1949) in Zusammenarbeit mit dem Pharmakonzern Bayer, bei dem er Jahre zuvor angestellt gewesen war, Experimente mit pharmakologischen Präparaten unter anderem gegen verschiedene Formen von Typhus durchgeführt hatte, insbesondere in Monowitz. Vetter wurde im März 1943 in das KL Mauthausen-Gusen versetzt, wo er seine Menschenversuche fortsetzte. Flecktyphus-Experimente setzte in Monowitz sein Nachfolger SS-Obersturmführer Dr. Friedrich Karl Hermann Entress (1914–1947) bis zum 20.10.1943 fort, in Birkenau der SS-Untersturmführer Dr. Fritz Klein (1888–1945). Unter den SS-Lagerärzten ist jedoch kein Fall bekannt, der gesondert die Durchfallerkrankung erforscht hätte. Der einzige in die beschriebene Richtung »forschende« SS-Obersturmführer war der Professor für Anatomie und Vererbungslehre Dr. Johann Paul Kremer (1883–1965). Er erforschte durch Hunger entstandene Veränderungen im menschlichen Organismus und ließ viele Häftlinge ermorden, um sie anschließend obduzieren zu können. Kremer verließ das KL Auschwitz bereits am 18.11.1942.

165 Deka war eine seinerzeit gebräuchliche Maßeinheit. Drei Dekagramm entsprechen 30 gr.

166 Die Lebensmittelzuteilung lag abhängig vom Arbeitseinsatz theoretisch mit drei Mahlzeiten am Tag bei etwa 1700 bis 2150 Kalorien. Ausgeben wurden in der Regel jedoch nur Lebensmittel mit einem täglichen Energiegehalt von schätzungsweise 1300 bis 1700 Kalorien.

167 Gemeint ist Raisko (Rajsko). Ein erhaltenes Sektionsprotokoll vom 1.11.1944 wurde an das »Hygienische Institut Reichsgau« (sic!) adressiert. Nachdem im April 1943 einer der Räume des berüchtigten Blockes 10 – in dem auch Prof. Dr. Carl Clauberg (1898–1957) seine grausamen Sterilisierungsexperimente vorwiegend an jüdischen Frauen durchführte – sowie ein Raum in Block 20 des Stammlagers der Hygiene-Bakteriologischen Untersuchungsstelle der Waffen-SS Süd-Ost zugewiesen worden waren, wurde die Einrichtung aus Block 10 schon einen Monat später, 4 km vom Lager Birkenau entfernt, nach Rajsko an die Stadtgrenze von Auschwitz verlegt. Leiter des Instituts war der damals erst etwa 28 Jahre alte, aber mikrobiologisch offenbar gut ausgebildete SS-Obersturmführer Dr. med. Bruno Weber (1915–1956). Mit der Errichtung des Instituts erhielt die SS die Möglichkeit, unabhängig von bereits bestehenden wissenschaftlichen Instituten und Universitäten in den Besitz wertvollen wissenschaftlichen Materials zu gelangen und über qualifiziertes wissenschaftliches Personal zu verfügen. Das Laboratorium in Rajsko hatte Abteilungen für Bakteriologie, Chemie, Serologie, mikroskopische Anatomie, Parasitologie, experimentelle Biologie, Versuchstierkunde, Sterilisationstechnik und Meteorologie. Es war apparativ gut ausgestattet und verfügte über eine eigene Bibliothek. Im Jahr 1944 soll die Zahl der Diagnosen und Analysen etwa 110 000 betragen haben; die SS-Ärzte hatten ungefähr 150 Häftlinge – zu einem nicht unerheblichen Anteil Akademiker bzw. qualifizierte Laborkräfte – zu ihrer Verfügung. Diese Häftlinge waren im Lager Auschwitz I stationiert und wurden täglich von SS-Wachposten an den Stadtrand zum 1,5 km entfernten Dorf Rajsko gebracht.

168 Prof. Dr. Géza Mansfeld (1882–1950, Häftl.-Nr. 189121) war seit 1910 Privatdozent für experimentelle Pharmazie an der Universität Budapest, ab 1918 ordentlicher Professor für Pharmazie und Pathologie an der Universität Bratislava und von 1923 bis 1944 an der Universität Pécs. Zudem war er 1930/31 Dekan der Medizinischen Fakultät und 1934/35 Rektor. Nach seiner Verhaftung am 25.3.1944 und Inhaftierungen in verschiedenen Gefängnissen und Lagern erhielt er am 14.6.1944 im KL Mauthausen seine Anforderung vom Hygiene-Institut in Rajsko und traf bereits am 15.6.1944 im KL Auschwitz-Birkenau ein.

169 Laut Verlegungsmeldung vom 27.6.1944 wurde Nyiszli gemeinsam mit Dr. Josef Körner (1912–, Häftl.-Nr. 169840) von Monowitz nach Birkenau überstellt. Dr. Görög und der Sektionsassistent Fischer kamen Ende Juli 1944 zum Sektionskommando. Fischer wurde aus dem Getto Theresienstadt deportiert und erreichte das KL Auschwitz im Mai 1944. Vermutlich wurde er vor der Liquidierung des Theresienstädter Familienlagers am 10.7.1944 in das Männer- oder Krankenbaulager verlegt und dort für die Arbeit im Sektionsraum ausgewählt. Görög wurde aus Ungarn deportiert und erreichte Auschwitz-Birkenau am 7.7.1944. Im »Durchgangslager« B II e wurde er als Pathologe ausgewählt, schließlich am 25.7.1944 in das Männerlager B II d verlegt (Häftl.-Nr. A-17677) und von dort aus in den Sektionsraum von Krematorium I überstellt. Da das einzige erhaltene Sektionsprotokoll und weiterer Schriftverkehr mit dem SS-Hygiene-Institut nur von dem weitaus qualifizierteren Obduzenten Dr. Görög verfasst wurde, besteht jedenfalls die Möglichkeit, dass die Rolle Nyiszlis nur zweitrangig und nicht die des »verantwortlichen Leiters« gewesen sein könnte. Tatsache ist jedoch, dass sich Sonderkommando-Überlebende zum Teil an den Namen Nyiszli erinnern konnten und er im Gegensatz zu Görög einen Studienabschluss aus Deutschland bei einem anscheinend von Mengele geschätzten Professor vorweisen konnte. Zudem könnte Görögs gesundheitliche Verfassung, die durch Nyiszlis Hilfe bei der SS unentdeckt blieb, eine Leitungsfunktion Görögs verhindert haben. Nyiszlis in den Kap. XXXII und XXXIX seines Buchs zu findende Schilderung von Görögs Verwirrtheitszuständen wird durch einen sehr zuverlässigen Zeugen, den ungarischen Arzt Dr. József Bencze (1896–1970), bestätigt. Bencze wurde gemeinsam mit Görög deportiert und hinterließ einen detaillierten unveröffentlichten und im Privatbesitz befindlichen Erinnerungsbericht, demzufolge Görög bereits während der Bahnfahrt heftige Anzeichen von »Demenz aufgrund von Austrocknung« gezeigt haben soll. Nach etwa einer Woche habe sich der Zustand wieder gebessert und sich seine Orientierung wiederhergestellt. Der Überlebende Dr. Andreas Weiss (geb. 1929), der gemeinsam mit seinem Vater, dem Arzt Dr. Windholz, und Görög nach Auschwitz deportiert wurde, war Augenzeuge von der Auswahl Görögs als Pathologe und von dessen Überstellung. Er sagte aus, dass Verwirrtheitszustände Görögs zu diesem Zeitpunkt nicht zu bemerken gewesen wären. Sie könnten einige Zeit später durch beschleunigtes Absterben von Nervenzellen im Gehirn jedoch wieder verstärkt aufgetreten sein und eine Leitungsfunktion Görögs im Sektionskommando ausgeschlossen haben, falls die Symptome Ende Juli und im August 1944 bereits vorhanden gewesen sein sollten.

170 Es ist zu vermuten, dass alle vier Angehörigen des Sektionskommandos am 25.7.1944 oder an einem der darauffolgenden Tage separat aus verschiedenen Lagerteilen in das Krematorium I überstellt wurden: Görög und Fischer aus B II d sowie Nyiszli und Körner aus B II f.

171 Das bislang einzige gefundene Sektionsprotokoll vom 1.11.1944 wurde vom Lagerarzt des Birkenauer Frauenlagers (seinerzeit Dr. Mengele) beauftragt, jedoch von Görög unterschrieben (siehe Bildteil S. 147). Dessen Unterschrift »Dozent Dr. Görög«, die am Ende des Protokolls noch über der Angabe seiner Häftlingsnummer steht, verdeutlicht, dass nur eine fachlich anerkannte Kapazität es sich als Häftling erlauben durfte, mit der

Bezeichnung »Dozent« zu unterschreiben. Nyiszlis Behauptung, dass zu seinen Aufgaben als »Leiter« die Erstellung der Sektionsprotokolle gehört habe, wirft die Frage auf, warum dann Görög unterschieben hatte.

172 Der vorletzte Transport aus Griechenland mit 2044 Juden aus Athen und Korfu erreichte das KL Auschwitz-Birkenau in der Nacht vom 29. auf den 30.6.1944. 1423 der Deportierten wurden nach der Selektion in den Gaskammern von Krematorium II ermordet. Die Juden aus Korfu waren auf drei Booten zwischen dem 11. und 15.6.1944 nach Athen verschifft und von dort in Viehwagons weiter deportiert worden. Zu diesem Zeitpunkt dürfte Nyiszli noch nicht auf dem Krematoriumsgelände eingesetzt gewesen sein.

173 Luminal (chemisch: Phenobarbital) ist ein lang wirkendes Schlafmittel, das nicht selten in suizidaler Absicht verwendet wird (tödliche Dosis bei 4 bis 10 g). Im Sonderkommando war die Absicht der Gefangenen, »freiwillig« aus dem Leben zu scheiden, nicht größer als in anderen Häftlings-Arbeitskommandos. Der Freitod wurde im Sonderkommando meist von den an den Verbrennungsgruben beschäftigten Häftlingen gewählt, z. B. wenn Häftlinge dort ihre Familienangehörigen entdeckt hatten. Suizidfälle mussten grundsätzlich von der Ermittlungs- und Vernehmungsabteilung der politischen Abteilung (Lagergestapo) untersucht und vom Erkennungsdienst fotografisch dokumentiert werden (worauf bei den Gruben wegen mangelnder Beweise verzichtet wurde), damit festgestellt werden konnte, ob ein Mordfall vorlag. Um Ermittlungen zu vermeiden, wurde Suizid in den Verbrennungsgruben häufig von den Kapos als »Arbeitsunfall« gemeldet.

174 Der einzige bekannte Offizier aus der griechischen Armee im Sonderkommando war Joseph Baruch (1910–1945), allerdings war er laut eigenen (vermutlich gefälschten) Angaben von Beruf Schneider, lebte in Korfu und hatte nur ein Kind. Baruch hatte den Rang eines Obersten und verstarb Zeugenberichten zufolge am Tag der Befreiung des KL Ebensee an Tuberkulose, laut Sterberegister am 14.5.1945.

175 Offensichtlich ein Gerücht. Das Königreich Griechenland existierte von 1832 bis 1924 und von 1935 bis 1973. Die Lebensdaten der griechischen Könige widersprechen der Behauptung. Die Kinder von König Konstantin I. (1868–1923) wurden zwischen 1890 und 1913 geboren. Die einzigen infrage kommenden Könige waren dessen Söhne, Georg II. (1890–1947) und Alexander I. (1893–1920). Georg II. war kinderlos, Alexander I. hatte eine Tochter, die jedoch erst nach seinem Tod 1921 geboren wurde. Paul I. (1901–1964) wurde erst 1947 König, sein einziger Sohn Konstantin II. (1940–2023) wuchs bis 1946 im Exil in Ägypten und Südafrika auf.

176 Am 27.4.1941 besetzten deutsche Truppen Athen. Innerhalb der italienischen Besatzungszone war Athen unter gemeinsamer deutscher und italienischer Verwaltung, fiel jedoch am 8.9.1943 unter deutsche Besatzung (bis zum 12.10.1944). Der Versuch, die jüdische Bevölkerung Athens am 7.10.1943 registrieren zu lassen, scheiterte. Am 24.3.1944 wurde eine größere Anzahl an Juden mithilfe einer List der SS verhaftet und im Durchgangslager Chaidari interniert. Der von Nyiszli erwähnte Grieche kann keineswegs drei Jahre lang inhaftiert gewesen sein.

177 Gemeint ist der »Anfang« im Sektionskommando. Görögs 19-jährige Berufserfahrung übertraf die seines Kollegen Nyiszli und auch mit seiner anerkannten wissenschaftlichen Tätigkeit, die teilweise auf Deutsch publiziert worden war, gehörte Görög zu den führenden Experten (siehe biografische Angaben im Anhang, S. 266–268.).

178 Aus Nyiszlis Darstellung seiner Tätigkeit im Krankenbaulager B II f könnte geschlossen werden, dass er bereits Anfang Juli 1944 ins Krematorium I überstellt worden war. Es ist nicht auszuschließen, dass alle drei Pathologen und der Sektionsgehilfe Ende Juli 1944 zeitgleich ihre Sektionstätigkeit im Krematorium aufgenommen hatten, da die zahlreichen Aufträge Mengeles für eine Person nicht zu bewältigen gewesen wären. In seinen Zeitberechnungen verlängert Nyiszli stets die Dauer seiner Beschäftigung im Krematorium.

179 Gemeint ist der »Goldarbeiter«-Raum in Krematorium II, in dem die beiden Zahntechniker Frantisek Feldmann und Pinchas Kac seit Juli 1943 als Goldschmelzer beschäftigt wurden. Nach dem Lösen des Zahngolds von organischen Resten wurde es in Schalen aus Schamott eingeschmolzen und anschließend in Barren- oder Scheibenformen gegossen. Das in den anderen Krematorien in großen eisenbeschlagenen Einwurftresorkisten gesammelte Zahngold wurde im »Goldarbeiter-Raum« abgegeben. Feldmann habe die maximale Goldmenge an manchen Tagen Filip Müller zufolge auf 5 bis 10 kg geschätzt, was eine realistische Schätzung ist. Vgl. Filip Müller: Sonderbehandlung. Meine Jahre in den Krematorien und Gaskammern von Auschwitz, Darmstadt 2022, S. 100.

180 Berichten ehemaliger Sonderkommando-Häftlinge zufolge lautete die Aufschrift »Zum Bade- und Desinfektionsraum«.

181 Auf den Dosen-Etiketten der Firma Tesch und Stabenow standen unter dem Warnhinweis »Giftgas!« lediglich drei Gebrauchshinweise: »Cyanpräparat! Kühl und trocken lagern. Vor Sonne u. offener Flamme schützen« und »nur durch geübtes Personal zu öffnen und zu verwenden« sowie »Gewähr für Haltbarkeit nur innerhalb dreimonatiger Lagerzeit beim Verbraucher!«.

182 Die Stromversorgung wurde vom Elektrizitätswerk in Siersza Wodna gewährleistet. Über Umspannwerke wurde die elektrische Spannung auf 6000 V und schließlich für den Lagerzaun des Stammlagers auf 400 V heruntergefahren. Da der Lagerzaun von Birkenau weitaus länger war, musste er mit der höheren Spannung von 760 V betrieben werden. Die Aufschrift auf dem Warnschild lautete: »Vorsicht Hochspannung Lebensgefahr«. Anderen Zeugenberichten zufolge soll der Schäferhund einem SS-Posten gehört haben, der seinem Hund eine luxeriöse Hundehütte auf dem Krematoriumshof bauen ließ.

183 Das Lagertor mit der Aufschrift »Arbeit macht frei« befand sich im Stammlager Auschwitz und konnte von den an der Selektionsrampe in Auschwitz-Birkenau Ankommenden nicht gesehen werden.

184 Eine gelbliche Verfärbung der Haut deutet auf eine Störung des Leberstoffwechsels hin. Der Zusammenhang mit einer Schwefelvergiftung ist unklar.

185 Bis zu 30 000 Blanko-Postkarten sollen in den Depotlagern Birkenaus im Mai und Juni 1944 unter den Juden der »Ungarn-Aktion« verteilt worden sein, die nach ihrer Beschriftung und der Absenderangabe »Am Waldsee« oder nur »Waldsee« ohne Briefmarke und ohne Poststempel über das Verteilungszentrum »Verband der Ungarländischen Juden« in Budapest verschickt wurden. Der fiktive Ort »Waldsee« wurde als Kurort in Thüringen ausgegeben.

186 Die Postkarten mussten vor allem zu Täuschungszwecken von tschechischen Juden und später von Häftlingen des tschechischen Familienlagers B II b an Angehörige im Protektorat Böhmen und Mähren und nach Theresienstadt verschickt und vordatiert werden. Die ersten Postkartenaktionen mit dem Absender »Am Waldsee« lassen sich auf den März 1943 datieren. Für den 25.1.1944 kann eine Kraftfahrzeuganforderung der SS mit dem Vermerk »Briefaktion des RSHA (Juden)« für die Lager Jawischowitz, Monowitz und Birkenau nachgewiesen werden.

187 Der von Nyiszli mehrfach im Original verwendete Begriff »gázkommandó« stammte aus der »Krematoriumsesperanto« genannten Lagersprache, wurde jedoch nur von Außenstehenden als Synonym für »Sonderkommando« verwendet. Die bei der Räumung der Gaskammern eingesetzten Häftlinge wurden als »Schlepper« bezeichnet. Einige der in dieser Funktion ehemals eingesetzten Sonderkommando-Überlebenden bezeugten, dass in äußerst seltenen

Einzelfällen Säuglinge die Vergasung überlebt hatten und nach ihrer Entdeckung von SS-Angehörigen ermordet wurden. Fälle von noch lebenden Kindern oder Jugendlichen wurden vom Sonderkommando nicht überliefert, hätten sich aber sicherlich schnell herumgesprochen. Der von Nyiszli beschriebene einmalige Fall einer Wiederbelebung könnte sich zwischen Anfang bis Mitte Juli 1944 ereignet haben. Er wurde dramaturgisch in den beiden auf Nyiszlis Bericht basierenden Spielfilmen »Die Grauzone« (USA 2001) und »Son of Saul« (UNG 2015) verarbeitet. Die Flut der Massentransporte aus Ungarn endete am 11.7.1944 in Auschwitz. Zwei bis drei weitere Einzeltransporte erreichten Auschwitz noch bis zum 25.7.1944. Möglicherweise beruht diese Geschichte auf Sonderkommando-Berichterstattungen, die Nyiszli vom Hörensagen kannte, da er sich zu diesem Zeitpunkt noch im Krankenbaulager B II f befunden haben könnte.

188 Mußfeldt verließ wahrscheinlich nur wenige Wochen nach Nyiszlis Tätigkeitsbeginn im Sektionsraum Krematorium I das KL Auschwitz Mitte August 1944.

189 Bauarbeiten fanden im Zuge der Errichtung der neuen Selektionsrampe bis Mai 1944 statt. Ein »permanentes« Straßenbaukommando wurde dort im Sommer 1944 nicht eingesetzt.

190 Gemeint ist der Vorraum des sogenannten Verbrennungsraums mit den Dreimuffel-Einäscherungsöfen.

191 Gemeint ist die Häftlingsunterkunft.

192 Nyiszlis Behauptung, dass auf dem Hof von Krematorium I »Dutzende« Stühle zur Verfügung gestanden hätten, lässt sich durch andere Zeugenaussagen nicht bestätigen. Zudem kann eine Analyse der alliierten Luftaufnahmen des Krematoriums-Geländes I vom 31.5., 26.6., 23.8., 25.8. und 13.9.1944 diese pauschale Behauptung widerlegen. Zeitgenössische Fotografien belegen Stühle und Rollstühle auf der Selektionsrampe. Diese gelangten von dort in das Effektenlager und nicht auf das Krematoriumsgelände. Nyiszli ist der Einzige, der über die Herstellung eines »riesigen Sofas« im Krematorium berichtet hat.

193 Ein Wohnsitz Mußfeldts in Mannheim ließ sich nicht ermitteln.

194 Gemeint ist der Kunstmaler im Sonderkommando, David Olère (1902–1985). Olère wurde für Auftragsarbeiten im Dienst der SS von der Krematoriumsarbeit freigestellt. Er überlebte, bezeugte das Ereignis jedoch nicht. Zu den bekannten Chronisten und geheimen Schreibern des Sonderkommandos zählte Olère nicht.

195 Nyiszli berichtet offenbar vom Hörensagen. Im Zusammenhang mit der Sammlung von Beweisen der Vernichtung wurden anfänglich Kassiber aus der Todeszone und dem Lager geschmuggelt. Als Mitte 1944 der wichtigste Kurier aus dem Lager floh, begannen die sogenannten Chronisten des Sonderkommandos seit Juli 1944 ihre Berichte, Tagebücher und Notizen auf dem Krematoriumsgelände zu vergraben. Die meisten der schätzungsweise 60 geheimen Handschriften wurden anfänglich in den Aschegruben oder im Winkel zwischen den unterirdischen Kellern auf dem Krematoriumsgelände I und II vergraben und gelten bis heute als verschollen. Lediglich eine Handschrift aus der frühen Vergrabungszeit konnte aufgefunden werden. Von den zwischen Ende August und Ende November 1944 vergrabenen Schriften konnten dagegen in den Jahren 1945 bis 1980 sieben Funde von fünf Autoren entdeckt werden. Vgl. Andreas Kilian: À propos de la recherche négligée des manuscrits cachés «venant de l'enfer», in: mémoires en jeu, No. 12/Hiver 2020, S. 27–29. Nyiszlis behauptete zweimalige Einholung von Unterschriften »alle(r) 200 Mitglieder des Sonderkommandos vom Krematorium I« ist jedoch vor dem Hintergrund konspirativer Grundsätze und Regeln äußerst unwahrscheinlich.

196 Die Baumgruppe befand sich auf dem Gelände von Krematorium II, nicht aber bei Krematorium I, in dem Nyiszli eingesetzt wurde.

197 Die alliierte Luftaufklärung über der Region Auschwitz begann am 4.4.1944. Bis zum Januar 1945 können 18 Aufklärungs- und Bombardierungsflüge nachgewiesen werden. Nur ein Teil der Flüge wurde fotografisch dokumentiert. Der beschriebene Luftalarm fand zwischen dem 13.9.1944 und dem 6.10.1944 statt.

198 Von Überlebenden des Sonderkommandos wurde dies nicht bestätigt.

199 Das Ereignis fand am 23.9.1944 im Desinfektionsblock des Effektenlagers I gegenüber dem Stammlager Auschwitz statt. An diesem Tag wurden 210 Sonderkommando-Häftlinge, die zuvor bei Bunker V eingesetzt waren, vergast und anschließend aus Geheimhaltungsgründen von SS-Angehörigen vermutlich in Krematorium II selbst verbrannt. Durch die unsachgemäße Verbrennung entdeckte das Sonderkommando den Betrug. Verbrennungsgruben waren nicht mehr in Betrieb.

200 Das Sonderkommando stand nicht in direktem Kontakt zu den Partisanen, die sich auch bei Luftalarm nicht bis an die Lagerpostenkette nähern konnten. Die Waffen und Hilfsmittel des Sonderkommandos stammten von Häftlingen aus dem Kommando Zerlegebetriebe, der Union-Munitionsfabrik, der Häftlingsküche und den benachbarten Arbeitskommandos Kläranlage und Effektenkammer. Der Besitz von drei Maschinenpistolen kann durch andere Quellen nicht bestätigt werden.

201 Die in der Umgebung operierenden Partisanenabteilungen waren zu diesem Zeitpunkt viel zu schwach, um bis nach Auschwitz-Birkenau vorzudringen, und lagen mindestens 65 km nordöstlich und rund 40 km südlich entfernt in Stellung.

202 Die Widerstandsbewegung im Sonderkommando entstand bereits im Herbst 1943 und setzte sich Mitte 1944 aus etwa einem Dutzend Männern im Planungsstab der Widerstandsgruppe und schätzungsweise drei bis vier Dutzend eingeweihten Aktivisten in den vier Krematoriumskommandos zusammen. Ihre Kommandozentrale befand sich in Krematorium I, in der eine Materialausgabestelle existierte, die für die Verbindungsleute aus den anderen Krematorien als Anlaufstelle und Übergabeort dienen konnte. Konspirative Kontakte gab es zudem in der angrenzenden Bekleidungskammer im Frauenlager. Ehemaligen Widerstandsaktivisten aus dem Sonderkommando zufolge wurde Nyiszli aus Sicherheitsgründen nicht in die konkreten Aufstandspläne eingeweiht.

203 Kommandoführer Karl Fritz Steinberg (1897–1950) wurde am 1.9.1943 nachweislich zum SS-Unterscharführer befördert, eine Beförderung zum SS-Oberscharführer im Laufe des Jahres 1944 ist anzunehmen.

204 Kommandoführer Robert Seitz (1911–1977) wurde vermutlich im Dezember 1943 zum SS-Unterscharführer befördert, eine Beförderung zum SS-Oberscharführer im Laufe des Jahres 1944 ist anzunehmen.

205 Die Identität der genannten Person konnte bislang nicht festgestellt werden. Die Sonderkommando-Überlebenden Dov Paisikovic (1924–1976) und Shlomo Venezia (1923–2012) gaben an, dass der Name »Holländer« ein Beiname gewesen sei, der die Nationalität der Person bezeichnet hätte. Der Realname des etwa 32-jährigen Holländers wurde nicht überliefert. Von den niederländischen SS-Angehörigen im KL Auschwitz sind kaum Namen bekannt, eine Ausnahme ist der Volksdeutsche Peter Houthuijzen aus Utrecht (1907–1990). SS-Freiwillige erhielten aufgrund eines »Führererlasses« vom 19.5.1943 die deutsche Staatsangehörigkeit und konnten deshalb später nicht als Kriegsverbrecher an niederländische Behörden ausgeliefert werden. Nach dem Bundesversorgungsgesetz konnten auch im Ausland lebende SS-Veteranen Rentenansprüche geltend machen.

206 Friedrich Eidenmüller (1912–?) war ein volksdeutscher Weber aus Ungarn und wurde am 1.5.1944 zum SS-Rottenführer befördert. Er wurde als SS-Posten in den Krematorien I und II eingesetzt und am 2.4.1948 im Krakauer

Auschwitz-Prozess zu einer vierjährigen Gefängnisstrafe verurteilt. Seine Beteiligung an der Massenvernichtung blieb unentdeckt. Eidenmüller und »Holländer« wurden vom Sonderkommando-Maler David Olère in einigen seiner Ölgemälde und Zeichnungen nach 1945 dargestellt.

207 Gemeint ist das 45 km von Auschwitz entfernte und am 21.4.1941 eröffnete Erholungsheim »SS-Hütte Solatal« in dem Dorf Mienzebrosche (Międzybrodzie Bialskie) am Ufer des Międzybrodzier Stausees, der am Durchbruch des Flusses Sola im Gebirgszug der kleinen Beskiden liegt. Mit Urlaub in der »Solahütte« wurden auch SS-Posten belohnt, die Flüchtige erschossen hatten. Nach ihrem Lazarettaufenthalt konnten SS-Angehörige seit Mai 1944 in das »Genesungsheim Solahütte« auch in Kur fahren.

208 Offiziell wurden die in den Vernichtungsanlagen eingesetzten SS-Männer als Angehörige der Politischen Abteilung (»Lagergestapo«) geführt und waren dem Reichssicherheitshauptamt, Amt IV, Referat C 2 (Schutzhaftangelegenheiten) unterstellt. Tatsächlich hatten sie einen Sonderstatus, eine hohe Fluktuation widerspricht jedoch ihrer Isolation. Versetzungen zur Front waren möglich. Krematoriumsleiter Mußfeldt meldete sich nach der Aufdeckung eines Mordanschlags auf ihn freiwillig an die Front. Der erste Leiter aller Birkenauer Krematorien Peter Voss (1897–1977) wurde im Mai 1944 durch Otto Moll ersetzt, zum Leiter der Krematorien III und IV degradiert und ließ sich nach einem Zuständigkeitsstreit mit Moll im September 1944 an die Front versetzen. Er teilte seine Frontversetzung sogar den Häftlingen in seiner Abschiedsrede mit. Obgleich innerhalb der SS eine Sondergerichtsbarkeit bestand und straffällig gewordene SS-Leute auch in besonderen Lagern repressiven Maßnahmen ausgesetzt waren, sind Tötungen von SS-Angehörigen als »Geheimnisträger« nicht nachweisbar. Im Keller des Kommandanturgebäudes im Stammlager Auschwitz bestand ein Zellentrakt für straffällig gewordene SS-Angehörige, die zu Arrest verurteilt worden waren. Bei monatelangen Haftstrafen wurden die Verurteilten in das Straflager für Angehörige der Waffen-SS in Matzkau bei Danzig eingewiesen.

209 Dem Sonderkommando-Überlebenden Marcel Nadjary zufolge stammten Michels Eltern aus Saloniki, er selbst scheint in Frankreich geboren worden zu sein. Vgl. Marcel Nadjary: Sonderkommando. Birkenau 1944 – Thessalonique 1947. Resurgence, Paris 2023, S. 133. Sehr wahrscheinlich traf er am 4.3.1943 mit dem 49. Transport aus Drancy im Lager ein. Auf der Deportationsliste dieses Transports finden sich keine passgenauen personenbezogenen Angaben, was damit zusammenhängen könnte, dass die Listen nicht zuverlässig sind: Die erhaltenen Exemplare sind lediglich Planungs-, jedoch keine Abgangs- oder Zugangslisten, sodass keine Änderungen (nicht erschienen, zurückgestellt, ausgetauscht) vermerkt sind.

210 Schätzungsweise 4200–4300 Sinti und Roma befanden sich am am Nachmittag des 2.8.1944 im »Zigeunerlager« in B II e.

211 Transportverpflegung hatten nur diejenigen erhalten, die zuvor am 18.7. und 1.8.1944 von Birkenau in das Stammlager Auschwitz überstellt worden waren und schließlich am 2.8.1944 an der Birkenauer Rampe einwaggoniert wurden, um in die KL Buchenwald und Ravensbrück überstellt zu werden. Ein »Zigeunertransport« vom 3.8.1944 erreichte das KL Buchenwald mit »918 Mann«. 800 von ihnen wurden am 5.10.1944 rücküberstellt und in Birkenau vergast.

212 Nach einem erfolglosen Täuschungsmanöver der SS wurden die im Lagerabschnitt B II e verbliebenen Sinti und Roma, etwa 2800 Frauen und Kinder sowie etwa 1400 Männer, unter strengsten Sicherheitsvorkehrungen mit Lastwagen zu den Krematorien I und IV verbracht, wo sie in der Nacht vom 2. auf den 3.8.1944 ermordet und verbrannt wurden.

213 Das Lager war weiterhin belegt. Laut Arbeitseinsatzliste vom 3.8.1944 befanden sich neben den unregistrierten und daher nicht in der Liste enthaltenen jüdischen »Depot«-Häftlingen in B II e zusätzlich 1415 Männer in

»Zugangsquarantäne«, weitere 547 Häftlinge waren Neuzugänge und 72 Häftlinge im Arbeitseinsatz.

214 Wolhynien ist eine historische Region in Mittel- und Osteuropa, die im Südosten Polens, dem Südwesten Weißrusslands und primär im Nordwesten der Westukraine, nordöstlich von Galizien, liegt.

215 Vor Beginn der Ausrottungsaktionen lebten in Deutschland und Österreich etwa 40 000 Sinti und Roma; 25 000 von ihnen wurden in den Konzentrationslagern ermordet. Ein Großteil war katholischen Glaubens.

216 Der Thymus ist ein wichtiges Organ im Immunsystem des menschlichen Organismus. Zur Zeit der Geburt hat er mit etwa 20 g sein relativ größtes Gewicht; bis zur Pubertät tritt eine Vergrößerung auf etwa 30 g ein. Danach beginnt die Rückbildung des Organs, sodass beim Erwachsenen an seiner Stelle nur noch etwas Fettgewebe übrigbleibt. Eine stressbedingte Rückbildung durch verschiedene Schädigungen (z. B. Infektionen oder bestimmte Vergiftungen) ist innerhalb von Stunden möglich und kann bis zu 50 % ausmachen. Auch eine Vergrößerung durch bestimmte Wachstumsfaktoren ist beobachtet worden. Früher glaubte man, den plötzlichen Tod von Säuglingen durch eine solche Vergrößerung erklären zu können. Heute weiß man, dass in den Fällen eines plötzlichen Kindstodes der Thymus lediglich keine Rückbildung wie etwa bei längere Zeit kranken Kindern erfährt.

217 Als FKL wird das Frauenkonzentrationslager in Bauabschnitt B I bezeichnet.

218 Die ersten weiblichen Häftlinge wurden am 26.3.1942 aus dem Konzentrationslager Ravensbrück – dem größten, im Mai 1939 errichteten Lager für Frauen – nach Auschwitz gebracht. Im Lager wurden 999 Frauen in den Blocks 1–10 untergebracht. Am gleichen Tag erreichte der erste RSHA-Transport mit zur Zwangsarbeit bestimmten 999 Jüdinnen aus der Slowakei Auschwitz. Nachdem das Lager Birkenau (Auschwitz II) eröffnet worden war, wurden vom 6. bis zum 14.8.1942 alle weiblichen Häftlinge in mehreren Überstellungen in das neueröffnete Frauenlager im Abschnitt B I a verlegt. Zu dieser Zeit waren etwa 13 000 weibliche Häftlinge dort. Ab Juli 1943 wurden auch im Lagerabschnitt B I b, der bis dahin mit Männern belegt war, Frauen untergebracht. Am 22.8.1944 gab es im FKL Auschwitz 38 944 weibliche Häftlinge.

219 Gemeint ist die Kommandoführerstube im Krematorium.

220 Neben der Datierung »Mai« am Anfang von Kap. I und »Juni oder Juli« am Ende von Kap. XIX verzichtete Nyiszli bis zu dieser Stelle auf die weitere Nennung von Monatsnamen, was an allgemeinen, nicht zeitlich beschränkten Beschreibungen oder an der Verwendung von Inhalten vom Hörensagen liegen könnte. Der kürzeste Weg innerhalb der Lagerumzäunung beträgt 1250 m.

221 Gemeint ist die Blockführerstube.

222 Die »Orientalische Cigaretten Compagnie Yosma GmbH Bremen« (sic!) verkaufte die beliebte würzige Zigarettenmarke »Josma«, die in Mährisch-Sternberg (Šternberk) hergestellt wurde.

223 Gemeint ist ein Durchgangs- und »Depot«-Lager. Auch in B II c betrug die Quarantäne der Neuankömmlinge höchstens vier Wochen.

224 Gemeint sind die in den Pferdestallbaracken aufgestellten zwei Meter hohen dreistöckigen Holzetagenbetten. Eine Schlafstätten-Etage wurde als »Box« bezeichnet. Für eine Fläche von 2,8 x 1,55 m waren je Etage fünf Häftlinge vorgesehen.

225 Die Schreibstube und das Büro der Abteilung Arbeitseinsatz befanden sich in Block 2 am Anfang der Lagerbaracken.

226 Anfang August 1944 wurde der Arbeitsdienstführer in B II d, Ernst Erich Grauel, zum SS-Oberscharführer befördert.

227 Vermutlich ging Nyiszli davon aus, dass die Stärke der Verlegungstransporte ähnlich hoch war wie die der Deportationszüge, die von Ungarn nach Auschwitz fuhren. Die Einzeltransportstärke aus B II c lag im August 1944 bei durchschnittlich 500 Frauen.

228 Das Lager B II c grenzte an die Lagerstraße, die den Bauabschnitt II teilte. Von der Lagerstraße aus war ein ungehinderter Blick auf die Hintertüren der westlich gelegenen Häftlingsbaracken möglich. Der Stacheldrahtzaun dieser Lagerverbindungsstraße wurde nicht durch Wachposten überwacht.

229 Bestätigt wird dies durch die Überlebende Tzipora Hager Halivni, die in Vişeu de Sus mit Nyiszlis Tochter zur Schule gegangen und befreundet war. Im August 1944 habe Nyiszli seine Frau und Tochter im Lager B II c besucht und ihnen aufgetragen, anderen Frauen zu raten, sich in andere Lager überstellen zu lassen. Hager-Halivni war in Block 16 untergebracht, in Block 15 arbeiteten die Zeuginnen Gisela Perl (Ärztin, 1907–1988, Häftl.-Nr. A-25404) und Olga Lengyel (medizinische Assistentin). Hager-Halivni schreibt, Nyiszli hätte ihr »indirekt das Leben gerettet«, weil sie seinem Rat gefolgt sei. Vgl. Hager-Halivni: Revolt, S. 152.

230 Nachdem mit dem Beginn der sowjetischen Großoffensive »Operation Bagraton« seit 22.6.1944 die Ostfront sich immer weiter westlich verschob und alles auf eine unvermeidliche Niederlage des Dritten Reiches hindeutete, begann die SS auch in Auschwitz mit der Beseitigung der Spuren ihrer Verbrechen und mit absichernden Maßnahmen für den Rückzug. Am 24.7.1944 wurde das Vernichtungslager Lublin-Majdanek von der Roten Armee befreit, welche bereits Ende Juli die Weichsel überquert hatte und auf Warschau vorrückte. Der Warschauer Aufstand begann am 1.8.1944. Einige Tage später, nachdem bereits arbeitsfähige Sinti und Roma überstellt worden waren, gingen erste Massentransporte mit Häftlingen ins Innere des Deutschen Reichs ab. Zunächst betrafen sie nichtjüdische Sowjetbürger und Polen, deren potenziellen aktiven Widerstand man am meisten fürchtete. Danach folgten nichtjüdische Polinnen und Jüdinnen, die die Birkenauer »Depotlager« überfüllten. In Transporten zu 200 bis 2000 Menschen erfolgte die Verlegung von etwa 65 000 der Häftlinge hauptsächlich in die Konzentrationslager und Nebenlager von Flossenbürg, Mauthausen, Buchenwald, Neuengamme, Sachsenhausen, Bergen-Belsen, Ravensbrück, Dachau, Natzweiler und Groß-Rosen. Nyiszlis Frau und Tochter wurden mit einem Transport von 500 ungarischen Jüdinnen im August 1944 in das Nebenlager Fallersleben des KL Neuengamme überstellt. Fallersleben ist ein Stadtteil von Wolfsburg, das Lager befand sich auf dem Gelände des Volkswagenwerks. Die Häftlingsfrauen wurden in der Produktion von Tellerminen und Panzerfäusten eingesetzt.

231 Die Liquidierung des Lagerabschnitts B II c fand am 4.11.1944 statt. Zwischen dem 9. und 21.10.1944 wurden schätzungsweise 12 200 Jüdinnen aus dem Lager B II c in sechs Einzelaktionen ermordet, davon etwa 6000 Frauen in Krematorium I, 3200 Frauen in Krematorium II und 3000 Frauen in Krematorium IV. Der SS-Fahrbereitschaft im KL Auschwitz standen zu diesem Zeitpunkt lediglich sechs Lkw sowie einige Anhänger zur Verfügung.

232 Neben den »Überstellungen« durch Abtransport in andere Konzentrationslager im Inneren Deutschlands erfolgten bis Ende Oktober 1944 hinein Massentötungen in den Gaskammern. Neben der Ermordung von Neuankömmlingen wurden zahlreiche Selektionen in den Lagerabschnitten und Nebenlagern durchgeführt. In den Bestandsmeldungen der Lagerführung wurden die Mordaktionen als »S.B.« (Sonderbehandlung) verzeichnet. Die letzten Opfer des Zyklon B stammten aus dem 1715 Deportierte zählenden Transport aus Theresienstadt, der am 24./25.10.1944 eintraf.

233 Die von Nyiszli im Folgenden geschilderten Ereignisse fanden am 7.10.1944 statt.

234 Formal konnte kein Lagerarzt eine Untersuchungskommission der Politischen Abteilung anführen.

235 Alle Fluchtversuche mit Todesfolge wurden auf diese Weise vom Referat Ermittlungen und Vernehmungen der Politischen Abteilung untersucht. In der Häftlingspersonalkartei wurden alle registrierten Häftlinge des KL Auschwitz mit ihrem vollen Namen geführt.

236 Nyiszli zieht aus dem späteren Aufstandsereignis die falsche Schlussfolgerung, dass ein Termin für die vollständige Liquidierung des Sonderkommandos anberaumt gewesen wäre.

237 Ein Synonym für »Sonderkommando«.

238 Hier liegt eine Verwechslung des aus Skandinavien stammenden Aquavit mit dem erstmals im Jahr 1405 im Königreich Polen erwähnten Wodka vor.

239 Der Selektionstermin wurde den Funktionären des Sonderkommandos von der SS in den ersten Oktobertagen mitgeteilt. Sie sollten für den 7.10.1944 eine »Transportliste« von 300 Mann zusammenstellen. Betroffene Häftlinge kündigten daraufhin an, sich zur Wehr zu setzen, und forderten die Widerstandsführer im Sonderkommando dazu auf, sich ihnen anzuschließen. Diese hatten bereits beschlossen, dass der Aufstand an einem Tag stattfinden sollte, an dem kein Transport im Lager ankommt, und dass er um 16.30 Uhr, noch vor Einbruch der Dunkelheit, ausgelöst werden sollte. Da am 7.10.1944 weder ein Zugangs- noch ein Vernichtungstransport in Birkenau eintraf und lediglich die Tagschicht von Krematorium I restliche Leichen einzuäschern hatte, schien dieser Tag dafür prädestiniert zu sein. Die unkontrollierbare Reaktion der von der Selektion Betroffenen gefährdete jedoch die ursprünglichen Planungen, da ein verfrühter Ausbruch der Revolte die Fluchtchancen minimierte. Die Widerstandsleitung im Sonderkommando entschied daher, sich nicht an einer Revolte der für die Selektion ausgewählten Häftlinge zu beteiligen. Da Nyiszli aufgrund seiner privilegierten Stellung und Nähe zur SS nicht in eine Widerstandsgruppe eingebunden werden konnte, ist es eher unwahrscheinlich, dass er vor dem Aufstand in die Pläne eingeweiht worden ist. Seine Ausführungen zum Aufstand beruhen sehr wahrscheinlich auf Informationen vom Hörensagen nach dem Ereignis, Spekulationen und voreiligen Schlussfolgerungen.

240 Der Forst Pless um das oberschlesische Dorf Kobier (Kobiór) bot keinen ausreichenden Schutz. Auf dem Gelände befand sich bis September 1943 ein Außenlager des KL Auschwitz für 150 Häftlinge, die für Waldarbeiten eingesetzt wurden.

241 Ekrasit besteht aus einer Mischung von Ammoniumnitrat mit Pikrinsäure und ist unempfindlich gegen Feuchtigkeit, Erschütterung oder Feuer. Im Werk der Weichsel-Metall-Union Sils & Co. Kommanditgesellschaft wurden Zünder für Artilleriegeschosse produziert. Als Ladung wurde nicht Ekrasit, sondern Schwarzpulver verwendet. Maschinenpistolen standen dem Sonderkommando wahrscheinlich nicht zur Verfügung. Etwa drei Eierhandgranaten sowie mindestens 30 selbstgebastelte Granaten wurden von ausgewählten Häftlingen aufbewahrt und in den einzelnen Krematoriumsgebäuden versteckt. Zudem verfügten eingeweihte Sonderkommando-Häftlinge über Hieb- und Stichwaffen, Wurfgeschosse sowie über Benzin zur Brandlegung. Zu den konkreten Aufstandsplänen und dem minutiösen Ablauf der Revolte vgl. Friedler: Zeugen aus der Todeszone, S. 259f.

242 Zwischen den Krematorien II und III behinderten viele Bäume, massive Silos der Kläranlage und das gesamte Effektenlager B II g die freie Sicht. Vereinbart waren Rauchzeichen, die nur dann zweifelsfrei zu deuten waren, wenn die Krematoriumsöfen außer Betrieb waren.

243 Etwa 25 bis 30 Minuten nach dem auf dem Hof von Krematorium III um 13.25 Uhr begonnenen Häftlingsappell brach die Revolte des Sonderkommandos aus, in deren Folge der als Unterkunft genutzte Auskleideraum von Häftlingen in Brand gesetzt wurde. Eine Explosion, die das Krematorium zerstört hätte, erfolgte dagegen nicht, zumal die selbstgefertigten Granaten auf dem Krematoriumsgelände nicht zum Einsatz kamen.

244 Ein Bataillon ist ein militärischer Verband, der gewöhnlich aus 300 bis 1200 Soldaten besteht. Offenbar lag eine Verwechslung mit einer SS-Kompanie vor, die aus 200 bis 250 Mann bestand. Das SS-Totenkopf-Bataillon (Wachsturmbann) des KL Auschwitz bestand aus drei Bataillonen: zehn Wach- und Ausbildungskompanien, zwei Stabskompanien, einer Schulungskompanie und einer Hundestaffel. Ende Mai 1944 wurde zusätzlich der SS-Totenkopfsturmbann KL Auschwitz III gebildet, dem acht kleinere Wachkompanien unterstanden. Im August 1944 wurden 3342 SS-Angehörige im gesamten Lagerkomplex Auschwitz als Wachposten eingesetzt. Nyiszli sah die bei Häftlingsfluchten verständigte Alarmeinheit der SS-Wachmannschaften, die nur einen Kilometer von Krematorium III und etwa 1,6 km von Krematorium I entfernt stationiert war. Die Alarmeinheit setzte sich für die Niederschlagung und Suchaktion aus der Alarmbereitschaft und mehreren kleinen schwerbewaffneten Zügen aus den Wachkompanien und der Hundestaffel zusammen.

245 Die Hundestaffel des KL Auschwitz bestand aus etwa 150 SS-Hundeführern und 150 Tieren.

246 Das Krematoriumsgebäude hatte keine Hintertüren, zudem waren alle Fenster vergittert. Die Flüchtigen konnten das Gebäude vom Erd- und Obergeschoss nur durch eine Seitentüre des Koksraums auf der Ostseite verlassen.

247 Zwischen den 120 m voneinander entfernt liegenden Wachtürmen der kleinen Postenkette und den 30 m gegenüberliegenden Wachtürmen der großen Postenkette, die durch einen Entwässerungsgraben (»Königsgraben«) getrennt wurden, entkamen die orientierungslosen Flüchtlinge nicht wie geplant westlich Richtung Weichsel, sondern südlich in Richtung der Fischteiche von Harmeze und der Ortsgrenze des Dorfes Rajsko. Einige Häftlinge wurden bei dem Versuch, die große Postenkette zu durchbrechen, erschossen.

248 Die Politische Abteilung war eine Struktureinheit des Lagers, an deren Spitze ein SS-Offizier und Kriminalbeamter stand. Sein Aufgabenbereich umfasste die Führung der Häftlingspersonalakten und die Korrespondenz mit dem Reichssicherheitshauptamt und den Gestapo- und Kripostellen, von welchen die Gefangenen zugewiesen wurden. Auch die Aufnahme der Transporte, die Kontrolle der Sicherheit des Lagers und die Verhinderung von Widerstandsaktivitäten unter den Häftlingen oblag dieser Abteilung, ebenso die Durchführung von Verhören von Häftlingen aus den verschiedensten Anlässen. Schließlich war die Politische Abteilung auch für das Führen der Akten des Standesamtes, die Verwaltung der Krematorien und den Lager-Erkennungsdienst zuständig.

249 Von 170 Häftlingen, darunter acht sowjetische Kriegsgefangene, neun griechische und etwa 120 ungarische Juden, flohen 96 Mann, der Rest blieb im Krematorium. Einzelne verübten dort Suizid durch Gift und Erhängen, die meisten wurden auf dem Hof vor dem Krematorium strafweise durch Genickschuss ermordet.

250 Mit der gerichtsmedizinischen und akademischen Karriere, wissenschaftlichen Publikationstätigkeit und beeindruckenden klinischen Berufserfahrung von Görög konnte Nyiszli, der nach eigenen Angaben nur während des Studiums in Deutschland als Pathologe tätig war (DEGOB-Protokoll vom 29.7.1945) und Gerüchten zufolge vor dem Krieg möglicherweise gelegentlich in Oradea obduziert haben soll, aber spätestens seit 1937 nur noch als Allgemeinmediziner praktiziert hatte, nicht mithalten. Im Vorwort der englischen Edition von 2012 behauptet Richard J. Evans, dass Nyiszli als forensischer Pathologe »für die Polizei und Gerichte (...) in vielen Teilen Rumäniens« Autopsien durchgeführt habe. Vgl. Miklós Nyiszli: Auschwitz. A Doctor's Eyewitness Account, London 2012, S. Vf. Nachweise für diese Behauptung konnten bislang nicht vorgelegt werden.

251 Am 7.10.1944 war Krematorium I in Betrieb und seine Belegschaft war von keiner Selektion betroffen. Auch wenn nach einem Angriff eines russischen

Heizers auf Krematoriumsleiter Steinberg Anfang Oktober von der SS beabsichtigt wurde, alle sowjetischen Kriegsgefangenen im Sonderkommando aus Sicherheitsgründen in ein anderes Lager zu »verlegen« (an einem anderen Ort umzubringen), verschob die SS dieses Vorhaben im letzten Moment. Der Angreifer wurde in Krematorium I erschossen.

252 Neben den vier Überlebenden des Sektionskommandos blieben vier Sonderkommando-Häftlinge aus Krematorium I, die versucht hatten, die Öfen in die Luft zu sprengen, vorläufig am Leben. Unter ihnen befand sich ein verwundeter Anführer der Widerstandsgruppe, Jankiel Handelsman (1908–1944, Häftl.-Nr. 106112) sowie der französische Koch Michel.

253 Die beschriebenen Tätigkeiten führten Häftlings-Bedienstete der SS, sogenannte Kalfaktoren, aus. Persönliche Diener von Funktionshäftlingen wie Kapos oder Blockälteste, sogenannte Leibburschen, wurden im Lagerjargon »Pipel« genannt. Der Begriff könnte auf die Abkürzung »pip« für »persönliche Interessensperson« zurückgeführt werden, was auf die zeitweise sexuelle Ausbeutung der häufig sehr jungen Häftlinge zynisch anspielen könnte. Einer anderen Deutung zufolge könnte sich der Begriff etymologisch von »Pipapo« ableiten, was »das ganze drum und dran« oder »was dazugehört« bedeutet und sich darauf bezieht, dass alle aufgetragenen Arbeiten erledigt und alle Wünsche des Schutzherrn erfüllt werden mussten.

254 Zwei Sonderkommando-Häftlingen, dem sowjetischen Kriegsgefangenen Aleksander Schenkarenko (1921–1944, Häftl.-Nr. R-11526) und dem polnischen Juden Moszek Sobotko (1911–1944, Häftl.-Nr. 89297), gelang vorläufig die Flucht. Sie wurden vermutlich einige Tage später während ihrer Ergreifung erschossen.

255 So viele SS-Angehörige zählte die gesamte Politische Abteilung nicht. Vermutlich wurde die Zahlenangabe vom Bearbeiter des Berichts nach oben korrigiert, weil sie zu niedrig erschien. Wahrscheinlich waren nur sieben SS-Angehörige der Politischen Abteilung sowie doppelt so viele SS-Posten für die Eskortierung der Häftlinge anwesend.

256 Am 7.10.1944 erfolgte keine Überstellung in Block 13 des Männerlagers B II d.

257 Auf dem Hof von Krematorium III wurden von den Aufständischen keine Explosivstoffe verwendet. Augenzeugenberichten zufolge soll der polnische Jude Chaim Neuhoff (1890–1944) die Revolte mit einem Hammerschlag auf einen SS-Angehörigen ausgelöst haben.

258 Diese Explosion fand nicht statt.

259 Der Häftlingsappell auf dem Hof von Krematorium III wurde am 7.10.1944 absteigend nach Häftlingsnummern und nicht nach Nationalitäten durchgeführt. Zehn Mann waren im Arbeitseinsatz, von den restlichen 316 Angetretenen waren 57 % ungarische Juden. Da sie als letzte Zugänge die höchsten Häftlingsnummern trugen, wurden sie zuerst genannt. 30 % waren griechische Juden. Dreißig Mann wurden zur weiteren Verwendung in Krematorium IV eingesperrt. Die Revolte brach aus, als einige Dutzend Häftlinge von Krematorium III und IV, die zu ihrer Liquidierung abgeholt werden sollten, die SS mit Schlag- und Stichwaffen sowie Steinen angriffen. Während einige SS-Posten die Aufständischen auf dem Krematoriumshof und vom angrenzenden Effektenlager aus in Schach hielten und etwa 60 Mann erschossen, setzten Häftlinge das Krematoriumsgebäude III in Brand. Eine Gruppe aus Krematorium IV versuchte, sich im gegenüberliegenden Krematoriumsgebäude in Sicherheit zu bringen, Einzelne verübten Suizid. Die nach wenigen Minuten anrückende schwerbewaffnete Alarmeinheit der SS beendete den Aufruhr rasch, sperrte die Überlebenden in eine Gaskammer und ermordete sie bis auf wenige Ausnahmen in Zehnergruppen auf dem Hof durch Genickschuss. Von den 326 Häftlingen der Waldkrematorien überlebten nur 40 Mann den Aufstand. Die Ermordeten wurden in Krematorium IV eingeäschert.

260 Zeugenberichten zufolge wurde nur der reichsdeutsche Oberkapo Karl Töpfer in den Verbrennungsofen geworfen. Im Fernschreiben der Lagerverwaltung an die Gestapo Zichenau vom 8.10.1944 heißt es: »Es wird vermutet, dass der Rd. VH/BV-Häftling Töpfer, der als Capo bei diesem Kommando eingesetzt war, erschlagen und beiseitegeschafft wurde.« Dem einzigen SS-Posten der Tagschicht und dem SS-Kommandoführer gelang es frühzeitig, das Gelände zu verlassen.

261 Etwa 96 Sonderkommando-Häftlingen von Krematorium I gelang es, am 7.10.1944 vom Krematoriumsgelände zu fliehen. Von ihnen gelang etwa zehn bis zwölf Häftlingen, sich 600 m in südlicher Richtung in der Ortschaft Plawy in einer Scheune zu verschanzen. Die Scheune wurde mit den Aufständischen in Brand gesetzt. Eine zweite Gruppe von 73 Mann gelangte an der Grenze zum Wirtschaftshof Plawy, in dem Hunderte Häftlinge beschäftigt waren, bis zu den 1,3 km entfernt gelegenen Fischteichen, die ihnen den Weg versperrten und es der SS vereinfachte, sie zu stellen. Nachdem während der Ergreifung drei SS-Angehörige überraschend durch Stichwaffen getötet worden waren, erschoss die nachgerückte Alarmeinheit der SS alle Flüchtlinge. Abgesehen von den vier Überlebenden und etwa zehn bis zwölf Häftlingen, die von den Wachtürmen und neben der Kläranlage erschossen wurden, tötete die SS die restlichen Häftlinge des Krematoriums I auf dem Krematoriumshof oder im Gebäude. Die Leichen von 164 Männern wurden von 27 Häftlingen aus Krematorium II am 9.10.1944 in Krematorium I eingeäschert. Dieses 169 Mann zählende Krematoriumskommando blieb abgesehen von einem erschossenen Saboteur vollzählig, da es sich nicht an der Revolte beteiligt hatte.

262 Nyiszli scheint an dieser Stelle zwei Ereignisse miteinander zu verwechseln. Die Geflohenen wurden vor der Postenkette und auf dem Gelände der Kläranlage erschossen sowie in Plawy von der SS gestellt und noch vor Ort ermordet. Am folgenden Tag waren noch zwei Sonderkommando-Häftlinge flüchtig. Am 9.10.1944 wurden vier im Krematorium I verbliebene Häftlinge sowie zehn sowjetische Kriegsgefangene aus Krematorium II von der Politischen Abteilung abgeholt und im Gefängnisblock 11 des Stammlagers Auschwitz isoliert und verhört. Am 20.10.1944 wurden sie in die Todeszone rücküberstellt und im sogenannten Wasch- und Aufbahrungsraum vor dem Sektionsraum in Krematorium I erschossen. Beim Absteigen von den Transportfahrzeugen sollen dabei die sowjetischen Häftlinge noch erbitterten Widerstand geleistet und eine Schießerei ausgelöst haben. Sie wehrten sich mit bloßen Fäusten und verletzten dabei zwei Kommandoführer, darunter den volksdeutschen Ungarn, SS-Unterscharführer Josef Eckhardt, im Gesicht.

263 Bei der Revolte wurden insgesamt 451 Sonderkommando-Häftlinge ermordet. Den Aufständischen gelang es, das Krematorium III zu beschädigen sowie in Plawy drei SS-Unterscharführer, Rudolf Erler (Postenführer in der Geflügelfarm Harmense), Willi Freese und Josef Purke, zu töten und vermutlich zwölf weitere SS-Angehörige auf dem Hof von Krematorium III zu verwunden. Nachdem ein Teil des hölzernen Dachstuhls von Krematorium III infolge des Brands eingestürzt war, wurde das Gebäude vom 14. bis um 20.10.1944 von den 66 Sonderkommando-Häftlingen aus Krematorium IV bis auf die Grundmauern abgerissen. Ab dem 20.10.1944 wurde der Vernichtungsbetrieb in Krematorium IV wieder aufgenommen.

264 Die angeblich »neuen« Sonderkommando-Häftlinge stammten aus der Belegschaft von Krematorium II. Für die großen Vernichtungsaktionen, die seit dem 9.10.1944 wieder anliefen, wurden die 198 Überlebenden gleichmäßig zu jeweils zwei Schichten auf die drei aktiven Krematorien verteilt, 66 Mann wurden aus der Besatzung von Krematorium II zu Krematorium I verlegt.

265 Gemeint ist die Tätigkeit im Hygiene-Institut der Waffen-SS und Polizei Auschwitz.

266 In Riga lebten 1935 insgesamt 43 672 Juden, wenige Monate nach dem Einmarsch der Deutschen waren es noch etwa 30 000. Noch bevor man diese in einem Getto zusammenpferchte, wurden zwischen dem 30. November und dem 8. Dezember 1941 etwa 25 500 von ihnen vorwiegend von SS-Einsatzkommandos getötet. Damit war im Getto selbst »Raum« für Transporte aus Deutschland geschaffen, sehr rasch trafen überwiegend Frauen, Kinder und alte Leute ein, von denen viele wenig später ermordet wurden. Am 2.11.1943 erfolgte die Liquidierung des Gettos. 2268 Menschen, größtenteils Alte, Kinder und Kranke, wurden deportiert. Von ihnen trafen 1000 Menschen am 5.11.1943 in Auschwitz ein, nur 120 Männer und 30 Frauen wurde als Häftlinge im Lager aufgenommen. Möglicherweise verwechselte Nyiszli den Herkunftsort mit Theresienstadt.

267 Am 8. und 9.10.1944 befanden sich 212 Häftlinge im Sonderkommando, einen Tag später nur noch 198, seit dem 28.10.1944 nach der Genesung von zwei Häftlingen im HKB betrug die Häftlingsstärke 200 Mann.

268 Instandhaltungsarbeiten und Reparaturen wurden von Facharbeitern durchgeführt und hätten die Außerbetriebnahme des Krematoriums zur Folge gehabt. Dies war zum besagten Zeitpunkt nicht der Fall. Krematoriumsleiter Mußfeldt gab am 19.8.1947 Folgendes zu Protokoll: »Die Kamine dieser Krematorien waren damals bereits schon so durchgebrannt und abgenutzt, dass jeden Augenblick mit der Einstellung des Betriebes in diesen Krematorien gerechnet werden musste. Auf diese Mängel machte mich Höß bei meinem Dienstantritt aufmerksam.« (HHStAW, Abt. 461, 37976/44, S. 2)

269 Zwischen dem 15.8. und 2.9.1944 kamen täglich ein bis zwei Züge mit Juden aus dem Getto Litzmannstadt in Auschwitz an, insgesamt mindestens 67 000 Menschen, unter ihnen etwa 2000 tschechoslowakische Juden.

270 Das Getto der zweitgrößten polnischen Stadt Łódź, die am 11.4.1940 in Litzmannstadt umbenannt wurde, eröffnete am 30.4.1940. Bereits am 8.2.1940 forderte der Polizeipräsident alle Łódźer Juden auf, bis zum 19.4.1940 in das Getto umzuziehen. Von den insgesamt 205 000 bis 210 000 Bewohnern überlebten nur schätzungsweise 7000 bis 15 000 Menschen das Getto und die anschließende Lagerhaft.

271 Die Transportstärke betrug 2500 bis 3000 Menschen.

272 Anscheinend wurden die Häftlinge im Sektionskommando von Mengele inoffiziell durchnummeriert.

273 Bei der »englischen Krankheit« handelt es sich um die durch Vitamin-D-Mangel (z. B. durch unzureichende oder unzweckmäßige Ernährung) bedingte Rachitis, die im Erwachsenenalter zur Knochenerweichung (»Marmeladenbeine«) und im Säuglings- und Kindesalter zu Wachstumsstörungen der Knochen mit schwersten Deformierungen und eventuell zu Zwergwuchs mit Verkrüppelungen führt. Aufgrund systematischer prophylaktischer Vitamin-D-Gaben ist die Rachitis im heutigen Mitteleuropa selten geworden.

274 Neben den Waschräumen wurden zeitweise auch die Heizungsräume der Krematorien I und II als Erschießungsstätten benutzt. Jedes Erschießungsopfer wurde von ein bis zwei Sonderkommando-Häftlingen festgehalten und hinterrücks von einem SS-Angehörigen durch Genickschuss ermordet. Überlebende berichteten, dass sie die Opfer an den Ohren festhielten, damit sich der Kopf im entscheidenden Moment nicht mehr bewegen konnte. Der zweite Häftling musste dafür Sorge tragen, dass der Erschossene nicht dem SS-Schützen entgegenfiel und ihn nach vorne stoßen.

275 Wahrscheinlich wurden sie an das Kaiser-Wilhelm-Institut für Anthropologie, menschliche Erblehre und Eugenik in Berlin-Dahlem verschickt.

276 Nach zwei Wochen wurde die Vernichtungsaktion der Juden aus dem Getto Litzmannstadt am 2.9.1944 abgeschlossen.

277 Gemeint ist Krematorium II. Das Brennholz wurde seit Juli 1944 bis zu 3 m hoch als Sichtschutz vor dem Stacheldrahtzaun von Krematorium II aufgestapelt. Der Sichtschutz um Krematorium I bestand hingegen aus mobilen hölzernen Stellwänden, die bereits Ende Mai 1944 vorhanden waren und später erweitert wurden. Brennholzdepots lassen sich auf den Luftaufnahmen von Krematorium I nicht erkennen.

278 Zu diesem Zeitpunkt war Mußfeldt nicht mehr im KL Auschwitz eingesetzt.

279 Gemeint ist die direkte Treppe zum unterirdischen Auskleideraum. Der kürzeste Weg zur Gaskammer wäre jedoch die Tür am Ende der Treppe zum Untergeschoss neben dem Haupteingang gewesen. Er wurde als Abkürzung für bereits nackt gebrachte oder gehunfähige Menschen genutzt.

280 Nach dem heutigen Stand der Forschung wurden etwa 1,3 Millionen Menschen nach Auschwitz-Birkenau deportiert, darunter etwa 1,1 Millionen Juden. Von den Deportierten wurden etwa 1,1 Millionen Menschen, darunter 1 Millionen Juden, in Auschwitz-Birkenau getötet. 900 000 Deportierte wurden kurz nach ihrer Ankunft oder unregistriert aus dem »Depotlager« ermordet, 200 000 registrierte Häftlinge starben unter den unmenschlichen Arbeits- und Lebensbedingungen im Lager.

281 Am beschriebenen Tag, Allerheiligen, dem 1.11.1944, verfasste und unterzeichnete Görög das einzige erhaltene fachlich einwandfreie Sektionsprotokoll in fehlerfreiem Deutsch und klarer, gut lesbarer Schrift. Entweder wirkte sich die von Nyiszli beschriebene Verwirrtheit Görögs an diesem Tag nicht auf dessen Arbeitsergebnis aus oder sie trat erst zwei Monate später kurz vor der Lagerevakuierung auf und Nyiszli irrte sich in der Datierung. Ein Schriftvergleich des Protokolls mit älteren Handschriften Görögs lässt die Autorenschaft Görögs jedenfalls mit großer Wahrscheinlichkeit annehmen.

282 Der letzte Transport aus dem Getto Theresienstadt traf am 30.10.1944 im KL Auschwitz ein. Von den insgesamt 140 937 Gettobewohnern (1941–1945) wurden 88 202 Personen in Konzentrations- und Vernichtungslager überstellt, von denen etwa 3100 Deportierte überlebten. Etwa 46 090 Juden wurden nach Auschwitz deportiert. Die höchste Einwohnerzahl lag bei 53 000 Menschen. 33 456 Gettobewohner gingen an den unmenschlichen Lebensbedingungen zugrunde, kaum 19 000 Personen überlebten.

283 In Theresienstadt (Terezin), einer ehemaligen Garnisonsstadt im besetzten »Protektorat Böhmen und Mähren«, eröffneten die Nazis im November 1941 eine Art »Mustergetto« als Durchgangslager für die jüdische Bevölkerung aus dieser Region. Ab 6.2.1942 wurden auch Juden aus gemischten Ehen aus dem Dritten Reich und Holland nach Theresienstadt deportiert.

284 Der Wortlaut entspricht nicht den historisch überlieferten Einberufungsmitteilungen.

285 Etwa 18 400 Juden aus Theresienstadt wurden zwischen dem 29.9.und 30.10.1944 in Auschwitz eingeliefert. Schätzungsweise 14 000 Menschen (76 %) wurden nach ihrer Ankunft vergast. Nur 1574 Menschen überlebten das Kriegsende.

286 Wahrscheinlich erfuhr Nyiszli Anfang November von dem Befehl Himmlers. Vergasungen wurden bereits Ende Oktober im KL Auschwitz-Birkenau eingestellt.

287 Der erste, vom Reichssicherheitshauptamt organisierte Transport jüdischer Frauen aus der Slowakei traf am 26.3.1942 in Auschwitz ein, bis zum 29.4.1942 wurden 10 004 Personen nach Auschwitz deportiert. Obgleich viele zunächst als arbeitsfähig galten und keine Selektionen stattfanden, war die Sterblichkeit auch der nachfolgenden Transporte infolge der schlechten Lebensbedingungen sehr hoch. Die letzte Deportation aus der Slowakei erreichte Auschwitz am 3.11.1944. Die Angaben zur Stärke dieses Transports variieren von 920 bis über 1000 Menschen.

288 Von etwa 400 000 registrierten und 30 000 bis 50 000 nichtregistrierten Häftlingen haben das Kriegsende etwa 80 000 bis 90 000 Auschwitz-Häftlinge überlebt. Während im Jahr 2004 noch schätzungsweise 40 000 Auschwitz-Überlebende lebten, sind es im Jahr 2023 weltweit nur noch wenige Hundert.

289 Die beschriebene Selektion fand am 26.11.1944 statt, allerdings auf dem abgesperrten Hof von Block 11 im Männerlager. An diesem Tag betrug die Stärke des Sonderkommandos 200 Mann, von denen 30 Häftlinge im Krematorium IV untergebracht waren und 170 Häftlinge in Block 11 des Bauabschnitts B II d. Von den 170 Mann wurden 70 Mann im am Vortag gegründeten Abbruchkommando Krematorium I und II eingesetzt.

290 Zwei Transporte aus Mailand erreichten das KL Auschwitz-Birkenau am 11.12.1943 und am 6.2.1944. Der Einsatz von Phosphorgranaten ist nicht belegt. In den Krematorien wurden allerdings auch die Häftlings-Opfer alliierter Bombenangriffe eingeäschert.

291 Gemeint ist die religiöse Instanz im Sonderkommando, Lejb (Yehuda Aryeh) Langfuß (1910–1944) aus Maków Mazowiecki. Ein Dajan (»der Gerechte«) war mit dem talmudischen Recht bestens vertraut und sein Rat wurde von Rabbinern in religiösen Fragen eingeholt. Daher wurde er auch als »Rabbinischer Richter« bezeichnet. Langfuß heiratete 1933 die Tochter des Rabbiners von Maków Mazowiecki, Szmul-Josif Rosenthal. Als der Rabbiner 1939 nach Warschau verzog, wurde Langfuß zum spirituellen Führer der Gemeinde und 1941/42 zum Vorsteher des Judenrats im Getto Mackeim (Maków) ernannt.

292 Langfuß wurde bereits im neu aufgestellten Sonderkommando am 9.12.1942 von seinen jüdisch-polnischen Kapos vor der Leichenarbeit verschont und fast zwei Jahre lang zu leichten Tätigkeiten wie Kleidersortierung, Torwachdienst und zur Müllverbrennung eingeteilt. Bereits im Sommer 1943 wurde er Vorarbeiter einer Arbeitsgruppe von Haarreinigern, frommen Juden, die auf dem Dachboden von Krematorium II das Schnitthaar ermordeter Frauen reinigen, trocknen und in Säcke verpacken mussten. In dieser Zeit begann Langfuß als Chronist mit dem Verfassen von konspirativen Berichten, die den Massenmord in Birkenau dokumentierten.

293 So im Original. Gemeint ist Oberscharführer Mußfeldt.

294 Die von den zur Vernichtung vorgesehenen Menschen nach Auschwitz mitgebrachte Habe, unter anderem Bekleidung und Wertgegenstände, horteten die Lagerbehörden in 25 Magazinbaracken, genannt »Kanada«, die sich in Birkenau im Lagerabschnitt B II g befanden. Die mit der Erfassung, Sammlung und Sortierung dieses Beutegutes beauftragten Häftlingskommandos lebten verständlicherweise wesentlich besser als die anderen Lagerinsassen. Die Bezeichnung »Kanada« wurde wahrscheinlich durch polnische Häftlinge geprägt, die in Kanada ein Land des Wohlstands sahen, in das viele ihrer Mitbürger ausgewandert waren. Nicht verwertbare Sachen wurden auf den Hinterhöfen der Krematorien in Müllgruben verbrannt und zum Teil konspirativ verscharrt.

295 Bei den entstellten Leichen handelte es sich nicht um Sonderkommando-Häftlinge, sondern um Bombenopfer alliierter Luftangriffe. Am 29.11.1944 fand über Auschwitz eine fotografisch dokumentierte Luftaufklärung statt, jedoch kein Bombardement. Der schwerste Luftangriff mit den meisten Todesopfern fand am 13.9.1944 statt. Die Ermordung der Sonderkommando-Häftlinge wurde sehr wahrscheinlich im KL Groß-Rosen durchgeführt, wohin man die Selektierten am 27.11.1944 mit Reiseverpflegung und ihren Habseligkeiten deportiert hatte.

296 Gemeint ist der in Kap. XIII beschriebene »kombinierte Tod« an den Verbrennungsgruben durch »Genickschuss und Feuertod«.

297 Gemeint sind die 30 Heizer in Krematorium IV, die zur Verbrennung der Lagertoten eingesetzt worden waren und bis zum 10.1.1945 direkt im Krematoriumsgebäude untergebracht waren. Anschließend wurden sie in die letzte Sonderkommando-Unterkunft in Block 16 in B II d überstellt, wo die restlichen 70 Sonderkommando-Häftlinge einquartiert waren.

298 Die Demontage der technischen Einrichtung von Krematorium I begann am 25.11.1944, in Krematorium II wurde damit kurz darauf bis zum 1.12.1944 begonnen. Ab Dezember 1944 wurden die Gebäude teilweise abgerissen. Bis zum 21.12.1944 waren bereits die beiden Dachgeschosse und Teile der Schornsteine abgerissen worden.

299 Der Aufstand des Sonderkommandos im Krematorium III fand einen Tag später am 7.10.1944 statt, wobei die Brandstiftung vor allem die Dachkonstruktion zerstörte. Da kurz darauf das gesamte Gebäude abgerissen wurde, ging Nyiszli irrtümlich davon aus, dass der Brand das gesamte Gebäude zerstört hätte. Der Umzug des Sektionsraums ereignete sich vermutlich noch am 25.11.1944. Er wurde in einem Bretterverschlag in der Auskleidehalle von Krematorium IV eingerichtet und etwa bis Ende Dezember 1944 genutzt. Das Sektionskommando und das 30-köpfige Heizerkommando wurden dort bis zum 10.1.1945 in zwei benachbarten Zimmern untergebracht und die Heizer anschließend in Block 16 des Männerlagers einquartiert. Die letzten vier Wochen wurde der provisorische Sektionsraum von SS-Unterscharführer Josef Eckhardt als Kaninchenstall genutzt.

300 Mehrere Hundert überwiegend männliche Häftlinge wurden parallel auf dem Gelände der Krematorien I und II als Abbruchkommandos eingesetzt. Bei Krematorium II wurde seit dem 1.12.1944 u. a. ein Arbeitskommando von 100 Frauen, seit dem 5.12.1944 von insgesamt 150 Frauen eingesetzt.

301 Am 1.1.1945 lag die Ostfront bei Dembitza in einer Entfernung von 190 km zu Birkenau.

302 Gemeint ist SS-Untersturmführer Dr. Fritz Klein (1888–1945), der als SS-Lagerarzt seit dem 13.12.1943 im Stammlager Auschwitz und in Birkenau eingesetzt war. Zum 15.12.1944 wurde er in das KL Neuengamme versetzt. Bekannt wurde er durch die Presse als Standortarzt von Bergen-Belsen und Angeklagter im Belsen-Prozess, der auch für seine Verbrechen im KL Auschwitz verurteilt und am 13.12.1945 hingerichtet wurde.

303 Die vom Polizeistandgericht zum Tode Verurteilten wurden vom Gestapogefängnis in Block 11 des Stammlagers Auschwitz überstellt.

304 Das Polizeistandgericht Kattowitz (Katowice) tagte seit Januar 1943 alle vier bis sechs Wochen im Zellenbau des Konzentrationslagers Auschwitz und richtete vorwiegend über Polen aus dem Kattowitzer Regierungsbezirk, die aus dem Myslowitzer (Myslowice) Untersuchungsgefängnis »zur Verhandlung« nach Birkenau gebracht wurden und denen »politische« und »kriminelle« Vergehen wie Abhören verbotener Rundfunksender und »Schleichhandel« vorgeworfen wurden. Exekutionen der von diesen Standgerichten Verurteilten fanden im KL Auschwitz jedoch bereits seit Mitte 1942 statt.

305 Die Umbenennung war eine Folge der Neuorganisation vom 25.11.1944. Die KL Auschwitz I (Stammlager) und Auschwitz II (Birkenau) wurden zum »Konzentrationslager Auschwitz« zusammengefasst. Das KL Auschwitz III wurde in »Konzentrationslager Monowitz« umbenannt. Kleinere Nebenlager wurden fortan als »Arbeitslager« bezeichnet, z. B. »Konzentrationslager Monowitz, Arbeitslager Lendzin« und »Arbeitslager Libiaz« für die Außenlager »Günthergrube« und »Janinagrube«. Die Konzentrationslager-Hauptlager Auschwitz und Monowitz wurden nicht in Arbeitslager umbenannt.

306 Die Großoffensive »Weichsel-Oder-Operation« der Roten Armee begann erst am 12.1.1945. Die 190 km entfernten Geschütze waren in Auschwitz nicht zu hören.

307 Am 17.1.1945 waren in Krematorium IV tagsüber noch 28 Sonderkommando-Häftlinge beschäftigt, die abends in Block 16 des Männerlagers in B II d zurückgeführt worden waren. Nyiszlis Darstellung zufolge war das Sektionskommando bis zum 18.1.1945 weiterhin in Krematorium IV untergebracht.

308 Das Krematorium befand sich in Birkenau und lag am Ende der Lagerstraße zwischen den Bauabschnitten I und II etwa 1000 m von der Hauptstraße in Birkenau entfernt.

309 In Krematorium IV gab es keine Goldkammer.

310 Vom 17. bis 21.1.1945 wurden etwa 56 000 Häftlinge aus den KL Auschwitz und Monowitz sowie deren Außenlagern evakuiert. Am 18.1.1945 stand die Rote Armee in der Nähe von Krakau und befand sich noch etwa 100 km von Birkenau entfernt. Die gezielte Vernichtung der Lagerdokumente begann bereits am 20.10.1944. In den Januartagen vor der Befreiung des Lagers am 27.1.1945 wurden noch die letzten Spuren verwischt.

311 Vereinzelte SS-Einheiten befanden sich noch bis zum 26.1.1945 auf dem Gelände Birkenaus, die SS-Postenkette war bis zum 21.1.1945 besetzt. Am 20.1. wurden die Reste der Krematorien I und II sowie am 25.1.1945 das Krematorium IV gesprengt. Die Holzbaracken des Effektenlagers neben den Waldkrematorien wurden am 23.1.1945 in Brand gesteckt. Am 27.1.1945 betraten gegen 15.30 Uhr die ersten Soldaten der Roten Armee das Lager Birkenau und befreiten etwa 5800 Häftlinge. Im Stammlager Auschwitz wurden etwa 1200 Häftlinge, in Monowitz 800 und in Nebenlagern 500 Häftlinge befreit.

312 Gemeint ist die oberschlesische Stadt Pless (Pszczyna), durch die zahlreiche Todesmärsche Auschwitzer Häftlinge führte. »Plesow« ist der sorbische Ortsname der südbrandenburgischen Gemeinde Plessa.

313 Seiner Darstellung zufolge muss Nyiszli zu den wenigen Birkenauer Häftlingen gehört haben, die über einen großen Umweg eine wahre Evakuierungsodyssee durchmachen mussten: die Route führte von Birkenau über die Orte Pless – Nikolai (Mikolów) – Gleiwitz (Gliwice) – Egersfeld (Leszczyny-Rzędówka) – Rybnik bis nach Ratibor. Dafür spricht auch der von Nyiszli geschilderte Überfall, der jedoch nicht von in der Gegend überhaupt nicht vorhandenen »russischen Vorposten« durchgeführt worden sein konnte, sondern von Partisanen, die in Kamien zwischen Egersfeld und Rybnik angegriffen hatten. Auch an anderen Orten in der Region waren Partisanengruppen aktiv. Jedenfalls wurde Nyiszli nicht gemeinsam mit Sonderkommando-Häftlingen evakuiert, die andere Routen marschierten.

314 Die Entfernung von Birkenau nach Ratibor (Racibórz) Bahnhof beträgt 82 km. Der Umweg über Gleiwitz und Rybnik betrug etwa 140 km.

315 Das KL Mauthausen bei Linz wurde wenige Monate nach dem »Anschluss« Österreichs Anfang August 1938 gegründet. Von 199 404 Häftlingen kamen in Mauthausen zwischen 95 000 und 100 000 Menschen um. Anfang Mai 1945 flüchtete die SS, am 5.5.1945 befreiten die Amerikaner das Lager. Nyiszli erreichte das KL Mauthausen am 25.1.1945 und wurde mit der Häftlingsnummer 118138 registriert.

316 Etwa 11 000 Häftlinge, die im Spanischen Bürgerkrieg gegen Franco gekämpft hatten (»Rotspanier«), waren in deutschen Konzentrationslagern interniert, darunter etwa 7500 in Mauthausen. Schätzungsweise 5300 von ihnen starben in Mauthausen und Gusen oder wurden dort ermordet. Die Zahlenangabe deutscher Juden ist nicht haltbar.

317 Der Lebensweg und das Schicksal Adolf Fischers sind unbekannt. Der Großteil der auf den Todesmärschen umgekommenen Häftlinge musste anonym bestattet werden.

318 Görögs Sohn Sándor wurde am 27.12.1933 in Szombathely geboren. Er wurde im katholischen Kloster in Köszeg versteckt, das sich 20 km nördlich von seiner Geburtsstadt befand.

319 Sándor Görög schrieb in seinen Memoiren dazu: »Ich muss hier schreiben, dass ich Dr. Nyiszli nie getroffen habe. Er hat keinen Versuch unternommen, mich ausfindig zu machen. Ich kann ihn dafür nicht verurteilen, da es von Oradea aus, das damals wieder zu Rumänien gehörte, fast unmöglich gewesen wäre. Außerdem hatte er, so weit ich weiß, zu Hause Konflikte sowohl mit den rumänischen Behörden als auch mit der jüdischen Gemeinde, die ihn der Kollaboration beschuldigte.« (Sandor Görög: Repkényszaggatás. Önéletrajz, családtörténet, korrajz a 20. Századból, Budapest 2011, S. 74).

320 Görög schaffte es, die Aufnahmeprozedur zu überleben, wurde jedoch in einem anderen Häftlingsblock als sein Kamerad Nyiszli untergebracht und von Mauthausen direkt in das Nebenlager Ebensee verlegt, wo er an seinem 44. Geburtstag, dem 29.1.1945, ankam. In sehr schlechtem Gesundheitszustand wurde er direkt in den Krankenbau eingewiesen, wo er nur fünf Tage später verstarb.

321 Das KL Melk wurde am 20.4.1944 eröffnet. Der Höchststand der Belegschaft lag am 30.1.1945 bei 10 352 Häftlingen. Am 19.4.1945 wurde das KL Melk liquidiert. Nyiszli wurde am 29.1.1945 nach Melk überstellt und verblieb dort bis zum 13.4.1945 als Hilfsarbeiter.

322 Gemeint ist der österreichische Ingenieuroffizier Karl Freiherr von Birago (1792–1845).

323 Der höchste Belegungsstand wurde mit 10 314 Mann im Januar 1945 erreicht.

324 Ladislaus Szücs, der Nyiszli in Melk kennenlernte und mit ihm gemeinsam nach Ebensee verlegt wurde, datiert den Abmarsch aus dem KL Melk auf den 13.3.1945 und die Ankunft im KL Ebensee auf den 20.3.1945, verrechnete sich aber genau um einen Monat. Vgl. Szücz, Zählappell, S. 159f.

325 Das KL Ebensee wurde am 18.11.1943 errichtet und war im Mai 1945 mit 18 509 Häftlingen belegt. Die 2402 Häftlinge aus Nyiszlis Transport wurden acht Tage lang zuerst mit Frachtkähnen nach Linz verschifft und von dort über Wels, Lambach und Gmunden zu Fuß nach Ebensee getrieben.

326 Das KL Ebensee wurde am 6.5.1945 als vorletztes nationalsozialistisches Konzentrationslager mit etwa 16 000 Häftlingen von den Alliierten befreit. Entdeckt wurde es von einer aus sechs Jeeps und drei Panzern bestehenden Patrouille mit 30 US-Soldaten. Ein Drittel der Häftlinge lag in den Krankenbaracken, darunter auch zahlreiche Sonderkommando-Häftlinge aus Auschwitz. Mindestens vier Sonderkommando-Häftlinge starben kurz vor oder nach der Befreiung an Krankheit und Entkräftung: die griechischen Juden Joseph Baruch und Isaak Venezia am 14.5. und 27.4., Albert Jachon am 5.5.1945 (in Gunskirchen, wohin er aus dem »Zeltlager« in Mauthausen verlegt worden war) sowie der ungarische Jude Isaak Paisikovic am 4.4.1945. Am Vortag der Befreiung hatte die SS-Besatzung das Lager an den lokalen Volkssturm und Wehrmachtsangehörige übergeben und dann fluchtartig verlassen.

327 Nyiszli meint die Verbrennungsgruben bei Bunker V hinter Bauabschnitt B II g.

328 In seinem Bericht aus Nürnberg nennt Nyiszli außer sich auch weitere Überlebende. Der Höchststand des Sonderkommandos lag vom 22.8. bis 22.9.1944 bei 874 Häftlingen. Von den letzten 100 Sonderkommando-Häftlingen, die am 17.1.1945 das Lager Birkenau verließen, waren 62 % polnische und litauische Juden, 26 % griechische Juden, jeweils 3 % slowakische und französische Juden sowie sechs Mann anderer Nationalität. 80 % von ihnen sowie weitere 30 Häftlinge, die die ersten Sonderkommandos überlebt hatten und vor Dezember 1942 in andere Arbeitskommandos hatten gelangen können, überlebten das Kriegsende. Zum Zeitpunkt der Veröffentlichung der ersten deutschen Edition von Nyiszlis Buch im Jahr 1992 lebten noch schätzungsweise 50 ehemalige Sonderkommando-Häftlinge in zehn Ländern, von denen im Jahr 2000 noch 31 Mann am Leben waren. Der letzte Sonderkommando-Überlebende starb am 25.3.2020 mit Dario Gabbai.

329 Dem Befreiungsdatum zufolge muss es Ende Oktober 1945 gewesen sein.

330 Nyiszlis Frau und Tochter wurden nach ihrer Deportation in das im August 1944 eingerichtete Außenlager Fallersleben des KL Neuengamme am 8.4.1945 in das 57 km entfernt gelegene Außenlager Salzwedel überstellt, wo sie mit etwa 3000 weiteren Frauen am 14.4.1945 von der US-Armee befreit wurden. Etwa eine Woche später wurde das Lager von den Amerikanern niedergebrannt und viele Überlebende zur medizinischen Versorgung und Unterbringung ins 110 km entfernte Lager Bergen-Belsen verlegt. Erst einige Monate später konnten Sammeltransporte in die im Osten gelegenen Heimatländer ermöglicht werden. Ein Überlebenszeichen der beiden wurde über den »Hungarian-American Council for Democracy« in der New Yorker Tageszeitung *Magyar Jövö* (Hungarian Daily Journal) vom 22.9.1945 veröffentlicht: »Michel Reich und seine Frau Edith, Bronx, bekamen einen Brief von Dr. Miklósne Nyiszli aus Bergen-Belsen, unterzeichnet von Manci und Zsuzsi. Sie können sie im Sekretariat abholen.« (Es war nicht unüblich, dass Ehefrauen den Vor- und Nachnamen ihres Ehemanns annahmen, das Suffix »-ne« wird dabei an den Vornamen angehängt. Nyiszli gab seinen Vornamen in Dokumenten auch als »Nikolaus« oder »Nicolae« und seinen Nachnamen als »Nissel« oder »Nisli« an). Michel Reich war Nyiszlis Cousin, der 1939 nach New York gezogen sein soll. Nyiszli scheint in Oradea vor der Rückkehr seiner Frau und Tochter kein Lebenszeichen von ihnen erhalten zu haben.

331 Nyiszlis Enkelin zufolge hätten ihre Großmutter und Mutter es abgelehnt, über ihre Lagerzeit zu sprechen.

Teil 2

Aussage vor dem Ungarischen Wohlfahrts-Komitee

1 Aus dem Ungarischen übersetzt von Christina Kunze. Nyiszli kam erst einen Tag vor seiner Aussage in Budapest an, wohin er direkt aus Ebensee gereist war. Vgl. United States Holocaust Memorial Museum Archives, RG-39.013M, reel 5 (Records related to Hungarian Jewish communities, Series 1: Protocols, DEGOB Protocols, No. 3632). Scans des ungarischsprachigen Protokolls sind online einsehbar auf der Webseite: http://degob.org/index.php?showjk_img=3632

2 Ungarischer Name für Oradea.

3 Laut Nyiszlis Häftlingspersonalkarte und Aussagen weiterer Überlebender dieses Transports erreichte der am 23.5.1944 abgefahrene und am 25.5.1944 die ungarische Grenzstation Kassa passierende Deportationszug die Selektionsrampe in Auschwitz-Birkenau am 27.5.1944, dem jüdischen Feiertag Erew Schawuot. Von Birkenau aus wurde Nyiszli zuerst in das Stammlager Auschwitz gebracht.

4 Ungarischer Name der Ortschaft Solotwyno, die in der Ukraine liegt und von der rumänischen Stadt Sighetu Marmației durch den Fluss Tisza (Theiß) getrennt wird. Sie galt unter dem Namen Ober-Yarash als Vorort von Sighet und hatte auf ihrem Gebiet einen der beiden Sektoren des Sigheter Gettos (»kleines Getto«), in dem etwa 3000 Menschen der jüdischen Bevölkerung aus der Sigheter Umgebung untergebracht worden waren.

5 Gemeint ist das Ende Oktober 1942 südöstlich vom Gelände des vierten Buna- und Zwei-Sparten-Werks der IG-Farbenindustrie AG eröffnete »Lager IV«, das auf dem Gebiet des ehemaligen Dorfs Monowice errichtet wurde. Gemäß Standortbefehl Nr. 54/43 des KL Auschwitz vom 1.12.1943 wurde das Nebenlager »Buna« in »Arbeitslager Monowitz« und mit Standortbefehl Nr. 29/44 vom 25.11.1944 das gesamte KL Auschwitz III (seit 22.11.1943 gebräuchlich für die Außenlager) in »Konzentrationslager Monowitz« umbenannt.

6 Der Höchststand der Häftlingsbelegung lag Ende Juli 1944 bei 11 500 Mann.

7 Das Arbeitskommando Nr. 197 bestand bis Januar 1945.

8 Gemeint ist der Arzt und SS-Hauptsturmführer Dr. Horst Fischer (1912–1966), der neben seiner Tätigkeit als Truppenarzt von März bis November 1943 SS-Lagerarzt im Nebenlager Buna und anschließend bis September 1944 zum verantwortlichen SS-Lagerarzt von Monowitz ernannt wurde. Zudem war er seit Sommer 1943 Stellvertreter des Standortarztes SS-Hauptsturmführer Dr. Eduard Wirths. Fischer wurde am 8.7.1966 in der Strafvollzugsanstalt Leipzig mit dem Fallbeil hingerichtet.

9 Offenbar eine Verwechslung: Laut Verlegungsmeldung des HKB Monowitz vom 27.6.1944 wurde Nyiszli mit seinem späteren Mitarbeiter Jecheskiel Körner in den HKB nach Birkenau überstellt. Dort trafen sie in Block 12 auf den leitenden Häftlingsarzt Dr. Robert Levy, der an der medizinischen Fakultät der Straßburger Universität gearbeitet hatte und bereits seit dem 5.10.1943 im HKB Birkenau eingesetzt wurde. Körner hatte zwar an der Universität in Straßburg Medizin studiert, war jedoch als Arzt in einem Sanatorium im südfranzösischen Vence beschäftigt gewesen, wo er am 5.12.1943 von der Gestapo verhaftet wurde.

10 Gemeint ist der Sanitätskraftwagen (Sanka) mit dem Rot-Kreuz-Zeichen an den Seiten und auf dem Dach, der sowohl zum Transport des Zyklon B und des Vergasungspersonals zu den Vergasungsaktionen (»Sonderaktionen«) als auch zum Krematoriums-Transport von zur Erschießung bestimmter Personen (»Sonderbehandlung«) oder von einzelnen Leichen genutzt wurde. Darüber hinaus wurden mit dem Sanka Medikamente und medizinische Instrumente von der Selektionsrampe oder eingeschmolzenes Zahngold von der Zweigstelle der Zahnstation im Krematorium abgeholt und angeforderte Fachkräfte unter den Häftlingen in andere Lager innerhalb des Auschwitz-Komplex verlegt. Offenbar bezeichnete Nyiszli die zivile Ausführung und Innenausstattung des schwarzen Sanka Phänomen Granit 25 als »luxuriös«, da sie in den Einbauten auch ein Sauerstoffbeatmungsgerät und gepolsterte Seitensitzbänke enthielt.

11 Nyiszli überspringt hier die Tatsache, dass er mit zwei weiteren Häftlingen als Arzt und nicht als Obduzent in das Krankenbaulager B II f überstellt worden war. Seine Überstellung in den Sektionsraum Krematorium I erfolgte wahrscheinlich erst einen Monat später.

12 Die Tagschicht von Arbeitskommando »57-B Heizer Krematorium I« (Sonderkommando) zählte im Juli 1944 insgesamt 110 Häftlinge, die Nachtschicht weitere 104 Mann.

13 Mit dem Kleinkalibergewehr mit kurzem Lauf und Magazin für zehn oder 15 Schuss wurden leistungsschwächere Projektile im Kaliber .22lfB Z (»Zimmerpatrone«) verschossen. Durch ihre niedrige Geschwindigkeit hat die .22 lfB Z eine geringe Geräuschentwicklung und wurde von der SS als preisgünstiges Kaliber auch auf dem Schießstand verwendet. Zeugenberichten zufolge sollen zusätzlich Schalldämpfer eingesetzt worden sein, die möglicherweise mit einem Mündungsschoner verwechselt worden sein könnten.

14 Die Erschießung fand im Nebenraum des Sektionsraums statt, der auch als Leichenkammer (»Reserve-Raum«) diente und einen Zugang zum Aufzug hatte.

15 Unter ihnen befanden sich die Cousinen von Elisabeth Guttenberger, die das Ereignis auf den Tag datierte, an dem das »Zigeunerlager« liquidiert wurde (in der Nacht vom 2. auf den 3.8.1944). Vgl. Elisabeth Guttenberger: Das Zigeunerlager, in: Hans G. Adler/Hermann Langbein/Ella Lingens-Reiner (Hg.): Auschwitz. Zeugnisse und Berichte, Hamburg 2014, S. 133.

16 Im Zeitraum vom 19.5. bis zum 7.6.1944 kamen in der Regel sogar vier bis fünf Deportationszüge täglich aus Ungarn an der Selektionsrampe an, von denen ein Teil auf Abstellgleise des Güterbahnhofs von Auschwitz rangiert wurde und häufig stundenlang auf die Abfertigung warten musste.

17 Neben Dr. Mengele und Dr. Thilo wurden bis auf wenige Ausnahmen auch alle anderen SS-Ärzte turnusmäßig zu Selektionen (»Rampendienst«) eingeteilt. Sogar die SS-Lagerzahnärzte SS-Hauptsturmführer Dr. Willy Frank (1903–1989) und SS-Untersturmführer Dr. Willi Schatz (1905–1985) sowie der Lager- und Truppenarzt SS-Obersturmführer Franz Lucas (1911–1994), die SS-Apotheker und der SS-Standortarzt selbst führten Selektionen durch. Anfänglich wurden 1942 Ärzte noch nicht an der Selektionsrampe eingesetzt, sondern direkt zu den Vergasungsaktionen gefahren. Mit der Zunahme der Transportzahlen wurden die Zuständigkeiten und Dienstpläne verändert.

18 Eine verallgemeinernde Aussage. Die Krematorien III und IV hatten kein Kellergeschoss, Krematorium III wurde seit Juni 1944 zudem nur als Häftlingsunterkunft genutzt. Eine aus 2000 Personen bestehende Menschenmenge wurde unter den großen Krematorien nicht aufgeteilt (eine Ausnahme war die Liquidierung des Theresienstädter Familienlagers, bei der Frauen und Männer auf die Krematorien I und II verteilt worden waren).

19 In der Ruine des Krematoriums sind neun Stufen zu sehen.

20 Gemeint ist Zyklon B, das durch die Verdunstung von Blausäure (Cyanwasserstoff HCN) tödlich wirkte.

21 Nyiszli meint hier die insgesamt 15 Ofenmuffeln (Brennkammern) der fünf Dreimuffel-Einäscherungsöfen im Birkenauer Krematorium I. Jeder Dreimuffelofen verfügte über ein vom Oberingenieur der Erfurter Firma J.A. Topf & Söhne Karl Schultze (1900–?) konstruiertes Druckluftgebläse, das die Leistung der Öfen und damit die Einäscherungsgeschwindigkeit erhöhte. Schultze konstruierte zudem in Krematorium I die Lüftungsanlagen für den Ofenraum, die Gaskammer und den Sektionsraum. Krematorium I, das von den Birkenauer Krematorien als erstes in Betrieb genommen wurde, war (ebenso wie Krematorium II) das weltweit größte Krematorium hinsichtlich der Ofenanzahl und Einäscherungskapazität. Es übertraf sogar das im März 1972 eröffnete und bis in die Gegenwart im Guinness-Buch der Rekorde als größtes Krematorium bezeichnete 2. Staatliche Krematorium Moskau (Nikolo-Archangelsk-Krematorium), das über sieben Zweimuffelöfen einer tschechischen Firma verfügt. Inzwischen befinden sich seit 2001 die größten Krematorien in Shanghai (Yishan Krematorium, China, mit 24 Öfen) und in Goyang Seoul (Byeokje Krematorium, Süd-Korea, mit 23 Öfen).

22 Üblich war das Ziehen mit dem Rundhakengriff eines Gehstocks am Nacken der Leiche oder mit Stoff- und Gurtbändern, die am Handgelenk oder Hals verknotet wurden.

23 Die Einäscherungsdauer war nicht nur von der Anzahl der Leichen, sondern vor allem von ihrer Auswahl (Alter und Körperbeschaffenheit, z. B. Fettanteil, Gewicht und Größe, insbesondere Knochendichte und -schwere) abhängig. Eine optimale Mischung der Körper (Erwachsene, Kinder, Säuglinge; Frauen und Männer) bei der Muffel-Beschickung ermöglichte die Einäscherung einer relativ hohen Anzahl von Leichen in verhältnismäßig kurzer Dauer. Die Vorgabe von drei gemeinsamen Leicheneinäscherungen je Muffel innerhalb von 30 Minuten konnte im Dauerbetrieb bei optimaler Leichenauswahl, Temperatur, Sauerstoffzufuhr und Zündenergie häufig übertroffen werden (»Expressarbeit«). Diese Praxis führte jedoch zu Schäden an den Anlagen.

24 Einäscherungen von Häftlingstoten wurden noch bis Mitte Januar 1945 in Krematorium IV vorgenommen.

25 Nyiszli vermischt hier offenbar drei Ereignisse, die er zudem falsch datierte: Vergasungen wurden in Auschwitz-Birkenau wahrscheinlich bereits am 30.10.1944 eingestellt, da der Sonderkommando-Häftling Marcel Nadjary in seinem konspirativen Brief, der erst 1980 auf dem Krematoriumsgelände gefunden wurde, schrieb: »Heute kam ein Transport aus Theresienstadt, aber Gott sei Dank haben sie die nicht zu uns gebracht, sie behielten sie in den Lagern. Es hieß, dass der Befehl kam, man solle keine Juden mehr töten (...).« (in: Polian, Briefe aus der Hölle, S. 536). Auf einer mit der Handschrift des Sonderkommando-Chronisten Salmen Lewenthal 1944 geschriebenen und 1962 ausgegrabenen »Kremierungsliste« wurden die Einäscherungszahlen der letzten Vergasungsaktionen in Auschwitz-Birkenau vom 6. bis 24.10.1944 festgehalten. Der letzte RSHA-Transport aus dem Getto Theresienstadt erreichte Auschwitz am 30.10.1944 und fehlt auf der Liste. Die letzte Selektion im Sonderkommando fand am 26.11.1944 statt, der am darauffolgenden Tag die Überstellung von 100 Mann in das KL Groß-Rosen und deren anschließende Ermordung folgte. Sie wurden unter 200 Sonderkommando-Häftlingen aus Block 11 im Abschnitt B II d ausgewählt und waren bis auf wenige Ausnahmen polnische Juden. Selbst während des Sonderkommando-Aufstands am 7.10.1944, als Mengeles Sektionskommando vor der Erschießung gerettet wurde, bestand das Sonderkommando nicht aus 846 Mann, sondern nur aus 663 Häftlingen, darunter vielen aus Ungarn und Griechenland deportierten Juden.

26 Insgesamt wurden nur 19 »russische Kriegsgefangene« am 15.4.1944 ins Sonderkommando eingeliefert (Häftl.-Nrn. R-11509 bis R-11527), deren militärische Ränge bislang unbekannt geblieben sind und die ausnahmslos während des Sonderkommando-Aufstands sowie in den darauffolgenden Tagen (darunter der einzige überlieferte Name des Flüchtlings Aleksander Schenkarenko, Häftl.-Nr. R-11526) von der SS erschossen wurden.

27 Während des Sonderkommando-Aufstands am 7.10.1944 wurden auch viele griechische Juden ermordet, belgische Opfer sind keine bekannt. Von den wenigen niederländischen Sonderkommando-Häftlingen starben Bart Nauta zufolge fünf Männer: Abraham und Jacob Beesemer, Joseph Peperwortel, Salomon van Sijs und Louis Alsace (In het Centrum van de Vernietiging. Een kleine geschiedenis van de Nederlanders in het Joodse Sonderkommando en de SS-Totenkopfverbände bij de gaskamers van Auschwitz-Birkenau, unveröff. Bachelorarbeit Geschichte, Universität Amsterdam 2015, S. 35)

28 Während das Sektionskommando in einem Raum von Krematorium IV untergebracht war, wohnte das 100 Mann starke Sonderkommando zuletzt in Block 16 des Birkenauer Männerlagers. Darunter befanden sich auch 30 Häftlinge, die von Oktober 1944 bis Anfang Januar 1944 ebenfalls im Krematorium IV gewohnt hatten und weiterhin das letzte verbliebene Krematorium zur Einäscherung der Lagertoten bedienten.

29 Vermutlich war das 24 km nordöstlich von Krakau gelegene Dorf Waganowice gemeint. Nachdem »Generalgouverneur« Dr. Hans Frank die Räumung Krakaus am 17.1.1945 angeordnet hatte, konnte die Stadt im Zeitraum vom 18. bis 20.1.1945 von Truppen der 1. Ukrainischen Front während der »Weichsel-Oder-Operation« der Roten Armee vollständig eingenommen werden.

30 Das Männerlager in Birkenau zählte zum wahrscheinlich letzten Abendappell am 17.1.1945 insgesamt 4473 Häftlinge.

31 Sonderkommando-Überlebenden zufolge wurde das Männerlager in Birkenau bereits in der Nacht vom 17. auf den 18.1.1945 verlassen. Nach einem Zwischenhalt im Stammlager Auschwitz, wo die Marschkolonnen neuformiert wurden, erfolgte am 18.1.1945 der Evakuierungsmarsch zur 65 km entfernten Bahnstation in Loslau (Wodzisław Śląski).

Eidesstattliche Erklärung Miklós Nyiszlis

1 Der Prozess »Vereinigte Staaten gegen Carl Krauch et al.« fand an 152 Verhandlungstagen vom 14.8.1947 bis zum 28.5./30.7.1948 vor dem US-amerikanischen Nürnberger Militärtribunal VI im Nürnberger Justizpalast statt. Am 29. und 30.7.1948 wurde das Urteil verkündet. Die vorliegende »Erklärung unter Eid« wurde in deutscher Sprache, die darunter stehende Beglaubigung in englischer Sprache verfasst (ins Deutsche übersetzt von Andreas Kilian). Das Datum des Dokuments ist das Beglaubigungsdatum 8.10.1947, die Vorlage des Originals wurde am 12.11.1947 von Rolf C. Schnyder, Mitarbeiter der Beweismittelabteilung der Anklagebehörde bestätigt und fünf Seiten Negativ-Kopien auf Fotopapier zu den Akten genommen. National Archives and Record Administration, College Park, Maryland, USA (NARA)/National Archives Microfilm Publications. Records of the U.S. Nuernberg War Crimes Trials, United States of America v. Carl Krauch et al. (Case VI), August 14, 1947–July 30, 1948. Microfilm Publication M892 (IG Farben Case-Industrialist). Roll 31, Prosecution Exhibits, 1.751–1.837, 1.763. Abgenommen wurde das Affidavit bereits mündlich am 3.10.1947. Alle Bände aus dem Mikrofilm-Archiv M892 sind online einsehbar auf der Webseite: http://www.profit-over-life.org/guide/index_892.html.

2 Der Name bezieht sich auf das Bistum Oradea Mare, das im Jahr 1077 gegründet wurde.

3 Die Strada Vlahuță 44 im Stadtviertel Olosig von Oradea ist nicht zu verwechseln mit der heutigen Strada Alexandru Vlahuță im Stadteil Dorobanților. Als Nyiszli von 1930 bis 1937 in Oradea lebte, lautete der Straßenname Vlahuță. Nach der Abtretung an Ungarn durch den Zweiten Wiener Schiedsspruch wurde die Straße zwischen 1940 bis 1944 in Szent János utca umbenannt. Von 1944 bis 1948 hieß die Straße Béla Breiner, seitdem Ady Endre.

4 Vermischung der alten und neuen Schreibweise Șimleul Sălajului und Șimleu Silvaniei.

5 Im Rahmen der Häftlingsaufnahme erhielt Nyiszli im Stammlager Auschwitz gestreifte Einheitsbekleidung für KZ-Häftlinge und wahrscheinlich erst am 29.5.1944 seine Häftlingsnummer, die ihm auf den linken Unterarm tätowiert wurde.

6 Mit eckigen Klammern gekennzeichnete Stellen geben die handschriftlichen Korrekturen von Nyiszli wieder.

7 Für die Zugangsquarantäne wurden von Mai bis November 1944 (sowie 1943) zwei nebeneinander stehende, jeweils 50 x 12 m große und westlich vor dem Häftlingsappellplatz gelegene Großzelte benutzt.

8 Eine Unterkunftsbaracke für Häftlinge regulärer Arbeitskommandos, die am Lagerzaun in Richtung Hauptverkehrsstraße und nur zwei Baracken vom Häftlingskrankenbau entfernt lag.

9 Offenbar ein Tippfehler. Das Häftlings-Arbeitskommando müsste wie in Nyiszlis anderen Erwähnungen die Nummer 197 tragen.

10 Nyiszli wurde in das am 20.4.1944 gegründete und in der niederösterreichischen Stadt Melk gelegene Außenlager des KL Mauthausen am 29.1.1945 überstellt. Das KL Melk hatte den Decknamen »Quarz«. Anschließend wurde er am 13.4.1945 in das in Oberösterreich gelegene Außenlager KL Ebensee verlegt, wo er am 20.4. ankam und am 6.5.1945 befreit wurde. Das am 8.11.1943 eröffnete KL Ebensee hatte mehrere Decknamen, am häufigsten wurde zur Tarnung der Name »Kalk«, »Solvay« oder »Zement« dokumentiert.

11 Am 1.6.1944 lag der Häftlingsbestand im KL Monowitz bei 9150 Mann, von ihnen befanden sich 7800 Mann im Arbeitseinsatz.

12 239 Nummern (zum Teil zusätzlich in »a« und »b« unterteilt) von Häftlings-Arbeitskommandos konnten bislang dokumentiert werden. Eine Übersichtstabelle findet sich in: Piotr Setkiewicz: The Histories of Auschwitz IG Farben Werk Camps 1941–1945, Oświęcim 2008, S. 361f.

13 Auf der konspirativen Kremierungsliste des Sonderkommando-Häftlings Salmen Lewenthal ist auch ein 2000 Mann starker Transport aus »Buna« (Monowitz) verzeichnet, der am 17.10.1944 in Krematorium I vergast wurde. Vgl. Polian: Briefe aus der Hölle, S. 453.

14 Belegt sind zwischen 1941 und 1944 18 Besuche des Chemikers und Betriebsführers des Buna-Werkes IV, Dr. Otto Ambros (1901–1990), sieben Besichtigungen des Chemikers und Leiters der Benzinsynthese des Doppel-Sparten-Werks, Dr. Heinrich Buetefisch (1894–1969), sowie jeweils ein Besuch des Chemikers und Wehrwirtschaftsführers sowie »Generalbevollmächtigten für Sonderfragen der chemischen Erzeugung beim Beauftragten des Führers für den Vierjahresplan«, Dr. Carl Krauch (1887–1968), und des Chemikers und Vorsitzenden des Technischen Ausschusses, Fritz ter Meer (1884–1967), auf der Werksbaustelle in Auschwitz-Monowitz, nicht jedoch im Häftlingslager. Buetefisch war zudem Mitglied in der SS und im »Freundeskreis Reichsführer SS«.

15 Nyiszli nennt hier nur die ihm bekannten beiden offenen Verbrennungsgruben hinter der provisorischen Vergasungseinrichtung »Bunker V«. Von den auf dem Hinterhof von Krematorium IV gelegenen Gruben wusste er nichts.

16 Bekannt sind Dienstreisen der Topf & Söhne-Ingenieure Kurt Prüfer und Karl Schultze. Prüfer war seinerzeit 53, Schultze 44 Jahre alt. Der Oberingenieur von Topf & Söhne, Fritz Sander, war 68 Jahre alt, will seinen Angaben zufolge aber nie in Auschwitz gewesen sein. Da alle drei keine SS-Mitglieder waren, ist das Tragen einer SS-Uniform von ihnen unwahrscheinlich. Möglicherweise liegt hier eine Verwechslung mit einem Angehörigen der »Zentralbauleitung der Waffen-SS und Polizei Auschwitz O/S« vor, allerdings treffen die Angaben Nyiszlis zu Alter, Rang und Funktion auf keinen Mitarbeiter zu.

17 Nyiszli schrieb den Vornamen in seiner Signatur »Nicolae«.

18 Von Halle war leitender Ermittler bei den Nürnberger Prozessen.

19 Benvenuto von Halles Personenkennzeichen im U.S. Kriegsministerium.

20 Hauptanklagevertreter für die USA bei den Nürnberger Prozessen war der Richter am Obersten Gerichtshof der Vereinigten Staaten, Robert H. Jackson (1892–1954).

Ich war ein Zeuge in Nürnberg

1 Aus dem Ungarischen übersetzt von Christina Kunze. *Világ* (Welt) war eine Budapester Tageszeitung, die im Mai 1945 als bürgerlich-demokratische Zeitung gegründet und im Juli 1949 aus politischen Gründen wieder eingestellt wurde. Sie bestand bereits zuvor als bürgerlich-radikale Zeitung, die 1910 auf Initiative der Freimaurer-Loge Eotvös ins Leben gerufen worden war und nach ihrem ersten Verbot 1926 mit der Zeitung *Magyar Hírlap* fusionierte. Der Chefredakteur Géza Supka (1883–1956) war korrespondierendes Mitglied der Ungarischen Akademie der Wissenschaften, Parteigründer der Bürgerlich-Demokratischen Partei (PDP) und deren stellvertretender Vorsitzender (1947–1949), Mitglied der Nationalversammlung (1945–1947), ungarischer Abgeordneter (1947–1949) sowie Großmeister der Ungarischen Symbolischen Großloge (MSzNP). Supka gab *Vílag* gemeinsam mit seiner Lebensgefährtin Mária Rónay (1899–1968) heraus, die in einer Familie des jüdischen Großbürgertums aufgewachsen und 1919 zum römischen Katholizismus konvertiert war. 1948 wurde sie zur Generalsekretärin eines neu gegründeten Frauenordens der Freimaurer gewählt. In der stalinistischen Rákosi-Ära wurde die Freimaurerei im Juni 1950 durch Innenminister János Kádár, der auch einer der Gründer und Lenker der politischen Geheimpolizei (ÁVH) war, wegen »laufender Kontakte mit dem imperialistischen Westen« verboten.

2 Fettgedruckte Überschriften und Textstellen sind im Original fettgedruckt hervorgehoben.

3 Das Vorwort zu seinem Buch datierte Nyiszli auf März 1946. Die Erstausgabe wurde im Herbst 1946 in Oradea veröffentlicht.

4 Nachdem Nyiszli 1947 nach der Veröffentlichung seines Buchs in Ungarn und Rumänien von verschiedenen Seiten angegriffen worden war, sah er sich dazu veranlasst, sich öffentlich zu rechtfertigen, einerseits in Form von Stellungnahmen in der ungarischen Presse, zweitens im Rahmen öffentlicher Auftritte (»Literaturtribunale«) und drittens mit einer Fortsetzung seiner Erinnerungsschrift. Dieser zweite Teil seiner Erinnerungen in der Zeitung *Világ* ist auch als Reaktion und Antwort auf die Kritik an seinem ersten Buch zu verstehen sowie als ein Versuch, politische Aufmerksamkeit zu erhalten und sich als Zeuge die Anerkennung zu verschaffen, die er erwartet hatte. Sein Bericht von 1948 ist von fiktiven Darstellungen geprägt, die seine Zeugenschaft aufwerten sollen, aber mit der Realität nicht in Einklang zu bringen sind. Die Form einer teilweise ungenauen, widersprüchlichen und konstruierten journalistischen Berichterstattung mit politischen Botschaften, die stellenweise auffällig pathetisch ist, unterscheidet sich vom Stil seines ersten Buchs deutlich und legt den Verdacht nahe, dass redaktionell erheblich eingegriffen wurde. Die *Világ*-Serie von 1948 war eine Auftragsarbeit mit offensichtlichen redaktionellen Vorgaben, während die Serie von 1947 lediglich der Abdruck seiner bereits 1946 erschienenen Erinnerungsschrift war. Es ist stark zu vermuten, dass Nyiszli aus Gründen der besseren Nachvollziehbarkeit seiner Erlebnisse sowie aus PR-Gründen zu journalistischen Vereinfachungen und Verfälschungen gedrängt wurde und möglicherweise Teile seines »Nürnberg-Berichts« nicht von ihm selbst verfasst worden sind. Die verzerrte Darstellung von Nyiszlis Rolle als Zeuge der Anklage im Nürnberger IG-Farben-Prozess könnte aber auch mit seiner Enttäuschung über die Nichtbeachtung seiner Zeugenschaft durch das Gericht und mit dem Druck der ungarischen Presseberichterstattung auf Nyiszlis »Ladung« nach Nürnberg, in der er als »Kronzeuge« vorangekündigt wurde, zusammenhängen. Ein nicht beachteter Zeuge weckte kein Interesse bei den Zeitungsabonnenten und der Leserschaft, machte keine Schlagzeilen und steigerte nicht die Verkaufszahlen der Zeitung *Világ*, die erheblich von Nyiszlis erstem Bericht profitiert hatte. Der Bericht aus Nürnberg zeugt vielmehr davon, was Nyiszli der Welt als Zeuge hinterlassen wollte und welche Wichtigkeit er seiner Zeugenschaft selbst beigemessen hat, aber nicht, was er tatsächlich ausgesagt oder im Nürnberger Justizpalast erlebt hat. Die Berichtserie begann genau sechs Monate nach Nyiszlis Aufenthalt in Nürnberg und endete am 22.5.1948, sechs Tage bevor die Hauptverhandlung des IG-Farben-Prozesses mit dem 152. Verhandlungstag beendet wurde. Ein Prozesszeuge war Nyiszli nur in seiner eidesstattlichen Erklärung und selbst diese wurde von der Anklage zurückgezogen. So wurde er von der Zeitung *Világ* nachträglich zum literarischen Zeugen gemacht. Der Fall verdeutlicht die tragische Situation eines der wenigen Augenzeugen der Massenvernichtung, der den Mut aufbrachte und der die Verpflichtung erkannt hatte, so früh wie möglich aus dem Zentrum des Massenmords zu berichten und dabei unter Zeitdruck und in seiner Not, Glauben geschenkt zu bekommen, auf Hilfsmittel zurückgriff, die später zum Vorwand genutzt wurden, ihn zu diffamieren und in Gänze unglaubwürdig erscheinen zu lassen. Auch wenn es zahlreiche Unplausibilitäten in Nyiszlis Zeugnissen gibt, stellen sie seine Zeugenschaft in Auschwitz nicht infrage. Das Phänomen bei Zeugen, Leerstellen der Erinnerung durch Informationen vom Hörensagen und durch bereits Publiziertes auszufüllen und dabei den Anschein zu erwecken, Gehörtes oder Gelesenes selbst erlebt zu haben, ist weit verbreitet. Dies sollte jedoch keinen Grund zur Missachtung oder Ablehnung geben, wohl aber zur kritischen Analyse.

5 Obwohl Nyiszli seine Berichte nicht für Historiker geschrieben hatte, waren es doch primär Historiker, die sein Buch als Quelle zitierten.

6 Das Schreiben mit dem Betreff »Einladungsbestellungen« vom 17.7.1947

hatte einen Gültigkeitszeitraum vom 30.7. bis zum 29.8.1947. Die Anreise mit diesem Dokument belegt die Tatsache, dass es mit dem Vermerk »Ankunftsdatum« und »Freigabe erteilt durch« abgestempelt wurde. Die Ankunft ist handschriftlich auf den 3.10.1947 datiert.

7 Eine Anhörung Nyiszlis an 17 Verhandlungstagen ist nicht belegt. Schriftlich überliefert wurde nur Nyiszlis eidesstattliche Erklärung vom 8.10.1947. Möglicherweise nahm Nyiszli während seines Aufenthalts in Nürnberg an einzelnen Verhandlungstagen als Zuhörer teil. Sein Besucherausweis mit der Nummer 17561 berechtigte ihn jedoch lediglich, die zum »Office of Secretary General« gehörenden Räume 207 und 178 im Gerichtsgebäude (CTHS) in der Zeit von 9 bis 18 Uhr aufzusuchen. Der Ausweis wurde am 11.10.1947 ausgestellt und war gültig bis zum 18.10.1947. Die verfälschte Darstellung seiner Zeugenschaft in Nürnberg könnte dem Format der Berichterstattung geschuldet und eine Vorgabe seines Verlegers gewesen sein, um das Interesse der Lesenden zu steigern. Es ist nicht auszuschließen, dass Teile von Nyiszlis Berichterstattung aus Nürnberg überhaupt nicht von ihm selbst geschrieben wurden.

8 Der russische Schriftsteller und Journalist Ilja Ehrenburg (1891–1967) war sowjetischer Berichterstatter während des ersten Nürnberger Prozesses. Seine Eindrücke publizierte er in Wien bereits 1946 unter dem Titel »Auf den Straßen Europas. Reportagen«. Der Artikel »Ein neues Jahrhundert« wurde im Oktober 1947 in *Neue Welt* (Nr. 11) publiziert und in deutscher Übersetzung 1952 in dem Band »Dem Frieden! Aufsätze und Reden« herausgegeben.

9 Der rumänische Jurist Eugène Aroneanu (1914–1960) emigrierte nach Paris und verfasste zahlreiche Werke zum internationalen Recht. 1945 erhielt er den Auftrag, für die französische Anklagebehörde in den Nürnberger Prozessen eine Dokumentation der nationalsozialistischen Verbrechen zusammenzustellen: »Konzentrationslager. Tatsachenbericht über die an der Menschheit begangenen Verbrechen. Dokument F 321 für den Internationalen Militärgerichtshof in Nürnberg«, o.O., o.J. (1947). Diese Sammlung wurde 1988 überarbeitet und neu herausgegeben: Französisches Büro des Informationsdienstes über Kriegsverbrechen (Hrsg.): Konzentrationslager Dokument F 321 für den Internationalen Militärgerichtshof Nürnberg, 19. Aufl., Frankfurt am Main 2008.

Das von Nyiszli zitierte juristische Plädoyer Aroneanus wurde unter der Dokumentennummer F-775 zu den Prozessakten genommen und in deutscher Sprache erstveröffentlicht: Das Verbrechen gegen die Menschlichkeit, Baden-Baden 1947.

10 Gemeint ist die Publikation: »Das Urteil von Nürnberg – Grundlage eines neuen Völkerrechts. Der vollständige Text«, die 1946 als Erstlingswerk der in München neu gegründeten Nymphenburger Verlagshandlung und kurz darauf in Baden-Baden von der Arbeitsgemeinschaft »Das Licht« herausgegeben wurde.

11 Das auf S. 153 abgedruckte Bestätigungsschreiben der offiziellen Vorladung des Zeugen Nyiszli durch das »Büro des Hauptanklagevertreters für Kriegsverbrechen« (Office of Chief of Counsel for War Crimes) wurde während Nyiszlis Aufenthalt in Nürnberg zu Abrechnungszwecken ausgestellt und auf den 9.10.1947 datiert. Dem Dokument ist zu entnehmen, dass er »am oder um den 25. Sept. 47 (...) für einen Zeitraum von dreißig Tagen als freiwilliger Zeuge bei den Nürnberger Prozessen zu erscheinen« hatte. Nyiszlis Brief muss jedoch vor dem ersten Einladungsschreiben vom 17.7.1947 an den Gerichtshof verschickt worden sein, also spätestens im Juni 1947. Allerdings wurde seine Ausreisegenehmigung in Bukarest so lange behindert, bis die ungarische Presse Druck ausübte: Die Budapester Zeitung *Világosság* berichtete am 24.9.1947 auf Seite 5: »Dr. Miklós Nyiszli (...) wurde als Zeuge vor das Nürnberger Gericht geladen und schreibt aus Bukarest an *Világosság*. Dr. Nyiszli wartet in Bukarest auf seine Papiere, um der Vorladung zu folgen.« Nachdem der erste Einladungszeitraum um vier Wochen überschritten war, durfte er schließlich doch noch ausreisen: Die Tageszeitung *Vílag* meldete am 30.9.1947 auf Seite 2: »Dr. Nyiszli ist in Budapest angekommen und verbringt einen Tag im Transit. Wir sprachen mit dem berühmten Autor des Buches, der uns Folgendes mitteilte: (...) Ich reise mit dem Flugzeug nach Nürnberg, wo ich zwei Wochen bleiben werde.« Erstattet wurden von der US-Behörde laut Einladungsschreiben nur die Reisekosten per Bahn oder Kraftfahrzeug. Möglicherweise bezahlte die Zeitungsredaktion *Világ* die Flugtickets, um die Reise zu beschleunigen.

12 Nyiszli verwechselt die Funktion Mengeles mit der des SS-Standortarztes Wirths. Mengele war nur in Birkenau 1. Lagerarzt und koordinierte in dieser Funktion die Tätigkeit der anderen Lagerärzte der einzelnen Lagerabschnitte in Birkenau, die unmittelbar dem SS-Standortarzt unterstellt blieben. Bis zur Befreiung gehörten insgesamt 47 Lager zum Komplex Auschwitz-Birkenau.

13 Die Auswahl fand wahrscheinlich erst im Krankenbaulager statt, in das Nyiszli als Arzt aus Monowitz überstellt worden war. Nyiszlis Kameraden im Sektionskommando wurden wenig spektakulär auf ähnliche Weise zum Teil in anderen Lagerabschnitten Birkenaus ausgewählt.

14 Das einzige erhaltene Sektionsprotokoll an das »Hygiene-Institut der Waffen-SS und Polizei Auschwitz O/S.« vom 1.11.1944 wurde von Nyiszlis Kollegen Dr. Görög unterzeichnet (siehe Abbildung S. 147).

15 Die Abkürzung »S.K.« stand für Strafkompanie. Das Sonderkommando hatte keine besondere Kennzeichnung auf der Häftlingskleidung. Grundsätzlich trugen nur Funktionshäftlinge eine ihren Posten ausweisende Armbinde in Form eines Aufnähers am linken Ärmel der Häftlingsuniform (Ober- oder Unterarm). Zu den »Bindenträgern« gehörten auch Häftlingsärzte, -pfleger, -zahnärzte und -apotheker. Es wäre denkbar, dass die Abkürzung »S.K.« in diesem Fall unüblicherweise für »Sektionsraum Krematorium« verwendet wurde. Möglicherweise beruht die falsche Formulierung auf fremder Autorenschaft, denn tatsächlich wurde Nyiszli auf dem linken Unterarm seine Häftlingsnummer eintätowiert.

16 Die in den Krematorien eingesetzten Häftlinge wurden daher als »Geheimnisträger« betrachtet.

17 Mit der Aufstockung des Sonderkommandos auf seine Höchststärke wurde die Häftlingsunterkunft Ende Mai 1944 auf die Dachböden der Krematorien I und II sowie in die ehemalige Auskleidehalle in Krematorium III (für das Personal von Krematorium IV und Ausweich-Bunker V) verlegt.

18 Prof. Epstein wanderte mit seiner Ehefrau am 15.3.1940 von Prag in das neutrale Norwegen aus, das jedoch auch vom Dritten Reich überfallen wurde. Er wurde am 25.10.1942 verhaftet und zwei Tage später in das KL Berg bei Tonsberg überstellt.

19 Das Motiv der vor dem Krematorium wartenden Zwillinge mit ihrem Vater verwendete der Sonderkommando-Maler David Olère in zwei Zeichnungen (1945–1947) und einem Ölgemälde, das zwischen 1960 und 1980 entstanden ist. Eine Zeichnung wurde irrtümlich mit »Birkenau 43« beschriftet und das Geschehen um ein Jahr vordatiert. Sektionen im Krematorium nach vor Ort erfolgter Ermordung begannen im Sommer 1944. Vgl. den Ausstellungskatalog von Agnieszka Sieradzka (Hrsg.): David Olère. The One Who Survived Crematorium III. Oświęcim 2018.

20 Gemeint ist das Kaiser-Wilhelm-Institut für Anthropologie, menschliche Erblehre und Eugenik.

21 »Unnatürliche Todesfälle« mussten von der Politischen Abteilung des Lagers (Lagergestapo), den Referaten Erkennungsdienst sowie Ermittlungen und Vernehmungen untersucht werden.

22 Gemeint sind zwei der Verbrennungsgruben bei Bunker V.

23 Biografische Angaben zu den vorgenannten Personen siehe im Anhang.

24 Nyiszlis Aufzählung der renommierten Richter bezieht sich auf den Nürnberger Prozess gegen die Hauptkriegsverbrecher, der vom 20.11.1945 bis zum 1.10.1946 stattfand. Die zwölf Nürnberger Nachfolgeprozesse fanden jedoch vor US-amerikanischen Militärgerichten statt. Im Fall des Nachfolgeprozesses gegen die IG-Farben (»Militärgerichtshof Nr. VI«) wurden folgende Richter ernannt: Vorsitzender Richter war Curtis Grover Shake (1887–1978, ehemaliger Richter am Obersten Gericht von Indiana), Richter waren James Morris (1893–1980, Richter am Obersten Gericht von North Dakota) und Paul Macarius Hebert (1907–1977, der am Längsten amtierende Dekan der Juristischen Fakultät der Louisiana State University) sowie Ersatzrichter Clarence Fuson Merrell (1887–1954, Anwalt in Indiana und North Dakota und 1939 Präsident der Anwaltskammer von Indianapolis).

25 Vergessen wurde in der Liste der stellvertretende Richter für die Französische Republik, Robert Falco.

26 Die Liste wurde aus dem als Quelle angegebenen Werk »Grundlage eines neuen Völkerrechts« abgeändert: Minskoff, von Halle und Hombs wurden hinzugefügt, der Name »I. Rasumow« wurde entfernt.

27 Nyiszli ließ sich von seinen Gesprächspartnern in Nürnberg Widmungen in ein Exemplar der Erstausgabe seines Buchs eintragen. Louis Hombs (sic!) schrieb auf Englisch: »Die besten Wünsche für einen sehr guten Mann.« Auf einer weiteren Seite unterschrieben E. E. Minskoff, Benvenuto von Halle, Sandu Apotheker und mit dem Datum 17.10.1947 wahrscheinlich Ruth L. Kempner.

28 Gemeint sind die sogenannten Hauptankläger des Internationalen Militärgerichtshofs.

29 Gemeint ist die »Moskauer Konferenz der Außenminister der UdSSR, der USA und Großbritanniens« vom 19. bis 30.10.1943. Vgl. Ministerium für Auswärtige Angelegenheiten der UdSSR (Hrsg.): Die Sowjetunion auf internationalen Konferenzen während des Großen Vaterländischen Krieges 1941 bis 1945, Bd. 1: Die Moskauer Konferenz 1943. Dokumentensammlung, Moskau/Berlin 1988.

30 Die Moskauer »Erklärung über die Verantwortlichkeit der Hitleranhänger für begangene Gräueltaten« vom 1.11.1943 kam auf Anregung des britischen Premierministers Winston Churchill zustande und war eine erste Vereinbarung der Alliierten für das gemeinsame Vorgehen bei der strafrechtlichen Verfolgung nationalsozialistischer Verbrechen. Die Erklärung stand während der Moskauer Konferenz jedoch nicht auf der Tagesordnung und war auch nicht Teil der »Moskauer Deklaration«, sondern wurde nur am Rande verfasst und nach dem Ende der Konferenz von dem US-Präsidenten Franklin D. Roosevelt (1882–1945), dem britischen Premierminister Winston Churchill (1874–1965), und dem sowjetischen Regierungschef (»Vorsitzenden des Rates der Volkskommissare«) Josef Stalin (1878–1953) unterzeichnet. Die Judenvernichtung wurde jedoch weder in der »Moskauer Deklaration« noch in der Erklärung vom 1.11.1943 erwähnt, sondern als »Gemetzel an der polnischen Bevölkerung oder in den Gebieten der Sowjetunion« dargestellt.

31 Das nicht identisch mit den Vorladungsbestätigungen vom 17.7. und 9.10.1947 ist.

32 Nyiszli meldete sich am Freitag, dem 3.10.1947, erstmals bei Gericht.

33 Emanuel E. Minskoff (1909–1965) war von 1934 bis 1942 als Anwalt in New York City tätig und seit 1945 Leiter der Finanzabteilung für die Untersuchung von Privatvermögen im US-Finanzministerium in Washington, D.C. Er kam im April 1947 als Mitarbeiter der Anklagebehörde nach Nürnberg und wurde in den Verhandlungen für seine erfolgreichen Kreuzverhöre gefürchtet.

34 »Hauptanklagevertreter für Kriegsverbrechen« war Robert H. Jackson. Das OCCWC (Office, Chief of Counsel for War Crimes) wurde am 24.10.1946 eingerichtet und am 20.6.1949 geschlossen.

35 Wörtliche Übersetzung aus dem Ungarischen. Minskoff war tatsächlich Anklagevertreter.

36 Eine Übersetzung von Nyiszlis Buch ins Englische aus dem Jahre 1947 ist nicht bekannt. In der Übersetzung aus dem Französischen wurde das Buch 1960 von Tibère Kremer und Richard Seaver unvollständig mit dem Titel »Auschwitz. A Doctor's Eyewitness Account« in New York veröffentlicht (Verlag Frederick Fell Inc.). Vorab wurde ein Teil der Übersetzung in der von Seaver in Paris herausgegebenen englischsprachigen avantgardistischen Literaturzeitschrift *Merlin* unter dem Titel »S.S. Obersturmführer Doktor Mengele (Conclusion)« publiziert (No 1, Vol. 2, Spring-summer 1953, S. 48–72). Die französische Ausgangsübersetzung wurde erst 1961 unter dem Titel »Médecin à Auschwitz. Souvenirs d'un médecin déporté« gedruckt (Verlag Julliard, Paris).

37 Im Verzeichnis der Beweisstücke ist das Buch nicht enthalten.

38 Laut *Vílag*-Artikel »Mengeles Pathologe Dr. Nyiszli als Kronzeuge in Nürnberg« wurde Nyiszli bereits in der Vorladung von Minskoff (der als »russischer Gesandter« bezeichnet wird) ein Fragenkatalog zugeschickt: »Die lange Niederschrift listet in mehreren Punkten die Fragen auf, die das Nürnberger Tribunal von Miklós Nyiszli, dem wichtigsten Kronzeugen, beantwortet haben möchte.« (Vílag, 30.9.1947, S. 2) Eine Befragung durch Minskoff ist nicht belegt. Zuständig für die Abnahme von Nyiszlis Affidavit war höchstwahrscheinlich Benvenuto von Halle. Die Erklärung Nyiszlis wurde von ihm auf Deutsch abgegeben. In einem Aktenvermerk von John J. Boll zur ungarischen Übersetzung heißt es: »dies ist eine ungarische Version des deutschen Originals. Bitte ordnen Sie es in 367 als zusätzliches Original ein. J. Boll 248.« In Raum 367 des Nürnberger Justizpalasts wurden Dokumente archiviert. Dreistellige Nummern ohne Buchstaben standen in Aktenvermerken häufig für die Fundorte der Dokumente oder für die Raumnummern der Mitarbeitenden, da nur wenige über Telefonanschlüsse verfügten. »248« war die Raumnummer von John J. Bolls Büro.

39 Der US-amerikanische Brigadegeneral Telford Taylor (1908–1998) war Chefankläger in den Nürnberger Nachfolgeprozessen. Im IG-Farben-Prozess wurden Josiah Ellis DuBois Jr. (1912–1983) zu seinem Stellvertreter und Drexel A. Sprecher (1913–2006) zum Leiter des Anklageteams ernannt. Minskoff war einer von acht Mitarbeitern der Anklagebehörde im Sprecherteam. Ende 1948 wurde Sprecher von Taylor zum stellvertretenden Chefankläger in Nürnberg ernannt und anschließend Veröffentlichungsleiter für die Produktion von 15 offiziellen Bänden über die Nürnberger Folgeprozesse.

40 Der Prachtbau des berühmten Hotels »Deutscher Hof« neben dem Opernhaus und in der Nähe des Nürnberger Hauptbahnhofs wurde am 3.10.1944 bei einem US-amerikanischen und am 2.1.1945 bei einem britischen Luftangriff zu 80 % zerstört. Die amerikanische Militärregierung verpachtete ab 1946 einen Teil des Gebäudes, der noch nutzbar war, an das private Lessingtheater. Erst im August 1949 konnte der »Deutsche Hof« wiedereröffnet werden.

41 Das Motiv der Kinderwagen wird auch in dem polnischen Spielfilm »Die Passagierin« von Andrzej Munk und Witold Lesiewicz (1963) verwendet, allerdings spielt die Szene in einer Baracke des Effektenlagers und nicht auf dem Krematoriumshof. Kinderwagen mussten an der Selektionsrampe zurückgelassen werden und wurden von dort ins Effektenlager gebracht.

42 Diese Behauptung wurde in den Berichten von Überlebenden des Sonderkommandos, die zur Räumung der Gaskammer gezwungen waren, nicht bestätigt.

43 Der Publizist Hillel Kohn schrieb über diese Episode treffend: »Dies ist offensichtlich nicht mehr die Feder des Arztes.« Wenn Kohns Aussage auch anders gemeint war, sollte sie doch wörtlich genommen werden: Es ist inhaltlich und stilistisch anzuzweifeln, dass Nyiszli diesen Abschnitt selbst geschrieben hat. Vgl. Kohn: Nyiszli Miklós tanúságtételéről, S. 1453.

44 Am 2.11.1947 waren die Mordaktionen von Massentransporten in Auschwitz-Birkenau bereits beendet. Die Leicheneinäscherung in Gruben wurde bereits im September 1944 eingestellt.

45 Der Sonderkommando-Maler David Olère zeichnete aus seiner Erinnerung 1945 die Arbeit in der Goldschmelze und die beschriebenen »Goldscheiben«. Vgl. Sieradzka: David Olère, S. 92.

46 Hauptvernehmer von Zeugen im IG-Farben-Prozess war Benvenuto von Halle. Vernehmungen führten zudem Arthur T. Cooper, Paul H. Katscher, Peter Miller und Otto Verber durch. Nyiszlis eidesstattliche Erklärung wurde einen Monat früher als hier angegeben, am Freitag, dem 3.10.1947, abgenommen. Nach sorgfältiger maschinenschriftlicher Protokollierung in ungarischer und deutscher Sprache wurden die Abschriften erst einige Tage später, am Mittwoch, dem 8.10.1947, von Nyiszli überprüft sowie von Benvenuto von Halle beglaubigt. Im Protokollbuch für den 26.11.1947 ist die Datierung des Affidavits in der Dokumentenübersicht neben den Angaben »Exhibit No. 1763, Document No. NI 11710, Doc.Bk. & Page No. LXXXII 63« in der Erläuterung »Aff: Dr. Nyiszli Nikolae, 3 Oct 47« belegt. The National Archives and Records Administration (NARA), Records of the U. S. Nuernberg War Crimes Trials, United States of America v. Carl Krauch et al. (Case VI), Aug. 14, 1947 - July 30, 1948. Microfilm Publication M892 (I.G. Farben Case-Industrialist), Roll 107, Volume 44, Minute Book (14 Aug 1947–12 Feb 1948), S. 209.

47 Nyiszlis Affidavit wurde maschinenschriftlich abgetippt, bevor es von ihm auf jeder der (jeweils) fünf Seiten handschriftlich unterschrieben und am Ende von Benvenuto von Halle beglaubigt worden war. Jede handschriftliche Korrektur und Ergänzung Nyiszlis wurde ebenfalls von ihm mit seiner Unterschrift bestätigt.

48 Es liegt nur ein Affidavit Nyislis vor (Dokument Nr. NI 11710), in zwei Abschriften und in einer Übersetzung.

49 Die für das Gericht notwendige Übersetzung von Nyiszlis Affidavit wurde von Anne Martin und Samuel S. Horn aus dem Deutschen ins Englische vorgenommen und erst am 22.10.1947 von ihnen beglaubigt. Irrtümlicherweise wurde darin das Beglaubigungsdatum von Halles auf den 6.10.1947 vordatiert. Eine Aussage im Zeugenstand ohne vorherige Kenntnisnahme des Affidavits wäre unwahrscheinlich. In der Regel hatten auch die Affidavit-Aussteller im Zeugenstand eine Abschrift in ihrer Muttersprache vorgelegt zu bekommen.

50 Verhandlungssaal war der Sitzungssaal 600 im Ostbau des Nürnberger Justizplastes, der bis in die Gegenwart größter Sitzungssaal der Bayerischen Justiz ist und für die Nürnberger Prozesse vor allem technisch und für eine filmische Inszenierung aufwendig umgebaut wurde. In Raum 248 saß der Mitarbeiter der Anklagebehörde John J. Boll.

51 Der zweite der zwölf Nürnberger Nachfolgeprozesse, »Die Vereinigten Staaten von Amerika gegen Erhard Milch«, der Staatssekretär des Reichsluftfahrtministeriums und Generalinspekteur der Luftwaffe war, fand mehrere Monate bevor Nyiszli nach Nürnberg reiste vom 2.1. bis 17.4.1947 statt. Der ehemalige Generalfeldmarschall war der einzige Angeklagte. Als Zeuge der Verteidigung wurde er im IG-Farben-Prozess am 15.1. und am 5.3.1948 in den Zeugenstand gerufen.

52 Die Beweisaufnahme zu Punkt III der Anklageschrift (»Kriegsverbrechen und Verbrechen gegen die Menschlichkeit durch Versklavung von Zivilbevölkerung und Konzentrationslagerinsassen, Menschenversuche und Massenmord«) begann erst am 31.10.1947. Nyiszli kann folglich in den zwei Wochen bis zum 18.10.1947, in denen er seit dem 3.10.1947 in Nürnberg anwesend war, nicht in den Zeugenstand gerufen worden sein. Daher wird Nyiszli in den Listen »Zeugen der Anklage in öffentlicher Sitzung und vor der Kommission« nicht genannt. Sein ehemaliger Häftlingsarztkollege Dr. Epstein wurde hingegen am 18.11.1947 in öffentlicher Sitzung als Zeuge aufgerufen, ebenso Dr. Rudolf Vitek, sein Stellvertreter. Dr. Bendel durfte am 18.3.1948 vor der Kommission in den Zeugenstand treten. Vgl. NARA, M892, Roll 107, Volume 44, Finding Aids, List of Witnesses, S. 4f.

53 An den meisten Verhandlungstagen war der Besucherandrang gering.

54 Eine blaue Lampe ist auf historischen Aufnahmen und in Beschreibungen von anderen Prozessbeobachtern nicht nachweisbar. Im Verhandlungssaal befanden sich drei Signallampenpaare für die Richter, die Anklage und die Verteidigung sowie für die Zeugen. Im Verhandlungsprotokoll vom 31.10.1947 erläutert der Vorsitzende die Bedeutung der Lampen: »Vor Ihnen befinden sich zwei Lampen, die eine ist gelb, die andere rot. Diese Signale sind wegen unseres Übersetzungssystems notwendig. (...) Das gelbe Licht ist eine Warnung vom Übersetzer, dass Sie zu schnell sprechen, und Sie werden damit ersucht, etwas langsamer zu sprechen. Das rote Licht wird nur benützt, wenn es nötig ist, vollkommen einzuhalten« (NARA, M892, Roll 49, Volume 9a, Transcripts (German), 28–31 October 1947, S. 3170).

55 Da die Stenografisten durch die Übersetzung häufig Aussagen zusammenfassen mussten und nicht wortwörtlich notieren konnten, wurden zur Korrektur Tonaufzeichnungen auf Wachsplatten, Schellackplatten und auf Tonband vorgenommen. Nur im Nürnberger Hauptkriegsverbrecherprozess des Internationalen Militärgerichtshofs vom 20.11.1945 bis 1.10.1946 wurde die Verhandlung auf 27 000 Metern Tonband und 7800 Schallplatten aufgezeichnet. Damit keine Lücken entstanden, überschnitten sich die Aufnahmen durch zwei nebeneinanderstehend eingesetzte Plattenspieler, zudem wurde mit einem zweiten Plattenspielerpaar doppelt aufgenommen.

56 Die folgenden Zitate Minskoffs sind weder im Verhandlungsprotokoll noch in der Anklageschrift zu finden, ihre Form und ihre Inhalte widersprechen zudem der praktischen Prozessführung. Der amerikanische Chefankläger Telford Taylor reichte die Anklageschrift am 3.5.1947 bei der zuständigen Militärbehörde ein.

57 Aron Naumowitsch Trainin (1883–1957) war sowjetischer Professor für Strafrecht an der Universität Moskau, Mitunterzeichner des Londoner Viermächte-Abkommens vom 8.8.1945 und seit 1946 korrespondierendes Mitglied in der Akademie der Wissenschaften der UdSSR. Trainin spielte eine maßgebliche Rolle bei der Schaffung des rechtlichen Rahmens für die Nürnberger Prozesse und des Völkerrechts und beeinflusste die Entscheidung, bei den Nürnberger Prozessen Vertreter der deutschen Wirtschaft und Industrie anzuklagen, wesentlich.

58 Die Anklageschrift im IG-Farben-Prozess richtete sich gegen einen Vorsitzenden des Aufsichtsrats, 19 Mitglieder des Vorstands sowie vier Direktoren.

59 Die im Folgenden genannten Dokumente wurden nicht in dargestellter Form im IG-Farben-Prozess als Beweismittel angeboten. Die zitierten Dokumente stammen aus anderen Prozessen, einige Dokumentennummern werden falsch angegeben oder sind nicht verifizierbar.

60 Gemeint ist PS-699 (GB-49).

61 Aus der Rede des »Reichsführers SS« Himmler bei der SS-Gruppenführertagung in Posen am 4.10.1943, PS-1919 (SS-98, US-170).

62 Gemeint ist PS-16 (RF-45, RF-1446, US-168).

63 Rede des Reichsministers für die besetzten Ostgebiete, Alfred Rosenberg (1892–1946), vor den engsten Beteiligten am »Ostproblem« vom 20.6.1941.

64 Bei der Zitierung des geheimen SS-Befehls vom 19.3.1943 wurden Auslassungen nicht kenntlich gemacht.

65 Gemeint ist PS-1919 (SS-98, US-170).

66 Chronologisch waren dies folgende sechs Konzentrationslager: Auschwitz I, Auschwitz III (Monowitz), Auschwitz II (Birkenau), Mauthausen, Melk, Ebensee.

67 Vermutlich höchstens fünf Monate von frühestens Ende Juli 1944 bis Anfang Januar 1945.

68 Neben dem überlassenen Exemplar ließ sich Nyiszli in einem anderen Exemplar der Erstausgabe von Vertretern der Anklagebehörde im Oktober 1947 mehrere Widmungen eintragen.

69 Der IG-Farben-Prozess begann am 14.8.1947, die dargestellte Verhandlung soll am 4. oder 5.11.1947 stattgefunden haben, was sich in den Verhandlungsprotokollen weder an diesen Tagen noch zu einem anderen Zeitpunkt widerspiegelt.

70 Nyiszlis Affidavit wurde nachweislich erstmals am 26.11.1947 von Minskoff »ohne Kommentar« und ohne Nennung seines Namens als Anklagebeweisstück 1763 angeboten. Vgl. NARA, M892, Roll 50, Volume 13a, Transcripts (German), 25 November–17 December 1947, S. 4426. Am darauffolgenden Verhandlungstag, dem 1.12.1947, ist die Anklagebehörde bereit, ihre Beweisvorlage abzuschließen. Nyiszlis Name wird im Zusammenhang mit einer Zeugenliste der Anklage genannt. Der Anklagevertreter Drexel Sprecher gab dazu folgende Erklärung ab: »Die erste Affiantenliste, die ich vorlesen werde, bringt Affianten, deren Namen auf dem dritten Memorandum erscheinen und bei denen noch manche Probleme zu klären sind. (...)« Auf die Nachfrage des Vorsitzenden, ob damit die Möglichkeit eines Kreuzverhörs gemeint sei, antwortete Sprecher: »Sowohl Vereinbarung als auch Kreuzverhörfragebogen oder in manchen Fällen – denke ich – Verzicht.« (Roll 50, Volume 13a, S. 4501). Laut Beweisstückverzeichnis der Anklage wurde Nyiszlis einziges Affidavit schließlich am 27.1.1948 zurückgezogen. Vgl. Roll 01, Target 5 (Volume 44), Finding Aids, Prosecution and Defense Exhibit Index, Prosecution Exhibit Index, S. 87; vgl. auch den handschriftlichen Vermerk von Angebots- und Zurückziehungsdatum auf der Aktenmappe des Anklagebeweisstücks 1763: Roll 31, Prosecution Exhibits, 1.751–1.837, 1.763. Grundlage einer Zeugenvernehmung war jedoch dessen als Beweisstück akzeptiertes Affidavit.

71 Im Protokollbuch ist zur Zurückziehung von Nyiszlis Affidavit am 27.1.1947 Folgendes vermerkt: »Herr Sprecher von der Anklagebehörde erklärte, er habe den Beweisstand der Anklagebehörde überprüft und sei zu dem Schluss gekommen, dass er in Bezug auf sechs eidesstattliche Erklärungen in der Lage sei, sie aus der Beweisführung zurückzuziehen. Er stellte den Antrag, dass die folgenden Dokumente zurückgezogen werden: Exhibit No.: (...) 1763 (...), Document No.: (...) NI 11710 (...).« (ohne Nennung Nyiszlis). Im Protokollbuch heißt es weiter: »Das Gericht erklärte, dass dem Antrag stattgegeben wurde und die eidesstattlichen Erklärungen in diesem Fall aus den Beweismitteln zurückgezogen würden.« (NARA, M892, Roll 107, Volume 44, Minute Book (14 Aug 1947–12 Feb 1948), S. 254.) Im Verhandlungsprotokoll vom 27.1.1947 ist die Begründung von Sprecher für diesen Schritt zu entnehmen: »Ich weiß, dass es eine Last für uns alle ist, über die Tatsache nachzudenken, dass der Gerichtshof ernste Probleme hat, in Bezug auf die Aussteller von eidesstattlichen Erklärungen. Wir haben eine Erklärung, die, wie wir glauben, das große Problem, das dem Gerichtshof vorliegt, etwas vereinfachen wird, dass wir nämlich andauernd den Prozess beschleunigen wollen. Während der letzten Tage (...) haben wir den Stand des Beweismaterials der Anklagebehörde und gewisse Mittel überprüft, die uns zur Verfügung stehen und von denen wir denken, dass sie die Notwendigkeit ausschalten würden, im Protokoll sechs Eidesstattliche Erklärungen von sechs Zeugen, die noch ausstehen, zu belassen (...) und nachdem wir bei Durchsicht des Beweismaterials, das wir kürzlich vorgebracht haben, glauben, dass wir in der Lage sind, sechs weitere Affidavits zurückzuziehen, so werden wir diese jetzt mit Ihrer Zustimmung zurückziehen.« In der darauffolgenden Aufzählung der Affidavits und ihrer Aussteller wurde Nyiszlis Name wieder nicht genannt, in diesem

Fall aufgrund einer Verwechslung: Drexel Sprecher zitierte das Beweisstück und die Dokumentennummer von Nyiszlis Affidavit irrtümlicherweise als »eidesstattliche Erklärung von Francisek Kacprzak, aus Polen«. (Roll 51, Volume 17a, Transcripts (German), 20–28 January 1948, S. 5887f.) Kacprzaks Affidavit vom 30.4.1947 trug jedoch die Beweisstücknummer 1162 und hatte die Dokumentennummer NI 6739, es stand in der Liste des Protokollbuchs direkt unter Nyiszlis Beweisstücknummer. Vgl. Roll 01, Target 5 (Volume 44), Finding Aids, Prosecution and Defense Exhibit Index, Prosecution Exhibit Index, S. 57. Der Grund für die Ablehnung eines einzigartigen Zeugen wie Nyiszli findet sich im Index des Dokumentenbuchs Nr. 82. Die Dokumentenbeschreibung lautet: »NI-11.710 Affidavit von Dr. Nikolae (Häftlingsarzt in Auschwitz). Zeuge beschreibt die Vergasung von Menschen mit Zyklon B in Auschwitz-Birkenau. Beschreibt ausführlich den Ablauf der Vergasung von Menschen, einschließlich der Methode, der Ergebnisse und der medizinischen Diagnose.« (Roll 45, Prosecution Document Books LXXVII-XCI, Index to Document Book No. 82, S. 4; die englische Übersetzung seines Affidavits folgt auf den Seiten 63–66.) Diese verkürzte und verallgemeinernde Darstellung, in der sogar Nyiszlis Familienname anzugeben vergessen wurde, sollte letztlich ausschlaggebend für die Zurückziehung des Affidavits wegen »Unerheblichkeit« sein. Der Zeuge Nyiszli wurde Opfer einer schlampigen, überforderten und uneinigen Anklagebehörde, die der Masse an Zeugen und Aussagen nicht gewachsen war, falsche Prioritäten gesetzt hatte, inhaltlich den Überblick verlor und Anfang Dezember 1947 vor den Richtern mit einem Verzicht auf die Einreichung weiterer Beweismittel und schließlich Ende Januar 1948 mit ihrem Rückzug kapitulieren musste. Nyiszli war als Zeuge zur falschen Zeit im falschen Prozess erschienen, sein Affidavit wurde im Hinblick auf Anklagepunkt III als irrelevant betrachtet, nicht zuletzt zum Zweck der Beschleunigung des Verfahrens. Er konnte keine Angaben zu den angeklagten IG-Farben-Managern machen oder sie mit den Gaskammermorden unmittelbar in Verbindung bringen. Der Druck seines Verlegers der Zeitung *Vílag*, Nyiszli als »Kronzeuge« nach Nürnberg zu schicken, um die Geschichte in der Tagespresse gut verkaufen zu können, sollte sich als Fehler erweisen, der nachträglich durch einen sehr wahrscheinlich redaktionell umgeschriebenen Bericht und eine teilweise fiktive Artikelserie verschleiert werden sollte und seinem Ansehen schadete. Der fremdbestimmte Nyiszli machte sich mit dem publizierten Nürnberg-Bericht unglaubwürdig und zog sich nach der Einstellung der Zeitung *Vílag* und dem Rückzug seines Verlegers 1949 ebenfalls aus der Öffentlichkeit zurück. Ein unbearbeiteter und unverfälschter Nürnberg- und Monowitz-Bericht wurde in Nyiszlis Nachlass nicht gefunden.

72 Diese Dokumentensignatur existiert nicht. »AGO« ist die Abkürzung für »Adjutant General's Office« (Büro des Generaladjutanten), »D« für »deputy« (Stellvertreter), die dahinterstehende Zahl ist eine Personalnummer. Die Signatur orientiert sich an Benvenuto von Halles Personenkennzeichen im US- Kriegsministerium. Vgl. U.S. Civilian AGO D432532. Das folgende Zitat stammt nicht aus Nyiszlis tatsächlichem Affidavit vom 8.10.1947. Es ist inhaltlich als Ergänzung seines ersten Buchs anzusehen.

73 Die Entfernung zwischen dem Stammlager Auschwitz und Monowitz beträgt 9 km, zwischen der Hauptwache des Lagers Birkenau und Monowitz 10,5 km.

74 Die höchste Anzahl von Häftlingen im Arbeitseinsatz lag im August 1944 bei fast 10 000 Mann. Vom Beginn des Arbeitseinsatzes auf der Werksbaustelle im April 1941 bis Januar 1945 könnten bis zu 35 000 Häftlinge auf der Baustelle eingesetzt worden sein.

75 Westlich und südlich der Baustelle wurden mehrere Lager, meistens für Zivilarbeiter verschiedener Nationalitäten, erbaut. Darunter befanden sich auch besondere Gruppen: In Lager I wurden u. a. etwa 80 italienische »Militärinternierte«, in Lager III u. a. über 1000 sowjetische

»Ostarbeiterinnen« und 700 polnische Zwangsarbeiter der »Organisation Schmelt«, in Lager VIII über 1200 britische Kriegsgefangene untergebracht. Während sich am 19.4.1944 5697 Häftlinge im Arbeitseinsatz befanden, wurden 19 796 »zivile« Arbeitskräfte auf der Baustelle eingesetzt. Vgl. die Übersicht der bei der IG Auschwitz eingesetzten Arbeitskräfte in: Bernd C. Wagner: IG Auschwitz. Zwangsarbeit und Vernichtung von Häftlingen des Lagers Monowitz 1941–1945, München 2000, S. 333.

76 54 Beobachtungstürme umgaben das Werksgelände, die in Abständen zwischen 40 und 200 m voneinander entfernt standen.

77 Während des Lagerbestehens könnten von Mitte Oktober 1942 bis Mitte Januar 1945 schätzungsweise 25 bis 30 000 Häftlinge das Lager durchlaufen haben.

78 Im Totenbuch Monowitz wurden vom 16.11.1942 bis zum 15.1.1945 1647 Häftlinge registriert, die im Häftlingskrankenbau, im Lager und auf der Großbaustelle »verstorben« waren. Mindestens 11 000 Häftlinge sollen zusätzlich im Rahmen von Selektionen ermordet worden sein, zuletzt 2000 Mann am 17.10.1944, die in den Gaskammern von Krematorium I ermordet wurden. Die von April 1941 bis Juli 1942 vor Errichtung des Lagers Monowitz auf der Baustelle zu Tode gekommenen Häftlinge, zeitweise bis zu 100 Mann wöchentlich, wurden in den Totenbüchern des Stammlagers Auschwitz erfasst. Insgesamt sind mindestens 15 000 Häftlinge dem Aufbau des IG-Farben-Werks zum Opfer gefallen.

79 Gemeint ist ein Häftling, der gegenüber dem Appellplatz an zwei mobilen Galgen Hängungen vollstrecken musste. Die erste Hängung im Lagerbereich wurde am 22.1.1944 vollzogen. Im Monowitzer Totenbuch wurden 19 Hängungen dokumentiert. Prügelstrafen wurden von mindestens 15 namentlich bekannten Funktionshäftlingen in Monowitz durchgeführt. Vgl. Setkiewicz: Auschwitz IG Farben Werk Camps, S. 198f.

80 Gemeint ist die Verfügung des »Reichsführers SS« zur Prügelstrafe, in der fünf bis 25 Stockhiebe auf das Gesäß und den Rücken vorgesehen waren, seit April 1942 »verschärft« auf das unbekleidete Gesäß. Die Prügelstrafe wurde in der Regel auf dem Prügel-»Bock« vollzogen.

81 Komplikationslose Wundheilung ohne Infektion.

82 Gemeint ist SS-Oberscharführer Erich Mußfeldt.

83 Diese Urkundennummer existiert nicht.

84 Eine durch Pilze verursachte Hauterkrankung bei Männern. Die meisten Hautinfektionen im Bartbereich sind jedoch bakteriell verursacht.

85 Block 8 befand sich direkt am Lagerzaun und in der Nähe der Krankenbau-Baracken.

86 Das Innenkommando nannte sich »Lagerkommando«.

87 Gemeint ist Nyiszlis Hausarztpraxis im nordrumänischen Viseu de Sus.

88 Nyiszli meint die vermehrte Wasseransammlung im Körper, durch die Ödeme gebildet werden, die verschiedene Ursachen haben kann, häufig Erkrankungen der Nieren und Herzinsuffizienz. Er beschreibt die Symptome der Hungerödeme, die bei stark Unterernährten insbesondere den Bauch ballonartig auftreiben.

89 Gemeint ist eine Bahnbetriebsanlage in der Betriebsform »Strecke ohne technische Einrichtung«. Bei den Schienen handelte es sich um ein Anschlussgleis, das als Entladestelle genutzt wurde.

90 Die Krematorien I und II hatten jeweils einen großen Schornstein, Krematorium III war außer Betrieb und Krematorium IV hatte zwei Schornsteine.

91 Ende September wären es fast zwei Monate gewesen.

92 Diese Dokumentennummer existiert nicht.

93 In den Krematorien I und II fanden die Erschießungen gegenüber dem Aufzugsvorraum im Erdgeschoss, in Krematorium IV im großen Auskleideraum an einer mobilen grauen Holzwand statt, die zwischen zwei Bodenabflüsse in die Raummitte gestellt wurde.

94 Diese Dokumentennummer existiert nicht.

95 Der Industriebetrieb J.A. Topf & Söhne befand sich in Erfurt.

96 Der Schriftzug »Topf« stand nicht an den Ascheentnahmetüren, die zudem nicht automatisch waren, sondern nur an kleinen gusseisernen Bauteilen wie Lufteintrittsklappen und Abdeckungen der Schauluken auf den Lufteintrittsklappen der Einführungstüren. 1944 bestanden nur jeweils 15 Ofenmuffeln in den Krematorien I und II sowie jeweils acht Ofenmuffeln in den Krematorien III und IV, insgesamt 46 Ofenmuffeln.

97 In den Krematorien beschäftigte Zivilarbeiter – Ingenieure, Monteure und andere Facharbeiter – verkleideten sich nicht in SS-Uniform, sie konnten mit ihren Passierscheinen die Anlagen ungehindert betreten, was SS-Angehörigen ohne Sondergenehmigung nicht möglich war.

98 In der »Zeugen-Liste Fall 6«, die sowohl die Zeugen der Anklage als auch der Verteidigung verzeichnet und Aussagen vor dem Tribunal oder der Kommission umfasst, wird kein Dr. Stössel (auch nicht in anderer Schreibweise), aber ein Hans Wagner genannt. Vgl. Trials of War Criminals Before the Nuernberg Military Tribunals Under Control Council Law No. 10, Bd. VIII: The I.G. Farben Case, Washington, D.C., 1952, S. 1359.

99 Der im IG-Farben-Prozess befragte Zeuge Dr. Hans Wagner (geb. 1903 in Frankfurt am Main) wurde Ende Februar 1938 als Chemiker in die Berliner »Vermittlungsstelle W« versetzt und arbeitete dort bis Kriegsende. Zum Zeitpunkt der Befragung wohnte er in Neumarkt in der Oberpfalz. Die »Vermittlungsstelle W« war für die Koordination zwischen IG Farben und Wehrmacht zuständig. Das zitierte Verhör findet sich in keinem Verhandlungsprotokoll des IG-Farben-Prozesses. NARA, M892, Roll 47, Volume 1a, Transcripts (German), 14. August–2. September 1947, S. 524f.

100 Eine »Entwesungsbaracke« mit acht Entwesungskammern wurde Mitte Februar 1944 im benachbarten »Zigeunerlager« in Betrieb genommen. Die Entlausung wurde mittels elektrisch erzeugter Heißluft durchgeführt. Das darin eingesetzte Desinfektoren-Häftlingskommando führte auch Entwesungen in Häftlingsbaracken anderer Lagerteile mit Zyklon B durch, nachdem in den Baracken Türen und Fenster luftdicht verklebt worden waren. Die Verwendung von Zyklon A (Cyanameisensäuremethylester) ist zu bezweifeln, da es als nachteiliges Flüssigkeitsgemisch seit etwa Mitte der 1930er-Jahre nicht mehr verwendet wurde.

101 Ein Dosenetikett mit diesem Text ist nicht dokumentiert.

102 Das Zitat entspricht im Ungarischen nicht dem Wortlaut aus dem Buch Nyiszlis. Vgl. S. 43–45 in dieser Ausgabe.

103 Desinfektionen in Häftlingsblocks wurden ebenfalls durch wiederholtes Verspritzen von Lysollösung (Chlorxylenol) durchgeführt. Ver- oder Begasungen mit Chlor aus Dosen sind nicht bekannt.

104 Zyklon B besteht aus Blausäure (Cyanwasserstoff) und Stabilisatoren.

105 Kalziumsilikat besteht aus Kalk (Calciumoxid), Quarzsand (Siliziumdioxid), Wasserglas und Zellulose. Das Trägermaterial war jedoch nicht Kalziumsilikat, sondern in den Jahren 1930 bis 1945 »Erco«-Material, das in Grieß- oder Würfelform aus einer Mischung von Kieselgur (Diatomeen), Gips und Wasser-Stärkegel hergestellt wurde.

106 Die Angabe beinhaltet mindestens fünf Wochen, die Nyiszli zuvor im Stammlager, im Lager Monowitz und im Krankenbaulager verbracht hatte.

107 Die Vergasungskapazität war zwar höher als die Einäscherungskapazität, jedoch wurden im Sommer 1944 selten mehr als 11 000 Menschen täglich in den Gaskammern ermordet.

108 Da Nyiszli nicht als Zeuge in Nürnberg im Zeugenstand vernommen wurde, existiert auch keine Berichterstattung darüber.

109 Diese Dokumentensignatur existiert ebenfalls nicht.

110 Gemeint ist das Affidavit vom 5.4.1946 mit der Dokumentennummer PS-3868 (US-819). Das Affidavit des ehemaligen Lagerkommandanten SS-Obersturmbannführer Rudolf Höß (1901–1947) war nicht beeidet und wurde letztlich aufgrund der Tatsache, dass Höß nicht mehr am Leben war, vom Gericht als Beweisstück abgelehnt.

111 Datierung laut Höß' eigener Aussage. Zum 10.11.1943 übernahm Höß die Geschäfte des Chefs der Amtsgruppe D I (Zentralamt) im SS-Wirtschafts- und Verwaltungshauptamt (WVHA) in Berlin.

112 In seinem Affidavit heißt es wörtlich, »mindestens eine halbe Million starben durch Hunger und Krankheit«, von »Folter« oder »schwere(r) Arbeit« war jedoch keine Rede.

113 Im Originaldokument heißt es »3 bis 15 Minuten«.

114 Höß sagte als Zeuge der Verteidigung von Ernst Kaltenbrunner, dem ehemaligen Chef der Sicherheitspolizei und des SD sowie Leiter des Reichssicherheitshauptamtes, am 15.4.1946 im Nürnberger Hauptkriegsverbrecherprozess persönlich aus; die Aussage wurde zum Teil filmisch dokumentiert. Höß' am 5.4.1946 unterzeichnete englischsprachige eidesstattliche Erklärung und das Protokoll seiner Zeugenaussage wurden im Prozess gegen das WVHA sowie im IG-Farben-Prozess als Beweismittel vorgelegt. Am 25.5.1946 wurde Höß nach Warschau ausgeflogen und polnischen Behörden übergeben.

115 Das Urteil »Tod durch den Strang« wurde neben dem alten Krematoriumsgebäude im ehemaligen Stammlager Auschwitz am 16.4.1947 vollstreckt.

116 Es gab nur zwei Sitzreihen mit Angeklagten.

117 Gemeint sind offenbar die Chemiker und Unternehmer Fritz ter Meer (1884–1967), Leiter der Sparte II der IG Farben (zu der der Bereich Pharmazeutika gehörte) und Philipp Heinrich Hörlein (1882–1954), stellvertretender Leiter der Sparte II, die IG-Farben-Manager Wilhelm Rudolf Mann (1894–1992), Leiter der Verkaufsgemeinschaft Pharmazeutika, und sein Stellvertreter Dr. Max Brüggemann (1885–1957) sowie die Produktionsleiter für pharmazeutische Präparate in verschiedenen Werken, die Chemiker Hans Kühne (1880–1969) und Dr. Carl Ludwig Lautenschläger (1888–1962). Die Anklage gegen Brüggemann wurde jedoch am 9.9.1947 aus gesundheitlichen Gründen ausgesetzt.

118 Offenbar eine Verwechslung mit dem Nürnberger Ärzteprozess, der eine Woche vor Beginn des IG-Farben-Prozesses geendet hatte.

119 Dr. Thilo beging zwei Tage vor dem Beginn von systematischen Hausdurchsuchungen und Verhaftungen in der nordböhmischen Gebirgsstadt Hohenelbe (1918–1938 und seit 1945: Vrchlabí) am 13.5.1945 Selbstmord.

120 Ein Dr. Wolff saß weder im Nürnberger IG-Farben- noch im Nürnberger Ärzte-Prozess auf der Anklagebank.

121 Dr. Wirths beging zwei Tage nach seinem Verhör im Hamburger Curio-Haus am 17.9.1945 im britischen Internierungslager Nr. 5 Staumühle (Hövelhof) einen Suizidversuch, an dessen Folgen er am 20.9.1945 verstarb.

122 Mengele starb 1979 bei einem Badeunfall in Brasilien. Das Gerücht von Mengeles Selbstmord wurde bereits im Juni 1946 in der Presse verbreitet. Ein früher schriftlicher Beleg für die Verbreitung findet sich in der Korrespondenz zwischen zwei Bekannten Mengeles aus Studienzeiten vom 12.4.1946. Vgl. U.S. Department of Justice, Office of Special Investigations, Criminal Division (OSI)/Neal M.Sher/Eli M. Rosenbaum

(Hrsg.): In the matter of Josef Mengele: a report to the Attorney General of the United States. Washington D.C. 1992, S. 110. In der Budapester Zeitung *Világosság* wurde das Gerücht jedoch am 9.7.1947 widerrufen: »Die Nachricht, dass Dr. Mengele, der Henker von Auschwitz, nach zweijährigem Untertauchen in die Hände der US-Behörden gefallen ist, ging durch die Weltpresse. Entgegen früherer Meldungen in der Weltpresse, dass Dr. Mengele gestorben sei, heißt es nun, dass der Selbstmord misslungen und Mengele am Leben sei. Aus diesem Grund wurde Dr. Nyiszli nach Nürnberg berufen.« Auch diese Nachricht wurde später widerrufen, weshalb Nyiszli oder sein Co-Autor 1948 offenbar wieder vom gelungenen Freitod Mengeles ausging. Am 19.1.1948 schrieb der US-Hauptankläger für Kriegsverbrechen, Telford Taylor, dass Mengele seit »Oktober 1946 als tot« gelte (OSI: Matter, S. 85).

123 Diese Dokumentennummer existiert nicht.

124 Gemeint ist die Funktion des 1. Lagerarztes in Birkenau, die Mengele spätestens im August 1944 übertragen worden sein soll. Anderen Aussagen zufolge sollen zu verschiedenen Zeiten auch die Lagerärzte Dr. Franz Lucas und Dr. Fritz Klein seine Stellvertreter gewesen sein.

125 Gemeint ist der OP-Raum in Block 2 des Lagers B II f. Operative Eingriffe wurden auch in den Blöcken 3 und 4 der chirurgischen Abteilung vorgenommen.

126 Asepsis ist die Herbeiführung einer völligen Keimfreiheit durch Sterilisation. Antisepsis steht für die Verminderung infektiöser Keime und die Reduzierung des Infektionsrisikos durch die Verwendung von Desinfektionsmitteln.

127 »Primäre Wundheilung«: lückenlos miteinander verwachsene Wundränder mit minimaler Narbenbildung.

128 Mit »Oberarzt« ist wahrscheinlich der »Standortarzt« gemeint. Der Standortarzt war der leitende Arzt, Vorgesetzter des medizinischen Personals und maßgeblich verantwortlich für die medizinischen Maßnahmen für die Häftlinge und die SS-Besatzung. Nyiszlis Beschreibung des »Oberarztes« legt die Vermutung nahe, dass er den Namen »Dr. Wolff« mit dem an medizinischen Experimenten und Forschungsprojekten beteiligten SS-Standortarzt Dr. Wirths verwechselte.

129 Offenbar eine Verwechslung mit Dr. Horst Schumann (1906–1983), der mit den Sterilisationsexperimenten durch Röntgenbestrahlungen von der »Kanzlei des Führers« beauftragt worden war. Die Darstellung ist unplausibel und lässt eine fremde Autorenschaft unter Verwendung fragwürdiger Quellen vermuten, da die Menschenversuche im Dezember 1942 in der Birkenauer Experimentierbaracke 30 des Frauenlagers B I a und seit März 1943 im Stammlager Auschwitz in Experimentierblock 10 unter anderen Bedingungen durchgeführt worden sind. Schumanns Menschenversuche in Auschwitz endeten Anfang 1944, mehrere Monate vor Nyiszlis Ankunft in Auschwitz-Birkenau. Sie wurden jedoch im April 1944 im KL Ravensbrück fortgesetzt. Dr. Wirths wurde am 1.9.1944 zum SS-Sturmbannführer befördert.

130 Die Frauen wurden bis zu 15 Minuten lang im Stehen von zwei Röntgengeräten der Firma Siemens bestrahlt, die auf Schienen bewegt wurden und dadurch die Apparaturen an die Vorder- und Rückseite des zu bestrahlenden Beckens heranfahren konnten. Dr. Schumann schützte sich vor der Strahlung in einer aus Bleiwänden bestehenden Kabine. Im Dezember 1944 wurden die Geräte schließlich demontiert.

131 Die Gesamtzahl der weiblichen Röntgenexperimente-Opfer ist unbekannt. Die Gesamtzahl der weiblichen und männlichen Versuchsopfer wird auf mehr als 1000 Menschen geschätzt. Dr. Schumann soll zwei bis drei Mal wöchentlich (abzüglich längerer Unterbrechungen) jeweils 30 Häftlinge nacheinander bestrahlt haben.

132 Die männlichen Versuchsopfer, die mehrheitlich im Krankenbau des Stammlagers Auschwitz lagen, stammten auch aus Griechenland und Polen sowie zum Teil aus Rumänien, der Tschechoslowakei und Jugoslawien.

133 Die Zeugenaussage von Chaim Balitzki (1920–?, Häftl.-Nr. 132266) wurde im Nürnberger Ärzteprozess am 16.12.1946 vorgetragen. Ein französischer Zeuge, der Opfer der »Röntgenkastration« war, sagte in keinem der Nürnberger Prozesse aus.

134 Balitzki war polnischer Jude und wurde im Krankenbau-Block 20 des Stammlagers operiert und behandelt. Er kehrte nicht in seine Heimat zurück, sondern blieb nach seiner Befreiung am 30.4.1945 im »Todeszug« am oberbayerischen Bahnhof Seeshaupt in Deutschland und lebte in Konstanz. Sein Affidavit vom 22.11.1946 wurde als Beweisstück NO-819 zu den Akten genommen.

135 Mußfeldt schloss seine Bäckerlehre in Fürstenwalde (Brandenburg) im Jahr 1929 ab. Danach arbeitete er in Fürstenwalde für zwei Jahre als Bäckergeselle, anschließend in der Landwirtschaft, Binnenschifffahrt sowie als Fabrikarbeiter und in einer Baufirma.

136 Vom 20.12.1943 bis 16.2.1945 führte Seitz den Rang eines SS-Unterscharführers.

137 Olère wurde am 20.2.1943 in seinem Haus in Noisy-le-Grand bei Paris verhaftet und über das Sammellager Drancy am 2.3.1943 nach Auschwitz deportiert. In der erhalten gebliebenen Arbeitseinsatzkarteikarte von »Oler« (sic!) wurde »Maler« als »erlernter Beruf« eingetragen.

138 Heizer waren nicht einzelnen Ofenmuffeln zugeteilt, sondern mussten mehrere Dreimuffelöfen nacheinander bedienen und beschicken. Eine Heizertätigkeit Olères wurde von keinem weiteren Zeugen angegeben. In seinen Kunstwerken stellte er sich selbst auch nicht als Heizer dar.

139 Das hellrot- bis dunkellilarotfarbige Mauerwerk der Dreimuffelöfen aus Klinkermauerziegeln musste von Sonderkommando-Häftlingen regelmäßig geputzt werden. An einer Stelle in seinem Buch bezeichnet Nyiszli lediglich die aneinandergereihten Eisentüren zutreffend als schwarz, was in dem Nürnberg-Bericht einen auf einem Missverständnis beruhenden editorischen Eingriff vermuten lässt, vgl. S. 42 i.V.m. S. 116 in dieser Ausgabe.

140 In Paris arbeitete Olère seit Mitte der 1920er-Jahre für verschiedene Filmstudios wie 20th Century Fox und Gaumont als Bühnenbildner, Plakatmaler und Kostümdesigner. Von 1928 bis 1940 war er bei Paramount Pictures angestellt.

141 Das Überstreichen der Ofen-Mauerziegeln mit Farbe wurde nicht durchgeführt.

142 In einer Zeichnung aus dem Jahr 1946 stellt sich Olère selbst als Briefschreiber dar, jedoch in keinem seiner Werke als Koksschaufler. In allen seinen Darstellungen des Sektionsraums werden nur SS-Angehörige bei der Arbeit gezeigt. Glasbehälter mit Organpräparaten werden ebenfalls abgebildet.

143 Die Belegung des Männerlagers B II d lag 1944 bei etwa 10 000 Häftlingen.

144 Gemeint sind die Kommandos »Strafkompanie« und »Zerlegebetriebe«. Obwohl die SK nicht zu den größten Kommandos gehörte, wurde sie von Mai 1942 bis Dezember 1944 jeweils für mehrere Monate von etwa 3000 Häftlingen durchlaufen. Im Kommando »Zerlegebetriebe« (Wehrmachtsbetrieb Flugzeugmontage der »Deutsche Ausrüstungswerke«) arbeiteten 1944 durchschnittlich 1300 Häftlinge.

145 Im Birkenauer Männerorchester spielten 30 bis 40 Häftlinge.

146 Verschiedene Umhängetafeln waren in Gebrauch. Häufig verwendet wurde der Text »Hurra, hurra! Ich bin schon wieder da!«.

147 Die Zerlegebetriebe lagen am Ende der Verkehrsstraße, die entlang der Ostseite des Lagers Birkenau verlief; der Geländeeingang befand sich 750 m in südlicher Richtung vom Lager entfernt.

148 Unter den Häftlingen des Kommandos befanden sich auch etwa 200 sowjetische Kriegsgefangene, von denen einige im Lagerwiderstand aktiv waren. Durch Kontakte zu anderen Widerstandsgruppen im Lager entstand ein gut funktionierendes Netzwerk, von dem auch die Widerstandsgruppe im Sonderkommando profitierte.

149 Dieser Bestand wurde zu keinem Zeitpunkt erreicht. Wenige Tage vor der Evakuierung des Lagers betrug die Kommandostärke am 15.1.1945 noch 600 Mann.

150 Gemeint ist SS-Untersturmführer und Lagerarzt Dr. Fritz Klein. Offenbar liegt eine Verwechslung vor: Klein war bereits Mitte Dezember 1944 im KL Neuengamme tätig und seit Januar 1945 Standortarzt im KL Bergen-Belsen.

151 Ein Affidavit mit dem zitierten Inhalt ist nicht bekannt. Am 8.10.1947 wurde das einzige von Nyiszli überlieferte Affidavit beglaubigt, das sich jedoch von dem hier genannten erheblich unterscheidet.

152 Die korrekte Kennung lautet U.S. Civilian AGO D432532.

153 Himmlers Beitrag in der Zeitschrift des Volksbundes für das Deutschtum im Ausland, *Deutsche Arbeit*, vom Juni/Juli 1942 wurde im Nürnberger Hauptkriegsverbrecherprozess als Dokument 2915-PS, Beweisstück US-306, vorgelegt.

154 Im Vernichtungslager Treblinka wurden die Menschen durch Motorenabgase (Kohlenmonoxid) ermordet, in Majdanek erst durch Kohlenmonoxid aus Gasflaschen und schließlich mit Zyklon B.

155 Schätzungsweise 15 % der polnischen Bevölkerung von 1939 wurden ermordet, darunter mindestens drei Millionen Juden.

156 Gemeint ist der Jurist und Politiker Wilhelm Frick (1877–1946).

157 Gemeint ist der Internationale Gerichtshof.

158 Gemeint sind die Tatorte der durch SS-Einsatzgruppen und andere Mord-Einheiten verübten Massenerschießungen von Juden in den eroberten sowjetischen Gebieten.

159 Gemeint ist die in der Kriegspropaganda angepriesene »Vergeltungswaffe« und zwischen dem 7.9.1944 und Ende März 1945 in Richtung England, Frankreich und Belgien abgefeuerte sprengkopfbestückte und für den Radar unsichtbare Rakete V2.

160 Ein unplausibles Bild, das Nyiszlis Darstellung widerspricht und eine fremde Autorenschaft vermuten lässt. Die Duschköpfe waren Attrappen, das Gas wurde durch vier in der Decke befindliche Einfüllstutzen eingebracht. Seife und Handtücher wurden den zu Vergasenden nicht ausgehändigt.

161 Die jüdische Diaspora (»Zerstreuung«) bezieht sich auf die Vertreibung der Juden nach der Zerstörung des Tempels in Jerusalem und auf die Verstreutheit außerhalb des historischen Heimatlandes.

162 Gemeint ist Adolf Hitler, der von vielen Deutschen als Erlöser verehrt wurde.

163 Die Berechnung setzt mit dem Beginn des Nürnberger Prozesses gegen die Hauptkriegsverbrecher im November 1945 ein.

164 Arthur Schopenhauers (1788–1860) Sicht der durch Leid geprägten Welt als ein »Jammertal« ist Thema in seinem philosophischen Hauptwerk »Die Welt als Wille und Vorstellung« (1819).

165 Daniel Bennahmias (1923–1994; Häftl.-Nr. 182477) wurde am 29.1.1945 von Mauthausen nach Ebensee verlegt und dort gemeinsam mit Nyiszli befreit, dem er dort möglicherweise seine Heimatanschrift mitgeteilt haben könnte. Bennahmias arbeitete im gegenüberliegenden Krematorium II. Aus dem Sonderkommando von Krematorium I, wo Nyiszli eingesetzt war, überlebte kein einziger Häftling. Bennahmias kehrte über Bari nach Athen zurück, wo er bis 1951 lebte. Seine letzte Anschrift vor der Verhaftung lag allerdings im Athener Vorort Kesariani.

166 Dr. Epstein sagte nach seiner Befreiung in Auschwitz bereits am 11.3.1945 vor der sowjetischen Untersuchungskommission und als Zeuge im sechsten Nürnberger Nachfolgeprozess (»IG-Farben-Prozess«) vor dem US-amerikanischen Militärgerichtshof am 18.11.1947 aus. Sein Affidavit vom 3.3.1947 wurde in Nürnberg als Anklagebeweisstück aufgenommen. Dr. Levy sagte im ersten Nürnberger Nachfolgeprozess (»Ärzteprozess«) vor dem US-amerikanischen Militärgerichtshof am 17.12.1946 als Zeuge aus. Dr. Bendel sagte vor dem britischen Militärgerichtshof im ersten Bergen-Belsen-Prozess am 1.10.1945, vor dem britischen Militärgericht gegen den Zyklon-B-Lieferanten Bruno Tesch (»Testa-Prozess«) am 2.3.1946 sowie im »IG-Farben-Prozess« am 18.3.1948 aus. Robert Lévys Bericht »Auschwitz II (Birkenau)« wurde 1947 in dem Band »De l'Université aux Camps de Concentration: Témoignages Strasbourgeois« veröffentlicht, Bendels Bericht 1946 unter dem Namen Dr. Paul Bendel mit dem Titel »Les crématoires – Le Sonderkommando« in dem Band »Témoignages sur Auschwitz«.

167 Dr. Körner hinterließ keinen Erinnerungsbericht und berichtete auch seinen Familienangehörigen nicht von seiner Tätigkeit im »Sektionsraum Krematorium I«. Er wanderte Mitte der 1950er-Jahre nach Französisch-Westafrika (nach der Unabhängigkeit: Republik Senegal) aus, wo er als Amtsarzt tätig war. In den 1960er-Jahren kehrte er nach Südfrankreich zurück, wo er 1991 verstarb. Daniel Bennahmias verließ Ebensee mit anderen griechischen Überlebenden am 20.6.1944. Von Bologna flog er am 2.7.1945 nach Athen, von wo er am 17.9.1951 in die USA auswanderte. Er hinterließ erst Jahrzehnte später Zeitzeugeninterviews und wurde von dem Sonderkommando-Forscher und Auschwitz-Überlebenden Erich Kulka (1911–1995) am 4.5.1985 befragt. Zwei Videointerviews wurden vom United States Holocaust Memorial Museum dokumentiert: am 24.6.1986 durch Joel Neuberg, RG Number: RG-50.477*1160, und von der USC Shoah Foundation am 12.11.1991 durch Beatrice Netter, VHA, Int. 52592. Die Historikerin Rebecca Camhi Fromer (1927–2012) verfasste 1993 aus Gesprächsmitschriften das Buch »The Holocaust Odyssey of Daniel Bennahmias, Sonderkommando«. Die Auschwitz-Überlebende Berry Nahmia (1924–2013) publizierte eine Seite eines Interviews in ihrem 1989 auf Griechisch erschienenen Buch »A Cry for Tomorrow«, das 2011 ins Englische übersetzt wurde.

Die Hölle von Auschwitz

1 Gemeint ist die zweite Veröffentlichung seines Buchs als *Vílag*-Fortsetzungsbericht in 41 Folgen unter dem Titel »Ich war Mengeles Obduktionsarzt in Auschwitz« vom 16.2. bis 6.4.1947.

2 Boris Palotai (1904–1983) war eine ungarisch-jüdische Schriftstellerin und Dichterin sowie Überlebende der Shoah. Palotai stammte aus Oradea, lebte zwischen 1919–1940 in Košice (seit 1918 Tschechoslowakei, 1938–1945 Kassa in Ungarn) und versteckte sich 1940 in Budapest, um sich und ihre Familie vor der Deportation zu retten. Mitte April 1944 begann in den ländlichen Gebieten Ungarns, vor allem in Kassa, die Gettoisierung der Juden. Palotais Schwester Erzsi wurde am 30.6.1944 in einer Rettungsaktion mit 1684 anderen Jüdinnen und Juden im Rahmen des »Kasztner-Transports« nach Verhandlungen mit der SS, die sie als »Vorzugsjuden« und »Austauschjuden« bezeichnete, freigekauft. Kollaborationsvorwürfe wie gegenüber Nyiszli erhob sie beim Retter ihrer Schwester, Rudolf Kasztner (1906–1957), jedoch nie, obwohl dieser sich 1955 in einem Prozess in Israel wegen des Vorwurfs der Kollaboration verantworten musste und im März 1957 in Tel Aviv von Fanatikern »als Verräter seines Volkes« ermordet wurde. Zwischen 1947 und 1953 war Palotai Leiterin der Literaturabteilung der Tageszeitung *Népszava*.

3 Eine Anspielung auf Palotais Überleben während der Shoah in Budapest.

4 »Pfeilkreuzler« wurden die Anhänger der faschistischen und antisemitischen ungarischen Pfeilkreuzlerpartei – Hungaristische Bewegung genannt, die nach einem Putsch der SS vom 16.10.1944 bis 28.3.1945 in Kollaboration mit dem Dritten Reich an der Macht war.

5 Szilárd Darvas (1909–1961) war ein bekannter ungarischer Dichter, Journalist, Kabarettist, Drehbuch- und Theaterautor, Moderator, Liedermacher und Cartoon-Zeichner. 1942 wurde er als Soldat eingezogen, 1944 desertierte er und tauchte unter. Seit 1945 publizierte er in verschiedenen Tageszeitungen (*Szabadság*, *Vílagosság*, *Igaz Szó*). Beim ungarischen Satiremagazin *Ludas Matyi* war er 1947/48 Mitarbeiter und Chefredakteur. Darvas wurde für seinen bissigen Humor gefürchtet und zu einem der beliebtesten ungarischen Radio- und später Fernsehshowmoderatoren seiner Zeit. In *Ludas Matyi* publizierte er 1947/48 wiederholt Witze, bissige Satiren und Cartoons über Miklós Nyiszli und bezeichnete ihn darin als »Stellvertreter Mengeles«, als »Spion« und als »berühmtesten aller Romanautoren« sowie sein Buch als »Boulevardroman«. In einem Cartoon stellte er Nyiszli als Bewunderer Mengeles dar, der seinen »Chef« vermisse und betrauere (da er gerüchteweise für tot erklärt worden war). Darvas verband eine persönliche Feindschaft mit dem *Világ*-Chefredakteur Géza Supka, der zwischen 1926 und 1938 die literarische und kritische Zeitschrift *Literatura* als Gründungsredakteur herausgegeben hatte, als einer der Begründer des Genres der populärwissenschaftlichen Presseberichterstattung mit literarischem Anspruch galt und den er in seinem Satiremagazin auch als Politiker heftig angriff. Den Beginn der zweiten Nyiszli-Serie in *Világ* kommentierte er mit den Worten: »Nun ist klar, dass der Nyiszli bis zur Erschöpfung der Leser weitermachen wird.« Als im Vorfeld gerüchteweise eine *Világ*-Fortsetzung bekannt wurde, witzelte er: »Die Redaktion von *Vílag* hat ein großes Problem mit der Entscheidung, wie die Fortsetzung des Romans des weltberühmten Schriftstellers und Sezierers Dr. Nyiszli aussehen soll. Einigen Hinweisen zufolge soll der Titel des nächsten Romans, ›Ich war Mengele neben Dr. Miklós Nyiszli in Auschwitz‹, von Dr. Mengele selbst geschrieben werden.«

6 Gemeint ist die Rolle Ungarns. Nach dem Einmarsch der deutschen Wehrmacht in Ungarn wurde Döme Sztójay am 22.3.1944 als Ministerpräsident und Außenminister einer Marionettenregierung eingesetzt, die innerhalb kürzester Zeit die Umsetzung der »Endlösung« in Ungarn ermöglichte. Die ungarische Verwaltung, Polizei und Gendarmerie spielten bei der Durchführung der Gettoisierung und der Deportation der Juden nicht nur eine wesentliche Rolle, sie beschleunigten die Durchführung sogar noch im Eigeninteresse durch großen Eifer. Das jüdische Vermögen fiel an Ungarn, wovon auch die nichtjüdische Bevölkerung profitierte, was die Kollaborationsbereitschaft mit den deutschen »Endlösern« noch verstärkte.

7 Miklós Horthy (1868–1957) war in der österreich-ungarischen Monarchie Admiral und letzter Befehlshaber der k. u. k.-Kriegsmarine. Nach dem Ersten Weltkrieg ging er in die Politik und war von 1920 bis 1944 als »Reichsverweser« Staatsoberhaupt des Königreichs Ungarn. Unter Horthy wurden zahlreiche antijüdische Gesetze erlassen und antisemitische Maßnahmen durchgeführt, allerdings weigerte er sich gegenüber dem verbündeten Deutschen Reich, Deportationen ungarischer Juden zuzulassen.

8 Gemeint ist die Eindämmungspraxis von Seuchen durch Selektionen für die Gaskammer. Bei den geringsten Anzeichen von Infektionen, insbesondere bei Typhus, konnten alle Häftlinge in der Baracke der Verdachtsfälle ermordet werden. Durch falsche Diagnosen konnten somit Leben gerettet werden, die bei Entdeckung allerdings das Leben des verantwortlichen Häftlingsarztes gekostet hätte.

9 Gemeint ist der SS-Kommandoführer der Krematorien II und III, der selbst Hinrichtungen durch Genickschuss durchgeführt hat.

10 Nyiszli praktizierte erst seit Jahresende 1930 als niedergelassener Arzt.

11 Gemeint ist der Bezirksarzt des »Komitats«, wie ein Verwaltungsbezirk Ungarns genannt wurde. Bei seiner Gründung wurde das Königreich Ungarn in 45 »Burgkomitate« aufgeteilt, in deren Burgen die regionalen Herrscher ihre Macht ausübten.

12 In seiner Stellungnahme »Mengeles Pathologe reagiert auf die Vorwürfe!« vom 10.7.1947 schrieb Nyiszli in der Zeitung *Haladás* auf Seite 5, dass er die großen »Nettoeinnahmen« der Literaturtribunale von Cluj und Oradea an den »Verband der Deportierten und Arbeitsdienstleistenden« in Cluj und an das Demokratische Jüdische Volkskomitee in Oradea gespendet habe. *Haladás* (Fortschritt) war die Parteizeitung der Radikalen Ungarischen Partei, die von dem Journalisten, Publizisten und Überlebenden der Shoah Béla Zsolt (1895–1949) im Jahr 1945 herausgegeben und gegründet worden war. 1946/47 schrieb er seinen unvollendeten Roman »Neun Koffer«, der auch auf Deutsch erschienen ist. 1947 wurde er ungarischer Parlamentsabgeordneter.

Anhang

Der Lebensweg des Dr. Miklós Nyiszli

1 Nach dem Ersten Weltkrieg und aufgrund der hohen Reparationszahlungen stiegen in den Jahren 1918 bis 1923 Massenarbeitslosigkeit, Hungersnöte, Infektionskrankheiten, Kindersterblichkeit sowie die Inflation in der Weimarer Republik stark an. Auf dem Höhepunkt der Krise im Jahr 1923, als Hyperinflation und Hitlers Putschversuch die junge deutsche Republik in Atem hielten, unterbrach Nyiszli sein Studium, das er erst nach vier Jahren während des Aufschwungs der »Goldenen Zwanziger Jahre« mit der Finanzierung durch seine Ehefrau wieder aufnahm. Kurz nach dem Beginn der Weltwirtschaftskrise Ende 1929 beendete Nyiszli sein Studium.

2 Das Deckblatt der Dissertation ist im Fototeil auf S. 146 zu sehen und wurde erstmals 1960 im Abbildungsteil der US-Ausgabe und danach am 29.1.1961 in der Zeitschrift *QUICK* (Jg. 14, Nr. 5, S. 28) abgedruckt.

3 Der Klassenkameradin und Freundin seiner Tochter, Tzipora Hager-Halivni, zufolge sei Nyiszli in Viseu de Sus als Arzt gemieden worden, weil er als »kalt« und gegenüber Angelegenheiten der jüdischen Gemeinde als »distanziert« gegolten hätte. Nyiszli habe laut Hager-Halivni von seiner ärztlichen Tätigkeit kaum leben können, weil er keine Verbindung zur Bevölkerung gefunden und einen »Groll« gegen sie gehegt habe, da zwei andere Ärzte in der Stadt sich vor Patienten kaum hätten retten können. Vgl. Hager-Halivni: Revolt, S. 151f.

4 In Gyula blieb Nyiszli nur wenige Monate bis zu seiner Versetzung nach Săpânța im Jahr 1942. Zwischenzeitlich wurde er 1942 zur Zwangsarbeit in das nahe gelegene Arbeitslager in Desești (Desze) geschickt, dann jedoch wieder in Săpânța als Arzt angefordert.

5 Offenbar wurde Nyiszli mit seiner Familie von Săpânța aus direkt in das Getto Aknaszlatina zwangseingewiesen und nicht zuerst in die Gettos Técső oder Máramarossziget verlegt.

6 Er wurde erstmals vollständig im Karl Dietz Verlag Berlin veröffentlicht und 2004 als Lizenzausgabe für das Staatliche Museum Auschwitz von Franciszek Pipers Privatverlag (leitender Historiker des Auschwitz-Museums von 1990 bis 2008) »Frap-Books« herausgegeben. 2005 erfolgte die erste Überarbeitung der Edition durch eine erweiterte Kommentierung im Karl Dietz Verlag Berlin, die über 10 000-mal verkauft wurde.

7 Monica Sasa Belthegy-Vizitiu wurde 1955 in Oradea geboren, nahm den Familiennamen ihres Onkels (Reich) an und wanderte 1999 mit ihrem Ehemann nach Israel aus.

Bildnachweise

Seite 145: Privatarchiv Monica Reich

Seite 146: Privatarchiv Monica Reich

Seite 147/148: Archiv des Staatlichen Museums Auschwitz-Birkenau in Oświęcim (APMA-B)

Seite 149, oben: APMA-B; unten: Nationaler Rat für das Studium der Archive der Securitate (CNSAS)

Seite 150: KZ-Gedenkstätte Mauthausen, Sign. MM_Y_HPK_Yad Vashem_Nissel Miklos 118138-1

Seite 151: KZ-Gedenkstätte Mauthausen; von oben nach unten: Sign. MM_Y_UHPK_Nissel_Miklos_r; Sign. MM_Y36b_118125-118156-1; Sign. AMM_Y_44_118128-118158; Sign. MM_Y36b_120781-120812

Seite 152, oben: Privatarchiv Monica Reich; unten: Individuelle Unterlagen Mauthausen, ITS Digital Archive, Bad Arolsen, Sign. 1.1.26.3 / 1654636

Seite 153: Privatarchiv Monica Reich (1, 2); NARA, M892, Roll 01, Volume 44, Finding Aids, p. 87 (3)

Seite 154, oben: APMA-B; unten: Andreas Kilian

Seite 155: Andreas Kilian

Seite 156/157: APMA-B

Seite 158: United States Holocaust Memorial Museum (USHMM), Lili Jacob-Album; oben: Foto-Nr. 77346; unten: Foto-Nr. 77293

Seite 159, oben: APMA-B; unten: Andreas Kilian

Seite 160: APMA-B (Eidenmüller, Mußfeldt); USHMM, Foto-Nr. 34755, Album Höcker (Mengele); Archiv Fritz-Bauer-Institut, Frankfurt a.M., Smlg StA Ffm-145/122 (Moll)

Seite 161, oben: Anthony Wallace/ANL/Shutterstock; unten: Privatarchiv Dr. Sándor Görög

Seite 162–168: Pläne © Andreas Kilian, 2023

Seite 180: Zeitungsarchiv Arcanum Digitheca, Vilag, 18.04.1948, S. 6

Cover: alicia_mb/Freepik.com

Impressum

Bibliografische Informationen der Deutschen Nationalbibliothek.
Die Deutsche Nationalbibliothek verzeichnet diese Publikation in der Deutschen Nationalbibliografie; detaillierte bibliografische Daten sind im Internet über http://dnb.dnb.de abrufbar.

Übersetzung Teil 1: Angelika Bihari, der ungarischen Ausgabe »Dr. Mengele boncoloorvosa voltam az Auschwitz-i krematoriumban«,

Übersetzung Teil 2: Christina Kunze

1. Auflage 2024

Franz-Mehring-Platz 1, 10243 Berlin

Gestaltung: Andreas Homann
Druck und Bindung: Friedrich Pustet, Regensburg
Printed in Germany
ISBN 978-3-320-02394-2